言語はどのように変化するのか

Language Change

言語はどのように変化するのか

Joan Bybee [著]
小川芳樹・柴﨑礼士郎 [監訳]

開拓社

Language Change

by Joan Bybee

Copyright © Joan Bybee 2015
Japanese edition © Y. Ogawa et al., 2019

This translation of *Language Change* is published by arrangement with Cambridge University Press through Tuttle-Mori Agency, Inc., Tokyo.

はじめに

　言語変化は，それが音，形態，語彙，統語，意味のいずれに関する変化を含んでいるものであっても，果てしなく魅力的である．言語が変化するとき，言語使用者は，彼らの文化としての言語の単なる受動的な受け手ではなく，話し言葉を用いてのコミュニケーションという非常にダイナミックな体系への積極的な参加者である．変化は発話や聞き取りにおいて使われる認知のプロセスとパターンの本質を明らかにし，通常の言語使用者が，それを用いて活動するべく与えられている素材からどういうものを作り出すかについて私たちに示してくれる．実際，言語に対するいかなるアプローチも，言語の一時的状態と同程度に言語の変化について扱うことなしに完全なものにはならないと私は信じている．私は，変化が隠された部分を非常に明らかにしてくれるものだと想うがゆえに，私が教えてきたすべての授業の中で，初学者レベルが対象の「言語変化」の授業が常にお気に入りであったのも当然だと思える．その授業の中で私は，特定の変化によって何が明らかになるかを説明することができるし，変化の主なパターンが言語の一般的な現象を生み出す仕組みについて説明することができる．

　言語のダイナミックな変化の側面をこのように強調することは，私の研究をも導いて来たので，私は自分の研究の中で焦点をあててきたトピックの多くを，言語変化に関する授業に組み入れてきた．それは例えば，音変化（sound change），音変化の形態化（morphologization），類推変化（analogical change），文法化（grammaticalization）といったものである．

　この本には，私の何年にもわたる教育と研究の中で発展して来た，言語変化の教育と理解についての私のアプローチが反映されている．私が『言語はどのように変化するのか（原題：Language Change）』をこの本のタイトルに選んだのは，私が発展させて来た視点が，より伝統的な歴史言語学の教科書に見出される視点よりも，認知や使用といった要素と，より整合性のとれた関係にあるからである．私は，変化の本質にある一定の首尾一貫した特徴があることを提案したい．そのうえで，言語がどのように変化するかについての何世紀にもわたる研究で特定されて来た多くのタイプの変化の目録を作りラベルを貼るのではなく，多くの異なった言語や語族における変化についての入手可能な実例にアクセスし，どの変化がありふれたものであり，どの変化がそうでないのか

についてわかっていることを報告することによって，学生たちに変化の主要な流れについてのエッセンスを教えたいと思っている．私はこの本の中で，争点を立てた議論は避けるつもりだが，話を進める上で役立つある特定の視点を示すつもりだ．その視点とは，「言語変化とは，言語使用の中で起こるものだ」という視点であり，「言語変化を駆動するメカニズムとは，日々の会話や言語使用の場面で働く心理言語学的，認知的プロセスである」という視点である．

この本を書く目的は，私が『言語変化』を定期的に教えていたときに入手可能であった歴史言語学のすぐれた教科書の中にあったある特定の欠陥を埋めるということである．私は，Campbell (1999), Crowley (1997), Hock (1986), Trask (1995)（これらの多くは，私がここで引用しているより最近の版が存在しているが）のような優れた手本をまねようとしてきた．歴史言語学ではなく言語変化に関する本を書こうという私の決意は，（言語変化の）より現代的な扱い方をし，認知言語学や機能言語学における新しい発見とより整合性のとれたものを生み出したいという欲求から来たものである．

特に，私は，最近非常に多くの研究がなされ驚くべき成果が上げられている「文法化」というトピックは，言語変化に関する本において集中的に取り上げる価値があるのだが，こういうことは，他のあらゆる一般的な概説の中に欠けていると感じている．したがって，この本の中では2つの章で，変化の一般的メカニズムを検討し，世界中の言語の中に発見された文法化のよくある道筋を調査する．私はまた，類推変化という伝統的なトピックについて知られていることの中には，変化と，（同じくらい重要なことだが）変化に対する抵抗の中に含まれる言語処理と言語使用の要因を調べることによってわかってきたことがかなりたくさんあると感じる．類推変化は，伝統的な「原理 (principles)」のリストによってというよりも，いくつかの認知的要因の相互作用としてアプローチすることができる．「文法化」と並び立つ歴史言語学の偉大な柱である「音変化」もまた，世界中の言語の中に見出される音変化についてより多くのことがわかってきている今では，より首尾一貫した方法で示すことができる．我々は今，名付けられたタイプが互いに関連づけられない状態での長々としたリストではなく，どういうタイプの変化がより一般的なものであるかを知っており，音変化の方向性と原因についてのいくつかの一般的仮説を定式化しはじめることができる段階にある．我々はまた，レキシコンを通して音変化がどのように拡散するかをよりはっきりと理解している．最後に，統語的構文（syntactic construction）が，我々が文法化において見るのと同じメカニズムのうちのいくつかを使って，より緩やかな談話構造から発達するという見解のおかげで，統語的変化についての我々の理解は長足の進歩を遂げて来た．また，形

態統語論（morphosyntax）を構文（constructions）によって表現されるものと見ることにより，我々は，構文がどこから生じてくるか，それらが既存の構文とどのように競合するか，また，古い構文に何が起こるか，といった問題を調べることができる．また，構文化（constructionalization）と文法化がどのように相互作用して語順の変化を引き起こすかという問いに取り組むことができる．これらの領域のすべてにおいて，我々はいま，進行中の変化についての価値ある研究成果を複数得ており，これらは，変化に含まれるメカニズムとプロセスを特定する上で不可欠のものである．

　これらのトピックを含むことと，そこに含まれる要因に対して本書で採用する特定のアプローチのおかげで，本書は，言語を理解する上での認知的，また使用面での要因を認識するいかなる共時的アプローチとも非常に親和性の高いものとなっている．この本は，言語学の基本的な知識を持っていて，言語がどのように変化するかについてもっと知りたいと思っている人に向けて書かれており，読者がこの目標に向かって，言語変化に関する授業を行う教授とともに進んでいるか，自分たちの独学で進んでいるかは関係がない．もしこの本が読者に興味のある言語現象の理解に役立つなら，この本はその目的を達成するのに成功したと言えるだろう．

謝　辞

　ケンブリッジ大学出版の編集者である Andrew Winnard の提案があって，私は，彼の言葉を借りれば「言語変化について学生が学ぶ手助けをする」ための本を書くことを考えた．もともと私は，自分が言語変化について教えてきた数ある経験をもとに授業のメモを書き上げるくらいの意図しかなかったのだが，ひとたびこのプロジェクトに取りかかると，私は，授業で一度も示したことのない事例を用いて，より包括的な説明を書きたいと強く思うようになった．この気持ちの背後には，私自身が，歴史言語学の異なる領域がそれぞれどのように内部で一貫性を保っているのかを理解し，変化の方向性を支持する議論をし，我々が言語変化を理解するために必要な未解決の理論的問題を特定したいという動機もあった.

　ここで示されるモノの見方は，数十年かけて私自身の心の中で進化してきたものだが，その端緒は，私が（言語学を）学んだ，UCLA の Theo Vennemann をはじめとする最初の恩師の方々と，Tom Givón らの同僚から受けた影響にあった．私は 1976 年の言語学セミナー (Linguistic Institute) で授業をしていたのだが，Givón もそこで授業をしていて，私はそこに参加したのだった．Joseph Greenberg の通時的類型論 (diachronic typology) の手法や，彼がどのように文法化を扱っているかについての秘術は，Givón の講義を通して伝授されたものだ．私の文法化への興味が花開いたのと同時期に，私の多くの同僚たちの文法化への興味も花開いたことは，現象と，それに対する私の見方を明らかにする上で大いに役立った．私は，Elizabeth Traugott, Bernd Heine, Paul Hopper, そして William Pagliuca に感謝したい．また，私は，「言語変化」の授業や「文法化」の授業を過去数年にわたって受けてきた多くの素晴らしい学生たちからも影響を受けている．彼らの中には，William Pagliuca, Richard Mowrey, Scott Schwenter, K. Aaron Smith, Rena Torres Cacoullos, Damian Wilson, Esther Brown, Jessi Aaron, Matt Alba がいるが，これらの名前は，数ある中のほんの数名にすぎない．

　本書の原稿を準備する過程で，自分で研究したことのなかった領域の専門知識をもつ同僚から協力を得ることができたのは幸運であった．特に，Larry Hyman と Jeff Stebbins は，声調変化 (tone change) に関する文献を持ってきてくれたり，それについての私の解釈を検討してくれたりした．Rena

Torres Cacoullos と Shana Poplack は，言語接触（language contact）について私と議論をし，これに関する節で私が書いたことへのコメントをしてくれた．Carol Lord は，連結辞構文（serialization）と文法化（grammaticalization）に関する原稿の一部を検討してくれた．また，特定の例や話題について私が助けを求めた Christopher Adams と Peter Petré にも感謝したい．この本について私と幅広く議論することに喜んで協力してくれ，支援も申し出てくれた私の友人である Sandy Thompson, Bill Croft, Carol Lynn Moder にも感謝したい．言うまでもなく，事実や解釈に関して本書内に残っている誤りがあれば，それは完全に私の責任である．

このシリーズの編者である Bernard Comrie は，その職務が要求するものをはるかに超えて私の原稿全体を注意深く読んでくれ，数々の貴重な提案をしてくれた．その大半を私は修正に反映させることができた．特定の章を読んでコメントをくれた Carol Lynn Moder と Damián Wilson にも感謝したい．原稿全体を読んであらゆる種類の誤りと不調和な箇所を点検し，かつ，言語のインデックスも作ってくれた Shelece Easterday にも感謝している．繰り返しになるが，残っている誤りがあれば，それはすべて私の責任である．

Rena Torres Cacoullos と彼女の 2014 年の学生にも多大なる謝辞を申し述べたい．彼らはペンシルヴェニア州立大学の「スペイン語の歴史」の授業で，第 1 章から第 9 章までを一緒に読んでくれ，私にコメントや質問をしてくれた．それはものすごく助けになった！

目　次

はじめに　　v
謝　辞　　viii
図表一覧　　xvii

第1章　言語変化の研究 ･････････････････････････････････ 1
  1.1. 導入 ･･ 1
  1.2. 言語はいつも，あらゆる側面で変化する ･･････････････ 2
  1.3. 言語は古い時代の特徴を長期間保持することもある ････ 7
  1.4. 言語変化の証拠 ･･･････････････････････････････････ 10
  1.5. なぜ言語は変化するのか ･･･････････････････････････ 14
  1.6. 言語変化は良いことか悪いことか ･･･････････････････ 16
  1.7. なぜ言語変化を研究するのか ･･･････････････････････ 17
  表記法についての注 ･･･････････････････････････････････ 20
  歴史言語学に有益な参考文献 ･･･････････････････････････ 20
  ディスカッション用の問題 ･････････････････････････････ 21

第2章　音変化 ･･･････････････････････････････････････ 22
  2.1. 音変化とは何か ･･･････････････････････････････････ 22
  2.2. 同化 ･･･ 25
    2.2.1. 調音運動のタイミングのずれとしての同化 ･･････ 25
    2.2.2. 先行同化 ･･･････････････････････････････････ 26
    2.2.3. 軟口蓋音の口蓋化 ･･･････････････････････････ 26
    2.2.4. 口蓋化としてのiウムラウト ･･････････････････ 27
    2.2.5. 初期ロマンス諸語における口蓋化 ･････････････ 29
    2.2.6. 調音点の同化 ･･･････････････････････････････ 32
  2.3. 保持（または「持ち越し」）同化 ･･･････････････････ 34
  2.4. 同化に関するまとめ ･･･････････････････････････････ 36
  2.5. 弱化 ･･･ 36
    2.5.1. 子音弱化 ･･･････････････････････････････････ 37

2.5.2.	消失に向かう子音弱化 ………………………………………	37
2.5.3.	口腔内調音の消失 ………………………………………………	38
2.5.4.	有声化 ………………………………………………………………	40
2.5.5.	短子音化 ……………………………………………………………	41
2.5.6.	連鎖推移——短子音化，有声化，摩擦音化 …………………	41
2.5.7.	共鳴音化としての子音弱化 ……………………………………	43
2.5.8.	子音連続の削除 …………………………………………………	44
2.5.9.	弱化が生じる環境 ………………………………………………	45
2.5.10.	母音弱化と削除 …………………………………………………	46
2.6.	弱化と調音運動のタイミングのずれの協働 ………………………	47
2.7.	調音のしやすさと音変化における通言語的類似性 ………………	49
2.8.	語彙拡散 ……………………………………………………………………	51
2.9.	特殊な弱化 …………………………………………………………………	54
2.10.	強化と挿入 …………………………………………………………………	56
2.11.	音変化を引き起こす要因 …………………………………………………	60
推薦図書 ………………………………………………………………………………		61
ディスカッション用の問題 ………………………………………………………		62

第3章　より広い観点からの音変化と音韻変化 …………………… 63

3.1.	導入 …………………………………………………………………………	63
3.2.	音韻化 ………………………………………………………………………	63
3.3.	音素目録の変化 ……………………………………………………………	64
3.3.1.	音素への影響なし ………………………………………………	65
3.3.2.	新しい音素の出現 ………………………………………………	65
3.3.3.	音素の消失 ………………………………………………………	66
3.4.	母音推移 ……………………………………………………………………	67
3.4.1.	大母音推移 ………………………………………………………	67
3.4.2.	（米国）北部都市母音推移 ……………………………………	71
3.4.3.	母音推移の一般的原理 …………………………………………	73
3.5.	強勢アクセントの起源と進化 …………………………………………	76
3.5.1.	強勢アクセントは何に由来するか ……………………………	77
3.5.2.	強勢アクセント体系の典型的変化 ……………………………	79
3.6.	声調の発達と声調変化 …………………………………………………	81
3.6.1.	声調発生論——いかにして子音から声調が生じるか ………	81
3.6.2.	声調の変化 ………………………………………………………	84
3.6.3.	イントネーションと声調の相互作用 …………………………	86
3.6.4.	声調の弱化 ………………………………………………………	86
3.7.	言語個別的変化 ……………………………………………………………	87

3.7.1.　異化 ………………………………………………… 88
　　3.7.2.　音位転換 …………………………………………… 90
　　3.7.3.　音素配列によって生じる変化 ………………… 92
　3.8.　音変化と音韻変化の原因 ………………………………… 93
　ディスカッション用の問題 ……………………………………… 95

第4章　音変化と文法の間の相互作用 ……………………… 96

　4.1.　音変化が形態に与える影響 ……………………………… 96
　4.2.　形態化 ……………………………………………………… 98
　4.3.　形態統語的構文中での交替 …………………………… 101
　4.4.　交替規則の逆転 ………………………………………… 104
　4.5.　ルール・テレスコーピング …………………………… 106
　4.6.　例外の発達 ……………………………………………… 107
　4.7.　文法的に条件付けられた音変化はあるのか ………… 109
　　4.7.1.　形態的環境に基づく音変化 …………………… 110
　　4.7.2.　語境界での音変化 ……………………………… 113
　　4.7.3.　語の中での交替環境 …………………………… 115
　　4.7.4.　まとめ——文法によって影響を受ける音変化は非音声的変化か …… 117
　4.8.　結論 ……………………………………………………… 118
　ディスカッション用の問題 …………………………………… 118

第5章　類推変化 ……………………………………………… 120

　5.1.　類推 ……………………………………………………… 120
　5.2.　比例式的な類推 ………………………………………… 121
　5.3.　類推的水平化 …………………………………………… 122
　5.4.　生産性 …………………………………………………… 127
　5.5.　類推変化の傾向——基本・派生の関係 ……………… 130
　　5.5.1.　パラダイムの基本形式 ………………………… 130
　　5.5.2.　不完全分析とゼロの創造 ……………………… 134
　5.6.　関係の近いカテゴリー間での変化 …………………… 137
　5.7.　拡張 ……………………………………………………… 139
　5.8.　補充法の発達 …………………………………………… 143
　5.9.　形態的再分析 …………………………………………… 146
　5.10.　類推変化と子供の言葉の類似性 …………………… 148
　5.11.　結論 …………………………………………………… 150
　推薦図書 ………………………………………………………… 151
　ディスカッション用の問題 …………………………………… 152

第6章　文法化——その過程とメカニズム ・・・・・・・・・・・・・・・・・・・・・・・・・・・・・ 153

- 6.1. 導入 ・・ 153
- 第Ⅰ部：未来時制の標識が発達する過程 ・・・・・・・・・・・・・・・・・・・・・・・・・・・・・ 154
- 6.2. 事例研究——英語の will ・・・・・・・・・・・・・・・・・・・・・・・・・・・・・・・・・・・・・・ 154
- 6.3. ロマンス諸語の屈折による未来形 ・・・・・・・・・・・・・・・・・・・・・・・・・・・・・ 160
- 6.4. 移動動詞から発達する未来指標 ・・・・・・・・・・・・・・・・・・・・・・・・・・・・・・・ 162
- 6.5. 未来表現と文法化についての概観 ・・・・・・・・・・・・・・・・・・・・・・・・・・・・・ 163
- 第Ⅱ部：変化のメカニズム ・・・ 165
- 6.6. チャンク形成と音声縮約 ・・・・・・・・・・・・・・・・・・・・・・・・・・・・・・・・・・・・・ 165
- 6.7. 特殊化，つまり範列的対立の消失 ・・・・・・・・・・・・・・・・・・・・・・・・・・・・・ 167
- 6.8. 範疇の拡張 ・・・ 170
- 6.9. 脱範疇化 ・・・ 174
- 6.10. 位置の固定 ・・ 178
- 6.11. 意味変化——漂白化あるいは一般化 ・・・・・・・・・・・・・・・・・・・・・・・・・・ 179
- 6.12. コンテクストからの意味の追加による意味変化 ・・・・・・・・・・・・・・・・ 181
- 6.13. メタファー（隠喩）・・・ 183
- 6.14. 文法化にともなうその他の一般的な特徴 ・・・・・・・・・・・・・・・・・・・・・・ 185
- 推薦図書 ・・・ 186
- ディスカッション用の問題 ・・ 187

第7章　文法化の共通経路 ・・ 188

- 7.1. 導入 ・・・ 188
- 7.2. テンスとアスペクト ・・・ 189
  - 7.2.1. 過去・完了相の経路 ・・・・・・・・・・・・・・・・・・・・・・・・・・・・・・・・・・・ 191
  - 7.2.2. 現在・未完了相の経路 ・・・・・・・・・・・・・・・・・・・・・・・・・・・・・・・・ 195
  - 7.2.3. 未来時制の経路 ・・・・・・・・・・・・・・・・・・・・・・・・・・・・・・・・・・・・・・ 197
  - 7.2.4. 派生的なアスペクト ・・・・・・・・・・・・・・・・・・・・・・・・・・・・・・・・・・ 198
- 7.3. モダリティ・ムードを表す文法素 ・・・・・・・・・・・・・・・・・・・・・・・・・・・・・ 200
- 7.4. 人称代名詞 ・・・ 203
  - 7.4.1. 三人称代名詞 ・・ 203
  - 7.4.2. 二人称代名詞 ・・ 204
  - 7.4.3. 一人称代名詞 ・・ 205
- 7.5. 人称・数の一致 ・・・ 207
- 7.6. 定冠詞と不定冠詞の発達 ・・・・・・・・・・・・・・・・・・・・・・・・・・・・・・・・・・・・・ 207
- 7.7. 接置詞の起源 ・・・ 208
- 7.8. 格の発達 ・・・ 211
- 7.9. 談話標識と主観化 ・・・ 212

7.10. 文法化の過程の終点 …………………………………………… 215
7.11. 結論 ……………………………………………………………… 217
推薦図書 ………………………………………………………………… 217
ディスカッション用の問題 …………………………………………… 218

第8章　統語変化——構文の発達と変化 …………………………… 219

8.1. 導入 ……………………………………………………………… 219
8.2. 並列的言語から統語的言語へ ………………………………… 220
 8.2.1. 主題から主語へ …………………………………………… 221
 8.2.2. 2つの節が1つに融合される場合 ……………………… 222
 8.2.3. 節中での再編成——能格はどのように生まれるのか … 225
8.3. 構文に見る発達と変化 ………………………………………… 231
 8.3.1. 構文はどのように始まり拡大するのか ………………… 231
 8.3.2. 構文の重層化と競合 ……………………………………… 237
 8.3.3. 構文はどのように消失するのか ………………………… 242
8.4. 語順変化——OV言語とVO言語 ……………………………… 245
 8.4.1. 共時的な語順の相関性 …………………………………… 245
 8.4.2. 語順の相関性に関する通時的要因 ……………………… 249
8.5. 主語，動詞，目的語の語順変化を促す語用論的原因
 ——印欧諸語におけるドリフト（偏流，駆流） ………… 252
8.6. 結論——構文のライフ・サイクル …………………………… 258
推薦図書 ………………………………………………………………… 259
ディスカッション用の問題 …………………………………………… 259

第9章　語彙変化——言語はどのように新しい語を獲得し，
　　　　語はどのように自身の意味を変えるのか ………………… 260

9.1. 導入 ……………………………………………………………… 260
9.2. 新しい語はどこから来るのか ………………………………… 261
 9.2.1. 内部資源——複合と派生 ………………………………… 261
 9.2.2. 他言語からの語の借用 …………………………………… 266
 9.2.3. 借用語適応 ………………………………………………… 268
9.3. 語はどのようにして意味を変えるのか ……………………… 272
 9.3.1. プロトタイプ・カテゴリー ……………………………… 274
 9.3.2. 意味変化のメカニズム …………………………………… 276
 9.3.3. 非明示的な意味の変化 …………………………………… 281
 9.3.4. 命名論に関する変化——競合する語 …………………… 283

9.4.　語彙的意味変化の一般的な傾向 ･･････････････････････････ 285
　9.5.　派生的に関連する形式の変化 ････････････････････････････ 287
　9.6.　古い語，形態素，句に何が生じるのか ････････････････････ 290
　9.7.　結論 ･･ 291
　推薦図書 ･･ 291
　ディスカッション用の問題 ･･････････････････････････････････ 292

第10章　比較，再建，および類型論 ････････････････････････ 294

　10.1.　言語間の語族関係 ･･････････････････････････････････････ 294
　10.2.　比較法 ･･ 296
　　10.2.1.　同根語集合 ･･････････････････････････････････････ 301
　　10.2.2.　語彙の置き換え率 ････････････････････････････････ 303
　　10.2.3.　同根語の音韻形式 ････････････････････････････････ 305
　　10.2.4.　音変化が規則的ではない場合 ･･････････････････････ 305
　　10.2.5.　祖音素は抽象的なプレイスホルダーである ･･････････ 307
　10.3.　類型論的証拠——インド・ヨーロッパ祖語の妨げ音 ････････ 308
　10.4.　単一言語内のデータに基づく再建 ････････････････････････ 313
　10.5.　さらなる系図関係に関する提案 ･･････････････････････････ 320
　　10.5.1.　ノストラティック祖語 ････････････････････････････ 320
　　10.5.2.　多面的比較 ･･････････････････････････････････････ 323
　10.6.　通時的類型論 ･･ 326
　10.7.　結論 ･･ 328
　ディスカッション用の問題 ･･････････････････････････････････ 328
　推薦図書 ･･ 329
　付録：インド・ヨーロッパ語族に属する主な語派や言語 ････････ 329

第11章　言語変化はなぜ起こるのか——内的要因と外的要因 ････････ 332

　11.1.　内的起源——言語使用 ･･････････････････････････････････ 332
　　11.1.1.　用法基盤アプローチ ･･････････････････････････････ 333
　　11.1.2.　自然（性）理論と「優先法」 ･･････････････････････ 335
　　11.1.3.　言語変化の生成理論 ･･････････････････････････････ 338
　　11.1.4.　変化の場としての言語習得対言語使用 ･･････････････ 347
　11.2.　外的要因——言語接触 ･･････････････････････････････････ 349
　　11.2.1.　接触による音韻的変化 ････････････････････････････ 352
　　11.2.2.　文法的変化 ･･････････････････････････････････････ 354
　11.3.　ピジン言語とクリオール言語 ････････････････････････････ 358

11.3.1. 初期ピジン ……………………………………………… 359
11.3.2. 安定したピジン …………………………………………… 361
11.3.3. 拡大ピジン ………………………………………………… 363
11.3.4. クリオール言語 …………………………………………… 366
11.4. 複雑適応系としての言語 ……………………………………… 370
推薦図書 ………………………………………………………………… 372
ディスカッション用の問題 …………………………………………… 372

国際音声記号 ……………………………………………………………… 373

用語解説 …………………………………………………………………… 375

引用文献 …………………………………………………………………… 384

監訳者解説 ………………………………………………………………… 400

監訳者あとがき …………………………………………………………… 416

訳者注および監訳者解説引用文献 ……………………………………… 421

索　　引 …………………………………………………………………… 432

著者・監訳者・訳者紹介 ………………………………………………… 441

図表一覧

図

図 3.1： 初期近代英語（1400-1600）の大母音推移を構成する変化 ……………… 69
図 3.2： 北部都市母音推移 (Labov, Ash, and Boberg 2006 図 14.1 より) …………… 72
国際音声記号 …………………………………………………………………………… 373

表

表 2.1： ブラジルポルトガル語において口蓋化が関与する語 ………………………… 23
表 2.2： チ・ベンバ語における語根頭の軟口蓋音の口蓋化 ………………………… 27
表 2.3： 古英語における i ウムラウト変化 …………………………………………… 28
表 2.4： 俗ラテン語とロマンス諸語における口蓋化の影響の順序 ………………… 31
表 2.5： 無声閉鎖音の弱化の経路 …………………………………………………… 39
表 2.6： ラテン語の閉鎖音における連鎖推移 ………………………………………… 42
表 2.7： ハウサ語の子音弱化 ………………………………………………………… 43
表 2.8： 子音弱化しやすい（弱い）位置としにくい（強い）位置 ………………… 45
表 2.9： コーパス全体における語の出現頻度から見たアメリカ英語における t/d の削除 …………………………………………………………………………………… 53
表 3.1： ベトナム語における単音節化現象 …………………………………………… 83
表 4.1： /t/ と /d/ の異なる文脈での生起率と脱落率 ……………………………… 112
表 5.1： 特定的カテゴリー間の有標性の関係 ………………………………………… 131
表 5.2： 英語の準生産的な動詞クラス ………………………………………………… 140
表 6.1： can の発達の段階 …………………………………………………………… 180
表 7.1： 印欧語族の主な言語における一人称単数主格及び対格形 (Beekes 1995) …… 206
表 7.2： 印欧語族の主な言語における二人称単数主格及び対格形 (Beekes 1995) …… 206
表 8.1： 語順の相関関係 ……………………………………………………………… 246
表 8.2： フランス語と日本語からの語順相関の事例 ………………………………… 247
表 10.1： サンスクリット語，ギリシャ語，ラテン語の対応語 ……………………… 295
表 10.2： 「本」を意味する対応語 …………………………………………………… 296
表 10.3： ロマンス諸語に属する 4 つの言語における語頭 /t/ の対応関係集合 ……… 297
表 10.4： ロマンス諸語に属する 4 つの言語における語頭 /d/ の対応関係集合 ……… 298
表 10.5： 中間音 /t/, /d/, ∅ に関する対応関係集合 ………………………………… 298
表 10.6： /d/ と ∅ に関する中間音の対応関係集合 …………………………… 299, 306
表 10.7： 比較された 4 つの対応関係集合 …………………………………………… 300
表 10.8： /d/ と ∅ に関する中間音の対応関係集合 ………………………………… 306

表 10.9： ポリネシア諸語に属する 4 つの言語における /r/ と /l/ を含む同根語 …… 307
表 10.10： 4 つの古代インド・ヨーロッパ諸語における語頭位置の 3 種類の閉鎖音 ……………………………………………………………………………………… 309

第1章 言語変化の研究

1.1. 導入

　この本は，言語がどのように変化するのか，また，なぜ変化するのかという主題について調べる．この研究領域は古くから「歴史言語学（historical linguistics）」と呼ばれてきており，そのラベルのもとで，特定の言語の歴史が調べられてきている．また，複数の言語を比較し，それらの系統関係（family relations）を再建（reconstruction）するための方法が開発されてきた．この本は歴史言語学における伝統的な主題の多くを包摂するが，どのように，また，なぜ言語は変化するかという主題に焦点を当てることにしたのは，言語変化というものは遠い過去の出来事ではなく，言語の古い段階を示す文書を振り返るときにそうであるのとまさに同じくらい，現時点においても進行中の変化の中に明らかになるものであることが，言語学の研究者たちの間では今では以前よりもよくわかっているからである．さらに，言語変化は，言語の構造がどのように出現し，どのように進化（evolve）するかを覗き込む窓を提供してくれるがゆえに，言語の構造の諸特徴を我々が説明する手助けとなることが明らかになっている．したがって，我々は，言語がどのように変化するかを調べることによって，言語が持っている特徴にどのような説明が妥当かを見極めるのだ．

　言語変化のタイプを見ながら進むさいにわかってくるのは，変化は言語の使われ方に組み込まれている，ということである．話し手と聞き手がコミュニケーションをとるさいに働いている心的プロセスこそが，変化の主たる原因なのである．このことは，もう1つの非常に重要な事実を我々が説明するのに役立つ．つまり，すべての言語は同じように変化する，という事実だ．世界中の言語使用者は同じ心的プロセスを持っており，彼らは同じ，あるいは非常に似通った目的のためにコミュニケーションを使っているので，アラスカからザ

ンビアまでのいくつもの言語で起こる変化は，英語やフランス語で起こる変化と同じカテゴリーに収まるのである．

1.2. 言語はいつも，あらゆる側面で変化する

言語使用者に最もわかりやすい我々の言語の変化は，語彙の変化である．たいていの言語は，我々が恐らくすでに慣れ親しんでいる方法で，かなり容易に新しい語を手に入れる．これらの中には，他の言語からの「借用 (borrowing)」や，既存の語に接頭辞や接尾辞をつけることによる「派生 (derivation)」や，「複合 (compounding)」や，その他のタイプの語形成が含まれる．いくつかの例を示そう．

借用：たいていの言語が，特に新しい項目や概念が別の文化から導入されたときに，他の言語から語を借用する．英語において最近借用された語は，(日本語からの) karate (空手) や (ノルウェー語からの) ski (スキー) であり，フランス語から英語にはるか昔に借用された他の語には elite (エリート)，poultry (家禽)，beef (牛肉) などがある．

派生：たいていの言語には既存の語に適用されて新しい語を作る接辞が存在する．英語の hyperactiveness (過度に活動的であること)，ethnicness (ある民族に特有であること) などの語をつくる -ness がそれだ．また，英語では，ある道具の名前が，その道具を使った行為に対して使われる時，名詞が容易に動詞に変化する．例えば，He was *hammering* a cedar plank. (彼はスギの厚板をハンマーで叩いていた) のような表現がある．

複合：複合は，すべての言語に許されるわけではないが，ゲルマン諸語 (Germanic languages) は，新しい語を作るのにそれをかなり使う．例えば，text-message (テキストメッセージ)，text-messaging (テキストメッセージを送ること)，YouTube (ユーチューブ)，MySpace (マイスペース)，などがそれである．英語では，2語の連続体の2つ目の語よりも最初の語により強い強勢が置かれる場合に，複合であると確認できる．[1]

また，綴りや句読点（またはその欠如）における変化も，人々が電子メール

---

[1] 訳者注：例えば，「緑の家」を意味する名詞句 green house は house に強勢が置かれるが，「温室」を意味する複合名詞 greenhouse は green に強勢が置かれることなどがよく知られている (Marchand 1969)．ただし，複合名詞によっては，強勢が1つ目の名詞にも2つ目の名詞にも置かれる可能性がある (Madison 'Avenue vs. 'Madison Avenue, apple 'pie vs. 'apple pie)．詳しくは，Lee (1960), Giegerich (2009) を参照．

やテキストメッセージをたくさん使うようになって以来，唐突に現れつつある．LOL で laugh out loud を意味したり，OMG で oh my god を意味するなどの例がそれだ．これらは，書き言葉における変化であって，話し言葉にはさほど影響は及ぼさない．ただし，これらの省略語を話し言葉においてある程度使う場合には事情は異なる．

しかしながら，言語変化の大部分はゆっくりと，緩やかに進行するものであり，ときには，これらの変化が目の前で起こっていることに我々は気づかないこともある．非常に傑出したアメリカの言語学者 Leonard Bloomfield は，初版が 1933 年に刊行された『言語（*Language*）』という著作の中で次のように書いている．「言語変化の過程は直接に観察されてきたことは一度もない」(Bloomfield 1933: 347)．彼の意図することは，言語変化がどれほど複雑なものであるかを考えてみればわかる．ある話者が，例えば，slept のような動詞を規則変化動詞にして sleeped と言う場合や，I don't think を発音するさいに don't の中に実在する [d] の音を発音しない場合や，that drove me crazy（そのせいで私が気が狂った）の意味で that drove me out the window と言うことによって構文を拡張するような場合に，彼／彼女は変化を引き起こしている可能性がある．しかし，その変化した用法がその共同体の他のメンバーによって採用されるまでは，我々は言語的刷新（innovation）を変化とはみなさない．したがって，変化を直接観察するのは容易ではない．というのも，それには，新用法の導出につながる心的プロセスに関する知識と，それらの刷新表現が広がることを可能にする社会的プロセスに関する知識の両方を必要とするからである．

しかし，Bloomfield はおそらくは，あまりにも悲観的すぎたのであろう．今日では，様々に異なる時代の，様々に異なる地域から集められた話し言葉や書き言葉の大規模なコーパスを調べることで，刷新表現やその変異形がどのように広がり，受け入れられてゆくのかを観察することが可能である．また，今日，我々は，新たな表現の創出と変化の拡散を可能にする話し手と聞き手の内部の心的プロセスについて，より多くのことを知っている．

語の変化は変化の中で最も明らかな種類のものであるが，それらは通常あまり体系的なものでもないし，言語の一般的構造に影響を与えるものでもない．したがって，この本では，我々は音韻における変化や，言語の構造の変化や，構造変化に対応する意味的変化により高い関心を向けるつもりである．変化は，音や，形態や統語から語や構文の意味に到るまでのあらゆる側面に影響を与える可能性があることがわかるだろう．ここにいくつかの例を挙げよう．

我々はたった今，新語がどのようにある言語に入ってくるかを示す例につい

て読んだところだ．確立した語 (established words) もその意味を変化させる．ある語が2つ以上の意味をもつとき，それらのうちの1つは比較的古い意味であり，他方はその意味から文脈での使用法によって派生されたものである，ということがよくある．例えば，英語の名詞 field は，地面のある区画と，研究ないしは調査の領域の両方を指す．より具体的な意味である「地面のある区画」のほうが最初に現れ，より抽象的で比喩的な方の意味は後の時代に現れたものである．

また違った種類の例は，スペイン語の動詞 quedar が quieto（静かな）や sorprendido（驚いた）のような形容詞と共起する構文に関するものである．かつての動詞 quedar(se) は「とどまる (stay)」を意味したが，現在，この構文に生じるこの動詞は「なる (become)」も意味し，se quedó quieto（彼／彼女が静かになった）のように使う．

西アフリカの言語であるヨルバ語では，動詞 fi（取る）は，(1) のように，他の動詞とともに連結構文 (serial construction) で使うことができる (Stahlke 1970).²

(1) mo fi àdé gé igi
    私 取った ナタ 切る 木
    (私はそのナタを用いて木を切った)

(1) において，動詞 fi は「取る」を意味することもでき，with（〜を用いて）を意味することもできるが，(2) では，「〜を用いて」を意味することしかできない．

(2) mo fi ọgbọ̀n gé igi
    私 取った 賢さ 切る 木
    (私は木を賢いやり方で切った)

したがって，より具体的な「取る」という意味をもつこの動詞が，より抽象的な道具や様態の意味をも帯びている．³

構文の意味もまた変化する可能性がある．I have the letter written のよう

---

² 訳者注：この構文は，「連動詞構文 (serial verb construction)」と呼ばれることもある．この構文の下位タイプの分類については Baker and Stewart (n.d.) を参照．

³ 訳者注：文法化の結果として動詞が前置詞になる例は，英語では given（〜と仮定すれば），concerning（〜に関して）など，日本語では「〜について」「〜にとって」などがある．英語については秋元 (2014: 第8章) を，日本語については Matsumoto (1998) を参照．

な，以下の形式の「結果構文 (resultative construction)」は，古英語において生じ，現在でもなお使われる．[4]

(3) SUBJECT ＋ *have/has* ＋ OBJECT ＋ PAST PARTICIPLE

この構文から，I have written the letter のような，今日の「現在完了構文 (present perfect construction)」が生じたが，この構文は，「結果 (resultative)」ではなく「既然 (anterior)」ないしは「完了 (perfect)」を表し，「ある過去の行為が完了し，それが現在にも関わりを持っている」という意味を持つ．

また，語は，複数の形態素でできている場合に特に，その外形も変化する場合がある．例えば，英語の work はかつて，その過去分詞形として wrought を持っていた（この形は，he has wrought のように，受動態と現在完了形で使われた）が，今では，過去分詞形は he has worked のように規則変化する．ラテン語では，「できる」を意味する動詞は（直説法一人称現在 (first person present indicative) と接続法現在形・未完了（過去）形 (present and imperfect subjunctive) では) poss-，または（その他のほとんどの形式では) pot- に基づく語幹を持っていた．[5] 例えば，一人称単数現在直説法は possum であった．この語根が，スペイン語では pod-/pued- になり，一人称単数現在直説法は，中間の ss という不規則な形を置き換えた puedo となっている．

発音が変化するのもまた，よくあることである．そのような変化は，特定の音をもつすべての語に影響を与えるのが通例である．このことは，アメリカ英語とイギリス英語を比較してみるとわかる．北アメリカの多くはイギリスの人々によって植民地化されたので，17 世紀と 18 世紀には，大西洋の両側で同じ種類の英語が話されていた．しかし，その後，アメリカ英語とイギリス英語の両方で変化が起こり，それらが今日発音されているように違った発音を持つようになった．例えば，アメリカ英語の話者は，butter や rider のような例で，語中の強勢を置かれない音節の直前の /t/ や /d/ を，弾音 (flap) の [ɾ] で発音するが，イギリス英語の話者の大半は今でもこの位置で /t/ や /d/ を用いるか，声門閉鎖音 (glottal stop) を用いる．したがって，/t/ や /d/ の弾音への変化は，

---

[4] 訳者注：結果構文 (resultative construction) という用語は，生成文法や認知言語学のような現代言語理論では，以下のような現象を指す用語として使われるのが一般的である．この構文では，結果状態を表す形容詞の代わりに動詞の過去分詞形を使うことはできない．(i) と本文の (3) は別構文なので，注意が必要である．

 (i) She cooked the roast dry / *burnt / *overdone.   (Green 1972: 89)

[5] 訳者注：訳語は松平・国原 (1972) による．

アメリカ英語で起こったということができる．

　統語構造もまた，時間をかけて変化する．英語では，16 世紀半ばより以前，疑問文において動詞は主語の前に置かれていた．これらの統語構造は，以下のように，Shakespeare の作品のいくつかにも残っていた．

(4)　What say you　　　of　　　this gentlewoman?
　　　何　　言う あなた.主格　関して この　淑女
　　　（あの娘がどうしました？）[6]
　　　（『終わりよければすべてよし (All's Well That Ends Well)』，第 1 幕第 3 場）

しかし，現代英語においては，ほとんどの動詞で疑問文には (5) のように do を使い，主動詞ではなくこの do が主語の前に生じる．[7]

(5)　What do you say about this lady?
　　　（あの娘がどうしました？）[8]

英語に起こった数ある変化の中でも，この変化は「助動詞 (auxiliary)」と呼ばれる特別なクラスの動詞を生み出す結果になった．

　フランス語で起こった統語的変化には，否定のための構文 ne … pas が発達したという事例がある．(9 世紀から 14 世紀の) 古フランス語においては，節に対する否定の標識は ne であり，これは，Jehan Froissant (*Chroniques, Livre Premier, Bataille de Cocherel*) から取った 14 世紀の例 (6) からわかるように，もともとは動詞に先行し，目的語代名詞にも先行していた．

(6)　mais　on　　ne　lui　　avoit voulu
　　　しかし 人 (one) 否定 彼 (ら).与格 持つ 望む.過去
　　　ouvrir　　les　　portes
　　　開く.不定詞 定冠詞 ドア.複数
　　　（しかし誰もそのドアを彼 (ら) のために開けることは望んでいなかった）

この時代でさえ，動詞の後ろに pas (歩調)，point (点)，dot (点)，mie (小片)，gote (滴) のような名詞を加えることによって否定を強めることは普通にあっ

---

　[6] 訳者注：この日本語訳は，小田島雄志の訳書『終わりよければすべてよし』(1983 年第 1 刷刊行) からの引用である．
　[7] 訳者注：現代英語に，It does not matter (that …) と同じ意味を表す It matters not (that …) (〜は問題ではない) という表現があるが，これは，古い時代の英語の語順の名残である．
　[8] 訳者注：例文 (4) に対応する現代英語として訳した．

た．現代フランス語の否定は，通例，動詞の前に ne を置き，動詞の後ろに pas を置くことによって作られる．今では，(7) のように，pas はもはや「歩調」を意味せず，否定構文の一部にすぎなくなっている．

(7)　avant　c'était　　　　　une　　institution, qui
　　以前　それ.be 動詞半過去　不定冠詞　機関　　関係代名詞
　　comme　toutes　les　administrations, ne　communiquait
　　～のように　すべて　定冠詞　行政機関　　否定語　知らせる
　　pas ...
　　PAS
（以前は，それは，あらゆる行政機関（官公庁，役所等）がそうであるのと同様，～を伝達（提示）しない機関だった．）

今では，ne を使わずに済ますことが可能だが（以下の議論を参照），pas は，否定の意味を表すには不可欠である．

　通時的に研究されてきたすべての言語が，これらすべての側面での変化を示す．しかし，我々の注目をひくのは変化の事実だけではなく，変化の本質もまた興味をひく．同一言語内においても，異なった言語の間においても，変化には，繰り返し起こる，ある共通するパターンと方向性がある．我々は，この本の中の数章で，これらのパターンを調べることになるだろう．変化それ自身が言語に本来備わっている特徴であり，変化は言語とその構造の本質についての何かを我々に教えてくれることだろう．したがって，言語がどのように変化するかを研究することは，言語学を行うもう1つの方法である．換言すれば，それは，言語がどのように機能するかを理解しようとするためのもう1つの方法なのである．

1.3. 言語は古い時代の特徴を長期間保持することもある

　前節では，言語変化における社会的側面の重要性に言及した．言語は慣習に基づいている．これが意味するのは，言語がコミュニケーションとして効果的であるためには，話し手と聞き手がかなりの点で同じ使い方をしなければならない，ということである．加えて，言語は，人々の共同体に特有のものであり，これらの共同体を定義するのに役立つ．このため，おのおのの話し手は言語を，同じ共同体のほかの構成員が使うのと同じではないとしても極めて似通った方法で使う傾向がある．ここで「共同体」とは，社会的グループ，または，地理的なグループのことであり，大抵はその両方を指す．すなわち，人は

自分の両親や，兄弟や，自分が一緒に通っている学校の仲間や，自分がいま親しくしている人々と極めて似たような話し方をするかもしれない．実際，我々は皆，その気になれば，自分の音や語や構造を現在の状況にうまくとけこむよう修正することによって，その現状に適応することができる．

　言語の慣習性 (conventionality) は，ある程度は，変化を押しとどめる．話し手は，相手に理解してもらうためには，確立した語や音やパターンを使わなければならないので，これらの確立したパターンは強化され，そのことが，それらの語や音やパターンの安定性に寄与する．今日，我々は何世紀も，場合によっては何千年もの間継続して使われてきた表現や語や音や構文をたくさん使っている．このため，言語の中には，歴史上起こったことについての重要な情報が含まれている．以下はそのいくつかの例である．

　現代ヨーロッパ諸語には，数千年さかのぼると印欧祖語という再建された言語にたどり着くような多くの語が含まれる．例えば，英語の nose，フランス語の nez，ロシア語の nos，スウェーデン語の näsa といった語で自分の鼻を指し示すとき，あなたは，6000 年以上前に始まった伝統を継続しているのだ！これらの語の間の類似性は，これらの言語で「鼻」を指す語がとても古い起源をもつことの証拠の一部なのである．

　古い時代のパターンは，不規則な形態素の中にも見いだせる．take/took, choose/chose, fight/fought のような英語の語に見られる母音変化は，オランダ語やドイツ語，アイスランド語や他のスカンジナビア語のようなゲルマン諸語の中に見いだされる母音変化と似ている．母音変化がこれらの姉妹語の間で似ているという事実は，それらが 2000 年以上前に起源をもつということを示す．しかし，我々は今日でも，過去時制を示すためにそれらを用いる．

　古い形式の名残は，イディオム的表現の中にも見いだせるが，それらの中には，上述の例ほど古いものはめったにない．例えば，far be it from me（私は〜しようなどという気には全くならない）という句は定形 (finite) の形式として接続法 (subjunctive) の形式を含んでいる．接続法は古英語にはきわめて豊富に見られたが，現代英語ではほとんど失われてしまっている．また，この表現では動詞と主語が副詞 far の後ろで倒置を起こしている．これもまた，現代ではあまり使われない古いパターンである．

　複合語やイディオムや派生語もまた，他のところでは失われてしまっている古い時代の語を保持している場合がある．例えば，英語の複合語 werewolf（オオカミになった人間）には，man を表す古い時代の語 were，wera が含まれている．The quick and the dead（生者と死者）という句は，quick という語を，その古い意味 alive（生きている）で使っている．

古い時代の統語構造も特定の文脈で保持されることがある．前節で，16世紀の英語では What say you of this gentlewoman? のように本動詞が疑問文では主語の前に置かれたことを見た．現代英語ではこの動詞は主語の前には置かれないが，助動詞は今でも主語の前に置かれる．

(8) What can you say about this lady?
(あの娘がどうしました？)[9]
(9) What should I do to help you?
(あなたを助けるために私は何をすべきですか．)

助動詞は，より古い時代には本動詞であったが，このタイプの構文で比較的高い頻度で使われるために他の動詞が do を使って疑問文を作るようになった時でも古い時代の倒置された形式を保持したのである．[10]

主格，対格や他の格を標示するのに接辞を用いるラテン語のような言語では，名詞と代名詞の両方に格の形式がある．一方，今日，英語，スペイン語，フランス語，イタリア語，ポルトガル語など多くのヨーロッパ言語で，名詞の異なる格を区別する形式はもはや存在しない．しかしながら，これらの言語のすべてで，代名詞においては，主格と対格を区別する形式が維持されており，これらの言語の中には，与格を区別する形式を保持するものもある．例えば，スペイン語は，主格の単数形 yo（私），tú（あなた：親しい間柄），él（彼），ella（彼女）を持ち，これらは me（私），te（あなた：親しい間柄），lo（彼），la（彼女）

---

[9] 訳者注：例文 (4) に対応する現代英語として訳した．

[10] 訳者注：本動詞 go は助動詞 be going to do の一部に組み込まれる変化を受けたが，go と類似の意味を持つ move や travel が同様の助動詞用法を発達させることはなかったのも，同様の理由による．本動詞が助動詞に変化する通時的変化は，主節動詞が補文を選択する複文構造から，補文内の動詞が主動詞となり，かつての主節動詞が助動詞として上方再分析 (upward reanalysis) を受け，全体が単文とみなされるようになった結果であるとの提案があるが (Roberts and Roussou 2003: 202)，この通時的な再分析は，共時的には，再構造化 (restructuring) という現象として観察される．日本語において，「～しに行く」という複文は再構造化を受けて単文のように振る舞う場合があるが，「～しに出かける／～しに渡米する」などは同様の再構造化を受け得ないという観察が Miyagawa (1986: 275, 285) によってなされている．(ia-c) を参照．イタリア語の同様の事実については，Napoli (1981) を参照．
  (i) a. 太郎が神田に本を自転車で買いに行った．(cf. *本を自転車で買う)
     b. *太郎が本をタクシーで買いに出かけた．
     c. *花子が英語を飛行機で習いに渡米した．
共時的な再構造化を許す動詞と許さない動詞の違いも，おそらくは，通時的な再分析で助動詞化した動詞としなかった動詞の違いと同様，使用頻度の差が関係していると思われる．

といった対格の形式と対照をなす．これらの対格の形式は，目的語として機能する名詞とも異なった振る舞いをするが，それは，代名詞が動詞の前に置かれるのに対して，名詞は動詞の後に置かれるためである．生じる位置の違いもまた，おそらく，古い時代の特徴を保持しているためであろう．

したがって，これらの例からわかることは，時代を通して言語が多くの変化を受けるにもかかわらず，言語の多くの側面は長い期間同じ状態でとどまることもある，ということである．我々は，ある種の変化は他の種の変化よりも起きやすいということを知っている．例えば，母音と子音の変化は一言語内における主語，目的語，動詞の基本語順の変化よりも速い速度で起こるといったことだ (Penkins 1989)．しかし，我々は今のところ，一言語内で何が変化を受けることになるか，また，何が同じ状態でとどまるかを予測できる段階にはほど遠いのである．

1.4. 言語変化の証拠

言語変化についての信頼に足る証拠は豊富なため，本書でも例文説明のさいに用いることとする．伝統的に，最も典型的な証拠は，同じ言語の2つの段階，または，異なる時代の比較から得られる．例えば，中英語と現代英語の比較，ラテン語とロマンス諸語の比較，古ノルド語と現代ノルウェー語の比較，漢王朝の中国語と21世紀の（北京方言に基づく）標準中国語 (Mandarin Chinese) などがある．もちろん，このような比較は，古い時代の言語が書かれた記録を持っている必要があるので，このタイプの証拠は，すべての言語に対して常に利用可能であるとは限らない．古い時代に書かれた記録が利用可能な言語に関しては，起こった変化を容易に特定できる．

例えば，英語の古い時代に遡ってみると，主語に対する二人称単数代名詞がthou で，目的語は thee で，所有格は thy/thine であった．[11] もちろん，今日，これらの代名詞は（ふつうは宗教的な）かなり特別な状況を除いては使われず，代わりに，二人称単数としては主語と目的語には you が，所有格には your が使われる．16世紀末の William Shakespeare の作品（『お気に召すまま (As

---

[11] 訳者注：thy と thine は，現代英語では，それぞれ，your, yours に対応する所有格代名詞である．OE の時代，thine (=þin) は，所有形容詞として母音または /h/ からはじまる名詞の前にのみ生じ，それ以外の名詞の前では thy (=þi) が使われていたが，ME の時代に，thy が二人称所有代名詞の不変化形として確立するに至り，thine は yours の意味でのみ用いられるようになった．関連する議論は，中尾 (1972: 138) を参照．

You Like It)』(第1幕第3場)の中から,以下の一節を考えてみよう.

(10) CELIA
O my poor Rosalind, whither wilt thou go?
(ああ,おいたわしいロザリンドよ,どこにいらっしゃるの?)
wilt thou change fathers? I will give thee mine.
(父さまを取りかえないこと?あたしのを差し上げるわ.)
I charge thee, be not thou more grieved than I am.
(お願いだから,あたしよりおおくは悲しまないでくださいね.)[12]

Shakespeare がこれを書いて以来 400 年の間に,これらの二人称単数の代名詞は通常の会話としての発話の中からは消えてしまっている.その代わりとして,我々は you の形式を使うが,これは以前は二人称複数を示していたものである.

音における変化もまた,歴史上の文書の中で遡ることができる.例えば,ラテン語で2つの母音に挟まれたtを綴り字に持つ語は,スペイン語ではdを綴り字に持つ(スペイン語は,すべてのロマンス諸語がそうであるように,ラテン語から派生したものである).例は (11) である.[13] (ロマンス諸語の言語学では伝統的にそうするのだが,ラテン語の名詞は,俗ラテン語(Vulgar Latin)と呼ばれるものを表すために,格標識の接尾辞をつけずに引用してある).

(11) ラテン語　　スペイン語
　　 vita　　　　vida　　　　　（命）
　　 metu　　　　miedo　　　　（恐怖）
　　 rota　　　　rueda　　　　（車輪）
　　 civitate　　ciudad　　　　（都市）

書かれた文書を使う際には,使われる(音価を示す)表記(symbol)の値についての証拠がなくてはならない.ラテン語のtが無声歯・歯茎閉鎖音(voiceless dental or alveolar stop)としての [t] を表していたということを,どうす

---

[12] 訳者注:この日本語訳は,阿部知二の訳書『お気に召すまま』(1939 年第 1 刷刊行)からの引用である.
[13] 訳者注:ラテン語で2つの母音に挟まれたtを綴り字に持つ語は,すべてのロマンス諸語で d を綴り字に持つ,というわけではない.例えば,現代フランス語の「命」は vie,「車輪」は roue,「都市」は cité であり,綴りに -d- はない.

れば知ることができるだろうか．この場合，我々は，ラテン語の文法家たちの書き物に頼る．彼らは，自分たちの言語の音を記述しており，その中で t は無声歯閉鎖音を表す，と報告している．現代スペイン語の場合は，書かれた表記が音価を正確に示すか否かを検討する必要もある．ふつう d は，[t] と同じ調音点での有声閉鎖音（voiced stop）を表し，この閉鎖音はラテン語からスペイン語になる間に有声化したということを示すが，今日のスペイン語を注意深く聞くと，今では母音と母音の間に生じる d の文字は，有声歯間摩擦音（voiced interdental fricative）として発音されていることに気づく．

このような例でそうであるように，音変化についての証拠のもう1つの出所は，書かれた表示と現在の発音のあいだの違いに求めることができる．もしある言語における綴りが一度はその発音を多かれ少なかれ正確に表示していたという十分な証拠があるならば，その発音がもはや綴りと合っていない事例は，変化が起こったことを示している．上述のスペイン語の例では，ある時点では d という文字は閉鎖音を表していたという確信をかなりの程度でもつことができる．それがいま摩擦音になっているという事実は，音変化が起こったことを意味している．もう1つの例として，英語の方言における母音の後ろの r がある．それは，綴りには現れているが，イギリス英語，オーストラリア英語，そしてアメリカ英語の一部においては，話者は car, here, bird といった語において [ɹ] の音を発しない．彼らは，反転音（retroflex）の [ɹ] ではなく，長母音か，シュワ（schwa）のような母音を発する．[14]

古い時代の用法が記録に残っていない言語や，書き言葉の体系がかなり最近になって発達したために発音との間であまり大きな差を示さない言語に関して言えば，実際に起こった変化についての証拠は他の出所に求められる．変化は，関係する複数の方言や言語を比較するときに明らかになる．言語は常に変化しているので，同一の言語の話者が，あるグループが別のグループから移住によって離れることによって地理的に隔てられたとき，2つのグループの言語は異なった方法で変化する可能性がある．時間が経つと，多くの変化の蓄積によって2つのグループは異なる言語を話すようになり，もはやお互いに理解し合えない状態になるだろう．しかし，我々が結果的に生じた2つの言語を比較してみると，類似点と相違点が見いだされるだろう．相違点は変化した点を表すので，これらの相違点から我々はどのような変化が起こったかを再建することができる．例えば，（南アメリカ大陸の広い地域でいま話されているイ

---

[14] 訳者注：シュワ（schwa）とは，/ə/ という，通常アクセントの置かれにくい，あいまい母音のことである．

ンカ族の言語である）ケチュア語の様々な変異体の中で，1 つの変異体である
ケチュア語族のアンカシュ語（Ancash Quechua）でだけは，hara（トウモロコ
シ）のような語における語頭の音が /h/ であって，他の言語では語頭の音は /s/
である．いくつかの事項を考慮に入れると，我々は暫定的にではあるが，親言
語における語頭の /s/ がアンカシュ語においては過去のある時点で /h/ に変化
したのだ，と結論することができる．[15]

このような例の別例は，オーストロネシア語族のトアバイタ語（To'aba'ita）
現れる．Lichtenberk（1991）が発見したところでは，この言語ではいくつか
の前置詞がいくぶん動詞に似た振る舞いをする．例えば，（「〜から離れて」を
意味する）奪格（ablative）の前置詞 fasi は，目的語を示す際に，動詞と同様
の接辞を取る．しかし，fasi はこの言語では決して動詞として使われない．と
ころが，関連のあるクヮラアエ語（Kware'ae）には fa'asi という動詞があり，
「残す（leave）・見放す（forsake）・出発する（depart from）」を意味する．こ
のことは，トアバイタ語の fasi はかつては動詞であったという仮説に対する
証拠となる．

書き言葉の歴史を持つ言語であれ持たない言語であれ，進行中の変化は変異
を生み出し，この変異についての研究が，変化がどのように起こるかについて
の優れた証拠をもたらすこともあり得る．例えば，スペイン語の方言には，
/s/ が，特に音節の末尾においてどのように発音されるかについての数多くの
変異がある．/s/ が /h/ に似た音をもつか，完全に無視されることがよくある．
多くのカリブ海の方言やいくつかの南アメリカの方言でこの変異が見られる．
例えば，estas casas（これらの家）は，これらの方言では [ehtahkasah] と発音
されることがあり，[etakasa] と発音されることさえある．このような発音は，
これらの方言において起こった変化の結果を表している．

進行中の変化を表すように見える変異の別の事例として，この章の早い段階
で論じたフランス語の否定構文の一部としての ne の消失がある．

1.2 節で見たように，フランス語で節を否定する通常の方法は 2 つの部分か

---

[15] 訳者注：井上（1980: 224-227）によれば，日本語では，1950 年代までは存在しなかっ
た拗音が 1960 年代以降多用されるようになった結果，それまで「パーテー」「ビフエ」などと
表記されていた外来語（party, buffet）が「パーティー」「ビュッフェ」などと拗音を用いて表
記されるようになったという．同時に，話し言葉の音は容易に変化するのに対して，書き言葉
の漢字や仮名の使い方は変化する前の形をそのまま受け継ぐケースが多く，そこに不整合が生
じ，字を書ける人ほど，その不整合，つまり音と文字のずれに悩む，という問題を指摘してい
る．また，金田一（1976）には，日本語の上代から古代，中世，近代を経て現代に至るまでの
音変化についての記述が詳しい．

らなる．ne が動詞の前に生じ，pas が動詞の後ろに生じる．この ne は母音の弱化（reduction）に伴う非常に小さな音節なので，n'est（〜でない）のように削除可能な弱化母音をもつことができる．今では，母音と同様子音も削除され，pas だけで否定を示すことがよくある．これは，若い世代の話者のほうが年配の世代の話者より頻繁に ne を削除するという事実によって示されるように，進行中の変化である（Ashby 1981）．

　ここまでに提示した言語変化のあらゆる根拠の中でも，最も信頼のおける最良のものは，最も直接的なもの，すなわち，進行中の変化に起因する変異の研究である．これらの事例においては，我々は進行中の変化を見ながら，その起源と拡がりに影響を与える要因を特定することができる．これ以外の証拠の出所は，時間的深度（time-depth）に応じて信頼度が異なる．[16] 数百年単位で分けられた言語の時代区分であれば，同じ言語を千年単位で分けた時代区分よりも，より信頼に値する証拠が得られるはずであり，数百年単位で分けられた方言（dialects）であれば，数千年単位で分けられた言語（languages）よりも，よりよい証拠が得られるはずである．しかし，異なる言語の間にも異なる時代にも同じタイプの変化は起こるので，我々は，変化がどのように起こるか，なぜ起こるかを理解するのに役立つ多様な証拠を使うことができる．この本では，変化の本質を理解する手助けとなるような，これらすべてのタイプの証拠を使うことになるだろう．

1.5. なぜ言語は変化するのか

　ここまで，我々は，異なる言語で起きた変化の例を見てきた．そして，私は，1 つの言語内では長期間にわたって変化しないものも多いという事実についてコメントしてきた．社会的慣習（convention），すなわち，我々が自分たちの周りの人々と同じように話す傾向こそが，言語の特徴を何世代にもわたる言語使用者を通して同じ状態に保つのである．しかし，何が言語を変化させるのだろうか．非常に一般的な答え方は，我々の言語の語や構文は我々の心・脳（minds）と身体を巡り，ある話者から別の話者へと言語使用（usage）を通じて受け渡されていくにつれて変化する，というものだ．この過程こそが，我々

---

[16] 訳者注：Oxford English Dictionary によれば，time-depth とは，「特定の文化や現象などが持続する連続的な期間（the span of time occupied by a particular culture, phenomenon, etc.）」のこと．ただし，この人類学の用語を歴史言語学に援用する場合，「言語の分離時期を推定する数値」の意味で用いる．詳しくは，第 10 章の訳者注 1 を参照．

がこの本で研究するトピックである．今ここで，非常によく起こるように見える言語変化の3つの傾向をリスト化しよう．

言語は，（語と構文を記憶から呼び起こすという）認知的アクセス（cognitive access）と，産出のための一連の決まった運動（motor routines of production）の両方を含む活動である．そして，我々は，同じ語と構文を一日，一週間，一年という期間の間に何度も使うので，これらの語と構文は，繰り返される行為が受ける類のプロセスに従うことになる．人は，車を運転するといった，多くの異なる下位部分を含むような新しい活動を学ぶとき，練習や反復によって，その動きはよりなめらかになり，予測してある行動と別の行動を重ねたり，重要ではない動きを減らしたりすることができるようになる．類似のプロセスは，我々が語や句を何度も繰り返すときにも起こる．第2章で見るように，このようなプロセスは，言語の音の変化の多くの側面の中に明らかである．反復の効果は，語や構文が，それらが伝える意味の量においてある種の縮減を受ける場合にも見いだされる．例えば，how are you?（ご機嫌はいかがですか？）や what's up?（最近どうしてる？）のようなしばしば繰り返される句が，単なる挨拶の表現になり，文字通りの答えを真に要求しているわけではない，といったことがある．

人が世界にアプローチするさいに広く見られるもう1つのプロセスに，経験からパターンを形成し，これらのパターンを新しい経験や考えに応用する，というものがある．言語は，繰り返されるパターンで満ちている．例えば，英語で名詞に /s/ や /z/ や /iz/ を加えて複数形を作るとか，助動詞を主語の前に置いて疑問文を作るなどがそれで，より特定的なパターンとしては，good friends が，慣習的な語の結びつきで，「良い友達（nice friends）」ではなく親密な個人的関係を表すような場合がある．我々は言語を使うとき，絶え間なくパターンとの突き合わせを行っており，そうしながら，特定のパターンを強化している．また，我々は，パターンを新しい方法で利用することもある．言語使用の際のこれらの行為が言語を変化させる可能性がある．変化が起こるのは，新しいパターンが生じるとき，パターンがその分布を変えるとき，あるいは，パターンが失われるときである．この本の章の多くでは，言語のパターンが時間を経てどのように変化するかや，特定の方向への言語のパターンの変化にどんな要素が影響を与えるかに関心を向ける．

言語変化のもう1つの主要な要因は，語や言語のパターンの文脈の中での使われ方である．頻繁に生じる文脈によって与えられる意味は，非常にしばしば，変化につながる可能性がある．ある特定の文脈で使われる語や構文は，これらの文脈と関連づけられるようになる．例えば，what's up? という表現が，

人と人がお互いに会ったときの最初の発話としてしばしば生じるならば，それは挨拶の表現になり，もはや文字通りの答えを要求するものではなくなる．聞き手は，構文が生じる文脈から推論し，これらの推論結果が構文の意味の一部となる．「be going to + 動詞」という構文は，I'm going to visit my sister today（私は今日妹を訪問しようとしている）のように，意図の表現が推論されるときにしばしば使われるので，最終的に，この構文は，I'm going to tell him the truth（私は彼に真実を告げようとしている）のように，場所の移動が一切含まれないときでも意図を表すようになるのである．

話し手と聞き手がコミュニケーションをするときに使うプロセスは，すべての言語に共通し，すべての言語使用者にも共通しているので，言語変化は通言語的に非常に似通ってくる．どういう意味で言っているかというと，例えば，この章で私がこれまでに挙げたすべての例について，それと類似の変化を受けたか，または，いま変化を受けつつある，別の関係のない言語を見いだすことができる，ということだ．詳細な部分は異なる場合もあるかもしれないが，通言語的に，また，すべての時代を通じて，変化には薄気味悪いほどの類似点があるのである．この類似点こそが，言語変化を興味深くし，研究する価値のあるものにしているのである．

1.6. 言語変化は良いことか悪いことか

言語学の研究者は，言語変化を言語の不可欠な一部であり，言語使用の避けがたい結果であるとみなす．変化は言語に当然のことであり，良いことでも悪いことでもない．この見解は，大衆的な刊行物でときどき表現される，進行する変化はその言語の名誉を貶め地位を下げるという見解と対照をなす．言語は社会的慣習によって存在しているので，多くの人々は，彼らが（この世に）登場したときにそうであったのと同じ状態にとどまるべきだと感じている．例えば，私が成長期に話していた方言は，英語の二人称複数形 you や you all を使うものであった．今日，アメリカ英語の話者には（特に若い世代ほど）you guys という言い方をする人たちがますます増えつつある．私は you guys という言い方があまり好きではないが，その理由は，それがくだけた形であると思われるからであり，女性の聞き手（addressee）に対しては不適切だと思われるからでもある．しかしながら，あまりにたくさんの人がそれを使っているから，というだけの理由で，結局それを使うようになってしまっている．自分のまわりの至る所で使われている発話のパターンというのは，抗しがたいものである．したがって，ある変化が勢いをつけると，止めることができる可能性は

低い．

　you guys という表現が，かつては複数の男を指していたが，今では誰を指すこともできるという事実は，——「男性」の意味が失われているという——まさに上で言及したタイプのとても自然な変化である．you guys という形式に起こった変化は良いことなのか，悪いことなのか．実際には，それは善悪の問題ではない．というのも，それが二人称複数を引き継ごうとしているのであれば，誰かがそれについてできることは何もないのだから．しかし，you の曖昧性の問題を解決するという点で，ある意味ではそれは良いことである．

1.7. なぜ言語変化を研究するのか

　言語変化を理解することは，共時的な状態や，その構造，その中に見いだされる変異を理解する上での助けになる．一例として，今日のアメリカ英語における you guys の地位を考えてみよう．なぜこの形が導入され，使用頻度を増してきているのか．その発達は他の言語に起こっていることとどのような関係にあるのか．英語の初期の段階には，二人称単数代名詞 thou, thee, thy と，二人称複数代名詞 ye, you, your の間に区別があった．その後，相手が一人であってもこの複数形を使うことで丁寧さを表すという慣例が発達した．これが，（親しい間柄でのみ使われた）thou 形式と（形式ばった状況と複数に対して使われた）you 形式の関係を変化させた．この（変化前の）パターンは，親しい相手に対する tú が正式な場面での usted と対照をなすスペイン語や，tu が vous と対照をなすフランス語や，du が Sie と対照をなすドイツ語のような他のヨーロッパ言語にも認められるかもしれない．

　かつて，英語もこの段階にあったが，その後，you 形式がますます多くの状況で流行り出し，thou 形式が，消滅するほど稀な用法にまでなる，ということが起こった．結果として，英語は単数と複数に対して同じ形式のセットをかなり長い間使ってきているのである．今日，もし話し手が，二人称複数を意図することを明瞭にしたいと思えば，you に何かを追加する．例えば，you all から派生された y'all, you folks, you lot, you people, youse, you guys といった例に気づくし，他にもたくさんの変異形があるかもしれない．アメリカ英語ではいまこの瞬間にも，you guys という形式が使用頻度を増しつつある．それはすでに，男性の相手のみを指すという意味を失っており，今ではより広い地理的領域へ，より多くの社会的集団へと自由に拡大しつつある．やがて，アメリカ英語で二人称複数を示す標準的な言い方になってしまうかもしれない．この例が示すことは，現在の状況が，他の言語における発達という文脈

や，過去の発達の文脈に置くことでいかによく理解できるか，ということである．

言語類型論のレベルで言えば，言語変化を理解することは，世界中の言語の間に類似点と相違点の両方を見いだすことができるのはなぜか，を説明するのにも重要である．系統的にも (genealogically) 地理的にも (areally) 無関係の複数の言語であっても，しばしば，よく似通った変化を受ける．例えば，音素としての鼻音化した (nasalized) 母音を持つ言語は，音素としての口音の (oral) （鼻音化していない）母音や鼻音 (nasal) の子音ももつ．こうした言語では，鼻母音 (nasal vowels) は口腔母音 (oral vowels) ほど一般的ではない．また，世界の言語で，音素としての鼻母音は，口腔母音ほど一般的ではない．Greenberg (1978a) が論じるように，これらすべての事例は，鼻母音の通時的な発達の仕方に言及する形で説明できる．典型的な事例においては，鼻母音は，隣接する鼻音の子音に同化することによって発達する．もしその子音が後の時代に削除されれば，鼻母音の音素が残る．このプロセスは，フランス語，ポルトガル語や，他の世界中の言語で起こってきた．鼻母音は，鼻音の子音に隣接するという特定の環境でのみ発達するので，語の中では，口腔母音ほど一般的ではない．それらは口音の母音に由来するので，鼻母音をもつすべての言語が口腔母音をもつことになる．このように，言語変化のパターンは，通言語的なパターンの理解にも役立つのである．

言語を動的で永遠に変化する社会的な道具であると見ることは，我々が言語の構造はなぜ今あるような姿になっているのかを理解する上で助けになる．最初の節で述べたように，変化は言語に本質的なものである．実際，変化は言語の現在の状態を作り出しており，過去の状態も作り出してきた．したがって，変化を研究することが言語を生み出す要因を特定する役に立つのであれば，言語がそもそもどのように進化してきたかを理解する上でも役に立つであろう．

加えて，言語変化を知ることには，他のいくつかの副次的な利点や応用の方法もある．歴史言語学の重要な焦点の1つに，複数の言語を比較することで，語族としての系統関係の認定方法 (family affiliations) を発見する，ということがある．ヨーロッパの言語とアジアの言語はこのやり方で比較され，二三の例を挙げるだけでも，印欧語族 (Indo-European) や，セム語族 (Semitic) や，フィン - ウゴル語族 (Fino-Ugric) や，シナ - チベット語族 (Sino-Tibetan) のような語族が確立されてきた．第10章では，この比較の方法論がどのように機能するかを論じることになるだろう．今日世界中で話されている言語の中で，それと他の言語や語族との関係がまだ決定されていない言語ははまだたくさんある．例えば，パプアニューギニアで話されている多くの言語や，現存す

る南北アメリカ先住民の言語（native languages of the Americas）のいくつかがそれである．これらの関係は，我々が言語変化について知っていることに基づいて最終的には確立されることになるかもしれない．

　ある地理的領域で使われる複数の言語がお互いにどのような関係にあるかを知ることは，先史の時代に起こった人々の移住についての証拠を与えてくれることもある．例えば，アメリカ先住民の言語であるアパッチ語（Apache）とナバホ語（Navajo）は，アメリカの南西部で話されているが，これらと同じ語族（アサパスカ語族（Athapaskan））に属する他の言語はすべて，はるかに北方で話されており，その大部分はカナダ北西部とアラスカである．この事実と他の事実から，我々は，南西部でアサパスカ語族を話す人々は，彼らの親戚を残して北方から移住してきたと結論する．類似の観察は，アフリカのような世界の他の地域にいる人々の移動についても行うことができる．

　先史の時代の文化についての他の情報は，言語学的再建（linguistic reconstruction）からも入手できる．例えば，上では，インド・ヨーロッパ語族（印欧語）の言語は，「鼻」を意味する語が似通っているという事実を指摘した．あらゆる文化が，人間の顔のこの特徴に言及する何らかの方法を必要としているのだから，これは驚くことではない．[17] より興味深いのは，多くのインド・ヨーロッパ系の言語を比較することで，「車輪（wheel）」や「馬（horse）」を表す名詞や，「乗る（ride）」や「操縦する（drive）」を表す動詞にも共通する（綴りの）語が存在するということである．ある文化が何に対する語を持っているかは，その文化がどのように構成されているか，それがどのように保持されているかについての重要な情報を与えてくれる．したがって，学者たちは，初期のインド・ヨーロッパ人は荷馬車や馬をもっていたと確信している．このように遠い過去までさかのぼる語の研究は，家族や政治体制，農業，宗教といった側面を再建することを可能にする（Beekes 1995）．[18]

　この本は言語の歴史ではなく言語変化に焦点を当てるので，言語比較の方法論は探るものの，その応用方法のすべてを探ることはしない．むしろ，我々はここで，言語内で，それぞれがもつ語，音韻的特徴，形態的特徴，統語的構文，意味構造がどのように変化するか，また，なぜそのような変化が起こるか

---

[17] 訳者注：ただし，英語の nose と日本語の「鼻」が指すものは異なるとの興味深い指摘については，鈴木（1973: 49-54）を参照．日本語では，「象の鼻」のように，英語では trunk とすべきものにも「鼻」を用いることがある．

[18] 訳者注：考古学と言語学のコラボレーションの可能性を分かり易く紹介している文献として，アンソニー・デイヴィッド・W.（2018）も参照．

に焦点を当てることにする．

表記法についての注

　言語変化の研究においては，多くの異なる表記上の体系が用いられる．学生が彼ら自身の書き物で使うにあたって勧められるものは以下である．これらの慣習にはこの本もできる限り従っている．しかしながら，ここで引用する作品の著者が異なった慣習に従っている場合，この本は彼らの慣習に従うのが通例である．

　おおむね音素として理解されることが意図されている音は，スラッシュとスラッシュに挟んで表記する．英語の pan で言えば，/pæn/ のようになる．

　その音の，より正確な音声的翻訳が意図されるときには，それは角括弧と角括弧に挟んで表記する．英語の pan で言えば，[pʰæ̃n] のようになる．

　語の綴り字を引用する場合，どんな言語のものであっても，イタリックで表記する．英語の sand, スペイン語の arena のようになる．[19]

　語や句や文に対する翻訳や注釈は丸括弧でくくって，スペイン語の arena（砂），のように表記する．

　再建された音や語は，それらの前にアステリスクを置いて表記する．[20] 印欧祖語の「夜」は *nokt(i) のように表記する．それらはしばしばイタリックにする．

歴史言語学に有益な参考文献

　非常に良い語源の情報とインド・ヨーロッパ語のルーツのリストを示した標準的な辞書として，ホートン・ミフリン（Houghton Mifflin）社の The American Heritage Dictionary がある．

　オックスフォード英英辞典（Oxford English Dictionary）は，英語の語に対する非常に完成度の高い系統立った記述を含む．この中には，文字の記録が残る最初期の時代（およそ紀元 800 年頃）から 20 世紀までのテキストから取られた多くの例が含まれる．オンラインでも利用可能である．

---

[19] 訳者注：原文では sand, arena はイタリックになっているが，本訳書では，一貫して，イタリックにしていない．

[20] 訳者注：本訳書の訳注には，これとは別に「非文法的」であることを表すアステリスクが用いられている．

30以上のインド・ヨーロッパ系言語において共通する語の例を与えた本としては，以下がある．

Buck, Carl Darling. 1949. *A dictionary of selected synonyms in the principal Indo-European languages*, Chicago and London: University of Chicago Press. (ペーパーバック版が入手可能)

ディスカッション用の問題

1. Shakespeare からの引用 (10) を現代英語に書き換えなさい．ここには，thou, thee, thy 以外にどのような変化が見いだされるか．
2. あなたが知っている言語において，具体的な意味と抽象的な意味の両方をもつ他の語を挙げよ．語源辞典を調べ，どちらの意味が最初に現れたかを確認せよ．チビを指す場合に使われる shrimp という語について，どういうことが期待されるか．オックスフォード英英辞典を調べ，あなたが正しいかどうかを確認せよ．
3. COHA のウェブサイト (https://corpus.byu.edu/coha/) に行き，you guys の総数を求めなさい．このコーパスは，1810年から2009年までのアメリカ英語を収録している．[21] そこに you guys の使用頻度について何を見いだすことができるか．これとこれ以外の (you all のような) 二人称複数表現を比較してもよいだろう．
4. 例えば先に言及した you guys のように，あなたの言語共同体における発話の特徴のうちで，あなたが聞いたとき違和感を感じるものを特定せよ．その特徴のうちどういう点にあなたは違和感を感じるのか．その特徴は，同じ文脈であなたが使う表現とどのように異なっているのか．この要素がその言語でどのように有益な，または通常と違う機能を果たしているのかについて，または，なぜ話し手はそちらの表現を使いたいと思っているのかについて，考えることができるだろうか．

---

[21] 訳者注：COHA は，Corpus of Historical American English の略．原著では，This corpus spans American English from 1810 to 2000. と書かれているが，正確さのために修正して翻訳した．また，COHA の URL も，現在のものに修正した．

第2章 音変化

2.1. 音変化とは何か

　言語音は時間を経て様々に変化する．「音変化」と呼ばれるものは言語音に見られる特定のタイプの変化を指す．この特定のタイプの変化がとりわけ興味深いのは，これが極めてよく見られ，また言語の中で体系的に生じ，また異なる言語間でとても似通っている点である．本章と次章では，次の段落で定義する音変化という現象を扱う．

　音変化とは，語における分節音（時には2つ以上の分節音）が特定の音声環境，すなわち周囲の音声学的な環境によって条件づけられ，発音上の変化を起こすことである．典型的には，音変化は規則的である．すなわち，ある言語の語彙全体を対象に，ある特定の音環境にある当該の音をもつすべての語に渡って，当該の変化が生じる．以下に述べていくように，こうして生じる音変化の有り方は様々であって，音自体が消失することすらある．よく知られる音変化の例として，以下の2つが挙げられる．

1. 1970年以降，ブラジルポルトガル語（Brazilian Portuguese）のいくつかの方言（とりわけリオデジャネイロを含む主要都市の方言）において，歯閉鎖音（dental stop）の /t/ と /d/ が前舌狭母音（high front vowel）/i/ およびわたり音（glide）/j/ の前で口蓋化（palatalize）していると報告されている．表2.1に挙げた Cristófaro-Silva and Oliveira Guimarães (2006) のデータを参照されたい．

　表2.1から，有声・無声の歯閉鎖音が，強勢が置かれるか否かによらず，また鼻音化（nasalize）するか否かによらず，前舌狭母音 /i/ および渡り音 /j/ の前で後部歯茎音に変化していることがわかる．この変化はごく最近生じているものだが，ある方言では極めて規則的に生じている．この音変化については，

1970年代の報告の存在によって直接知ることができ，またこの変化が起こらなかった他の方言の存在からも知ることができる．この音変化は同化 (assimilation) と呼ばれる．歯閉鎖音が，それに後続する硬口蓋 (palatal) の母音やわたり音に類似するようになるからである．同化についてはさらに次節で詳しく論じる．

2. 変化の第二の例は，16～17世紀の英語で生じたものである．その頃まで，knee, know, gnaw, gnat などにおける，/n/ の前に生じる語頭の /k/ と /g/ は実際に発音されていた．17世紀の終わりまでに，これらの子音は英語のどの語でも発音されなくなっていた (Görlach 1991)．これらの音が実際に発音されていたことは，当時の文法家たちの記録からわかることである．また，英語と系統関係を有する言語で，これらの子音連続がまだ発音されているということからもわかる．例えば，英語の姉妹言語であるドイツ語 (German) とオランダ語 (Dutch) において，英語の knee に当たる語はそれぞれ Knie と knie であるが，これらの言語において /k/ は発音される．この音変化は，当該の音が消滅してしまうので，縮約的 (reductive) である．この変化は語頭でしか生じない．語中では，acknowledge や signal におけるように，/k/ と /g/ は消滅していないのであって，これはこれらの音が音節末に生じているからである．

表2.1：ブラジルポルトガル語において口蓋化が関与する語

口蓋化が 起きた方言	口蓋化が 起きなかった方言	正書法の表記	意　味
ˈtʃipʊ	ˈtipʊ	tipo	（タイプする）
ˈtʃĩtə	ˈtĩtə	tinta	（絵を描く）
ˈahtʃɪ	ˈahtɪ	arte	（芸術）
ˈpatʃʊ	ˈpatjʊ	pátio	（庭）
tʃiˈatrʊ	tiˈatrʊ	teatro	（劇場）
ˈdʒitʊ	ˈditʊ	dito	（言った）
ˈdʒĩdə	ˈdĩdə	Dinda	（女性の名前）
ˈahdʒɪ	ˈahdɪ	arde	（刺す）
ˈĩdʃʊ	ˈĩdɪʊ	índio	（先住民）
dʒiˈbaiʃʊ	diˈbaiʃʊ	debaixo	（下に）

これらの音変化は，同化と縮約という，最もよくみられる2つの音変化の例である．2.2節と2.3節で，これらの変化タイプに属する様々な変化を扱いな

がら詳しく検討し，同時に変化を引き起こす音声的な原因を探る．そのために，同化や縮約，またその他の音変化において発音がどう変化し，それが音響的にどのような結果をもたらすかを注意深く考察していく．

　ここで，話を進める前に，音変化に関する2つの特徴を強調しておかなければならない．

　1.　上述したように，音変化は一度それが完成すると当該言語の，当該の音環境を満たす音声を含むあらゆる語に浸透しているという意味において規則的である．しかし，だからと言って，音変化がすべての語に対して一斉に生じるというわけではない．特に断りのない限り，本章で扱う音変化の例は，当該言語のすべての語に渡ってみられる規則的な変化である．

　2.　音変化は突発的に生じるというよりも徐々に生じるものである．様々な観点からこのように考えることができる．まず，ほとんどの音変化は，音声学的にみて連続的であり，とても微細な段階を踏んで進行するように思われ，また変異を伴う．/k/ が徐々になくなっていく過程では，/k/ がより弱く，また短く発音される段階を伴って進行し，やがて /k/ が聞こえなくなる段階に到達するであろう．/t/ と /d/ が /i/ と /j/ に同化していく過程においても，初期段階ではこれらが硬口蓋のわずかながらより強い出渡り音 (palatal offset) を伴い，そのあと後部歯茎音へ完全に同化していくのである．これに対して，突発的な変化とは，例えば knee などにおける /k/ が発音されるか消滅したかの2つの段階しかなく，あるいはブラジルポルトガル語において /t/ や /d/ が後部歯茎音に突然取って代わられるような変化である．

　音変化が徐々に生じる性質のものであるということは，さらに話者共同体への広まり方からも確かめられる．ブラジルポルトガル語の諸方言において歯茎音 (alveolar) が口蓋化し始めた時，ある個人はその変化にいち早く反応し，別の個人は古い発音に長く踏みとどまっていたであろう．また，リオデジャネイロなどの都市部の方言が先に変化し，他の方言はその変化を受容していったのである．

　音変化が徐々に生じるということは，さらに以下の事実からも確認できる．すなわち，音変化は，すべての語に対して一斉に生じるのではなく特定の語にまず生じ，次第に他の語に広まっていくというのである．この現象は「語彙拡散 (lexical diffusion)」を扱う 2.8 節で詳しく論じる．

　以下では，特に発音上の変化と，その結果生じる音響的な特徴の変化に言及しながら，音声的な説明を特に重視して解説する．音変化は特定の音環境で生じるという重要な特徴があることから，音変化の音声的な要因を探ることが必要である．また，音変化が音声的な動機付けを伴っていることから，その種の

変化は系統を超えた様々な言語の，様々な時代において生じる．次節以降でみる様々な言語の類似した音変化からこの事実がわかるはずである．

本章では，同化 (assimilation)，弱化 (lenition)，強化 (fortition) を取り上げ，その他の音変化，例えば母音推移 (vowel shift) などについては第3章で扱う．第3章ではさらに，ある言語において声調がいかにして発生したかという問題を扱う声調発生論 (tonogenesis) や，プロゾディー（韻律，prosody）の変化，音素配列上 (phonotactic) の要因などによって動機付けられる変化を扱う．

2.2. 同化

同化は共時音韻論の規則においても，また音変化においてもよく見られる．そもそも，音韻規則は音変化から生じるのだから，これら2つが類似するのは当然である．同化とは，ある音が隣接する別の音に類似するようになる変化であるということができる．ある音変化がなぜ生じるかを理解する上で，関係する音連続がどう発音されるかを詳細に検討することが役に立つ．同化においては，調音器官の動きと時間的展開を考慮することが重要である．語が産出される時，調音器官は連続的な動きを見せる．我々のアルファベット書記体系（国際音声記号 (IPA) も含む）は，この点をわかりにくくしていると言える．というのも，これらの書き言葉は，語を構成する音がまるでそれぞれ独立した単位として生じるかのように書き表すからである．実際はそうではなく，あるターゲット（例えば閉鎖音 (stop)）に向かって，あるいはそれから次に移行する際の動きこそが，その音を産出し，また同定する上で重要なものであり，ある音を産出する動きは別の音を産出する動きに重なり，また影響を与えているのである．そういうわけで，以下では，それぞれの音変化を考察する際に，調音器官の動きの推移の中で起こる変化に着目する．

2.2.1. 調音運動のタイミングのずれとしての同化

この同化は，当該の音を産出する調音運動のタイミングが変わることで生じる．次の調音のための準備行動として早めに生じ，前の調音と重なる場合もあれば，調音が長くかかることで次の調音と重なることもある．これらの2つの同化現象は，伝統的に先行同化 (anticipatory assimilation) および保持同化 (perseverative assimilation) と呼ばれる．逆行同化 (regressive assimilation) および順行同化 (progressive assimilation) と呼ばれることもある．筆者は「先行」と「保持」のほうが好ましい用語だと考えるが，これは調音の実態をより

よくとらえているからである．音声学の研究では共時的にみて保持的な同化を，馴染みのある言い方で「持ち越し」（carry-over）と呼ぶこともある．

2.2.2. 先行同化

先行同化は，一連の調音運動において，後続する調音の動きが早めに生じ，結果として他の調音に重なる時に生じる．重なることで本来の調音の動きをわかりにくくしたり，別の特徴を加えたりもする．例として，2.1 節で取り上げたブラジルポルトガル語に見られる /t/ と /d/ の口蓋化を考えてみよう．この場合，硬口蓋音の舌の位置が先取りで生じ，舌先を使った歯音の調音と重なる．結果的に，舌が歯茎硬口蓋に向かって寄っていき，破擦音（affricate）の強い噪音が生じる．類似の同化はアメリカ英語でも生じ，did you, would you, last year などのような共起頻度の高い 2 語の間で，後続の硬口蓋わたり音が先取りで発音されることにより先行する歯茎閉鎖音が後部歯茎音 [tʃ] や [dʒ] に変化する．前舌狭母音およびわたり音の前における舌頂音（coronal）と同種の変化は日本語にも見られる．ロマンス諸語（Romance languages, 以下 languages は省略）では，舌頂閉鎖音と前舌狭わたり音の連続から後部歯茎破擦音が生じている（2.2.5 節）．

2.2.3. 軟口蓋音の口蓋化

口蓋化による音変化の例としてよく知られるものとしては，この他に前舌母音（front vowel, とりわけ前舌狭母音）に先行する軟口蓋閉鎖音の音変化がある．前舌母音の前に生じる軟口蓋閉鎖音が前寄りに硬口蓋音の位置で発音されることはよくあることである．英語の key と car に関して，語頭の /k/ の発音には違いがあるが，それはこの音変化の例である．言語によってはこの同化がさらに進み，前舌母音の前の子音が後部歯茎破擦音に変化する．古英語ではこの変化が生じた．英語の chin, church, choose, chest と，これらに対応するオランダ語の kin, kerk, kieze, kist を比較してみるとよい．類似の変化はスラヴ諸語（Slavic），インド－イラン諸語（Indo-Iranian），セイリッシュ諸語（Salishan），中国語（Chinese），バンツー諸語（Bantu）などといった広範な言語・語族で生じている．以下はバンツー諸語のチ・ベンバ語（Ci-Bemba）(Hyman and Moxley 1996) の例である．

表 2.2：チ・ベンバ語における語根頭の軟口蓋音の口蓋化

a.	*-kít-	>	-cít-a	（する）
	*-kínd-	>	-cínd-a	（踊る）
	*-kèk-	>	-cèk-a	（切る）
	*-k-	>	-c-	（夜が明ける）
b.	*-kuuc-	>	-kuus-a	（こする）
	*-kum-	>	-kum-	（終わる）
	*-kóm-	>	-kom-a	（打つ）
	*-kòc-	>	-kòs-a	（強い）
c.	*-kám-	>	-kam-a	（搾乳する）

表の左側の列はバンツー祖語に再建（reconstruction）される形式である．アルファベットの c は [tʃ] を表し，アクセント記号はトーンを表している．(a) の例は軟口蓋音が前舌母音に先行する例であり，口蓋化が生じている．一方，(b), (c) では軟口蓋音が後舌音に先行する例であり，口蓋化が生じていないことがわかる．

後部歯茎破擦音は（例えば key におけるような）硬口蓋音よりもずっと前寄りで，舌の接触面も異なることから，Guion (1998) はこの変化の局面について，単に調音が前寄りに変化していっただけというよりも，硬口蓋音と後部歯茎音の音響的な類似に基づいて生じた変化であると論じている．key に見られる硬口蓋音は軟口蓋音よりも後部歯茎音のほうに類似しているのである．また，この変化は無声の軟口蓋音・硬口蓋音でよりよく生じており，これはおそらく出渡りの際に生じる摩擦音（fricative）が，有声音の場合よりも目立つという事実が一役買っていると思われる．

ヨーロッパの諸語族，例えばゲルマン諸語，スラヴ諸語，ロマンス諸語といった言語においては，口蓋化による重要な変化が多く見られる．よって以下では，口蓋化に関する議論をしばらく続けてみたい．

2.2.4. 口蓋化としての i ウムラウト

口蓋化の一環として，初期ゲルマン諸語では一群の母音変化が生じた．ある音節に強勢がある場合，後続音節に前舌狭母音やわたり音が含まれていると，広母音は狭母音化し，後舌母音は前舌化した．この変化は 8 世紀ごろに古英語（Old English, アングロサクソン（Anglo-Saxon））が初めて文字に書かれるようになる前に生じた．「i ウムラウト（i-umlaut）」と呼ばれるこの変化は，他の西部・北部ゲルマン諸語（オランダ語，ドイツ語，フリジア語（Frisian））

でも生じたが，表2.3では古英語の例を挙げている．アスタリスク付きの語は再建された語形，すなわち実際に文字資料として記録されたわけではなく異なるゲルマン諸語との比較によって推定された語形を表す．

　さらに，二重母音 (diphthong) にも同種の変化が生じている．円唇前舌中央母音 (mid front rounded vowel) が文字資料に確認できるが，かなり早い段階で非円唇化した．例えば古英語の方言の1つである西部サクソン方言 (West Saxon) では900年までに非円唇化している (Moore and Knott 1968)．円唇前舌狭母音は中英語 (Middle English) の頃まで保たれている方言もあった．

表2.3：古英語における i ウムラウト変化

広母音の狭母音化			
æ > e	sættjan > settan（取り付ける）	*æġi > eġe（恐れる）	
æ + 子音連続は通常 æ のまま		*fæstjan > fæstan（留める）	
a > e	*manni > *mænni > menn（男性（複数））	*sandjan > sendan（送る）	
ā > ǣ	*hāli > hǣl（健康）	*hāljan > hæan（癒す）	
後舌母音の前舌母音化			
o > œ > e	*dohtri > *dœhtri > dehter（娘（与格・単数））		
ō > œ̄ > ē	*dōmjan > *dœ man > dēman（判断する）		
u > y	*fulljan > fyllan（満たす）		
ū > ȳ	*tūnjan > tȳnan（同封する）		

　これらの例が示すように，iウムラウトは現代英語におけるいくつかの母音交替 (vowel alternation) の原因となっている．例えば，man/men の単数・複数のペアにおける母音交替は i ウムラウトが元になっている．もともと，この語を含む多くの名詞の複数標識は -i であり，これにより，現在の英語では foot/feet, tooth/teeth のような後舌母音の前舌化を経た単数・複数のペアや，full/fill や food/feed のような派生語として関係するペアもいくつか見られるのである．

　ドイツ語でも同種の音変化が生じている．円唇前舌母音はそのまま保持され，次の例に示すように，後舌母音と前舌母音の交替が名詞の複数標示などの形態論的なカテゴリーの標示に使われている（下記の例は正書法による．ウムラウト記号の母音はすべて前舌母音である）．

(12) ドイツ語　単数　　　　　意味　　　　　複数
　　　　　　　der Garten　　（庭）　　　　die Gärten
　　　　　　　der Bruder　　（男性の兄弟）die Brüder
　　　　　　　der Boden　　（地面）　　　die Böden

ｉウムラウトは，硬口蓋にある（狭く前寄りの）舌の調音のタイミングがずれて，すなわち先行する母音において先取りで生じてしまうという先行同化の例である．間に挟まれた子音や子音連続を超えて，広母音が狭くなり後舌母音が前舌化するという風に，強勢が置かれた先行母音が影響を受けている点に注意されたい．これらの，間に生じる子音に対する影響は必ずしも明白ではないが，軟口蓋子音は口蓋化し，他の子音も何らかの影響を受けている証拠がある（A. Campbell 1959）．このように，ｉウムラウトが調音のタイミングのずれに基づく現象であることを支持する事実として，硬口蓋のわたり音が消失している点が注目される．まるで，わたり音が前方に移動したかのようである．さらに，ウムラウトの要因が（わたり音ではなく）前舌狭母音の場合，狭母音としての特性を失っている点も注目される．

　他の音変化の場合と同様，ｉウムラウトに類する音変化はゲルマン諸語にだけ見られるわけではなく，例えばイェレ語（Yele，パプアニューギニア）(Henderson 1996) では，後続する狭母音が先行母音の狭母音化を引き起こし，アチン語（Atchin, オセアニック諸語，ニューヘブリデス諸島）(Capell and Layard 1980) にも同様の変化が見られる．

2.2.5.　初期ロマンス諸語における口蓋化

　ラテン語における硬口蓋わたり音もまた，口語ラテン語（spoken Latin）からロマンス諸語が発達していく上で大きな影響を与えている．ロマンス語学ではヨッド（yod）と呼ばれるこのわたり音は，別の母音に先行する非強勢母音 /i/ や /e/ から生じた可能性もあるが，子音から生じた可能性もある．この音はほとんどの場合，先行する子音にも，先行する音節の母音にも影響を与えた．表 2.4 で示した一連の変化は俗ラテン語（Vulgar Latin）において始まり，ロマンス諸語が発達していく時期へと続いていった．表の最終語形はスペイン語（Spanish）の語形である．（ラテン語からロマンス諸語への変化を示す際，ロマンス諸語に引き継がれた名詞の格形（たいていの場合，対格）を用い，またロマンス諸語で消失した語末子音を省略するのが慣例である．）

　表 2.4 における一連の変化は，硬口蓋わたり音の先取りの調音，すなわちタイミングのずれによって引き起こされている．当該言語のほとんどすべての子

音と母音が，数世紀を経て何らかの変化を被っている．これらの変化の順序についてはかなりよく分かっているので，子音と母音が影響を受けた順序を見ることで，どういう音が硬口蓋音の影響を受けやすいかが分かってくる．以下に，これらの変化のポイントを述べていく．

硬口蓋わたり音自体は，cŭnea や fīliu に見られるように，母音に先行する非強勢前舌母音から生じることが多かった．ラテン語文法家たちはこの音がかつて母音であって，これがわたり音になった，つまりこれに相当する母音に比べてより前寄りで狭い可能性があったことをはっきりと認識している (Kent 1945)．最初に影響を受けた子音は歯音 /t/ と軟口蓋音 /k/ であった．上述したように，無声閉鎖音は有声閉鎖音に比べて後部歯茎音になりやすい．仮に同化が，単に子音がわたり音に類似することであるなら，わたり音はそのままであったはずであるが，そうなっていない．表 2.4 は，/t/ と /k/ の現代スペイン語にいたるまでの長い変化のプロセスを示しているが，最初の口蓋化で生じた /tʃ/ はさらに変化し，より前寄りの /ts/ になって，摩擦音に弱化した（スペイン語カスティーリャ方言の /θ/ およびラテンアメリカスペイン語の /s/）．無声軟口蓋閉鎖音もまた前舌母音に先行することで口蓋化し，/j/ に先行する /t/ の場合と同様の変化を被った．[1] すなわち，ラテン語の circa はスペイン語では cerca（近い）に変化しており，dīcit は dice（言う（三人称単数））に変化した（ラテン語で c は /k/ であり，スペイン語では /s/ か /θ/ である）．

続いて他の舌頂音 /n/ と /l/ が影響を受けた．ただし，ヨッドの位置は /n/, /l/ の前後どちらの場合もある点に注意されたい．いずれの場合も，これらの音はこの歯共鳴音（dental sonorant）と同時調音されるようになった．ヨッドは消失し，調音のタイミングのずれが引き金となった証拠となっている．硬口蓋側面音はその後，側面音としての調音特徴を失い（舌の両側面が下がり），硬口蓋摩擦音になった．これはさらに軟口蓋摩擦音に変化した．

表 2.4 の (5) に示すように音節末の /k/ が硬口蓋わたり音になり，その後後続する /t/ と融合して /tʃ/ になったが，この破擦音は前の段階の変化で見られたような調音点が前にずれる変化は被らなかった．この，より後になって生じた硬口蓋わたり音は広母音 /a/ に影響を与え，これを狭母音化・前舌化して /e/ に変化させ，最終的にスペイン語でこの音は消失した．

---

[1] 訳者注：原文は"The voiceless velar stop before front vowels also palatalized and underwent the same developments as when /k/ preceded /j/"であるが，文脈を考慮すると /k/ は /t/ と判断できるため，本文ではそのように修正してある．

第2章 音変化

表2.4：俗ラテン語とロマンス語における口蓋化の影響の順序

それぞれのケースにおいて最初の形式はラテン語形であり，最後の形式はスペイン語形である (Menéndez-Pidal 1968; Penny 2002)．前掲書の記述に基づき，変化の途中の段階が再建されている場合もある (* で表示)．また，途中の段階が方言やポルトガル語 (Portuguese) に実証されている場合もある．ラテン語は音素表示であり，音素表示に対応する場合はスペイン語表記も使われている．

1. 無声歯茎・軟口蓋閉鎖音が /j/ の前で口蓋化[1]
   （母音はまだ影響を受けていない段階）
   fŏrtia > *[fortʃa] > *[fwertsa] > [fwerθa] or [fwersa] fuerza（力）
   minacia > *[minatʃa] > *[minatsa] > [amenaθa] or [amenasa] amenaza（脅威）
2. 中央短母音（長母音 (long vowel) に比べて弛緩母音的 (lax (vowel)) でかつ広く，通常二重母音的）が狭母音化
   fŏlia が hoja [oxa]（葉）になる（hueja は実際には生じない）
   nĕrviu が nervio [nerβjo]（神経）になる（niervio は実際には生じない）
   a. /l/ に先行または後続する硬口蓋わたり音が一緒になって /ʎ/ に変化した．/l/ に先行する硬口蓋わたり音は軟口蓋子音由来である．/ʎ/ はのちに後部歯茎摩擦音になり，最終的に軟口蓋摩擦音になった．
      fīliu > *[filju] > [fiʎu] > [fiʒo] > [ixo] hijo
      （息子）
      vĕrmĭcŭlu > *[vermijlu] > [vermeʎu] > [vermeʒo] > [bermexo] bermejo
      （明るい赤）
   b. /n/ に先行または後続する硬口蓋わたり音が一緒になって /ñ/ に変化した．
      signa > *[sejna] > seña（印をつける）
      cŭnea > *[kunja] > cuña（楔）
      arānea > *[aranja] > araña（蜘蛛）
3. 俗ラテン語で，強勢の環境で短音の狭母音と長音の中央母音が合流．
   ŏ と ŭ が o になった
   ĕ と ĭ が e になった
   これらの母音は，上で見た変化で生じたヨッドに影響を受けることは通常はなかったが，後続音節に新たに生じた硬口蓋わたり音がある場合は，狭母音化を起こし，i と u になった．
   fŭgio が [ujo] になった　　　　huyo（逃げる（一人称単数現在））
   vindēmia が [bendimja] になった　　vendimia（ブドウの収穫）
4. 有声の歯閉鎖音 /d/ と軟口蓋閉鎖音 /g/ が /j/ の前で消失．
   radia > raya（縞）

exagio > ensayo（試み）
両唇音と硬口蓋わたり音の組み合わせの場合は影響を受けないが，例外的に /b/ ないし /v/ の消失が散発的に生じた．
5. 音節末の /k/ が /j/ になり，さらに /t/ と一緒になって /tʃ/ に変化．
nocte > [nojte] > [notʃe] noche（夜）
lacte > [lejte] > [letʃe] leche（乳）
6. /rj/, /pj/, /sj/ 音節の音韻転換 (metathesis) と，口蓋化（先行する強勢音節へのタイミングのずれ）
riparia > *[ribaira] > [ribeira] > [riβera] ribera（岸）
casium > *[kaisu] > [keiso] > [keso] queso（チーズ）
/aj/ > /ej/ > /e/（/a/ は上述の口蓋化の影響を受けず）

---

[1] この変化過程における破擦音が母音間で有声化し，のちにまた無声化したというプロセスは省略している．

概して，両唇音と舌頂音 /r/ と /s/ は音変化の影響を受けなかったと言えるが，先行同化の，調音タイミングのずれというメカニズムの強い証拠になるとても興味深い現象に関わっている．すなわち，音韻転換である．表2.4 の (6) で示したように，ヨッドとそれに先行する /p/, /r/, /s/ の位置の交替が生じている（音韻転換については 3.7.2 節でさらに詳しく論じる）．ゲルマン諸語のｉウムラウトと同様，硬口蓋音の調音運動がこれらの子音を越えて（永続的な効果は残さず），強勢音節を狭母音化することで影響を与えているのが見て取れる．/p/ と /r/ がヨッドの先取りの調音の影響を受けなかったことは驚くに値しないが，/s/ もまた口蓋化しなかったのは予想外であるように思われる．というのも，/t/, /n/, /l/ はその影響を受けているからである．この点について，どういう説明が可能かについては，筆者にはわからない．

硬口蓋わたり音に条件づけられたこの一連の変化は，俗ラテン語から西ロマンス諸語成立にかけて数世紀に渡って生じている．関連する諸変化が時間をかけて起こることを実証しているといえよう．また，同化が子音にも母音にも影響を与える変化であること，さらに調音タイミングのずれがいくつかの分節音に渡って見られることも示している．

2.2.6. 調音点の同化

先行同化としてよく見られるもう１つのタイプは鼻音 (nasal) と阻害音 (obstruent) の調音点が，後続する調音点に同化するというものである．

例えば，ラテン語における音節末の無声の両唇閉鎖音と軟口蓋閉鎖音は，イ

タリア語 (Italian) では後続する無声閉鎖音に同化している．

(13)　ラテン語　　イタリア語　　意味
　　　nocte-　　　notte　　　　（夜）
　　　factu-　　　fatto　　　　（事実）
　　　septem　　　sette　　　　（7）
　　　scriptu-　　scritto　　　（文書）

音節末子音が後続する音節の頭子音に同化している点に注意されたい．音節におけるエネルギーは，音節頭で急激に発生し，音節末にかけて弱くなって行く．よって，音節末の子音は変化しやすい（このメカニズムは弱化についても言える）(2.5.8 節参照)．[2] 上記の例では，音節頭の調音運動が先行して生じ，音節末子音の調音運動に重なり，後者を覆い隠してしまう．すなわち，もともとあった調音運動は，変化当初は見られたかもしれないが，重なって生じる調音運動によって，前者を知覚することができなくなってしまう．この変化が徐々に進むにつれて，もともとあった音節末の調音運動は消失してしまう．

鼻音の調音点が後続子音のそれに同化する例はよく見られる．ラテン語の例を以下に挙げる．接頭辞 in- の末尾音 /n/ は，阻害音が後続する場合にはその調音点に同化し，/r/ ないし /l/ が後続する場合にはその音に完全に同化するのが見てとれる．なお，接頭辞がもともと /n/ で終わっていたことは，語幹が母音で始まる場合にこの音が現れることから確かめられる（c の前の /n/ は軟口蓋音である）．

(14)　ラテン語　　　　　意味
　　　immōbilis　　　　（動けない）
　　　indignus　　　　（不相応な）
　　　inōrnātus　　　　（着飾っていない）
　　　incommodus　　　（不便な）
　　　inhūmānus　　　　（冷酷な）
　　　irreparābiliter　（回復不能なほど）
　　　irresolūtus　　　（緩められていない）
　　　illegitimus　　　（非合法の）
　　　illimitātus　　　（制限のない）

---

[2] 訳者注：弱化は原文における lenition の訳．本書 2.5 節でも詳しく解説されているように，lenition の訳語として，しばしば「軟化」と呼ばれることがあるが，lenition は調音特徴の減少という広い概念としての reduction（弱化）の一種（子音弱化）である．

この変化は上記の接頭辞にとどまらない．別の接頭辞 com- にも同様の同化が生じている．すなわち，母音の前では com- であるが (comitium「集会の場所」)，子音の前では様々に変化している (corrīdeo「笑い合う」, collabōro「一緒に働く」, condesertor「脱走者仲間」)．この同化が英語や他の言語にも見られることに気づいた読者もいるであろう．例えば illegal, irregular, important, incompetent, collaborate, correspond, conduct などである．これらの語は，同化を被った接頭辞ごと，ラテン語から借用された語である．

上述したように，音節末子音が音節頭子音に同化することは極めてよく見られる．しかし時に，その反対の事態が生じることもある．すなわち，音節頭子音が先行する音節末子音に同化する場合である．これは保持同化の例であって，次節で詳しく論じる．

2.3. 保持（または「持ち越し」）同化

先行同化の逆の同化パターンは，先行する音の調音運動が後続音に拡張されて行くパターンである．これもまた調音運動のタイミングのずれの一種である．すなわち，調音運動の最終局面が後続する調音運動に持ち越される．この同化の方向は，先行同化に比べて通時的にも共時的にもずっと稀である．

印欧諸言語で生じる保持同化の例として，/n/ が先行する流音 (liquid) に同化するものがある．すなわち，ゲルマン祖語 (Proto-Germanic, PGmc) の *wulna > *wullō > OE wull（羊毛），PGmc *fulnaz > *fullaz > OE full（満杯の），PGmc *hulnis > OE hyll（丘）などである (Hock 1986)．同様の例は印欧祖語 (Proto-Indo-European, PIE) *kolnis > Latin collis（丘）や，OE myln > PDE mill「粉ひき場」などに見られる．L. Campbell (1999) は，フィンランド語 (Finnish) における以下のような類似の音韻交替の例をあげている．すなわち，kuul-nut > kuullut（聞いた），pur-nut > purrut（噛まれた），nous-nut > noussut（上がった）のような例である．同種の変化はさらに，ナイジェリアのチャド諸語の1つであるカナクル語 (Kanakuru) (Newman 1974) や，ナイルサハラ諸語の1つであるカヌリ語 (Kanuri) (Cyffer 1998) にも報告されている．これらの例において，関係する音がともに舌頂音であり，鼻音性が消えるという特徴がある．調音運動の観点からすると，鼻音が口音に同化するということは，口蓋帆 (velum) を下げるという調音運動が消失することを意味する．これを踏まえると，これらの例では，以下の2つのことが起こっていることになる．すなわち，2つの舌頂音の調音運動が同一になり，[l], [r], [s] として実現する．これらの3つの音は口腔 (oral cavity) 内の完全な閉鎖を欠くが，

おそらくこの特徴に呼応するように，鼻音の口蓋帆の下げという特徴が失われたのであろう．

保持同化のもう1つの例として挙げられるものは，鼻音に後続する閉鎖音の有声化である．例えば，ソケ諸語（Zoque）では鼻音と子音が同器官的（homorganic）で，かつ形態素境界に生じる場合にこの同化が生じる（k'im + pa（上がる（三人称単数））→ k'imba）(Zendejas 1995)．閉鎖音の有声化は，歴史的にカンナダ語（Kannada）にも見られた．ドラヴィダ祖語（Proto-Dravidian, PD）における *onṯu (1) はカンナダ語では ondu であり，同様に PD *kaṇ-ṯV（戦士）はカンナダ語では gaṇḍu（勇敢な人）である（Krishnamurti 2003）．調音運動の観点からは，阻害音の無声性は声門を開けることで得られる．この阻害音の有声化は同化というよりもむしろ声門の開放状態の消失である．上記の例で言えば，保持同化のように見える変化は調音運動の消失として考えたほうがよい．

先行同化の議論において，ラテン語の nocte（夜）がイタリア語の notte に変化した例などから，子音が後続の子音の調音点に同化する様子を見た．2つの子音が連続する場合に通常生じる変化はこの種の変化である．しかし，2つの子音がともに舌頂音である場合，「持ち越し」型の同化が可能である（Blevins 2004）．例えばオーストラリア諸語ではこれが広く見られ，ほかにノルウェー語（Norwegian）でも，語境界でこれが見られることがある．例えば，/væʈ/（現在完了におけるコピュラの形，英語の been 相当）が /dæːr/（そこに）に先行し，/væʈdæːr/（そこにいた）という表現を形成する時，そり舌音 /ʈ/（retroflex）が後続の子音に同化を生じさせる．ただ，この変異は語境界で生じるものであるから，これが音変化に至るかどうかは不明である．

よくあることではないが，口蓋化が先行同化だけでなく保持同化を引き起こすことがある．例えば，すでに述べたように，ラテン語の音節末 /k/ は，/t/ の前で硬口蓋わたり音になり（lacte > ポルトガル語の leite（乳）），さらにスペイン語ではこのわたり音と /t/ がともに後部歯茎音 /tʃ/ になっている（leche）．

同化の要因となる環境が，変化を被る音の前と後のいずれでもありうるようなケースもある．現在のケチュア諸語（Quechua）は，もともと3母音（*i, *u, *a）しか持たなかった祖語に遡ると考えられているが，口蓋垂音の前後いずれの狭母音も広母音化するという変化があった．例えば，ケチュア祖語の *qulʸqi「お金」は現在のクスコ方言（Cuzco Quechua）では [qɔlʸqe] と発音され，*suqta (6) は [sɔqta] と発音されている．共鳴音が間に入っていても，口蓋垂音の影響による広母音化は見られる．例えば，ケチュア祖語の *sunqu（心臓）は現在のクスコ方言では [sɔnqo] であり，*pirqa は [pɛrqa] である（Adelaar 2004). 口蓋垂閉鎖音は，舌を後ろに引いて口蓋垂（uvular）に接触させることで産出されるために，狭母音 [i] や [u] を発音するために舌を高い位置に置いていたものが下げられる（広母音化する）のである．

2.4. 同化に関するまとめ

調音的に見ると，同化が生じるのは調音運動のタイミングがずれ，隣接する調音運動に重なって影響を与えるときである．先行同化のタイミングのずれは保持同化におけるそれよりもよく見られる．これは，神経運動の流れが，次の動きを予期することでスムーズになることに関係しているのだろう．通常の発話をスムーズにするために，話者は調音運動の流れを予期できていなければならない．これによって，ある調音運動が先取りで生じてしまう可能性が出てくる．一方，持ち越しによるタイミングのずれの原因ははっきりしない．以下のような指摘は参考になるかもしれない．すなわち，舌の本体や唇など，体積の大きい調音器官はあまり敏捷ではなく，そのため分節音ごとに正確に調音運動を終えることができない (Recasens 1999)．

同化を調音運動のタイミングのずれとして理解すると，ほとんどの同化現象は隣接する音を対象に生じることになる．これに該当しないケースとして，ウムラウト現象を挙げた．ウムラウトの場合，隣接しない母音やわたり音が先行する母音に影響を与える．これは，母音の調音における舌の位置が，子音を超えて持続可能だからである．ロマンス語の音変化の場合，子音と母音がともに影響を受けたが，ウムラウトの場合，母音だけが影響を受けている（母音調和である）．ウムラウトの他に，ケチュア語における狭母音の広母音化もまた，隣接しない音を対象にした同化の例である．ここでは，同化に関与する口蓋垂音と母音の間に，共鳴音が生じうる．Hock (1986) は，母音の長さなど，調音運動に関係しない素性は同化しないとも述べている．

2.5. 弱化

調音運動の強さや長さが減退するあらゆる変化を，弱化 (reduction) という用語で表現することにする．子音弱化 (lenition) は，弱化のうち，語中，ないし時に語頭の弱化を含む概念である．本節では，子音弱化を先に扱い，続いてそれ以外の，母音への影響を含む弱化をみる．子音弱化は（訳者注：lenition すなわち軟化として）伝統的に用いられてきた用語であり，研究者によって異なった定義がなされているが，子音弱化を，弱化 (reduction) と区別して

特別な用語（lenition）を与える理由はない．これらの用語は，単に先行研究と用語上の一貫性を持たせるため，また説明上の便宜として用いて行く．

2.5.1. 子音弱化

弱化一般であれ子音弱化であれ，考えるべきポイントが2つある．すなわち，関連する調音運動変化のタイプと，変化が生じやすい場所である．子音弱化を考える際，まず調音運動変化について2つのタイプを区別すべきである．すなわち，子音の調音が弱くなって最終的になくなってしまう消失と，子音が母音に近くなって行く共鳴音化（sonorization）である．

2.5.2. 消失に向かう子音弱化

弱化かどうかを見極める際，一貫して調音的な観点から考え，音響的，聴覚的な観点は考慮しないことにすると，調音運動の強さないし長さが減退する変化は弱化であるとみなせる．調音運動の減退が音響的ないし聴覚的な強さを増大させることもありうるが，それでもこれは弱化であるとみなす．この点を強調する理由は，閉鎖音が破擦音に（そしてその後摩擦音に）なることを強化（strengthening）とみなす研究者もいるからである．そう考える根拠は，閉鎖音よりも破擦音のほうが出渡りの摩擦がある分，音響的な強さが加わるからである（Foley 1977）．第二次ゲルマン子音推移（古高ドイツ語子音推移）（それぞれ Second Germanic Consonant Shift, Old High German Consonant Shift）における無声閉鎖音の破擦音化（例：英語の apple, tide に対するドイツ語の Apfel, Zeit [tsait]）に関して，環境によってはこれらの閉鎖音は摩擦音に変化した．すなわち，英語の ship, out, make に対するドイツ語の Schiff [ʃif], aus, machen [maxən] などにみられる変化である．調音的観点から，これらの変化は弱化あるいは子音弱化であり，それは閉鎖の持続時間が減退するからである．場合によって摩擦音化しているのも重要である．つまり，閉鎖音から摩擦音になる変化は間違いなく弱化である．無声閉鎖音の破擦音化ないし摩擦音化は現代語にも見られ，例えば英語のリバプール方言に報告がある(Honeybone 2001).[3] この種の変化についてはさらに 2.10 節で議論する．

これらの変化を「消失に向かう弱化」とするのは，弱化の結果生じる摩擦音がさらに弱化することが非常によくあるからであり，それについては次節で論じる．

---

[3] 訳者注：Honeybone (2001: 214) には，*crime* [kxɾaɪm], *expect* [ɛxspɛxt], *time* [tsaɪm] のような例が挙がっている．

2.5.3. 口腔内調音の消失

　閉鎖音から破擦音・摩擦音への変化は，より長い子音弱化過程の第一段階になることがある．この最終段階として，口腔内の調音の消失（あるいは非口腔音化, debuccalization）がある (-bucca- はラテン語の「口」の意味). 例えば，無声両唇閉鎖音 /p/ は弱化して完全に消失する傾向がある．実際，無声閉鎖音のうち /p/ だけを欠く言語は多い (Maddieson 1984). 日本語にもこの変化が生じているらしく，語中の /pp/ はあるものの，/p/ は借用語（loan word）以外には見られない．日本語における /p/ は，弱化の結果，後続する母音と調音位置が同じ無声閉鎖音になっている．すなわち [ɯ] の前では [ɸ] として, [i] の前では [ç] として，それ以外の母音の前では [h] として生じる．類似の変化が地球の反対側でも起こっている．ウガンダで話されているバンツー諸語の1つ，マサバ語 (Lumasaaba) では，鼻音に後続しない /p/ が /a/ の前では /h/ になり，前舌母音の前では /j/ になり，後舌母音の前では /w/ になる．以下の例で，/p/ として実現している例はその前に接頭辞 /iː-/ がついているが，これはかつて /in-/ であった．この鼻音が消失した後も，この環境では /p/ がそのまま残っている．

(15)　マサバ語 Luhugu 方言 (G. Brown 1972)
　　　iːpaya（雄ヤギ）　　　　kahaya（小さい雄ヤギ）
　　　iːpamba（私が掴む）　　kuhamba（掴む）
　　　iːpiso（針）　　　　　　kuyiso（小さい針）
　　　iːpeːla（私が息切れする）kupeːla（息切れする）
　　　iːpola（私が休む）　　　kuwola（休む）
　　　iːpuna（私が刺す）　　　kuwuna（刺す）

　この例から，/p/ が弱化して後続する母音に同化していることがわかるが，それ以外にも，一定の順序で生じる音変化の結果も見て取れる．接頭辞末の鼻音は /p/ の前では /m/ であって，この鼻音の閉鎖が /p/ の閉鎖を強化し，結果的に /p/ の弱化は鼻音の後では生じなかったのである．その後，無声閉鎖音の前で鼻音が消失し，/p/ が再び弱化する環境に置かれることになった．しかし，その時にはすでに /p/ を弱化させる音変化が止まっており，/p/ は変化しなかったと考えられる．

　発声器官の調節による口腔内を狭める動作，つまり，非口腔音化の他の例として，/s/ や /f/ が /h/ に変化する摩擦音の弱化がある．スペイン語の様々な変種に広く見られる変化は，音節末 /s/ の帯気音化と消失である．特にカリブ海やラテンアメリカのいくつかの地域，アンダルシアのスペイン語において，子

音の前に生じる /s/ は歯茎調音がなくなり，声門摩擦（glottal fricative）ないし無声区間 [h] として実現する．例えば，estilo [ehtilo]（スタイル），felizmente [felihmente]（幸福そうに）などである．語末でもこれが生じ，とりわけ /s/ に子音が後続する場合にそうである．例えば，animales finos [animalehfinos] などである (Terrell 1977)．方言によっては，/s/ は母音間でも弱化し，特に先行する母音が中央ないし広母音の場合にそうである．これは，語頭でも生じる．例えば，pasar [pahar]（起こる），la señora [laheñora]（その女性）などである (Raymond and Brown 2012)．

他の摩擦音も非口腔音化，すなわち口腔内の狭めの消失を起こしうる．古スペイン語（Old Spanish）の /f/ は /h/ に弱化し，ほとんどの語で完全に消失している．すなわち，古スペイン語 fecho > 現代スペイン語 hecho（やった），fablar > hablar（話す），fumo > humo（煙）などである．しかし，この変化は完全に規則的というわけではなかった．/w/ の前では唇音の調音運動が強化されて /f/ は保たれたが（例：現代スペイン語 fuerte（強い），fuego（火）），時に固有名詞にも /f/ が残存し，Fernando と Hernando のような交替形が見られる．他にも /f/ が残る語例がある．なぜある語に /f/ が残存するかについては，Brown and Raymond (2012) を参照されたい．

軟口蓋摩擦音も非常に類似した変化を起こしうる．印欧祖語の軟口蓋閉鎖音 *k は例えばラテン語の cent-（100），capere（捉える），cornū（角），-clinare（習う），canis（犬）などに見られるが，これは古英語において軟口蓋摩擦音に変化した．例えば，hund (100)，habban（起こる），horn（角），hlœn（習う），hund（犬）などである．古英語では，子音の前の h の綴りは単に無声の区間を表しており，現代英語ではほとんど消失している．方言によっては，母音の前の /h/ も消失した．ウラル諸語（Uralic）においても，同様にもともとあった /k/ がハンガリー語（Hungarian）で /h/ に変化している．

表 2.5：無声閉鎖音の弱化の経路

無声閉鎖音	>	破擦音	>	摩擦音	>	無声区間	>	消失
p	>	pf	>	f	>	h	>	ø
t	>	ts/tθ	>	s/θ	>	h	>	ø
k	>	kx	>	x	>	h	>	ø

これらの子音弱化に関して，系統を超えて通言語的に成り立つ変化の経路，すなわち一定の変化の順序がありそうである．この経路は一方向的である．すなわち，変化は常に閉鎖音から破擦音を経由して摩擦音，/h/，そして消失へ

と至る．その逆の変化はありえない．この変化経路を表2.5に示す．上述の通り，これらの変化経路の各ステップは2つ以上の言語に実例が報告されている．この経路の辿り方は言語によって様々である．例えば，/p/ の弱化が /h/ に至り，それが後続母音に同化する状況をすでに見たが，ほかにも，破擦音の段階が見られず，その代わり他の変化が見られる可能性もある．しかし，表2.5で示した経路は一般的な傾向を示していると言える．

　これまで見てきた例は，無声閉鎖音が摩擦音化していく例であったが，有声閉鎖音もまた摩擦音に変化することがあり，これは特に母音間で見られる．イベリア半島およびラテンアメリカのスペイン語のいずれにもこれが見られ，語中および語境界の /b/, /d/, /g/ が母音間で摩擦音になる．例えば，lobo（狼）は [loβo] と発音され，lado（へり）は [laðo] であり，lago（湖）は [laɣo] である．使用頻度が高い語において，歯摩擦音がさらに弱化して消失する場合もある．

2.5.4. 有声化

　特に母音間やその他有声音が生じる環境において，無声の閉鎖音と摩擦音が有声化することがある．ラテン語の無声閉鎖音 /p/, /t/, /k/, /kʷ/ は，俗ラテン語において母音間で有声化し始め，ほとんどのロマンス諸語で完全に有声化した．以下に挙げる例はラテン語とスペイン語の正書法に書かれている．ラテン語とスペイン語の間には，他の変化も生じているが，今はこれらは無視する．上で述べたように，スペイン語における有声閉鎖音は摩擦音化するか，完全に消失することもある点に注意されたい．

(16)　ラテン語　　スペイン語　　意味
　　　lupu　　　　lobo　　　　（狼）
　　　ad-ripa　　arriba　　　（上に）
　　　vita　　　　vida　　　　（命）
　　　rota　　　　rueda　　　（車輪）
　　　secure　　　seguro　　　（安全な）
　　　aqua　　　　agua　　　　（水）

この変化は，母音間で生じることから，時に同化として記述されることがある．すなわち，母音の声帯振動が子音まで拡張するということである．しかし，調音の観点からすると，実際に起こっていることは，閉鎖音の無声区間を作るべく声帯を開く声門動作が短くなり，強さが減退し，最終的には消失してしまい，結局，残された母音の声帯振動が継続することになる，ということである．こう考えた時，声門の開きの弱化がこの変化の要因であり，子音弱化の

一種として分類するのが適切であることがわかる．

　無声摩擦音も，母音間でよく有声化する．実際，古英語の無声摩擦音 /f/，/θ/，/s/ は母音間で有声化した．

(17)　　古英語　　　　　現代英語
　　　　seofon　　　　　seven
　　　　hefiġ　　　　　 heavy
　　　　ofer　　　　　　over
　　　　broþor　　　　　brother [ð]
　　　　hwœþer　　　　　whether [ð]
　　　　risan　　　　　 rise [z]
　　　　dysiġ（愚かな）　dizzy

声門の開放区間が短くなって消失するという意味において，これもまた子音弱化の例である．

2.5.5. 短子音化

　重子音 (geminate) は，対応する非重子音よりも狭めの時間が長い子音である．重子音と非重子音の対立がある言語は多く，古英語，フィンランド語，ラテン語，イタリア語，タミル語 (Tamil) などに見られる．重子音が短くなって短子音化 (degemination) する時，子音の調音における閉鎖や部分的な閉鎖の持続時間が短くなるのだから，ここでも子音弱化が生じていると考えることができる．以下の例に示すように，ラテン語には無声閉鎖音の重子音が存在したが，これらは多くのロマンス諸語で単一の無声閉鎖音に変化している（以下で，ラテン語の c は /k/）．

(18)　　ラテン語　　　スペイン語　　意味
　　　　cŭppa　　　　 copa　　　　（コップ）
　　　　gutta　　　　 gota　　　　（しずく）
　　　　mittere　　　 meter　　　 （置く）
　　　　bucca　　　　 boca　　　　（口）

2.5.6. 連鎖推移――短子音化，有声化，摩擦音化

　上で見た子音弱化のうちいくつかは，ロマンス諸語の歴史において連鎖して生じている．表 2.6 は，連鎖推移 (chain shift) を構成する 3 つの変化を示している．

ラテン語からスペイン語への変化では，無声閉鎖音について，すでに述べた短子音化が母音間で起こっているが，これによって既存の無声短子音と合流することはなかったという点に注意されたい．これは，既存の短子音はその頃すでに母音間で有声化していたからである．

表2.6：ラテン語の閉鎖音における連鎖推移

			ラテン語	スペイン語	意味
pp	>	p	cŭppa >	copa	（コップ）
p	>	b	lupus >	lobo	（狼）
b	>	β	probare >	probar	（試す）
tt	>	t	gutta >	gota	（しずく）
t	>	d	vita >	vida	（命）
d	>	ð\ø	sŭcidu >	sucio	（汚い）
kk	>	k	bucca >	boca	（口）
k	>	g	sacratu >	sagrado	（神聖な）
g	>	ɣ\ø	regale >	real	（王族の）

つまり，短子音化が起こる前に音韻的に区別されていた語は，この変化が生じた後も区別が保たれている．例えば，/pp/ と /p/ の区別は，今や /p/ と /b/ の区別として音韻的対立を残している．無声閉鎖音の有声化に関しては合流も生じているが，既存の有声閉鎖音はすでに摩擦音化（spirantization）するか消失しており，これらの一連の閉鎖音の音韻的対立は保たれている．同様に，短子音閉鎖音が有声化した際，既存の有声閉鎖音は摩擦音化するか消失していったので，ここでも合流は（しばらくは）生じなかった．

この一連の変化は，相互に関連していると見られることから，連鎖推移と呼ばれる．単に子音弱化という共通点があるのみならず，3つの段階それぞれにおいて，3つの子音の音韻的対立が保たれているからである．こうなるためには，まず有声閉鎖音が摩擦音化し，次に無声閉鎖音が有声化し，最後に重子音が短子音化する必要がある．音韻対立が保れるように，順序立てて変化が生じるという構図である．ここでもし短子音化が先に生じていたら，既存の無声閉鎖音との音韻的対立がなくなってしまうから，短子音化と同時に有声化も生じていたであろう．あるいは，3つの変化が同時に，歩調を揃えるように起これば，音韻的対立は保たれたままであったであろう．この変化が生じたのはかなり昔であるため，同時に生じたのか継起的に生じたのかは不明である．次章では，連鎖推移と見られる別の例を検討する．

2.5.7. 共鳴音化としての子音弱化

前節で扱った有声化としての子音弱化と重なって生じるもう1つのタイプの子音弱化を共鳴音化と呼ぶ．共鳴音化とは，子音が共鳴音あるいは母音により近い音に変化することである．これらの変化は音節末位置でよく生じる．アフリカのチャド諸語に属するハウサ語ではこの変化が生じ，これは「Klingenheben の法則」と呼ばれる．表 2.7 に示すように，音節末の両唇・軟口蓋子音がわたり音 /w/ に変化し，歯音が /r/ に変化しているのがわかる．これは再建された変化であるが，形態素の環境による交替や方言の違いなどからも確かめられる (Newman 2000)．

表 2.7：ハウサ語の子音弱化

音節末の軟口蓋音が /u/ に変化		
再建された形	ハウサ語形	関連語形
*talak- cī̀	talaucī̀（貧しさ）	talàkà（庶民）
*hagni	hauni（左）	hagu(n)（左）
*wā`tàk	wàtău（すなわち）	wàtàkà（[西ハウサで]すなわち）
音節末の舌頂音が /ř/ に変化		
	fař kā̀（起きる）	fàdàkà（起きる）
	ɓař nā（損害）	ɓāta（損害を与える）
音節末の両唇音が /u/ に変化（標準ハウサ語のみ）		
		西ハウサ語
	Audù（固有名）	Abdù
	kaurī̀（厚さ）	kabri

同様の変化は様々なロマンス諸語でも起こっている．例えば，ラテン語の debitus（疑い）は古スペイン語で debdo，中期スペイン語 (Middle Spanish) で deudo となっており，ラテン語の captivus（囚われの）は 現代スペイン語で cautivo となっている．

今見た変化は音節末で生じるが，共鳴音化は母音間でも生じうる．カヌリ語（アフリカのナイルサハラ諸語）では，/k/ と /g/ が母音間で異音 /w/, /y/ を持つ．[4] 硬口蓋わたり音のほうは前舌母音の前で生じ，両唇軟口蓋わたり音のほうは後舌母音の前で生じる (Cyffer 1998)．また，/b/ は後舌母音の前で /w/ となる．

---

[4] 訳者注：原文は allophones that are glides /w/ and /y/ between vowels．異音であるから，[w], [y] の間違いだと思われる．当該箇所の後に見られる /b/ の異音としての /w/ も同様．

(19) Kanuri 語における母音間に見られる /k/, /g/, /b/ の共鳴音化
　　 lekáda　＞　leyáda　　（彼らは行った）
　　 fukáda　＞　fuwáda　　（彼らは吹いた）
　　 zábúna　＞　záwúna　　（彼らは食べた）

　共鳴音化のもう1つの例はロータシズム（rhotacism, /r/ 音への転換）と呼ばれるものである．すなわち，[s] と [z] が [r] に変化するものである．ラテン語で，corpus（体（主格・対格，単数））とその複数形 corpora, opus（作品（主格・対格，単数））とその複数形 opera などにこの変化が見られるほか，ゲルマン諸語においても，古英語 cēosan 'to choose' とその過去分詞形 coren の交替，wæs 'was' と wǣre / wǣron 'were' の交替などにも見られる．この変化は有声化と摩擦音の狭めの消失が関わっており，母音間で生じる．

　1つの言語の子音弱化において，非口腔音化と共鳴音化がいずれも見られることがある．例えば，バンツー諸語の Lumassaba 語 Lusoba 方言では，/p/ は，後続母音に応じて共鳴音化し，[y] ないし [w] として実現し，また /t/ は共鳴音化して [r] として実現するが，/k/ は摩擦音化して [x] となる（G. Brown 1972）．

2.5.8. 子音連続の削除

　子音連続における子音の削除もまた弱化の一例であると考えることができる．すなわち，調音運動の強さに関する弱化である．本章の冒頭で扱った，英語の語頭位置における /n/ の前の /k/ と /g/ の削除は，その調音が短くなって消失してしまうことで生じたと考えられるが，子音の削除はこのほかにも，隣接する調音運動が重なってしまうことで生じることがある．Browman and Goldstein (1986) は perfect memory という句の調音の動きを観察する研究において，perfect の調音の末尾で生じる /t/ が，実際には知覚されない場合であっても，発話者の舌は歯茎のへりに向かって調音運動を行なっていることを報告している．しかし，後続する /m/ の両唇音の調音運動が先取りされることにより，/t/ の調音と重なり，音響的な意味においてこれを覆い隠してしまうのである．語末の t/d が削除されることはアメリカ英語ではよく見られるが，これがよく生じる環境は前後に子音が隣接する場合である．確かに /t/ や /d/ の調音がある環境で短くなることも報告されているが，これらの語末の子音が消失する際は他の調音運動との重なりもまた要因となりうるのである．

　語頭の子音連続は，2番目の子音の消失によって単純化されることがある．中期インド語群に属するパーリ語（Pāli）はサンスクリット語（Sanskrit）から

発達した言語であるが，語頭の子音連続が削除されて単一オンセット（頭子音，onset）になっている（Murray 1982）．

(20) サンスクリット語 パーリ語   意味
   prajnā   paññā   （知識）
   krayavikraya   kayavikkaya （商業）
   srotas   sota   （流れ）
   svapna   soppa   （寝る）

これらの例のうちいくつかでは，語中の子音連続が保持同化によって単純化されている．

2.5.9. 弱化が生じる環境

これまで検討してきた子音弱化を含む弱化の例から，このプロセスの生じやすい環境がありそうだということがわかる．この傾向に気づいた研究者たちは，強い位置と弱い位置の区別を提案している（表 2.8）（Ségéral and Scheer 2008）．

子音弱化のほとんどが母音間で生じている事に気づかれた読者もいるのではないだろうか．本書が引用している先行研究では，子音に関して，強勢音節の初頭位置の子音かどうかは区別していないが，例えば pretend vs. pretty におけるように，アメリカ英語の /t/ の弾音化（はじき音化, flapping, 舌先と喉頭の調音運動の短縮化という点で子音弱化）は非強勢音節の前で起こる．

表 2.8：子音弱化しやすい（弱い）位置としにくい（強い）位置

強い位置	英語の例
語頭	tend
C に後続する音節頭	after
弱い位置（以下，下に行くほどより弱い）	
強勢母音の前における母音間	pretend
非強勢母音の前における母音間	pretty
子音の前の音節末	atmosphere
語末	hat

これまで見てきた共鳴音化の例は，母音間でも音節末位置でも生じていた．語頭や音節頭位置では子音同化は生じないことが普通で，生じるとすればそれは非常に一般的なものであるか，あるいは音節頭の子音がしばしば母音に後続

するような場合である．音声学の観点から，語頭や音節頭の子音は音節末子音よりも強く調音され，またより長く発音されることが知られている（Keating et al. 2003）．

2.5.10. 母音弱化と削除

母音も弱化，削除の対象になりうるが，当然，このプロセスは子音とは異なった条件で生じる．母音が隣接している場合，それらは，各々の素性を一部残しながら，融合して1つの母音になることがある．二重母音 /ɑi/ は前舌の単母音になることがある．例えば，アメリカ南東部方言では，I が /aː/ と発音され，前舌広母音 /a/ になっている．あるいは，シュワ（あいまい母音，[ə]）になることもある．これはラテン語の ai のロマンス諸語における対応形において観察され，例えばラテン語の一人称単数完了形接辞 -avi は，母音間の子音を消失して -ai に変化し，ポルトガル語において -ei となり（例：falei（私は話した）），スペイン語では -e に変化している（hablé（私は話した））．

子音間で母音が弱化するときの主要な要因は強勢の欠如である．母音弱化が最もよく見られるのは，アクセントが強勢として生じる場合であって，特に強勢が母音の強さ・大きさに加えて長さの増大としても実現する場合である．すなわち，強勢音節が長く，非強勢音節が短いようなリズムを持つ言語の場合，非強勢音節の母音は弱化しやすい（Bybee et al. 1998）．通常，弱化は，母音図において周辺部を占める狭母音，後舌母音，前舌母音が，シュワ（[ə]）に代表されるような，中舌母音，または，中央母音のいずれか一方または両方により近い母音に変化するプロセスである．例えば，英語において，Rosa という語の最後の母音に見られる弱化母音 [ə] や，roses の最後の母音に見られるような弱化母音 [ɨ] がその例である．しかし，弱化母音が狭母音化するような言語もある．ブラジルポルトガル語では，語末の非強勢母音 [o] と [e] がそれぞれ [u] と [i] に狭母音化し，語末の [a] はシュワ（[ə]）になる（表2.1参照）．

強勢アクセントを持たない言語の場合，母音弱化は母音融合か無声化という形をとることがある．無声化は，当該の母音が2つの無声子音に挟まれた時や，無声子音に後続して母音が語末に生じる場合に生じる．これは例えば日本語で見られる．「気質（kishitsu）」という語の最初の母音は無声化し，また「です（desu）」の最後の母音も，そのあとに休止が入るときは無声化する．

無声化，短母音化，中舌化は，すべて最終的には母音の削除につながる．これが顕著なのは語末の非強勢音節である．例えば，古英語の名詞には，数と格を標示する母音があったが，中英語までにこれはシュワ（[ə]）に弱化し，初期現代英語（Early Modern English）までには消滅していた．（以下の例で，与

格複数形の語末 /m/ は /n/ に変化し，これも消滅している）

(21) 古英語 scip（船）

	単数	複数
主格・対格	scip	scipu
属格	scipes	scipa
与格	scipe	scipum

次章では，リズムが音変化に与える影響をより詳細に検討していく．

2.6. 弱化と調音運動のタイミングのずれの協働

　本節では調音タイミングのずれと弱化が同時に絡む音変化がどういう結果になるかをみる．母音が鼻音に隣接すると鼻母音化することは通言語的によくあることであるが，多くの言語で，音節末鼻音の前に生じる母音の鼻母音化は共時的に規則的に生じる．例えば，英語において，can, canned, can't などにおける母音は強く鼻音化する．すなわち，母音の調音時に口蓋帆が下がり，鼻腔を空気が通り抜けている．その要因はもちろん，鼻音で行われるはずの口蓋帆の下げが先取りで生じるからである．鼻母音化は，上記の例におけるように，後続する鼻音が同一音節内にある場合のほうが，鼻音が母音間で音節頭にくる場合（例えば banana）よりも極端になるようである．この違いは，調音運動が音節としてまとめられていく仕組みによって生じてくる．英語において，音節頭子音の調音に関わる複数の調音運動は同時に生じるが，音節末子音の調音に関わる調音運動はより拡散され，連続して生じやすいことが知られている (Browman and Goldstein 1995).

　言語によって，鼻母音化が鼻音の閉鎖調音の弱化を伴うことがある．上述したように，音節末位置は子音にとって弱い位置であり，言語によっては，鼻母音化の後に，あるいは鼻母音化に連動して，鼻音が消滅する．この連動した変化によって，新たな鼻母音音素が形成されることになる．これは，次に示すように，10 世紀から 13 世紀にかけてのフランス語 (French) で見られた．

(22)					
fin	> [fĩn]	> [fɛ̃n]	> [fɛ̃]	（終わり）
bon	> [bõn]		> [bõ]	（良い）
chanter	> [ʃãnte]		> [ʃãte]	（歌う）
enfant	> [ẽnfãnt]	> [ãnfãn]	> [ãfã]	（子供）

他の言語と異なり，古フランス語 (Old French) の母音は音節末位置の鼻音だ

けでなく音節頭の鼻音の前でも鼻母音化したが，中期フランス語 (Middle French) では母音間の鼻音の前の鼻母音は再び口音に変化した (Hajek 1997)．また，(22) において注目されるのは，鼻母音のいくつかがさらに広母音化している点である．鼻音が消失すると，鼻母音は口母音と最小対 (minimal pair) を作って対立するようになる．例えば，ange [ɑ̃ːʒ]（天使）と âge [ɑːʒ]（年）の対立がそれである．この種のプロセスが鼻母音音素発生の主要な要因なのである．

　いくつかの通言語的な研究から明らかになっているように，鼻母音化と子音削除のプロセスには一般的な変化パターンがある．まず，すでに述べたように，母音と鼻音が同一音節内にある場合，母音は鼻母音化しやすく，鼻音は消えやすい．フランス語では，鼻音は音節末でしか消失しなかった．しかし，ポルトガル語ではこのプロセスがさらに進行し，母音間の鼻音も削除され，鼻母音化した母音・二重母音が語末に，口母音・二重母音がそれ以外の位置に残る結果となっている (Mattoso Camara Jr. 1972)．

(23)　　ラテン語　　　　　　　　　ポルトガル語
　　　　manus（手）　　　　　　＞　mão [mãw]
　　　　pōnit（置く（三人称単数））＞　põe [põj]
　　　　tenēre（持つ）　　　　　＞　ter
　　　　pōnere（置く）　　　　　＞　pôr

これらの事実から，ある言語において鼻母音化が生じ，また母音間で鼻音の削除が生じるならば，鼻音が音節末でもこれが生じる，という重要な一般化が可能である (Hajek 1997; Ruhlen 1978)．

　次に，鼻音が削除されやすい音節末環境というものがあって，特に鼻音が閉鎖音ではなく摩擦音の前に生じるとき，そうなりやすい．口語ラテン語では，/n/ が /s/ の前で削除されたが，これはちょうどラテン語に対するスペイン語の対応形における変化（mensa > mesa（テーブル），mansione > mesón（宿））と同様の変化である．前古英語でも同様に摩擦音の前の /n/ の削除があった．これは英語の goose, tooth, five とドイツ語の Gans, Zahn, fünf の比較からわかる．それに先行する変化において，/x/ の前で鼻音が消失していた．これは，英語で think/thought, bring/brought のペアなどにその痕跡が見られる（スペル gh はかつての軟口蓋摩擦音を表していたとされる）(A. Campbell 1959)．鼻音が閉鎖音よりも摩擦音の前で削除されやすいのは，後続する子音が閉鎖音であれば鼻音の閉鎖も強化されるが，後続するのが摩擦音であれば逆に鼻音の閉鎖を弱めるからである．これらの英語の例で，母音の鼻音化は保持

されていない.

3点目として,非強勢音節において鼻母音化と子音削除が見られる場合,鼻母音化はなくなりやすい.これは,おそらく非強勢音節では鼻母音を知覚しにくいからであろう.

鼻母音化の例から,調音のタイミングのずれと弱化が協働する仕組みが理解できる.また,この例から,系統的に関係があるかどうかによらず異なる言語間で類似の現象を比べることによって,よくある変化のパターンを発見でき,それが音変化を説明するヒントになるのだということがわかるであろう.

2.7. 調音のしやすさと音変化における通言語的類似性

これまで見てきた例から明らかなように,非常に良く似た音変化が系統を超えて,また時空間的に様々なところで生じることがある.これから,音変化の要因のうち少なくともいくつかは言語個別的ではなく,すべての人類が共通して持つ特徴に根ざしているということがわかる.通言語的類似性の要因の1つとして明らかなものは,人間が共通して持つ発声器官,すなわち喉頭 (glottis),口腔,鼻腔 (nasal cavity),口蓋帆,舌,唇を含む器官類である.時間空間に渡って動きを見せる調音器官にも,その筋肉の大きさや形によって特徴的な動き方が見られる.一連の調音運動と,それらが音節を形成する仕組みは,個々の調音に影響を与える.これらはすべて通言語的に類似しているはずである.さらに,調音位置と動きの音響的な効果も,通言語的に類似していると言える.このような理由で,音変化に対する説明は音声的要因に根ざしている.

これまでの議論において注目してきたものは同化と弱化である.これらは,研究者が皆,音変化の典型例として認めるものである.これら2つをもとに考えれば,音変化を説明する際によく「発音のしやすさ」という用語が取り沙汰されるのも頷ける.Hockett (1958) は,音変化の方向性は「雑に話す傾向」によって引き起こされると述べ (p. 456),これはつまり,「話者は,話す際に,その(調音上の)目標に対して極めて雑である場合がほとんどである」ということである (1958: 440).Hock (1986) は,子音弱化の要因として,調音上の労力に関する「緩み」や「弱まり」,さらには「「怠惰な舌」現象」を指摘する.こうした指摘は巷でよく売れている教科書などによく見られ,音声変異を正しい発音からの逸脱とする一般的な考え方を反映している.

確かにこうした指摘の元になっている直感は理解しやすいが,いろいろな点に鑑みて,音変化が怠惰や雑な発音,発音しやすさの追求などに起因するとし

てしまうことに納得できない．Lehman (1992: 207) がいみじくも指摘しているように，ある言語でたやすいと考えられるものが他の言語では難しいということがあり，ある発音をそう判断させるのは結局のところ慣習化の有無である．音声的特徴を失わせる音変化が，別のレベルで極めて複雑で難しいと判断されることはある．これは，例えば古アイルランド語 (Old Irish) の子音弱化が両唇摩擦の鼻音を生むことになったことからもわかる (Thurneysen 1956: 85)．

また，話者が怠惰で雑だという考えによれば，同じ言語の話者がめいめい，個別的に調音を弱化させていくことになるだろう．例えば，母音間の /t/ を，ある話者は有声化し，ある話者は摩擦音化し，またある話者は喉頭閉鎖音にする，といった具合である．しかし，実際は，1つの話者コミュニティにおける弱化プロセスは全体に規則的に行き渡る．弱化の程度に個人差があっても，弱化や同化がたどる経路は1つの方言の中で慣習化されている．1つの方言における話者の発話が音声的な様々な点で皆とても似ていて，これによって彼らが同じ方言話者であると判断できることに鑑みても，話者が怠惰で雑であると主張するのは間違っている．

こうした事実を踏まえた上で，それでも，音変化がだいたいにおいて特徴を失わせていくプロセスであるという考えのすべてを否定する必要はない．ただ，話者が手を抜くと考えるのではなく，発話がきめ細かく調整された多数の神経運動の1つであるとみて，これらが自動化されることによって，発話が効率化されるとみなす方が合理的である．繰り返しによって，神経運動の連続が1つの単位に結節し，これらの結節単位の中で，一連の動きが統合されていき，1つ1つの動きの流れが滑らかになり，動きが重なっていくのである．一連の調音運動からなる語や句の産出は，車を発進させたり靴紐を結ぶといった反復行動に似ていると考えることができる．同化と弱化は，高度に慣習化された神経運動の結果であると見做すことができる．

身体器官は経験によって変化を見せるが，その1つには，次に生じるものを予測することを学習する，すなわち，次にすべきことを学習することである．人間以外でも，今行っている行動の途中で次の行動を計画するということはある．人間と猿を対象に行った実験の結果，ボタン押し作業の流れが学習されると，慣習化して，その1連の流れが1つのまとまりになっていくことが明らかになっている (Rand, Hikosaka, Miyachi, Lu, and Miyashita 1998; こうした研究結果のレビューについては Rhodes, Bullock, Verwey, Averbeck, and Page 2004)．これは，繰り返し発話される語や句の場合と同様である．これらの実験はまた，後続する要素に必要なプロセスが，先行する要素に重なって生じることも

示している．発話が流暢になるには，この種の，計画的な重なりが必須である．話者が一連の音節や語を産出していく際，次に産出するものは計画段階にあるということである．調音産出運動の結節と，次の運動に対する予期は，調音運動そのものだけでなく，調音運動（あるいは分節音）間の移行の仕方にも影響を与える．

　言語音の調音はある種の運動活動であり，他の運動活動と同じ影響を被るが，異なった語や句のそれぞれにおいて神経運動が繰り返されるという点では，靴紐を結ぶというような，より孤立性の高い運動活動と違っている．つまり，ある語や句におけるある変化が，他の語や句で生じるかもしれないということである．さらに，この神経運動は慣習化されたコミュニケーション体系に組み込まれていて，コミュニケーションの目的によって制約を受ける．すなわち，弱化や重なりにも限度があるのである．話者共同体の存在がもたらすもう1つの効果は社会的なアイデンティティの標示である．すなわち，話者は自らが属するコミュニティのメンバーと同じように振る舞いたがるものである．そのために，話者の集団が一斉に，同じ方向に発音を変化させて行く．こうなっていく過程の最初は類似した発音であって，次に互いの微細な変化を追尾し，似たような変化を起こして行くのである．話者集団の中で生じる音変化は，鳥の群れの飛行で見られる群行動（flocking behavior）に似ていると考えたい．個々人は無意識に他の集団構成員の発音を追尾して，個々の発音がある一定の幅に収まりながら，相手に理解されるという目標と，他のメンバーのように発音しようという目標の両方を満たそうとしているのである．ある音の使用が繰り返し生じることで，個々人の発音が非常にゆっくりと，徐々に変わっていく．

　音変化の原動力は自動化と効率化に向かう圧力であるということを踏まえると，音変化がフォーマルな発話よりもまず砕けた発話で生じる理由が理解できる．一方でコミュニケーションをうまく機能させながら，他方で発音を効率化しようとする拮抗状態が存在するとすれば，もっとも砕けた場面（たとえば親しい友人や家族との会話）においてこそ，変化を妨げる力が緩められるであろう．このような状況では，コミュニケーションは共通前提によって助けられて容易になり，保守的な社会的制約が最も適用されにくく，効率的な発音パターンが最も認められやすいであろう．

2.8. 語彙拡散

　これまでの議論で強調してきたように，音声変化というものはほとんどの場合，音声的条件を満たす音を含む語のすべてに広がっていくものである．しか

し，時には影響を受けない語が残るような音変化もあり，それは例えば古スペイン語における /f/ から /h/ への弱化に見られ，多くの語にこの変化が見られるもののすべての語に対して広がっていくわけではないことを上で述べた．こうした状況を，「語彙拡散」の関わる変化だということがある．すなわち，当該の変化が，その言語の語彙全体に拡散しなかったという意味である．これは，変化が進行する時，すべての語が同時に変化していくわけではないということを示しているのである．したがって，音変化を理解しようとする際に考慮するべき重要な側面は，変化が語彙の中で浸透していく過程，すなわち語彙拡散の特性である．多くの研究において，音変化のこの側面が無視され，あるいは取り立てて重要ではないとされてきた．本章や最近の研究における見方は，最終的にすべての語が変化し，音変化が規則的だと見なされる場合でも，どれも様々な経路で，徐々にあるいは突然拡散していくことにより，ある場合には完成形に至り，ある場合にはそうでない，ということが起きるのである．

　William Labov は規則的な音変化と語彙拡散による音変化を区別することを提案した (Labov 1981)．この背後にある考え方は，規則的な音変化は，適切な音声環境を満たすすべての語が同時に，同じ割合で変化し，ばらつきが生じるとすればそれは語彙的要因よりも社会的要因に影響されるというものである．しかし，音声的要因による規則的な音変化をより詳細に検討した研究によると，すべての語が同時に変化を被るわけではなく，ある語が別の語よりも早い時期に，そして速い速度で変化していくということがわかってきている．よくあるパターンは，よく使われる語や，当該変化に関わる音環境でより頻繁に生じる語が，そうではない語よりも先に変化しやすい，というものである (Bybee 2000b; Phillips 2006)．

　語彙拡散から最終的に規則的になっていく変化があったとき，その過程を明らかにするには，変化過程において語がいかにして影響を受けて行くかを示す記録がなければならない．語彙拡散に関する最も良い情報は，現在進行中の変化として研究できるような音変化から得られる．英語における語末 /t/, /d/ の削除や，スペイン語における母音間の /ð/ の削除，英語およびオランダ語における非強勢母音の弱化，さらにスペイン語における語末 /s/ の弱化というものは，より頻繁に使われる語が先に変化を被るという点において，すべて体系的な語彙拡散の結果である．すべての例において，変化が生じるであろうと予測する際には音声的条件環境が最も重要な要因であるが，そのような条件環境を有する語の中で，高頻度の語がより変化を受けやすいのである．

　英語の語末 /t/, /d/ 削除のケースでは，変化を生じさせる音声条件は（同じ語の）先行子音と（次に来る語の）後続子音である．この現象に関するすべて

の研究が just, went, and といった語が極めて削除を起こしやすいと指摘する．これらは高頻度で生じる3語であって，この要因がこれらの語における削除率の高さの原因である可能性がある．実際，変化を生じさせる条件環境を持つか否かによらずすべての語を考慮した場合，表2.9に見るように，頻度の要因が強く効いていることがわかる（Bybee 2000b）．表2.9の結果において，頻度の高低の区別はかなり恣意的な区切りに基づいている．というのも，今のところ，何が高頻度で何が低頻度かを決める方法がわかっていないからである．さらに，変化が進むと，低頻度の語も変化の影響を受けるようになるであろうから，高頻度・低頻度の区切り目は変化して行く可能性がある．

母音弱化と削除もまた語の出現頻度の効果をありありと示す．出現頻度の効果を研究した最初期の研究である Fidelholz（1975）によると，アメリカ英語において，強勢音節に先行する母音の弱化を伴う語（astronomy, mistake, abstain などにおけるような）と，音声的に類似しているがそうならない語（例えば gastronomy, mistook, abstemious など）の本質的な違いは，語の使用頻度であるという．Van Bergem（1995）は，オランダ語における強勢音節の前の母音の削除もまた，頻度に強く条件付けられているという．高頻度の語である minuut（分），vakantie（休暇），patat（フライドポテト）は，音声的によく似た低頻度の語である miniem（周辺的な），vakante（空いている），patent（特許）に比べて，第一音節があいまい母音 [ə] になりやすい．

表2.9：コーパス全体における語の出現頻度から見たアメリカ英語における t/d の削除

	高頻度	%	低頻度	%
保持	752	45.6%	262	65.7%
削除	898	54.4%	137	34.3%

カイ二乗値：41.67, $p < .001$, $df = 1$

語の出現頻度は，あくまで音変化が起こる際に働く要因の1つにすぎない．最も重要な要因は音声環境であり，これによってどのような音変化が生じるかを決まる．頻度や繰り返しの役割は，その変化を推し進めることである．前節で述べたように，多くの変化は，車の運転のように高度に慣習化された行動で生じる自動化の結果であるように見える．繰り返しは自動化の促進において重要であるから，繰り返しの頻度が高い語（や句）は，そうではないものに比べて幅広く自動化されるチャンスがあったはずである．よって，高頻度の語は低

頻度の語よりも早く，発音の自動化を起こす音変化を被ることになる．また，文脈によって予測可能な語は，聞き手がそれを同定しやすいわけだから，より弱化しやすい．

　上述のように，ほとんどの音変化は最終的には規則的になる．つまり，低頻度の語を含めて語彙全体に影響を与えるが，これは以下のように説明できる．変化した音を有する語が増えてくるほど，当該言語の一般的な発音パターンが変わり，古いパターンが新しいパターンに置き換えられ，それがすべての語に適用されるようになるのである．

　ここで扱って来た音変化のいくつかは，語頭か語末で生じる．すなわち，その音変化の条件環境が別の語にあるということである．我々は語を生産的に使うわけであるから，同じ語が他の語と様々な組み合わせで生じる．よって，ある語の使用に関する条件環境は，別の語の場合と異なる可能性がある．例えば，英語の perfect は語末の /t/ が子音に後続しているため，/t/ は削除の候補になる．この削除は，後続する語が子音始まりの場合（例えば perfect memory）のほうが，母音始まりの場合（例えば perfect accent）よりも生じやすいであろう．現在進行中のこの種の音変化について行われた数少ない研究が明らかにしたところによると，語が音変化を被る速度は，その語が当該の音変化を起こしやすい環境に生じる頻度によって決まるという（Bybee 2002; Brown and Raymond 2012）．

　語彙拡散が最も高頻度の語から最も低頻度の語にかけて順序よく起こるとは限らない．色々なクラスの語が変化を被ることもあるし，またある時には使用頻度が低い語が変化を被りやすいこともある．語彙拡散は，発音の自動化をその動機としない音変化に対しては異なった影響を及ぼす．次章では，これらのタイプの変化を扱い，音変化やその他の音韻変化の動機を探る上で語彙拡散のパターンが果たす役割を議論してみたい．

2.9. 特殊な弱化

　高度に体系化されていて語彙全体に渡って規則的に働く音変化に加えて，どの言語にも特殊な弱化が存在する．これは，特に挨拶表現や談話標識，文法的な連接など，非常に高頻度の表現においてみられる．よく知られた例は例えば God be with ye を起源とする goodbye や，how are you を起源とする hi などがある．[5] 多くのヨーロッパ言語で「さようなら」に相当し，ほかのいくつか

---

[5] 訳者注：Goodbye の史的変化については，Arnovick (1999) も参照されたい．

の言語では「こんにちは」「さようなら」の意味で使われる ciao という非常に一般的な語は, イタリア語ベニス方言の s-chiavo vostro（私はあなたの召使い, 奴隷です）を元とする s-ciao /ˈstʃao/ 由来であり, これはさらに中世ラテン語 (Medieval Latin) の sclavus（スラヴ人, 奴隷）に遡る. こうした短縮表現は, 今の例で vostro（あなたの）を省略しているように, 語の省略や, また schiavo における /v/ の消失や /skj/ が /tʃ/ になるような音韻的縮約によって生じる.

呼称もまた特殊な弱化を生じさせる傾向にある. スペイン語の二人称単数形 usted は, より長くて気品が感じられる表現である vuestra merced（あなた様 (your grace)）を起源とする. 古英語の hlafweard という語は, hlaf（パン）と weard（持ち主）という語根を含んでいるが, これが縮約して hlaford となり, ついには lord（主人）になった. Mrs. ([mɪsiz] あるいは [mɪziz]) と Miss [mɪs] は mistress（女主人）の縮約した形である.

こうした極端な縮約は例外的状況ではなく, 大抵は規則的な音変化と同じパターンに従うものであって, いずれも調音運動のタイミングのずれと弱化を伴う. アメリカ英語における don't は, I don't know のような表現において縮約する. すなわち, [ɑjɾə̃no] または [ajə̃no] のように, /d/ は弾音になって, さらに短くなるか消失し, /t/ もまた消失し, さらに母音は中舌化することで弱化する. これらの変化はみな他の語でも規則的に起こるが, 普通はここまで大きく変化することはない. ここでみられるような極端な縮約は, 一部には使用頻度の高さに起因し, 一部には使用されるコンテクストに起因すると言える. また, これらは, 音声的な縮約と同時に, 意味変化や使われ方も変化することがある.[6]

特殊な縮約がのちに生じる規則的変化の先駆けとなることもある. つまり, 高頻度で生じる特定の形態素や語における変化が, のちにすべての語に適用される可能性がある. 例えば, ラテン語の二人称複数の屈折 -tis は, 古スペイン語で既述の有声化によって -des に変化したが, この /d/ は摩擦音化し, 弱化した. 15 世紀には, 直説法未完了 (imperfective indicative) と接続法 (subjunctive) を除くすべての動詞形において, この二人称複数形態素から /d/ が消失した（例：amádes > amáes「愛する（二人称複数現在）」）. 17 世紀になると, 残りの動詞形においても /d/ が消失した（例：amábades > amábais（愛する（二人称複数未完了）））(Menéndez-Pidal 1968). この変化は, 現在も続く, より一般的な /d/ の消失よりかなり前に生じているわけだが, 変化そのものと, その条件は現在の変化と同じである.

---

[6] 訳者注：本段落は Bybee and Scheibman (1999) の論考に基づいている.

共起しやすい文法要素もまた縮約する．いくつか例を挙げると，フランス語の à le > au（（男性名詞）に）におけるように，前置詞と冠詞が縮約を起こす例や，英語の I'll, you'll のように，助動詞と主語代名詞の縮約，さらに，ラテン語の nōn + volō（（私は）～望まない）が nōlo になる例や英語の do not が don't になる例のように，否定形態素と高頻度の動詞ないし助動詞の縮約もある．この現象は，文法化と絡めて第 6 章でさらに詳述する．

2.10. 強化と挿入

本章で見てきたように，音変化は部分的には予測可能な方向に進み，しかもそれは異なる言語においても成り立つ．また，逆方向に変化していくことは滅多にない．記録された音変化の圧倒的多数は上述のパターンあるいは，それらに加えて次章で扱う母音推移のいずれかに分類可能である．しかし，一見すると同化でも弱化でもなさそうな変化もある．むしろ，発音の強め，すなわち強化とみなすべき変化もある．本節では，強化を定義した上で，これらの変化を扱う．

弱化が調音運動の強さや長さの減少であるのと同じように，その逆の概念である強化は，調音運動の強さや長さの増大として定義される．これまで見てきたタイプの音変化においては，調音運動にタイミングのずれが生じるか，弱化が生じており，新たな調音運動が加わるということはなかった．これらの同化や弱化こそ，音変化の圧倒的多数を占める．ここから，調音運動の強さを増大させたり新たな調音運動が加わるような音変化は全くないと考える人もいるかもしれない．実際，そう主張する研究者もいる（Mowrey and Pagliuca 1995）．しかし，幅広く記録された音変化の中には，この仮説に合致しないものもある．まずは，強化のように見られるが，我々の強化の定義に合致しない音変化の例を見て，その上で，本当に強化と言える例を検討してみたい．

まず，すでに述べたように，閉鎖音（特に無声閉鎖音）が摩擦音化する過程で破擦音になる変化がある．単なる閉鎖音に比べて破擦音は音響的に強いため，この破擦音の形成を強化と見る研究者もいるが，これを強化と呼ぶためには，調音運動の強さないし長さが増大していなければならない．例えば，よく知られた例として，リバプール英語では閉鎖音が破擦音化することで閉鎖区間がいくらか失われるが，これはおそらく閉鎖の調音運動が弱まるからである．よって，本書ではこの変化を弱化の一種として分類したのである（Honeybone 2001）．子音が長くなるような破擦音化があるなら，それは強化の例として考えていいだろう．

第2章 音変化

　第二に，以前はなかった新たな分節音が生じるような場合がある．よくあるケースは，子音連続において阻害音が現れるというものである．これらは「子音添加（excrescent consonants）」とよばれる．これは例えばスペイン語の動詞未来形と条件形において，体系的に見られる．これらの形式は，不定形に助動詞が接尾辞としてくっつき，新たな未来形を作ることで生じた．ある種の動詞では，強勢が置かれた接尾辞の前の音節の母音が落ち，鼻音と流音の子音連続が生じた．その後，この子音連続に /d/ が生じたのである．

(24)　スペイン語

接尾辞付加	母音脱落	子音添加	意味
venir + á	venrá	vendrá	（来る（三人称単数未来））
poner á	ponrá	pondrá	（置く（三人称単数未来））
salir + á	salrá	saldrá	（去る（三人称単数未来））
valer + á	valrá	valdrá	（値する（三人称単数未来））

英語の多くの方言で prince が prints のように発音される（すなわち /t/ が介在する）のも，これに類する例である．また，英語の通時変化において brœmle が bramble になった例や，ラテン語 m の hominem（男）が古スペイン語で homne, homre になり，これが現代スペイン語で hombre になる例，さらにラテン語の nomine（名前）が古スペイン語で nomne, nomre になり，現代スペイン語で nombre になった例も同様である．

　こうしたケースを考える上で重要なことは，新たに生じた /d/ や /b/ が流音に先行する子音と同じ調音位置を有するという点である．つまり，当該の調音位置に対して，調音運動に関して新しい要素は何も加わっていない．むしろ，ここで起こっていることは調音運動のタイミングのずれと見るのが最も良い．鼻音の調音における口蓋帆の下げが流音の調音の前に終わると，有声の阻害音が生じるであろう．prince の場合は，無声音である /s/ のために生じる声門の開放が前もって生じ，/n/ の調音運動の終わりの部分が /t/ になる．salrá が saldrá になるような，/l/ が先行する場合においては，これに後続する /r/ がスペイン語においてはふるえ音（trilled）であるという点が重要である．これにより，/l/ から /r/ への移行において /d/ が生じるのである．これらの子音添加は強化ではなく，先行同化の例と見るべきなのである．

　これよりは幾分わかりにくいが，母音の挿入（insertion）もまた周辺環境から生じたと見ることが可能である．たいていは共鳴音（や，時には摩擦音）が音節主音に拡張されることで生じる．挿入される母音はその言語における最小の母音（，すなわち，たいていは母音弱化で生じるものと同じ母音）か，ある

いは周辺の子音と同じ素性を持った母音である．オランダ語では，短いあいまい母音が，/l/ と阻害音からなる語末の子音連続に挿入される．よって，melk は [mɛlək] と発音され，Delft（都市名）は [dɛləft] と発音される．アイルランドゲール語（Irish Gaelic）では，類似の子音連続，すなわち /r/ と後続子音の間に母音が挿入される．後続子音が口蓋化している場合，母音は前舌狭母音の [i] であり，そうでなければシュワである（O Siadhail 1980: 226）．

(25)　アイルランドゲール語の正書法と発音
　　　fearg [fʲarəg]　　　（怒り）　　　feirm [fʲerʲimʲ]　　（農場）
　　　dorn [dorən]　　　（拳）　　　　stoirm [sterʲimʲ]　　（嵐）
　　　dearg [dʲarəg]　　　（赤い）　　　tairbhe [tarʲifʲi]　　（利益）
　　　seomra [soːmərə]　　（部屋）　　　airgim [arʲigʲimʲ]　（私は提供する）

このように，挿入母音（epenthedic vowel）は調音環境から発生するのであり，これはちょうど子音添加における子音の場合と同様である．そういうわけで，挿入母音は口蓋化環境では前舌狭母音であり，そうでない場合にシュワになるのである．子音の場合と同様，調音運動のタイミングのずれも関わっている．上の例における /r/ や /l/ の調音運動は途切れなく続くわけではなく，間に中断が入り，そこに最小の母音が残る（挿入母音は借用語にもよく生じるが，借用語を当該言語の音韻パターンに適合させるために生じる変化は音変化とは見なさない）．

　母音間の渡り音も，母音と母音の間の移行部分であるという意味において，周辺環境から発生すると言える．渡り音自身は母音よりも極端な調音特徴をもつので，調音運動の強さの増大の例と見ることができる．

　強化の最もわかりやすい例は重子音化と渡り音の強化である．重子音はラテン語からイタリア語への変化（13）で見たように，調音運動のタイミングのずれで生じることがあるが，短子音が長子音になる場合は，我々の定義に照らすと，強化の例と見ることができる．これがどうやって生じるかを考えてみよう．西ゲルマン語とイタリア語の歴史において具体例を見ることができる．現在，この種の重子音化は強勢アクセントと音節構造における他の変化に関係しているというのが定説である（Murray and Vennemann 1983）．以下に，西ゲルマン語における重子音化の証拠として，古英語と古サクソン語（Old Saxon）からの例を挙げる．ゴート語（Gothic）の例は，重子音化が生じる前の段階に近い形とみられる（例は Murray and Vennemann から）．

(26)　ゴート語　古サクソン語　古英語　　意味
　　　satjan　　　settian　　　settan　　（置く）
　　　-skapjan　　skeppian　　 scieppan　（作る）
　　　kunjis　　　kunnies　　　cynnes　　（民族（属格））
　　　halja　　　 hellia　　　　hell(e)-　（地獄）
　　　akrs　　　　akkar　　　　　　　　　（エーカー）

　Murray and Vennemann は，この重子音化の要因について，強勢が置かれた音節（これらの例では語頭音節）が長くなる（すなわち2モーラになる）傾向があることを挙げている．こうして，/j/ の前の子音は第一音節に取り込まれ，/j/ や /r/ が第二音節のオンセット位置に取り残される．しかし，渡り音と /r/ はともに共鳴度が高い音であるために，音節のオンセットとしては存立しにくい．そこで，重子音化によって生じた，より共鳴度の低い音が第二音節のオンセット位置に立つことになるのである．Murray and Vennemann は，同様の分析をイタリア語における重子音化（例：ラテン語 sapiat（知っている（三人称・単数・現在・接続法））＞イタリア語 sappia，ラテン語 cufia（帽子）＞イタリア語 cuffia）の分析にも当てはめている．この種の重子音化の要因に関しては，さらなる研究が必要である．しかし，ゲルマン諸語とロマンス諸語でも見られるプロゾディー（アクセント体系の性質）の変化が重子音化に関わっているらしいことは確かである．次章では，プロゾディータイプのこれらの変化について議論する．

　多くの言語に報告されているもう一つの強化の例として，渡り音の強化あるいは硬化（glide strengthening, glide hardening）と呼ばれるものがある．ここでは，音節頭の /j/ と /w/ が強化してそれぞれ /ʒ/ と /ɣw/ になる．よく知られた例として，アルゼンチンスペイン語（Argentinian Spanish）の /j/ と /w/ の摩擦音化した発音が挙げられる．この言語では，yo（私（主格））がしばしば [ʒo] として発音される．この方言において，これは規則的な変化であり，すべての語が，当該変化に関してある程度以上の影響を受ける．

　これに類する変化はゲルマン諸語のゴート語と古ノルド語（Old Norse）でも起こっている（Page 1999）．短母音に後続するわたり音が重子音化を起こし，その後強化が生じた．以下の例において，古高ドイツ語（Old High German）では重子音化のみが生じている一方，ゴート語と古ノルド語では強化も生じていることがわかる．

(27)　印欧祖語　　古高ドイツ語　ゴート語　　古ノルド語　　意味
　　　*dwoj-　　　zweiio　　　　twaddjē　　tveggja　　　（2（属格））
　　　*drew-　　　triuwi　　　　triggwa　　tryggva　　　（本当の）

　ラテン語起源のフランス語は，硬口蓋わたり音の強化が別の位置，すなわち両唇音の後で生じている．表2.4で示したスペイン語の例と同様，硬口蓋わたり音の影響はすでに舌頂音と軟口蓋子音に及んだ状態であり，硬口蓋わたり音は両唇音の後にだけ残るようになっていた．硬口蓋わたり音はこの位置で強化を起こし，両唇音は消失して，以下に示すフランス語の形式が生じた．

(28)　ラテン語　　フランス語　　　意味
　　　rŭbĕus　　　rouge [ʁuʒ]　　（赤い）
　　　răbĭes　　　rage　[ʁaʒ]　　（猛烈な）
　　　căvĕa　　　cage　[kaʒ]　　（洞窟）

　口蓋化した両唇音がそのまま硬口蓋子音に変化したと思う人もいるかも知れないが，フランス語の ache（セロリ），salge/sauge（セージ，サルビア）に対応する apje および salvje のように，中途段階として考えることができるような例が見つかることから，わたり音の強化の後に両唇音が消失したことがわかる (Nyrop 1914; Bateman 2010)．

　最後に，母音の長さの変化である．これは開音節あるいは強勢音節でよく生じるが，調音運動の持続が増大するという意味において，強化の例とすることができる．こうした変化はプロソディーの変化にも関連し，これまで主に高ピッチや強さで示されていたアクセントが調音の持続の増大によっても示されるようになることがあり，これについては次章で扱う．長さが強勢に関連づけられるようになった時，強勢音節は長く，あるいは重く，非強勢音節は短くなる傾向がある．

　ここまで述べてきた強化に関する議論で明らかになったことは，弱化に比べてそれほど一般的ではないものの，調音運動の持続時間や強さは増大しうる，という点である．しかし，これまでになかった完全に新しい調音運動がいきなり生じるということは決してない．よって，説明を試みる際は，その変化に関わる調音運動を詳細に検討する必要があるのである．

2.11.　音変化を引き起こす要因

　音声的な変異そのものは音変化ではなく，音韻構造や目録における変化が音

変化である，と考える研究者もいる．John Ohala は，一連の論文（Ohala 2003 を参照）において，音変化は聞き手が話し手の発話における音を誤って聞き取る時に生じると述べている．例えば，2.4 節で扱った鼻音に先立つ母音の鼻母音化の場合には，鼻母音化が鼻音の存在によって生じるのではなく母音に内在的な特徴であると聞き手が解釈した時，小さい音変化が生じる．仮に聞き手の多くが同じ反応を示せば，母音における鼻音性が音韻的なものになる再分析が生じるであろう．Ohala にとって，ここで見られる音変化は鼻音化が母音に浸透していくことではなく，そこで生じる再解釈を指すのである．Blevins (2004) もこの点に同調し，また，子供たちが大人たちの音韻構造と違った構造を獲得する時に音変化が生じるとも述べる．Blevins によれば，この変化は以下の 3 つのメカニズムで生じるという．まず，Ohala が述べるメカニズム，次に，関連する音ないし音連続を単に聞き間違えるというメカニズム，3 点目に，変異形が使われる頻度が変化するというメカニズムである．

　音変化における子供たちの役割について，音変化が進行している中で言語を習得しつつある子供たちから得られる直接の証拠があるからといって，子供たちが音変化を先導するという考えのサポートにはならない．子供がもつバリエーションと周りの大人たちのバリエーションを注意深く観察すると，むしろ子供たちが大人たちのバリエーションの分布と頻度をかなり正確に学び取っていることがわかる（Patterson 1992; Díaz-Campos 2004; Foulkes and Docherty 2006）．これらの研究から，子供たちは変化を拡大させていく助けにはなるが，変化そのものを引き起こす要因ではないということがわかる．読者に音変化を導入する上で本書が前提にしてきたことは，バリエーションは音変化の始まりであり，バリエーションは主に調音上の理由で生じるという点である．調音の効率化には，調音運動の重なりの増大や調音の弱化が絡む．こうした自動化は言語が使われるのに応じて徐々に生じていく．調音の変化に並行して知覚の変化もおこるが，これは話者が自分の発音と他人の発音を常に意識しているからである．よって，両面における変化が徐々に生じていく．変化は，コミュニケーションを明確にする必要性とコミュニティにおける慣習によって制限される．これらの理由から，音変化のすべての側面は漸進的で，ある音韻構造から別の構造への大きな飛躍はないという想定に立っている．

推薦図書

Blevins, J., 2004. Evolutionary phonology: the emergence of sound patterns, Cambridge: Cambridge University Press. A large-scale survey of phonological patterns with many examples of the sound changes that create these patterns.

Lass, R. and Anderson, J. M., 1975. Old English phonology, Cambridge: Cambridge University Press.

Labov, W., 1994. Principles of linguistic change, Vol. 1 Internal factors, Oxford: Basil Blackwell.

ディスカッション用の問題

1. 以下のイタリア語の例において，動詞語幹の /l/ ないし /n/ が未来接尾辞の /r/ に同化する．

   val+rà > varrà（価値がある（三人称単数未来））
   dol+rà > dorrà（傷つく（三人称単数未来））
   ten+rà > terrà（つかむ（三人称単数未来））
   ven+rà > verrà（来る（三人称単数未来））
   pon+rà > porrà（置く（三人称単数未来））

   この同化の種類を述べなさい．影響を受ける音はどこに生じているだろうか．イタリア語の変化と，(24) で見たスペイン語における同種の変化を比べてみよう．これらはどう違っているだろうか．

2. 調音の簡略化という考え方は，非言語行動にどのように適用できるだろうか．慣習は，人間やそれ以外の非言語行動における予測行動の増大にどのようにつながっていくだろうか．

3. 同化と弱化の類似点を述べなさい．

第 3 章　より広い観点からの音変化と音韻変化

3.1. 導入

　前章では一般的な音変化について論じたが，この章では音変化によって生じる帰結や，別の種類の一般的な音変化，あるいは厳密には音変化の定義にあてはまらないような音韻変化を取り上げる．はじめに，前章で論じた音変化が音素体系にどのような帰結をもたらすかを検討し，分裂（split）によって新しい音素（phoneme）が生じたり融合（merger）によっていくつかの古い音素が消失したりするさまを考察する．そして連鎖的に生じる母音推移（vowel shift）を取り上げ，前章で論じた子音推移（consonant shift）との共通性から，音素対立（phonemic contrast）が「連鎖推移（chain shift）」においてどのように作用するかを考察する．また，ある言語において対照的な声調（tone）がどのように生じるのか，強勢アクセント（stress accent）をもつ言語において韻律（prosody）の変化が他の一連の変化とどのように関係しているのかについて論じる．さらに，「異化（dissimilation）」，「音位転換（metathesis）」，「音素配列（phonotactic pattern）」に動機付けられた変化についても考察する．最後に，何が音変化の原因となるのか，そしてどのような要因が音変化の原因を明らかにする手がかりとなるのかについて再度検討する．

3.2. 音韻化

　前章で個別の音変化について論じた際，各々の変化が語族の異なる言語で独立して生じることや，変化が音韻上の（通例は調音における）動機付けをもつことを述べた．あまたの言語学者が明らかにしたところによれば，音変化はすべてではないにせよ多くの言語に存在する普遍的（universal）な傾向から生じ

る（Hyman 1975; Ohala 2003）．ただし，そのような普遍的傾向が実際の音変化となるためには，言語個別的な特性が必要となる．普遍的な音声傾向が音変化となり，言語個別的な音韻体系に組み込まれていく過程を音韻化（phonologization）とよぶ（Hyman 1975）．音韻化の最初のステップは，当該の音声傾向が普遍的な調音結合効果（co-articulation effect）から予測される通常の範囲を越えて拡大することである．例えば，同じ音節（syllable）の中で鼻音（nasal）の前にある母音が鼻音化（nasalization）を受けることは一般的であるが，鼻音化された母音が発音されている間に口蓋帆（velum）が完全に下がると，母音の鼻音化が音韻化されたといえるだろう．しかし，このような過程は非常に漸進的（gradual）であるため，音声的傾向がある言語における音韻の領域へと踏み込む正確な時点を特定することは不可能であろう．

　音韻化によって（すなわち音変化によって）もたらされる重要な効果の1つとして，かつて余剰的（redundant）であった音声的特徴が対比的な素性へと変化することが挙げられる．これは条件付け環境（conditioning environment），すなわち当該の音の出現を条件付けていた環境が弱まり，余剰的音声特徴が通常の範囲を越えて拡大する場合に生じる．上の鼻音化された母音の例でいえば，母音がより鼻音化されるとともに音節末尾の鼻子音が弱くなると，子音そのものよりも母音の鼻音性のほうが当該の単語を識別するのに重要になってくる．他の例としては，有声子音（voiced consonant）の前での母音の長音化が挙げられる．これは普遍的な傾向であるが，英語ではこの傾向が非常にきわだっている．bed（ベッド），pig（ブタ），tab（つまみ）のような語における英語の母音は，bet（賭け），pick（選択），tap（蛇口）における対応する母音のほぼ倍の長さをもっている．実験に基づく研究が明らかにしたところによれば，英語の話者は母音の長さの違いによって有声子音で終わる語と無声子音で終わる語を識別している．実際のところ，語末の子音が削除されても話者はそれぞれの語を正しく同定することができるのである．したがって，英語では母音の長さが音韻化されているといえるだろう．母音の長音化は依然として有声語末子音に依存しているので伝統的な意味で「音素的」な振る舞いをしているとはいえないが，それでも音変化は言語の音素目録（phoneme inventory）に影響を与えるのである．このことを次節でみていく．

3.3. 音素目録の変化

　前章で議論した音変化の多くは，言語の音素目録に影響を与える．音変化が音素にもたらす結果としては，次の3つのパターンがある．(1) 影響なし．す

なわちすべての音素がそのまま保持される．(2) 新しい音素の出現．(3) 古い音素の消失．これらについて以下で順にみていこう．

3.3.1. 音素への影響なし

音素目録への影響が見られないのは，音変化によって生じるのが新しい異音（allophone）の場合である．英語の無声閉鎖音（voiceless stop）がリバプール英語（Liverpool English）で破擦音（affricate）となっても当該方言における音素はすべてそのまま保持されており，音声的具現化だけが変化している．また，スペイン語（Spanish）で母音に挟まれた /d/ がいくつかの語において /ð/ になったり削除されたりしても，音素目録は変化しない．なぜなら，/d/ は語頭の位置や鼻音あるいは /l/ の後で依然として音素として存在しているからである．

3.3.2. 新しい音素の出現

より興味深いのは新しい音素が出現する場合であり，これはいくつかの要因が連動して生じる．1 つの重要な要因は，条件付け環境の消失である．すぐ上や前章で論じた音素的鼻母音の発達を考えてみよう．当該の母音は音節末の子音が後続する場合に鼻音化し，その子音が弱化して最終的に消失する．フランス語（French）の例を (29) にあげる．鼻子音がもはや存在しなくなった時点で新しい音素が認識されるはずである．なぜなら，その時点で âge [ɑːʒ]（年齢）と ange [ɑ̃ːʒ]（天使）のような最小対（minimal pair）が生じるからである．

(29) 　fin　　　>　[fĩn]　　>　[fɛ̃n]　　>　[fɛ̃]　　（最後）
　　　bon　　　>　[bõn]　　　　　　　>　[bõ]　　（よい）
　　　chanter　>　[ʃãnte]　　　　　　>　[ʃãte]　（歌う）
　　　enfant　　>　[ẽnfãnt]　>　[ãnfãn]　>　[ãfã]　（子供）

これを，もともと音素でなかった鼻母音が突然変異的に音素になる過程とみることができるかもしれないが，別の見方として，母音が次第に鼻音化されるとともに鼻子音が短くなっていく漸進的変化と考えることもできる．いずれにしても，変化のある時点においてたとえ鼻子音が残存していたとしても，話者は語を識別する主要な手がかりとして鼻音化された母音を利用するようになる．

したがって，新しい音素が出現するためには，条件付け環境が消失するとともにかつて異音であった音素の間に音声的な距離があることが必要である．母音が鼻音化される場合も，それが音韻的対比の標識となるためには変化がそれなりに大きくなければならない．その証拠として，強勢のない VN 音節にお

いて母音が鼻音化して鼻子音が消失する場合には，母音の鼻音的特徴も一緒に消失する (Hajek 1997). 明らかに，強勢の置かれない音節では鼻音化は音素の対比を生じさせるほど音響的に強くはない．

　新しい音素が確立したことを示す確実な証拠は，当該の音がかつてその出現を条件付けていた環境以外で生じることである．上でみたように，その環境が消失するとそういったことが起こる．あるいは，その音素が他言語から借入された新しい語で生じる場合もそれにあてはまる (9.2.3 節，11.2.1 節を参照). 例えば，ドイツ語 (German) の軟口蓋摩擦音 (velar fricative) [x] は前舌母音 (front vowel) の後で硬口蓋化された変異形を発達させ，ach [ax]（あっ）と ich [iç]（私）の違いを生じさせた．しかし，今や [ç] は Chemie（化学）のようなある種のフランス借入語 (loan word) の語頭にも生じるようになった．この子音が語頭に現れるためには，話者の意識の中で [x] とは異なる音として確立していなければならない．この背後にあったかもしれない1つの要因として，方言によっては硬口蓋摩擦音 (palatal fricative) が前方に推移して後部歯茎音 [ʃ] を生じさせ，[x] との音声的差異が拡大したという事実が挙げられる．加えて，指小辞 (diminutive suffix) -chen の硬口蓋摩擦音は後舌母音 (back vowel) の後でも現れたので，Kuhchen [kuːçən]（雌牛＋指小辞）と Kuchen [kuxən]（ケーキ）のような最小対に似たペアが生じることとなった．

3.3.3. 音素の消失

　ある音素が消失したことがもっともわかりやすいのは，それがすべての環境において削除される場合である．ラテン語 (Latin) にはかつて音節頭の位置にのみ生じる /h/ の音素があったが，ラテン語の時代にすでに消失しつつあった．ラテン語で /h/ をともなう語はフランス語では /h/ なしで現れる（例：ラテン語 habere ＞ フランス語 avoir（もつ））．スペイン語では，ラテン語由来の /h/ とともに，もともと語頭の /f/ から派生された /h/ が消失した（例：ラテン語 habere ＞ スペイン語 haber [aber]（もつ）；ラテン語 facere ＞ スペイン語 hacer [aθer]/[aser]（作る，する）．

　音素が消失するもう1つの方法は，2つの音素が融合する場合である．アメリカ英語で現在進行しつつある融合によって，かつての [ɔ] は [ɑ] と発音されるようになり，話者によっては caught（捕まえた）と cot（簡易ベッド）のような語のペアに見られた [ɔ] と [ɑ] の対比はすでになくなっている．このような話者が hawk（タカ），bought（買った），fought（戦った）のような語に [ɑ] の音素を用いるのに対して，より保守的な話者は同じ語に [ɔ] を音素として用いる．この変化が進むにつれて保守的な方言でも [ɔ] は衰退し，最終的にアメリ

カ英語から消失するであろう．

　音素が融合によって消失すると，ある言語における音の対比が減少する．そこで研究者の中には，変化の進行中でも何らかの力がはたらいて融合を阻止して対比を維持するのではないかと考える者もいる．2.5.5 節では，ロマンス (Romance) 諸語で生じた子音の連鎖推移について論じた．当該の変化において，ラテン語の有声閉鎖音は摩擦音となり，無声閉鎖音は有声化され，無声重子音閉鎖音は単純無声閉鎖音となった．このような音声的具現化の推移にもかかわらず，音韻的な区別は少なくとも当初は保持されていた．したがって，このような連鎖推移において，音韻的カテゴリーの区分は変化を制限したり逆に引き起こしたりして，何らかの役割をはたしているのである．次節では，母音体系における連鎖推移を検討することでこの問題をより詳しく議論する．

3.4. 母音推移

3.4.1. 大母音推移

　英語の歴史でもっとも有名な音変化は，「大母音推移 (Great Vowel Shift)」とよばれるものである．[1] この変化は近代初期のおもに 16 世紀中に生じたが，一部の変化はそれ以前から始まっており，さらに少なくとも一部の方言ではいまだに完結していない．この変化は，かつて長母音 (long vowel) であった英語の「緊張 (tense)」母音に影響を与えた．図 3.1 のように，高母音 (high vowel) が二重母音化されその他の母音が一段ずつ高くなるような形で母音がその位置を推移させた．

　大母音推移は，英語の綴り字と発音の対応関係に（無惨といってよい）大きな影響をもたらした．なぜなら，英語の綴り字は大母音推移の後もほとんど修正されなかったからである．このような事情で単一の文字，例えば i が [aɪ] とも [ɪ] とも発音される．[2]

　中英語 (Middle English) の終わりには，7 つの長母音があった．それらの音韻形式と中英語の例，そして現代英語 (Present Day English) の訳が (30)

---

[1] 訳者注: Great Vowel Shift という用語をはじめて導入したのは Jespersen (1909) である．また，大母音推移に関するすぐれた解説として Krug (2012) が挙げられる．

[2] 訳者注: 母音を表す文字 <a>, <e>, <i>, <o> の名称は，大母音推移の結果生じた /eɪ/, /iː/, /aɪ/, /oʊ/ の発音に由来している．なお，<u> は中英語では /u/ または /uː/ と発音され，この音は大母音推移の結果 /au/ へと変化したが，/au/ には綴り字 <ou> が充てられたため，<u> が /au/ と発音されることはなかった（橋本 2005）．母音字 <u> の名称はフランス語の影響による．

に示してある．これらの母音音素のいくつかは複数の綴り字をもっていた．

(30) 　前舌母音　　　　　　　　　　　後舌母音
　　　/iː/ bide 'wait'（待つ）　　　　/uː/ hūs 'house'（家）
　　　/eː/ gees 'geese'（ガチョウ（複数））　/oː/ goos 'goose'（ガチョウ（単数））
　　　/ɛː/ meat 'meat'（肉）　　　　/ɔː/ gote 'goat'（ヤギ）
　　　　　　/aː/ name 'name'（名前）

大母音推移の過程で，これらの母音それぞれが母音三角形（vowel triangle）においてその調音位置を変化させた（図3.1参照）．高位長母音は高い位置ではなくやや低い中央よりの位置から発音されたことから，前舌母音では [ii] > [ɨi] > [əj]，後舌母音では [uɯ] > [ʉu] > [əw] のように二重母音化していった．後に多くの方言で高母音は二重母音（diphthong）の [aj], [aw] となった．そのため，現代英語では bide（待つ）を [bajd], house（家）を [haws] と発音する．

中位母音（mid vowel）の /eː/ と /oː/ はそれぞれ /iː/ と /uː/ に引き上げられて高母音となった．これらの音は現在の geese と goose の発音に見られる．中低位母音（lower mid vowel）の /ɛː/ と /ɔː/ もまた一段階引き上げられて /eː/ と /oː/ になった．後に前舌中位母音はさらに引き上げられた．低母音（low vowel）の /aː/ は前方に推移して /æː/ となり，最終的に /eː/ となった．これらの変化を図で表すと 3.1 のようになる．

この一連の母音推移について興味深い点がいくつかあるので，指摘しておきたい．第1に，前舌母音と後舌母音が平行的に変化している．いずれも高母音が二重母音化され，それ以外の母音が引き上げられている．どのような力がこの変化を引き起こし，推し進めたにしても，それは前舌母音と後舌母音に同じようにはたらいたのである．第2に，中・低位母音はそれぞれ一段ずつ高くなったが，この音声変化が漸進的なものであったことは間違いない．すなわち母音が途中の位置を飛び越えて変化することはなかった．実際に観察した者の報告によれば，その当時（およそ1500年から1700年）には非常に多くのバリエーション（variation）が存在しており，変化は非常にゆっくりとしたものであった（Dobson 1957）．第3に，音声的な性質は変化したものの，音韻上の対比はほとんどそのまま保持された．唯一の例外として，前舌母音では /eː/ と /ɛː/ が融合して /iː/ となった（その結果，meat（肉）と meet（合う）が異綴り同音語となった）．ほとんどの音韻的対比が保持されたことから一連の変化は連鎖推移と考えられる．

第 3 章　より広い観点からの音変化と音韻変化　　　　　　　　69

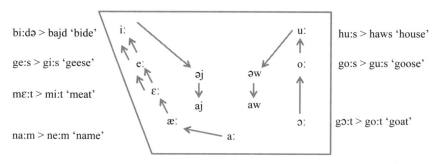

図 3.1：初期近代英語 (1400–1600) の大母音推移を構成する変化[3]

　母音推移や他の連鎖推移の観察から，André Martinet は，音素は互いの知覚的距離を最大限に保つ傾向があると提案した (Martinet 1952)．また Liljencrants and Lindblom (1972) は，母音体系は母音音素間の知覚的対比が最大になるように構成されていると提案している．こう考えると，ほとんどの母音体系に /i/, /u/, /ɑ/ の音が含まれることが説明される．なぜなら，これらの音は調音と知覚の点で母音空間の端に位置しているからである．[4] このような対比の最大化が母音推移の際にもはたらき，母音は知覚的対比を維持したり高めたりするような形で推移するのかもしれない．Martinet は，連鎖推移において関連する様々な変化の間に因果関係が存在すると提案した．換言すれば，ある変化が次の変化を引き起こすということである．その過程には理論上 2 つの可能性がある．1 つは，ある音素の音声的領域が隣接する音素に押し寄せてくるというものである．この場合，例えば /aː/ が前舌化されてさらに上昇しはじめると /ɛː/ が浸食され，それによって /ɛː/ もまた上昇するかもしれない．このタイプの変化は「押し上げ連鎖 (push chain)」とよばれる (push-theory とも言われる)．もう 1 つの可能性は，ある音素が変化することで音声空間にすき間ができ，隣接する音素がそのすき間を埋めるようにして変異形を拡大さ

---

[3] 訳者注：図 3.1 では 1400 年から 1600 年までを「初期近代英語 (Early Modern English)」として括っているが，1500 年から 1700 年を初期近代英語とよぶことも多い．後者の区分にしたがえば，大母音推移は後期中英語 (Late Middle English) にはすでにはじまっていたことになる．このような時代区分の揺れは，英語の変化のどの側面に注目するかによって生じる．初期近代英語の時代区分に関する諸説とその根拠については，Penzl (1994) を参照のこと．また，英語史全般の時代区分の論点を簡潔にまとめたものとしては Curzan (2017) が参考になる．

[4] 訳者注：一説によれば，ケチュア (Quechua) 諸語は *i, *u, *a の 3 母音しか持たない祖語にさかのぼるという．第 2 章の 2.3 節を参照のこと．

せ，最終的に後者の音声的重心が変化するというものである．例えば，まず高母音が二重母音化されると，高位が空になるため中位母音が自由に高位化できるようになる．このタイプの変化は「引き上げ連鎖 (drag chain)」とよばれる (pull-theory とも言われる)．

　大母音推移の場合，変化が生じた正確な年代的順序はわかっていない．ただし，二重母音化と高中位母音 (higher mid vowel) の上昇が他の変化よりも早く生じたようであり (Dobson 1957)，引き上げ連鎖だったのではないかと思われる．もちろん，押し上げ連鎖と引き上げ連鎖の混在といった他の可能性もある．ことによると中位母音の高位化と高母音の二重母音化は同時に生じたのかもしれない．一般的には，引き上げ連鎖のほうが（押し上げ連鎖と組み合わされる場合もあるが）よく見られるタイプのようである．ロマンス語子音の連鎖推移では，最初に有声閉鎖音が摩擦音へと子音弱化 (lenition) することで，無声閉鎖音が有声化する余地が生じたことを思い起こしていただきたい．これもまた引き上げ連鎖といえよう．いずれにせよ，このような種類の連鎖推移は音声変化に制約を加える音韻的対比の重要性を示している．しかし，実際には音素の融合が生じることもあるので，音韻的対比維持の原則は鉄壁ではない．

　初期近代英語の大母音推移について知っておくことが大切である理由の1つは，それが英語の綴り字と発音の対応関係に広範な影響を及ぼし，形態素 (morpheme) に多数の交替 (alternation) を生じさせたからである．大母音推移の後で大規模な綴りの改変が行われなかったので，現代英語の綴りは推移前の時代を反映している．その結果，1つの書記素 (grapheme) がいくつかの発音をもつことがある．例えば，a という文字は same [ej] （同じ），Sam [æ] （サム（人名）），spa [ɑ] （温泉）のように様々に発音される．同様に，ほとんどの母音字は少なくとも2つの主要な発音をもっている．なぜなら，かつての長母音がすべて推移した一方，短母音 (short vowel) は変化しなかったからである．英語では母音の持続時間 (duration) による対比はもはや存在しないが，英語の綴り字を教える際にはいまだに長母音と短母音が区別される．言語学者は「緊張 (tense) （母音）」「弛緩 (lax) （母音）」という用語を使うが，この2つのタイプの違いは主としてその分布によるものである．「弛緩」母音とされている類は開音節 (open syllable) に生じることができない．

　英語の各々の母音字に対する2種類あるいはそれ以上の発音は，ときに形態素の交替として現れる（これについては第4章で詳しく論じる）．動詞では bite/bit（噛む／噛んだ），speed/sped（急いで行く／急いで行った），sweep/swept（掃く／掃いた）のように，かつては母音の長さの違いに対応していたが現在では母音の音質そのものが異なっているような語幹 (stem) の変化が見られる．同

じような交替は，次のような派生形態論（derivational morphology）でも観察される．decide [aj]（決定する）対 decision [ɪ]（決定），nation [ej]（国家）対 national [æ]（国の），serene [ij]（落ち着いた）対 serenity [ɛ]（落ち着き）．これらをはじめとする多くの同類の交替は，大母音推移以前の長母音／短母音の交替にさかのぼる．第4章で議論する他の多くの音変化と同様，大母音推移は形態的に関連する語に多大な影響を及ぼした．[5]

3.4.2. （米国）北部都市母音推移

上で述べたとおり大母音推移は長母音の体系において生じ，短母音はその当時影響を受けなかった．しかし現在，アメリカ英語では短母音，すなわち弛緩母音の間で大規模な変化が進行しつつある．

アメリカ英語における弛緩母音は開音節に生じることができず，子音が続かなければならない．具体的には，/ɪ ɛ æ ɑ ɔ ʌ/ である．これらの母音が関係する連鎖推移がシラキュース（Syracuse），ロチェスター（Rochester），バッファロー（Buffalo），クリーブランド（Cleveland），デトロイト（Detroit），シカゴ（Chicago）といった都市で観察・研究されていることから，この変化は「（米国）北部都市母音推移（Northern Cities Vowel Shift）」とよばれる．これは現在進行中の変化であり，話者の年齢，性別，教育程度などよって推移の程度は異なる．また，変化の一部は他の地域にまで及んでいる．図3.2は，音素記号と語彙項目を用いて影響を受けている母音の推移を示している．図中の数字はこの変化が生じたとされている順番を示しており，これに沿って以下順に議論していく．

この変化は比較的最近のもので，影響を受ける母音や話者が増え続けていることから，かなり詳しい研究が進んでいる．この変化が生じた順序を確定させる1つの方法は，年齢の異なる話者の母音を調査することである．高齢の話者は，年少の話者よりも変化が進んでいない母音をもっているはずである．このようにして，現在進行中の変化を「見かけ上の時間（apparent time）」によって見ることができる．また，この変化は1970年代から研究されているので，経年変化資料も得ることができる．以下のまとめは Labov (1994) による．

---

[5] 訳者注：大母音推移における長母音の二重母音化に関しては，Wolfe (1972) に詳しい議論がある．それによれば，同様の変化は英語だけでなくチェコ語（Czech）や古プロシア語（Old Prussian）でも観察されるとのことである．

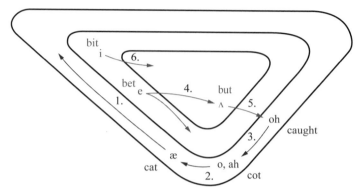

図 3.2：北部都市母音推移 (Labov, Ash, and Boberg 2006 図 14.1 より)

1. 最初の変化は，cat（猫）などにおける /æ/ の上昇であった．この変化は，sandal（サンダル靴）のような鼻音の前や，Jackie（ジャッキー（人名））のような硬口蓋音の後でより顕著であった．図 3.2 は，この母音が前舌低位から中位母音位置を越えて上昇したことを示している．[6] 現在でも多くのバリエーションが存在しており，話者によって上昇の程度は異なる．高位の核母音（nucleus）と中舌化した出わたり音（offglide）$[i^ə]$ からなる二重母音として音声的に具現化される場合もある．Labov はこの時点で /æ/ の上昇がほぼ終結したとみなしている．
2. 第 2 の変化もまた，調査の対象となったもっとも年長の話者に見られるものであり，cot（簡易ベッド）や Don（ドン（人名））における [ɑ] が [a]（前舌低位母音）さらには [æ] へと推移した．上の図では，この母音に対する音素記号として /o/ と /ah/ が用いられている．
3. 第 3 段階は，caught（捕らえた）や bought（買った）における /ɔ/（上図では音素記号 /oh/ として示されている）が，[ɑ] や [a] へと中舌化・前舌化した変化である．
4. 第 4 段階として，bet（賭け）の母音 [ɛ]（上では /e/ と表示）が母音空間の中舌領域に移動し，dress（衣服）が [drʌs]，rest（休息）が [rʌst] と発音されるようになった．図で示されているように，さらに下の位置で発音する話者もいる (Labov 2001: 473)．この変化と次の 2 つの変化を Labov 1994 は「新しくて活発な (new and vigorous)」変化とよんでいる．

---

[6] 訳者注：この点で北部都市母音推移は，母音が途中の位置を飛び越えずに一段ずつ平行的に上昇した英語史の大母音推移とは異なる性質を示しているといえるだろう．

5. but（しかし）や strut（気取って歩く）の /ʌ/ が，かつて caught（捕らえた）の母音 /ɔ/ があった位置へと後退する．
6. 弛緩高母音 /ɪ/（図では /i/ と表示）が次第に低くなり，かつて [ɛ] があった位置に近づいている．

　明らかにこの一連の変化は連鎖推移であり，少なくともその一部は引き上げ連鎖である．/æ/ の上昇が前舌低位領域にスペースを作り，/ɑ/ がそのスペースへと移動していった．そして後舌母音 /ɔ/ が，/ɑ/ があけたスペースへと移動した．

　このような推移，すなわちある音素がかつて別の音素によって占められていた位置を浸食したり埋めたりする変化によって，方言間で誤解が生じることがある．1970年代にアメリカ南西部からニューヨーク（New York）のバッファローに移り住んだ筆者の個人的な経験に照らしても，これは決して珍しいことではない．バッファローに来て間もない頃に私はあるパーティーに参加し，そこで [dan] という名前の男を紹介された．私は，この前舌低位母音を含む名前が Dan なのか Don なのかわからなかった．当時の私には Dan のように聞こえたが，北部都市母音推移についての知識があれば，それが Don であったことを理解できる．

3.4.3. 母音推移の一般的原理

　ここまで議論してきた他の音変化と同様に，母音推移も一般的な通言語的パターンを示す．つまり，同じような変化が異なる言語で独立して生じる．多くの言語（大部分はインド・ヨーロッパ系（Indo-European）言語であるが，他の語族の言語も含まれる）における母音推移の例に基づいて，Labov (1994: 16ff.) は母音推移に関する以下の3つの原理を提案している．

(31)　原理 I:　　連鎖推移において，長母音は上昇する．
　　　原理 II:　 連鎖推移において，短母音は下降する．
　　　原理 IIa:　連鎖推移において，上昇わたり二重母音（upgliding diphthong）の核は下降する．
　　　原理 III:　 連鎖推移において，後舌母音は前舌化する．

大母音推移は長母音のみに作用しており，原理 I を例証している．このことは，すでにもっとも高い位置にあった母音を除いて，すべての母音が一段階以上高い位置へと推移したことから明らかである．非常に多くの言語で，このパターンにそった母音推移が観察される．これに比べると，原理 II を支持する

証拠はそれほど多くはない．例えば，北部都市母音推移において bit（少し）と caught（捕まえた）の母音が下降している一方で，cat（猫）の母音は上昇している．また原理 IIa は /ij/ や /ej/ のように，核となる母音に上昇のわたり音（glide），つまり半母音がともなう二重母音に関するものである．この場合，大母音推移において /ij/ と /uw/ がそれぞれ /aj/ と /aw/ へと変化したように，核母音が下降する傾向がある．この原理が原理 II と一緒に括られているのは，二重母音の核が短母音であるためである．原理 II のこの部分については，Labov (1994) にあるとおり，多くの言語で実証されている．原理 III は，北部都市母音推移におけるいくつかの変化，すなわち /ɑ/ が /a/ さらに /æ/ へと前舌化した変化を説明するが，前舌母音 /ɛ/ の中舌化はこの原理に逆行しているように思われる．

　これまでのところ，すべての事例を包括する母音推移の説明は提案されていない．しかし，いくつかの個別的要因が議論の対象になっている．Labov (1994) によると，長母音と短母音の振る舞いの違いは昔から認識されており，その原因は両者を発音する際の調音労力の違いにあると考えられてきた．その理論によれば，長母音は振幅と持続時間が大きいことから調音が拡大し，舌の位置が高くなるとともに円唇化が進む．それに対し，短母音は隣接する子音の舌の位置からより多くの影響を受けるため，下降する傾向がある．重要なこととして，この理論を北部都市母音推移に適用する際には，英語の母音がすでに長・短の区別をもっていないという点を考慮しなければならない．英語のあらゆる母音は強勢の置かれた音節や単音節語では長く発音されるので，いわゆる弛緩母音が原理 II の意味での短母音にはあてはまらない可能性がある．北部都市母音推移の研究は，主強勢をもつ母音のほうが副強勢をもつ母音よりも推移が進行していることを明らかにしており (Labov 1994: 192)，母音の長さが 1 つの要因であることを示している．また，北部都市母音推移を理解するためのもう 1 つの鍵は周辺的母音（高位，前舌，後舌のそれぞれで端に位置するもの）と非周辺的母音（より中舌位置のもの）を区別することである．この区別を提案したうえで，Labov は周辺的母音が上昇する一方で非周辺的母音が下降することを明らかにしている．図 3.2 では周辺的母音は外周の三角形に含まれており，非周辺的母音は内側の 2 つの三角形にある．

　考慮すべきもう 1 つの要因は子音環境の影響であり，これが母音推移を引き起こす要因となりうる．例えば，北部都市母音推移では /æ/ の上昇が起点となったようであるが，この変化は hand /hænd/（手），can /kæn/（…できる），sandal /sænd(ə)l/（サンダル靴）のような鼻音の前でより進行している．/æ/ の上昇はこの環境から始まり，他の環境へと拡大した可能性がある (Labov

2010). 別の事例として，南部アメリカ英語や標準南部イギリス英語に見られる /uw/ の前舌化が挙げられる．これらの方言では，tooth /tu:θ/（歯）や shoe /ʃu:/（靴）などの語が，円唇化したわたり音を残したまま前舌化した [ɨw] や [iw] のような母音で発音される．この変化は硬口蓋子音やわたり音の後でもっとも進行しており，当該の変化が前舌の調音動作への「同化 (assimilation)」として始まり，そこから他の環境へ広がっていったことを示唆している．この変化は /l/ が後続する場合には生じないが，これはおそらく英語の /l/ が軟口蓋化され，発音の際に舌の後部が上昇するためであろう．したがって，母音の後に /l/ が来ると後舌の位置が保持される．

　/uw/ の前舌化を説明する代案として，後舌母音が前舌化しやすいという Martinet (1952) が提案した一般的傾向を考えることができるかもしれない．その理由は，母音空間は対称的な三角形をなしているのではなく，後舌領域のほうが前舌領域よりも母音の区別を作り出す空間が狭い点にある．Martinet は，個々の音素の間の知覚上の「安全圏」を確保する必要性から，後舌母音がたくさんあるとそれらのうち1つないしそれ以上が前舌化すると提案している．

　前章では，発音の自動化の結果生じた多くの変化を特定した．そこには調音動作の弱化 (reduction) や重複といった変化が含まれていた．また少数ではあるが，調音動作が大きくなる変化である強化 (fortition) の事例と思われる変化についても議論した．ここで少し考えてみたいのは，母音推移がこの種の変化にあてはまるのか，あるいは別の種類の動機をもつのかということである．母音推移の原因についてはいまだ完全にはわかっていないので，この議論は多分に憶測に頼らざるをえない．しかしながら，次のようなことはいえるであろう．

1. 母音推移が母音の前後にある子音によって動機付けられているかぎりにおいて，同化，すなわち調音運動のタイミングのずれ (retiming) が関与していたであろう．北部都市母音推移においては，母音前後の子音が推移を促進する重要な要因となったことに注意してほしい．
2. 低母音を発音する際には下顎が大きく開き舌が下がる一方で，高母音の発音では下顎および舌が上昇する．このことから，低母音の上昇と高母音の下降はいずれも調音動作の弱化といえるだろう．
3. 大母音推移に見られるような二重母音化，例えば [ɪi] > [ëi] > [əj] > [aj] のような変化では母音の出だしが下降しており，これも舌を上昇させる調音動作の弱化とみなすことができる．

4. 前舌・後舌位置から中舌（中立）位置への変化も，調音動作の弱化として分析することができる．しかし，中舌位置を越えた前舌化や後舌化には，前後の子音への同化や強化といった別の動機があったはずである．
5. 中位を越えた上昇や下降も，同化や強化の一種とみなすことができるだろう．

母音推移の性質についてより深く理解するためには，さらなる研究をまたねばならない．

　母音推移の語彙拡散（lexical diffusion）を示す証拠が存在する．大母音推移は最終的に英国容認発音（British Received Pronunciation）および標準アメリカ英語（Standard American English）のすべての語彙に影響を与えたが，Ogura et al. (1991) によれば，中英語で /iː/ と発音されていた母音は，現在でも方言によるバリエーションがあり，その差異には語彙的な要因が絡んでいる．つまり，変化が進行している語もあればそうでない語もある．また，フィラデルフィア（Philadelphia）における /æ/ の上昇の研究が明らかにしたところによれば，似たような音声的環境にある語でも変化を受けたものと受けていないものがある．例えば，bad（悪い），mad（ばかげた），glad（うれしい）では一貫して母音が上昇しているのに対し sad（悲しい），dad（父さん）はそうではない（Labov 1994）．他方で，Labov が研究したその他の母音推移に関しては，前後の子音によって規定される音声的条件のほうが語彙的な影響よりもはるかに重大であるようだ．

3.5. 強勢アクセントの起源と進化

　ある言語の韻律タイプは，その言語が音の高さ，強さ（intensity）（大きさ（loudness）），（リズム特性を決める）持続時間をどのように用いるかで決定される．多くのヨーロッパ言語（英語，ドイツ語，ギリシャ語（Greek）など）は強勢アクセントをもつと考えられており，そこでは各々の語において他の音節よりも高く，強く，長く発音される卓立した音節が含まれる．もう1つの韻律タイプはピッチアクセント（pitch accent）であり，卓立した音節はピッチレベルや声調曲線（contour）で対比をなすことがあるが，すべての語や音節がピッチを指定されているわけでなない（日本語がこのタイプである）．これらのタイプと対照的に，声調言語（tone language）では語に含まれる音節がそれぞれ特徴的な高さのレベルや声調曲線をもっている．事物を類型化する際によくあることであるが，分類の難しい中間的な事例，例えば非常に限られた

語の音調パターンをもつ声調言語といったものが存在する．あるいは，他の音節よりも長い卓立した音節をもつ声調言語といった，複数のパターンにまたがる事例も存在する（ムエラ語（Mwera）やセツワナ語（Setswana）のような，いくつかのバンツー（Bantu）諸語がこれにあたる）．この節と次の節では，語の韻律特性の起源，韻律体系の変化に共通して見られるパターン，そして韻律パターンと子音や母音の変化との相関関係について論じる．母音や子音の変化に比べて，声調やアクセントの変化については明らかになっていない点が多いことに留意されたい．

各々の語に強勢の置かれた音節をもつ言語も，いくつかのタイプにわかれる．多くの言語では語強勢はかなり規則的であり，語頭あるいは語末から数えて一定の音節に置かれる．この種の形式は，「境界表示強勢（demarcative stress）」とよばれる．例えば，フィンランド語（Finnish）やチェコ語の強勢パターンは非常に規則的であり，強勢は語の最初の音節に置かれる．フランス語とトルコ語（Turkish）では語末の音節に強勢が置かれる．これらの形式には語の境界が明確に示されるという利点がある．同種のパターンとしては，最後から2番目の音節に強勢が置かれる語末第2音節強勢（penultimate stress）というものがある．これはケチュア諸語やスワヒリ語（Swahili）に見られる．また，強勢が予測可能なこれらのタイプとは別に，語によって強勢パターンが異なる言語もある．そのような言語では，語頭強勢をもつ語もあれば語末強勢をもつ語もあったり，語の形態構造が強勢位置を決定したりする．このようなパターンは，語彙的または形態的強勢とよぶことができるだろう．

3.5.1. 強勢アクセントは何に由来するか

語強勢の起源の1つと考えられるのは，句のイントネーション（intonation）である（Hyman 1977）．イントネーションとは，特定の語や形態素から独立して発話の中で生じるピッチ変化のパターンである．一般的に，陳述文と疑問文は異なるイントネーションを示す．Bolinger（1978）によれば，通言語的に陳述文の末尾は「高-低」イントネーションを示すとともに，多くの言語では発話の先頭に高いピッチが置かれる．Hymanは，発話の最初の高いピッチが語の第1音節での高いピッチや強勢へと再分析されると提案している．発話の末尾における高下降ピッチ（high falling pitch）は語末強勢となり，「高-低」パターンが語末の2つの音節にまたがると語末第2音節強勢となる．語に特有の強勢パターンをもたない言語では（チリやアルゼンチンで話されている孤立語（isolates）のマプチェ語（Mapudungun）がそうである），語が単独で発せられたり発話の先頭や末尾で用いられたりすると，話者はそこに現れるピッ

チパターンを語の強勢パターンとして解釈するだろう．また，ある言語がすでに強勢あるいはピッチアクセントをもっていても，イントネーションに基づくパターンで置き換えられることもあろう．これはチェコ語ですでに生じていることであり，もともとあったピッチアクセント体系が語頭強勢によって置き換えられている．バントゥー語族に属するいくつかの声調言語では語末第2音節が長くなっており，いずれ強勢の置かれた音節として再分析されて声調体系に取って代わるかもしれない．このように，強勢アクセント体系の1つの起源はイントネーションパターンであり，最初の高いピッチあるいは末尾の下降ピッチが個々の語と結びついている可能性がある．

　このようにして強勢アクセントを発達させて間もない言語は，規則的な境界表示強勢をもつことになるだろう．これがさらに変化すると，その他の要因，とりわけ母音の削除によって境界表示強勢が厳密に予測できなくなり，語彙強勢 (lexical stress) や形態的強勢に変化していく．形態的強勢については次章で取り上げるのでここでは語彙強勢に焦点をあて，ラテン語の強勢を例としてみていこう．

　古典ラテン語における強勢規則は，次のようなものであった．2音節以上の語に関しては，強勢は原則として語末から2番目の音節に置かれた．しかし当該の音節が弱音節，すなわち短母音を含む開音節の場合には，強勢は語末から3番目の音節に置かれた．このシステムで重要なのは，長母音と短母音の対比である．例えば，amāre（愛する）や civitātis（都市）のような語では強勢は語末第2音節に置かれたが，popŭlus（人々）では語末第3音節に置かれた．その後，口語ラテン語がスペイン語，ポルトガル語 (Portuguese)，フランス語へと発達すると，popŭlus の短母音 u や amāre や civitātis の最終音節が削除された．ただし強勢は以前と同じ位置に留まったため，強勢の位置はもはや同一の規則によって予想できなくなった．(32) はラテン語からスペイン語への発達を示したものである．

(32)　ラテン語　　スペイン語
　　　pópŭlus　　puéblo　　　（人々）
　　　amā́re　　　amár　　　　（愛する）
　　　civitā́tis　　ciudád　　　（都市）

スペイン語では強勢の位置がラテン語の規則からは予測できないことがわかる．このように，ロマンス諸語では母音の削除や長母音と短母音の区別の消失とともに，強勢体系の性質が変化した．次節では，なぜ，そしてどのようにしてこの変化が生じたのかを考察する．

3.5.2. 強勢アクセント体系の典型的変化

　強勢アクセントがイントネーションパターンから発達すると，当初は強勢が高いピッチとして現れる．しかし上でも述べたように，強さ（大きさ）や持続時間も強勢音節とそうでない音節を区別するのに用いられることがある．Bybee et al. (1998) の仮説によれば，強勢が主に高いピッチで現れる場合には，条件の変化によってその強勢が別の音節に移ることがあるが，持続時間が強勢の関連要因として加わると，子音や母音が変化しても強勢は歴史的にもともとあった位置に留まる．[7] 強勢が高いピッチで現れるトルコ語を考えてみよう．規則的なパターンとしては，語末の音節に強勢が置かれる．しかしトルコ語には多くの接尾辞 (suffix) があるため，同じ語幹であっても屈折 (inflection) によって異なる形態素が語末音節となる．このことを示したのが (33) である．

(33)　odá　　　　　（部屋）
　　　odadá　　　　（部屋で）
　　　odadakí　　　（部屋にあるもの）
　　　odadakilér　　（部屋にいる人たち）

　これを強勢が高いピッチとともに持続時間によっても表される英語と比較してみよう．強勢を置かれた音節が長くなり強勢のない音節が短くなることで，それぞれの環境における子音と母音の音声も変化していく．例えば，語頭に強勢のある attic（屋根裏）と語末強勢の attack（攻撃）を比べてみよう．語頭の母音だけでなく語中の子音も両者で異なっている．もし attack の強勢位置を変えて発音したら，聞き手は何の語かわからないであろう．

　持続時間が強勢アクセントに関わるようになると，子音と母音に多くの変化が生じる．母音は強勢のない音節では短くなり，強勢音節では長くなったり二重母音化したりする．子音は強勢のない音節の最初では attic の /t/ のように弱化する．このような変化のために，強勢は次第に語の境界を示す役割を失って語彙的な性質を強め，その位置を予測することが難しくなっていく．このような変化が過去 2000 年の間にロマンス諸語やゲルマン (Germanic) 諸語において生じた．(32) から，とくに語末や強勢に後続する位置において強勢のない短母音が削除されることがわかる．スペイン語では pueblo（人々）のように

---

　[7] 訳者注：Bybee et al. (1998) は原著の文献一覧には記載されていないが，次の文献と思われる．Bybee, J. L., Chakraborti, P., Jung, D., and Scheibman, J., 1998. Prosody and segmantal effect: some paths of evolution for word stress. *Studies in Language*, 22, pp. 267-314.

中央短母音が二重母音化された．母音の長さが音素上区別されなくなると，あらゆる強勢音節は強勢のない音節よりも長くなっていく傾向がある．

　ゲルマン諸語も長母音と短母音の音素上の区別をもっていたが，英語では3.3節で論じたような緊張母音と弛緩母音の体系へと変化した．それと同時に生じた他の変化は，音の持続時間が強勢に関係するようになったことを示している．古英語 (Old English) から中英語にかけて強勢のない音節は弱くなって削除された．古英語では語末の音節で a, e, u, o が区別されたが，次第に e に統合されてシュワ（あいまい母音）（schwa）として発音されるようになり，最終的に消失することもあった．語末音節の変化を示す古英語と中英語の例を以下に挙げる (Mossé 1952)．

(34)　古英語　　中英語　　現代英語
　　　sōna　　 sōne　　 soon（まもなく）
　　　dogga　　dogge　　 dog（犬）
　　　sceadu　 schāde　　shade（陰）
　　　talu　　 tale　　　tale（話）
　　　mōdor　　mōder　　 mother（母）
　　　macod　　māked　　 made（作られた）

現代英語の発音からわかるように，これらの例で強勢のない語末音節は削除された．

　主として高いピッチで表された強勢アクセントが音節の長さによっても表されるようになる過程で，様々な変化が同時に生じた．上で触れたように，母音の弱化と消失からもたらされるもう1つの帰結は，語彙的で予測不可能な強勢の発達である．ふたたび (32) の例を見ていただきたい．強勢のない母音が削除されても強勢の位置は変化せず，通時的にもともとあった音節に留まっている．これらの変化では音の高さだけでなく持続時間も強勢に関連することから，Bybee et al. (1998) は語彙強勢をもつ言語は強勢によって条件付けられた過程（母音弱化など）を経ている可能性が非常に高いという仮説を立てた．この仮説を検証するために，Bybee らは可能な限り系統的に無関係な42の言語を選んで調査した．そして，その結果は仮説を裏付けるものであった．対象となったほとんどの言語において母音削除が観察され，しかも予測可能な強勢をもつ言語よりも，語彙強勢をもつ言語において有意に頻繁に生じていた．強勢によって条件付けられた長母音化や子音の変化は母音削除ほど多くは生じていなかったが，それでもやはり語彙的で予測不可能な強勢をもつ言語のほうでよく観察された．したがって，通言語的なデータは以下のような通時的仮説を

支持することになる．すなわち，音の持続時間が強勢の要因として加わるようになると母音や子音が変化し，それによって強勢がもともとの音節に固定され，語中の条件が変化しても強勢位置は移動しにくくなる．

3.6. 声調の発達と声調変化

すでにみてきたように，強勢アクセントをもつ言語では，高さ，強さ，持続時間の組み合わせによって特徴づけられる卓立した音節が各々の語にある．対照的に，声調言語においては各々の音節が（高・低などの）特徴的なピッチレベルと（上昇・下降などの）独特の声調曲線（contour）をもつ．同じ分節音（segment）の構造をもつ2つの語が，異なる声調パターンによって区別されることがある．このようなピッチパターンは，通常音の強さや持続時間の違いをともなうものではないが，言語によっては，声調とアクセントの卓立を併用するものもある．多くの声調言語において声調パターンの違いのみによって区別される語のペアを見いだすことができる．ナイジェリアの言語であるイガラ語（Igala）（ボルタ・ニジェール語（Volta-Niger））には，高音（H′），中音（M⁻），低音（L`）の3つの声調があり，これによって次のような語が区別される（Welmers 1973）．

(35)　áwó　（ホロホロチョウ）　　àwó　（ピシャリと打つ音）
　　　 áwō　（増加）　　　　　　 àwō　（くし）
　　　 áwò　（(木の) 穴）　　　　àwò　（星）

この例に見られるように，多くのアフリカ言語は2ないし3つのレベルからなる声調をもち，そのうちのいくつかでは声調曲線によってピッチが変化する．北京官話（Mandarin Chinese）とその姉妹語など，多くのアジア言語も声調言語であり，段位声調（level tone）とともに曲線声調（contour tone）をもつのが特徴である．

3.6.1. 声調発生論——いかにして子音から声調が生じるか

過去数十年にわたって，言語がどのようにして声調を獲得するかという問題が研究主題としてとりあげられ，興味深い結果がもたらされてきた．今やわれわれは言語が声調を獲得する過程について多くの知見を得ている．100年以上前に，研究者たちは高い声調（high tone）と低い声調（low tone）が無声子音と有声子音の区別に通時的に対応していることを観察した．すなわち，ある言語における語頭子音の有声・無声の区別が，関連する別の言語では高い声調と

低い声調によって区別されることがある．

モン・クメール（Mon Khmer）諸語のさらなる研究が明らかにしたところによれば，声調の違いはオンセット（頭子音）(onset) の有声・無声の区別に直接由来するのではなく，しばしば声質（voice quality）に基づく違いを経る (Thurgood 2002). 実際，多くの声調言語ではピッチの違いは声質の違いをともなう（これはときに声域 (register) とよばれる）．オンセット（頭子音）の有声・無声の区別，ピッチ，そして声質（通常（modal, normal），息漏れ声 (breathy)，きしみ声 (creaky)）はすべて喉頭によってコントロールされているため，Thurgood はこれらの言語における声調の発生に対して「喉頭による説明」を与えている (Thurgood 2007: 268-269). 一般的には，有声頭子音の後にくる母音が息漏れ声で低いピッチをもつのに対し，無声頭子音に後続する母音は通常の声質で高いピッチを示す傾向がある．このような声質の違いは，子音の有声・無声がいかにして声調に発達したかを理解する鍵となる．なぜなら，無声子音に後続する母音の出だしが有声子音の後にくる母音の出だしよりも高いピッチをもつとはいえ，この違いだけでは声調の発達をもたらすにはおそらく不十分だからである (Thurgood 2007: 268-269). 有声閉鎖音の発声中に声帯をコントロールしている筋肉が弛緩すると，声帯が次第に開いて母音の出だしが息漏れ声になる効果が生じるとともに，母音のピッチも下がっていく．息漏れ子音が次第に無声化して音韻体系の中で無声子音と融合していくのに対し，息漏れで低い声調の母音は，かつての有声子音をもつ語とかつての無声子音をもつ語の間で対比を維持する．これがさらに進むと息漏れが衰退して低いピッチのみが残る．

この提案された一連の変化を裏付ける証拠は，近接した方言の研究から得られる．例えば，Suwilai Premstritat (2004) はクメール語（Khmer）やベトナム語（Vietnamese）と関連の深いクム語（Khmu）の諸方言を調査した．これらの方言は，声調の発達のあらゆる段階を表している．すなわち，オンセット（頭子音）の有声化により対比が作られる第 1 段階（例：[glaːŋ]（石）対 [klaːŋ]（ワシ）），かつての有声子音が息漏れになった中間段階（[kla̤ːŋ] 対 [klaːŋ]），そして息漏れ声質が消失して声調による対比が生じている最終段階（[klàːŋ] 対 [klâːŋ]）である．

語末子音の消失がピッチの変化に至った事例もある．語末子音の口腔分節が弱化，すなわち非口腔音化 (debuccalization) することによって喉頭音 (laryngeal) としての特徴のみが残った (2.5.3. 節を参照)．これには語頭の子音の場合と同じように，息漏れ声，きしみ声，そしてピッチの区別があった．例えば摩擦音が弱化して [h] になり，さらに [h] が削除されると，低いピッチが残り

先行する声調が下降調（falling tone）になる．例えば，ベトナム語で「まき」を意味する củi は下降調で語末子音がないが，近接言語のタブング語（Thavung）では同じ意味を表す該当語は kuyh または kuuʃ と言う．

子音から声調への発達は非常に風変わりな変化のように見えるが，そこに含まれているメカニズムはすでにおなじみのものである．すなわち，弱化と音韻化である．

表3.1：ベトナム語における単音節化現象

ズック語	ベトナム語	日本語訳
kŭcit³	cɛt³ (chét)	（死ぬ）
ĭcim¹	cim¹ (chim)	（鳥）
rə̆ka¹	ɣa² (gà)	（鶏）
kăhɔy³	kʰɔi³ (khói)	（煙）

弱化：声調発生論（tonogenisis）の多くの研究がベトナム語とその近縁にあるモン・クメール諸語を対象に行われている．関連諸語との比較から，とくにベトナム語が主に2音節語からなる言語から単音節語が大部分を占める言語へと，大規模な音韻縮約（phonological reduction）の過程を経たことがはっきりとしている．このことは，Stebbins (2010) による表3.1 からみてとれる．ここではベトナム語とその近縁関係にあるズック語（Ruc）の同根語（cognate）が比較されている．ズック語の2音節語がベトナム語では単音節語となり，語末の音節が保存されていることがわかる．これは語末の音節が主強勢をもっており，強勢のない語頭の音節が消失したからである（ベトナム語とズック語のデータは，それぞれ Stebbins 2010: 58 と Hayes 1992 による）．

単音節語を生じさせた弱化にともない，ベトナム語とその近縁にある諸言語では残存した音節で子音の消失が起こった．上で述べたように，有声子音が息漏れ声になり，さらに無声化すると，有声・無声の区別が消失した．これは，有声音を発するために声帯を合わせる調音動作（喉頭筋の一部である輪状甲状筋の緊張）が弱化する変化である．

ベトナム語は現在，語末の声門閉鎖音（glottal stop）から生じたきしみ声が消失しつつある段階にある．この消失は頻度の高い語でまず生じ，次に頻度の低い語で生じるという点で他の弱化と同じパターンを示す（Stebbins 2010）．Stebbins はまた，これらの変化が一方向的であると指摘している．声調が消失して子音が出現するというような変化は知られていない．この事実もまた，これらの変化が弱化によるものであることを示している．

音韻化：子音の有声・無声の区別から声質（または声域）へ，そして高低の声調へという転移（transfer）は，古典的な音韻化の事例である．対比を作り出す調音動作の1つの仕組みが弱化すると，別の仕組みが語を区別する役割を担うようになる．

3.6.2. 声調の変化

声調が語の内部あるいは語の間で生じると，それが周囲の声調あるいは休止によって変化を受けることがある．この変化は本章と前章で検討した子音や母音の変化とある点では類似しており，別の点では異なる特徴を示す．この節では，声調の変化について知られているいくつかの一般的傾向を概観する．

分節音の変化と表面的に似ている声調の変化は，低高（L-H）声調が中高（M-H）または低中（L-M）へと変化する場合である．すなわち，LはHの前で上昇し，HはLの後で下降する．Hyman and Tadadjeu（1976）は20以上の草原バンツー（East Grassfield Bantu）諸語を比較し，それらがどのような変化を受けたかを探った．観察される変化の1つは，いま述べた「垂直方向」の同化である．もっとも保守的な方言であるマンコン語（Mankon）では「歯」は3音節語のnìsòŋɔ́で表され，この語はL-L-Hの声調をもつ．この同根語が別の方言であるンブイ語（Mbui）では2音節のnǐsòŋとなり，表層の声調パターンはM-Mである．Hyman and Tadadjeuは，ンブイ語ではまずL-L-HがL-LH（LHは上昇調（rising tone）の声調曲線を表す）となり，さらに両者の声調が互いに近づいてM-Mになったと提案している．Hyman（2007）は，L-HがM-HやL-Mになる変化のほうがH-Lの変化よりもはるかに一般的であると述べている．H-Lパターンが安定していることは，この連鎖においてHがさらに高くなる現象からも理解できる．例えば，エゲネ語（Engenni）で「口」を表すúnwónìでは，2番目のHが超高（super high）となる（Hyman 2007）．

より一般的な声調変化のパターンは「声調拡張（tone spreading）」とよばれる水平方向の同化である．これは，ある音節の声調が次の音節へと広がっていく順行型（perseverative）の変化である．この種の変化の証拠は共時的な交替現象から得られる．例えば，バチャム語（Batcham）（バミレケグループ（Bamileke），草原バンツー語族）では，名詞ká（カニ）は単数形では高い声調をもつが，低い声調をともなう複数形の接頭辞（prefix）が付加されると上昇調のməkǎとなる．ここでは接頭辞の低い声調が次の音節へと部分的に広がることで上昇調が作られている．また別の事例では，声調がいくつかの連続する音節へと広がっていくことがある．（36a）はンデベレ語（Ndebele）（ング

ニ (Nguni) 諸語，バンツー語族）の例であり，接頭辞の高い声調が語末第3音節まで広がる．したがって接尾辞が加わると，Hはそれに応じて広がっていく (Hyman 2011)．

(36) a. ンデベレ語　　　　　b. ズールー語
　　　ú-kú-hlek-a　　　　　　u-kú-hlek-a　　　　（笑う）
　　　ú-kú-hlék-is-a　　　　 u-ku-hlék-is-a　　　（笑わせる）
　　　ú-kú-hlék-ís-an-a　　　u-ku-hlek-ís-an-a　 （互いに笑わせる）

ンデベレ語の語形を近縁のズールー語（Zulu）と比較すると，Hが語末第3音節まで推移しているように見える．しかしこの変化は，まずHがすべての音節へと広がり，次に語末の2つの音節がLに変わることで生じたものである (Hyman 2011)．この例のような高い声調の拡張はLやMの拡張よりも一般的であるように思われる．また興味深いことに，この種の変化は通例先行型 (anticipatory) ではなく順行型であり，この点で分節音の同化と異なっている (Hyman 2007)．

　声調変化が分節音変化と異なる別の点は，声調の置かれた母音や音節が（2.5節で論じた通常の子音弱化の過程によって）消失しても，しばしば声調が隣接する音節へと移動して残存することである．この変化が生じる際に，もし隣接する音節が同じ声調をもっていれば当該の声調は吸収され，痕跡を残さない．しかし隣接する声調が異なれば，声調曲線が形成される．これはそのまま定着する場合もあれば，さらに単純化される場合もある (Hyman and Tadadjeu 1976)．もう1つの可能性として，共時的音韻論で「浮遊音調 (floating tone)」として知られる現象が生じることもある．これは，ある声調の影響が特定の分節要素と結びつくことなく観察される現象である．

　Hyman and Tadadjeu (1976) は，上で触れた草原バンツー諸語の結合構文 (associative construction) を研究している．彼らがほとんどの方言で消失したこの構文の文法標識（これは名詞のクラスによって異なる）を復元することに成功したのは，声調の効果が残っていたからである．例えば，バベテ語（Babete）で「よそ者」を意味する語は単独で発音されると2つの低い声調からなる pə̀γʉ̀ であるが，ŋkʉ̀（伝言）のような語と結合すると「よそ者」の第1音節（接頭辞）にHが置かれる ŋkʉ̀ pə́γʉ̀（よそ者からの伝言）という句を構成する．このHはどこから来たのだろうか．Hyman and Tadadjeu をはじめとするこれらの言語の専門家は，この名詞クラスで高い声調をもっていたこの構文の文法標識を復元している．分節音としての標識は削除されたが，それがかつてもっていた高い声調は，第2要素名詞の第1音節に再結合されている．研究

者たちは，いくつかの言語を比較することですべての名詞クラスの結合標識を再現するとともに，この構文におけるそれぞれのクラスの名詞の振る舞いを予測することができるのである．

3.6.3. イントネーションと声調の相互作用

多くのアフリカの声調言語において，イントネーションと類似したピッチの変化が発話の呼気段落（breath group），すなわち休止をはさんだ語の連続において生じる．典型的なパターンは「下がり調子（downdrift）」とよばれるもので，発話が進むにつれて声調のピッチが次第に下がっていき，L に後続する H がそれに先行する H に比べて相対的に低くなる．これは L に続く H でだけ見られる現象であり，L-L や H-H の連鎖では生じない．当該のパターンは (37) のようになる．

(37)　H
　　　　　H
　　　L　　　H
　　　　　L
　　　　　　　L

このような連鎖において L をもつ音節が削除されると，次の H はその前の H と同じレベルに上昇せず，低いピッチに留まる．このような H の声調は「階段式下降（downstep）」とよばれる．例えば，ガーナの言語であるアカン語（Akan）では，所有格代名詞 /mí/「私の」が名詞 /ɔ̀-bó/「石」と結合すると名詞の接頭辞 /ɔ̀-/ が削除される．しかし名詞の H は下降したピッチに留まり，/mí↓bó/ と発音される（↓は下降した H を表す）(Schachter and Fromkin 1968). 実際，この過程によって表層の新しい声調が作られたり言語によっては新しい中調（mid tone）が発生したりすることがある．これもまた，母音の変化が生じても声調が安定していることを示す事例の1つである．

3.6.4. 声調の弱化

2.9 節において，高い頻度で使用される語や句が，同じ時代の言語で必ずしも一般的ではない特殊な弱化を受ける場合があることをみた．このような弱化は声調でも生じることがある．例えば，北京官話は高平坦調（high level tone）と3つの声調曲線からなる4種類の対比的声調をもつが，ある音節が弱強勢をもつか強勢をもたない場合には，当該の音節は対比的ピッチを失う．このとき，その音節は軽調（neutral tone）をもつといわれる（Li and Thompson

1981). 否定辞 bu (... ない) は上昇調ないし下降調の声調をもつが，通常の速さの会話や強調が意図されないときには，たいていは軽調で発音される (Wiedenhof 1995). さらに話し言葉の北京官話では，数詞「1つの」を表す yi^{55} に関するより複雑な変化が現在進みつつある.[8] yi^{55} は高平坦調をもち，しばしば高下降調をもつ類別詞 ge^{51} に先行することがある. これらが組み合わされると，規則的なパターンでは数詞が上昇調の yi^{35} となる.「1つの N」を表す名詞句構造では，以下のような変化が生じる (Tao 2006).

(38)　yi^{55} + ge^{51} + N > yi^{35} ge^{51} + N

この構造が頻繁に使われて英語の不定冠詞 a(n) と同じような機能をはたすようになると，第2要素である類別詞の声調が弱まって軽調のみをもつようになるとともに母音がシュワ（あいまい母音）へと弱化する.

(39)　yi^{35} + ge^{51} + N > yi^{35} gə + N

さらに弱化が進行すると子音 /g/ がわたり音となって削除され，シュワ（あいまい母音）も削除されて yi^{35} だけが残る. この yi はもともとの 55 声調ではなく 35 声調をもつ. このようなことが生じるのは，かつて yi が ge^{51} に先行した構文が不定冠詞としての新しい機能で用いられている場合に限られる.

3.7. 言語個別的変化

　ここまで議論してきた音変化は，系統の異なる様々な言語で実証されてきたものである. したがって，これらの変化はすべての事例で当該原理の性質を明らかにできていないにしても，いずれも何らかの普遍的な音韻原理に由来するものであると仮定できる. それと同時に音変化の文献では，言語個別的な要因に影響され，通言語的に同じ方向に進むとは限らない変化も報告されている. この種の変化の多くは語彙レベルにおいて不規則，すなわち一部の語にだけ影響を与えるようなものである. しかしこのような場合であっても，様々な言語で似たような変化を引き起こす一定の条件を特定することができる.

---

　[8] 訳者注：声調言語のトーンを表記する際に，通例声の高さを 1 から 5 の数字の組み合わせで示す. 1 がもっとも低く 5 がもっとも高い音を表し，複数の数字を並べることで音の高さの変動を示す. ただし，言語によっては 5 段階以上の声調の区別をもつこともある.

3.7.1. 異化

2.2 節では，分節音が隣接する音に近づいていく同化について論じた．異化とは，ある分節音が隣接する音と異なる性質を帯びることであり，ある意味で同化とは逆の現象である．しかし，両者が生じる条件や変化の様子は同じではないので，異化が単に同化の逆というわけではない．第1に，異化を条件付ける環境はほとんどの場合において異化が生じる場所と隣接していない．むしろ複数の分節音をまたいだ環境に条件付けられて分節音の異化が生じる．また通例，異化は語彙レベルで規則的に生じるわけではない．さらに，調音運動のタイミングのずれが異化の場合には適用されないように思われる．関連して，異化の結果生じる分節音がかならず当該の言語にすでに存在している分節音になるのに対し，同化の場合は新しい分節音が作り出されることがある．最後に，異化は同化に比べるときわめてまれである．それでは，いくつかの具体例から出発してそこから異化をどのように説明できるか考察してみよう．

異化はしばしば複数の流音 (liquid) をもつ語において生じる．よく知られているのはラテン語の例で，liberālis (自由な) のような語における接尾辞 -ālis が，語幹が -l で終わる語では populāris (人気がある) のように -āris となる．この接尾辞の交替はラテン語では非常に一般的であり，この接尾辞をもつ語が他の言語に借入されても生き残った．例えば，英語では national (国の)，dental (歯の)，chemical (化学の) と regular (定まった)，velar (軟口蓋の)，tubular (管の) の対比として残っている．このような異化の例はラテン語がロマンス諸語に発達する過程でも生じた．ラテン語の peregrīnus (外国人) は，イタリア語 (Italian) では pellegrino (外国人，巡礼者，旅人) へと変化した．同様の例はラテン語からスペイン語への発達でも見られる．(40) からわかるように，/r/ を2つ含む語ではしばしば2番目の /r/ が /l/ になったが，最後の例のように2つの /l/ を含む語で2番目の /l/ が /r/ になることもあった．

(40) ラテン語   スペイン語
      arbor   árbol   (木)
      robre   roble   (オーク)
      marmore   mármol   (大理石)
      carcere   cárcel   (刑務所)
      locale   lugar   (場所)

この異化に対して John Ohala は「知覚の過剰修正 (perceptual hypercorrection)」とよばれる説明を提案した (Ohala 2003)．この仮説は，聞き手が連続する発話音を処理する際に，音韻的対比を構成しない予測可能な素性を除去して

発話音を「標準化 (normalize)」しているという知見に基づいている．Ohala は，聞き手がときとして誤って標準化を行ってしまうという仮説を立てた．/r/ の r 音特性は複数の分節音にわたって拡大することがあるので，聞き手は，上からの 4 つ目までの語において 2 番目の /r/ が /r/ に聞こえるのは最初の /r/ の特性が拡大した結果であると誤って解釈しまうのである．2 番目の /r/ から r 音特性を取り除いて標準化した結果，聞き手は 2 番目の /r/ は /l/ にすべきであると結論づける．Ohala の理論によれば，これらの例の r 音特性のように複数の分節音にわたって拡大される特性が異化されると予測される．この予測は今後の検証をまたねばならない．また，標準化は個別の語を解析する際にはたらくので，異化は語の内部においてのみ生じると予測され，これはたしかにその通りであると思われる．さらに，この「誤った認知」による説明によれば異化は個別の語ごとに生じ，規則的な変化ではないということになろう．その他の正しいと思われる予測として，同化の場合と異なり異化では新しい分節音が作られることはないという点も挙げられる．これは聞き手が，自分の聞いている音をその言語に存在している分節音に照らし合わせて同定しようとするからである．また，同化ではしばしば条件付け環境が消失することがあるが，Ohala の仮説ではそのようなことは異化では起こらないと予測される．

　ある種の異化によって影響されていると思われるその他の特徴として，阻害音 (obstruent) の帯気音化 (aspiration) や喉頭化 (laryngealization) といった喉頭の状態に関する特徴が挙げられる．サンスクリット語 (Sanskrit) とギリシャ語でともに見られるよく知られた例として，1 つの語に帯気閉鎖音が複数含まれると最初の音が脱帯気化 (de-aspiration) されるという現象がある．古典ギリシャ語では，この種の異化は屈折形，とりわけ重複 (reduplication) においてはっきりと観察される．語頭に帯気子音を含む動詞が重複化されると，重複した接頭辞は無声子音となる（例：tí-thē-mi（置く）; pé-phūka（改宗した））．2 つの帯気閉鎖音を含む語幹に /s/ のような子音が後続すると最初の帯気閉鎖音が残るが，2 つ目の音が帯気されたまま残ると最初のほうが脱帯気化される（例：thrík-s（髪）主格単数 ; trikh-ós（髪）属格単数）(Beekes 1995)．しかしながら，このパターンは完全に規則的というわけではない (Buck 1933)．他の言語でも，ある種の喉頭状態が同一の語あるいは語根で 2 つの子音に生じる際に，制約が課せられることがある．ハウサ語 (Hausa)（チャド語派 (Chadic)）(Newman 2000) とユカテク・マヤ語 (Yucatec Mayan) では，声門化 (glottalization) の特性だけが異なっていて他は違いがない子音でないかぎり，2 つの声門化された子音が同一の語の中に生じることができない．ケチュア諸語もまた，1 つの語につき声門子音が 1 つしか生じないといわれている．

ここで留意されたいのは，これらすべての事例において，異化の結果生じるのが「単純な (plain)」子音であるという点である．例えば，2つの単純な子音のうち1つが放出音 (ejective) や帯気音 (aspirate) に異化されることはない．[9] したがって，喉頭状態に関する異化は，より複雑な喉頭の状態を単純化しようとする弱化作用によって動機付けられている側面があるように思われる．

Ohala は，異化の影響を受けるその他の特徴として硬口蓋化 (palatalization)，唇音化 (labialization)，そして咽頭化 (pharyngealization) を挙げている．異化がまれで，様々な語で規則的に生じるわけではないことから，すべての事例に適用できる単一の説明などは存在しないのかもしれない．

3.7.2. 音位転換

音位転換とは，ある分節音の位置が隣接する分節音と入れ替わる現象であるが，これはアルファベット表記によって明確に示される．2.2.5節では，先行型の調音運動のタイミングのずれの一例と思われる音位転換の例をみた．ラテン語からスペイン語への推移において，/rj/, /pj/, /sj/ の音が入れ替わった現象である（例：riparia > *[ribaira] > *[ribeira] > ribera（土手，岸）；casium > *[kaiso] > queso（チーズ））．この変化をタイミングのずれとみなしたのは，ロマンス諸語の音韻に大きな影響を与えた硬口蓋わたり音 (palatal glide) の先行型タイミング修正と連続性をなすからであった．しかし研究者たちが論じているように，その他の音位転換の事例は明らかに調音タイミングのずれではなく，知覚の困難さに由来するものである．[10]

音位転換の研究が明らかにしたところによれば，この現象は語彙的に規則的なこともあれば散発的なこともあり，また言語によって異なる発達を示すこともある．また，音位転換は声門音や流音，わたり音など特定の特徴をもった音の連鎖で生じる傾向があることも観察されている (Blevins and Garrett 1998; Hume 2004)．音位転換に関する重要な問いとして，それが中間段階をもつような漸進的な音韻変化なのか，ある分節音が別の分節音を飛び越えるような突発的変化なのかという点がある．英語の /rV/ が /Vr/ へと転換されて pretty

---

[9] 訳者注：放出音は /p', t', k', q', s'/ である．調音点と声門の2カ所で閉鎖を作って空気を閉じこめたのち声門を上げて口腔内の気圧を上げると，外との気圧差で調音点での閉鎖が開放され中から弱い外向きの気流が作り出される．また帯気音は /ph, kh, bh, dh/ である．

[10] 訳者注：日本語では，音位転換はモーラ (mora) を単位として生じることが多い．これは表記上，隣接するかな文字の入れ替わりとして現れる．実際に生じた変化としてよく知られているのは，「新し」が「アラタシ」から「アタラシ」になったり，地名の「秋葉原」が「アキバハラ」から「アキハバラ」になったりした例である．

が [pɚɪɾɪ] と発音される場合など，子音・母音間の音位転換は漸進的であるように思われる．この例では，r 音特性が母音に融合（fuse）することによって /ɪ/ が母音に後続しているように聞こえる．このような変化は主に高頻度語で生じるので，弱化の一種といって差し支えないだろう．

Hume (2004) は言語によって変化の方向が逆になることを示し，音位転換の言語個別的特性を明らかにしている．ハンガリー語（Hungarian）の teher（荷物）が複数形接尾辞 -ek をともなうと 2 番目の母音が欠落して -hr- 音の連鎖が生じ，*tehrek が派生される．この形式はさらに音位転換の影響を受け，複数形は terhek となる．このタイプの音位転換は，/r/ またはわたり音が /h/ に隣接する形式に影響を与える．これに対し，カド語族（Caddoan）のポーニー語（Pawnee）では同じ状況で反対方向の変化が生じる．すなわち，形態素の組み合わせによって /rh/ 音の連鎖が生じると，/hr/ へと変化する（例：ti-ir-hisask-hus > tihrisasku（彼は呼ばれている））．いずれの例においても共時的分析が通時的変化を反映したものであると仮定すると，音位転換はどちらの方向にも進行できるように思われる．

現代ヘブライ語（Modern Hebrew）では，粗擦性舌頂音（strident coronal）である子音を含む音位転換がある種の動詞活用変化において規則的に生じる．完了相（perfective）動詞の中には，(41a) のように通例 /hit/ と発音される接頭辞を取るものがあるが，語幹が粗擦性舌頂音ではじまる場合には当該の子音が接頭辞の /t/ と入れ替わる．その際に，語幹の先頭子音が有声である場合には /t/ はそれに合わせて /d/ となる．(41b) が音位転換の例である．

(41)　　　形態素連鎖　　表層形式
　　a.　hit-nakem　　hitnakem　　（彼は仕返しした）
　　　　hit-raxec　　　hitraxec　　（彼は体を洗った）
　　　　hit-balet　　　hidbalet　　（彼は有名になった）
　　　　hit-darder　　hiddarder　　（彼は断った，寝返りをうった）
　　b.　hit-sader　　　histader　　（彼は準備が整った）
　　　　hit-zaken　　　hizdaden　　（彼は年とった）
　　　　hit-calem　　　hictalem　　（彼は自分の写真をとった）
　　　　hit-ʃamer　　　hiʃtamer　　（彼は自分の身を守った）

Hume の仮説によれば，音位転換は 2 つの段階を経て生じる．第 1 に，順序が入れ替わる素性は複数の分節音に拡散しやすく，単一の分節音に付与するのが難しいという性質をもっている．この要因は，Ohala が異化に対して提案しているものと似ている．つまり知覚の困難さによって，どちらの素性がどちら

の分節音にあるのかがわかりにくくなっているのである．第 2 に Hume は，聞き手があいまいな音の連鎖を解釈する際には自分にとってなじみのある順序，つまり当該言語でより一般的な音の連鎖として解釈する傾向があると提案している．このように考えれば，音位転換の方向が言語によって異なることにも説明がつく．変化の方向は当該言語で一般的な音の連鎖によって決まるのである．例えば，現代ヘブライ語では，粗擦性舌頂音が /t/ の前に来る連鎖のほうがその逆の場合よりもずっと普通である．次節では，有標の連鎖を無標の連鎖で置き換えることによって生じる変化が音位転換以外にもあることを紹介する．

したがって Hume の仮説によれば，なぜ音位転換にある特定の素性（多くの場合，異化で見られるのと同じ素性）が関与するのか，そしてなぜ言語によって音位転換の方向が異なるのかが説明される．異化と同様，音位転換は通例語の内部で生じるものであり，一部の語だけに影響を与える散発的な現象である．

3.7.3. 音素配列によって生じる変化

通言語的音声面からの説明が難しい他の変化も，話者が自分の言語で親しんでいる音素配列によって動機付けられている可能性がある．まれな音の連鎖は，多くの語で生じたりタイプ頻度（type frequency）が高かったりするより一般的な連鎖によって置き換えられることがある．後の章ではタイプ頻度の高さが形態や統語の生産性（productivity）に結びつくことを論じるが，ここでは，すぐ上でみた音位転換の場合と同様にタイプ頻度の高さが音韻の変化に影響を与えていると思われる例を紹介する．

ラテンアメリカ諸国のいくつかの方言では，/t/ または /s/ に先行する音節末の /p/ が /k/ と発音されることがある．例えば，concepto（概念）が concec[k]to と発音されるような場合である．この傾向は，清涼飲料水のペプシ（Pepsi）がこれらの国々に入ってきて以来注目を集めてきた．非常に多くの話者が Pepsi の 2 番目の /p/ を /k/ で置き換えたことから，2010 年にはこの飲料の公式広告までもが Pecsi と綴るようになったのである．あるペプシの広告は，Tomás Pecsi ahorrás（ペクシを飲めば節約できる）といって，そこから Tomás Pepsi también（ペプシを飲んでもやはり節約できる）と続ける（Google で "Pecsi" を検索するとこの広告をみることができる）．[11] 両唇音（labial）から軟口蓋音

---

[11] 訳者注：このキャッチコピーは，アルゼンチンではペプシがコカコーラよりも 1 ペソ安いことに由来している．

への変化が音声的に条件付けられた漸進的変化でないとすると，この発音は何に動機付けられているのであろうか．E.L. Brown 2006 はスペイン語コーパス Corpus del Español で音節末の /p/ と /k/ のトークン頻度（token frequency）とタイプ頻度を調べた．その結果，音節末の軟口蓋閉鎖音は音節末の両唇閉鎖音よりも 7 倍の頻度でテキストに出現するとともに，前者が後者よりも 4 倍多くの語で用いられていることがわかった．したがって，スペイン話者は聞き慣れない Pepsi の音の連続をよりなじみのあるものに変えようと反応するのである．またスペインで話されているスペイン語では，これとは別の反応も見られる．単純に /p/ を省略して "Pesi" と発音するのである（有名サッカー選手の Fernando Torres が "Pepsi" ではなく "Pesi" と言っている広告をユーチューブ（YouTube）でみることができる (http://www.youtube.com/watch?v=RWoLKc6udR0)）．

一般的な音素配列に基づく変化は，語彙レベルでの散発的変化であること，当該言語にすでに存在している分節音を再利用すること，音声レベルの突発的変化であること，通言語的に同じ方向に変化しないことなど，音位転換や異化と多くの共通点をもつ．この変化が言語個別的な特性を示すのは，当該言語に特有の音素配列が変化の結果を決定しているからである．

3.8. 音変化と音韻変化の原因

前章と本章では，様々な種類の音変化を概観した．第 2 章では同化（調音運動のタイミングのずれ）と子音弱化に焦点を当てた．これらの変化は語彙レベルで規則的であり，音声レベルで漸進的であり，さらに通言語的な共通性が高い．本章でも，規則的かつ漸進的で，言語をこえて類似しているさらなる変化の事例を議論した．具体的には，母音推移，強勢アクセントに関する変化，そして声調の発生と変化である．それに対し 3.7 節では，言語個別的な要因によって引き起こされていると思われる変化を扱った．それらは異化，音位転換，そして音素配列に動機付けられた変化である．これらは異なる種類の変化であるので，異なる原因によって生じているはずである．

議論を進めていく中で，変化の種類によって異なる音変化の特徴についても触れた．以下に要約するこれらの特徴は，変化の原因を理解する一助となるであろう．

1. 変化の音声的経路と条件付け．すなわち，どの音声素性がどのような条件のもとで影響を受けるのか．

2. 変化が音声的に漸進的であるか突発的であるか．例えば，[d] は [ð] へと次第に変わっていくことがあるが，[p] が [k] へと徐々に変化することはない．
3. 同じような変化が系統的に関係のない多くの言語で生じるか，それとも（音位転換のように）異なる言語で反対方向に変化が進行していくか．
4. 多くの音変化が（同化や子音弱化のように）新しい分節音や声調を作ったり新たな分節音の連鎖を生み出す一方で，（異化のように）すでに存在している分節音を生じさせたり，（音位転換のように）再配列によって既存のより一般的な分節音の連鎖を作り出す変化もある．
5. 言語によっては，条件付け環境が失われる場合がある．これは同化や声調の発生でしばしば見られる．他方で，子音弱化や異化のように変化の条件が残ることもある．
6. 異化，音位転換，母音推移などのように語の内部でのみ生じる変化もあれば，同化や子音弱化のように語の境界を越えて，すなわち2つの語の間で生じる変化もある．
7. 多くの変化は語彙拡散のパターンを示す．とりわけ，同化と子音弱化は高頻度の語から順に影響を与える．他方で，最初に低頻度語に作用しうる変化もある（知覚の困難さに起因する変化がこれにあたる）．
8. 大多数の音変化は語彙レベルで規則的である．すなわち，当該言語で関連する条件付け環境をもつすべての語に作用をおよぼすことになる（同化，子音弱化，母音推移，音調の発生）．しかし，一部の語だけに影響を与えるより散発的な変化もある（異化，音位転換，ある種の母音推移）．

音変化の研究は歴史言語学における支柱の1つである．これを基盤に複数の言語を比較することによって，言語間の系統関係を確立することができる（詳しくは第10章を参照）．当然予想されるように，音変化はそれだけで生じる現象ではなく，言語の他の側面にも影響を与える．続く2つの章では，音変化によって生じた交替が屈折語（inflectional language）の形態に作用する様子や，音変化に続けて生じる変化の様子についてみていこう．

ディスカッション用の問題

1. 20世紀の著名な言語学者であるJim McCawleyはかつて次のようなジョークを披露していた.「ある男がパブに行ってエール(ale)を注文したら,魚屋は隣だよといわれた.これがまさに大母音推移の始まりである.」パブの店員と客は,それぞれaleをどのように発音したのだろうか.また,どちらの発音が大母音推移の始まりを示しているのだろうか.
2. 第2章と第3章で議論した変化を振り返って,そのいくつかに3.8節でまとめた基準を当てはめてみよう.そこから得られる答えや不足している情報などから新たな研究課題が見つかるだろうか.
3. 強勢や声調がイントネーションと関わる方法としては,どのようなものがあるだろうか.
4. 同化のほうが異化よりも生じやすい理由として,どのような点が挙げられるだろうか.
5. 子音の変化の仕方と母音の変化の仕方を比較してみよう.両者はどのような点で類似しており,どのような点で異なっているだろうか.

第4章 音変化と文法の間の相互作用

4.1. 音変化が形態に与える影響

　語，形態素，句は音で構成されている．それゆえ，音変化が言語構造にもたらす影響は，単に一部の語の発音を変えることにとどまらない．音変化は通常規則的（つまり，音声的条件を満たしているすべての語に影響を与えるもの）であるため，その変化は形態的パラダイム（paradigm）や統語的構文の中で広がるものであり，結果として，同じ形態素であっても（文脈によって）変化を起こす場合もあれば，変化を起こさない場合もある．例えば，古英語における無声摩擦音は有声音に挟まれた環境で有声化する（/f, þ, s/ > /v, ð, z/）．

(42)　古英語
　　　seofon > seven　　oþer > o[ð]er　　ceosan > choo[z]e
　　　hefig > heavy　　broþer > bro[ð]er　　wæs > wa[z]
　　　giefan > give　　weorþig > wor[ð]y　　rīsan > ri[z]e
　　　lufian > love

同じ音変化は，形態変化のペアをなす語形の中での音交替に見られることがある．以下は現代英語からの例である（ただしこの交替をもたない話者もいる）．

(43)　現代英語における単・複数形のペア
　　　単数　複数　　　　　　　　　　単数　複数
　　　wife　wives　（妻）　　　　　house　hou[z]es　（家）
　　　thief　thieves　（泥棒）　　　bath　ba[ð]z　（風呂）
　　　knife　knives　（ナイフ）　　 path　pa[ð]z　（小道）
　　　calf　calves　（ふくらはぎ）　roof　roofs / rooves　（屋根）

第 4 章 音変化と文法の間の相互作用

turf　turves　(芝地)　　　hoof　hooves　　(蹄)

　これらの語においては，有声化はもはや音声的な条件によって引き起こされる音変化とは言えない．wives や thieves といった語においては，摩擦音は有声音に挟まれない位置にある．実際，摩擦音の有声化は，英語においてもはや生産的なプロセスでも音変化でもない．このことは，今の英語には glasses, kissing, ether, offer など，母音に挟まれた無声音を含んだ語が多く見つかることからわかる．音変化の作用も生産力もすでに失われているにもかかわらず，有声摩擦音は (42) の語や (43) のほとんどの語に残っている．このことが示すのは，音変化が一旦浸透すると，その後変化が止まったとしても，影響を受けた語形は元の形に戻ることはないということである．音変化は，その時点での語の形を恒久的に変えてしまう．

　形態的に関連している語のグループであっても，語によって音変化の条件を満たすものとそうでないものがあるため，その中に音の交替が起こる．現代英語 (PDE) における単数・複数のパラダイムにおいて，単数 (無声摩擦音を含む) と複数 (有声摩擦音を含む) が別の形をもつものがあるのは，そうした理由による．パラダイム (屈折的に関係し合う語の集まり) が形態素の変種 (異形態 allomorph) を含む時，「パラダイムの中に交替が存在する」という．こうした交替は，give/gift や thieve/thief のように派生関係にある後のペアにも起こりうる．

　音の交替は，(42) の古英語の事例のように音変化規則が働いていて生産的であるときのように音声的に条件付けられている場合もあれば，(43) の語形が示すように，形態的・語彙的に条件付けられている場合もある．(43) の形式は，形態的に条件づけられた交替である．形式のバリエーションは複数形という特定の形態的条件でのみ見られるからである．例えば，所有格を表す標識は複数の標識と形の上では同じものであるが，所有格ではこの形式のばらつきは見られない．例えば，my wife's car という言い方はするが，my wive's [waɪvz] car. とは言わない．すべての名詞が交替を起こすわけではないことからわかる通り，この交替には語彙的条件付けによるものもある．例えば，grass, chief, myth などは，複数形になっても有声破擦音で発音されるようにならない．実のところ，この交替を起こす語はいくぶん不規則的であると考えられる．どの名詞がこの変化を起こし，どの名詞が起こさないのかは，1つ1つ覚えてなくてはならないのである．この例のように，音交替に形態的条件付けと語彙的条件付けが併せて見られることはしばしばある．

　(43) の名詞の事例について重要なのは，音交替が複数性を表すことと関係

しているということである（これは，一夫一婦制の社会では「私の妻たちの車」(my [waɪvz] car) という表現が奇妙に感じられることからもわかる）．音変化によって形成された交替がパラダイムの一部をなすようになると，その交替を含んだ形式がパラダイムの中で表す意味が音交替の意味として結び付けられるようになり，その過程で形態化（morphologization）が起こる．つまり，音変化によって形成された交替が，音声的に条件づけられたものから形態的に意味付けられたものに変わるというプロセスである．ここに見られる音から形態というこの変化は，最も一般的なものである．しかし，その逆はまず見られない．ここでも，言語変化の方向性にはっきりとした傾向を見てとれる．

4.2. 形態化

　もともと音声的な条件から引き起こされる音変化が形態的（そしてときに統語的，語彙的）な生起条件と結びつけられるようになる傾向は広く見られる．だとすると，こうした変化の方向性が存在する理由を問いたくなるものだが，その答えはわかりやすい．本書の第2〜3章で見たように，音の変化は音声的な理由で発生するものではあるが，言語の基本的機能は意味を表すことである．それゆえ，もとは音声的な動機付けで起こった変化であっても，条件さえ整えば，音の差異により異なる意味が表されるようになる傾向がある（Bybee 2001; Dressler 2003）．つまり，音の変種が意味の異なる文脈で生起するのであれば，その変種は意味の違いを表すようになる．本節では形態的なパラダイムで起こる交替を扱い，次節では形態統語的構文の一部となっている交替について扱う．

　前節では，単複で交替する名詞の例を示した．これは，語のセットが影響を受ける例であった．ここでは，派生関係にある形式が影響を受ける例として，中英語において特定の長母音が短くなることで生じた交替の例を見てみよう．前章で見た通り，中英語では短母音と長母音がペアをなしていたが，初期近代英語で長母音は大母音推移（the Great Vowel Shift）によって変化した．これが起こる以前は，語末から数えて3番目の音節における長母音が短くなっていた．3音節以上ある語のほとんどは接尾辞を伴ったものだったので，長母音の短母音化は特定の接辞の付加と連動している状況であった．大母音推移の後，長母音と短母音は長さだけではなく音質も異なるものとなった．そのため，現代英語では以下のような母音交替が見られる．

(44)　元の長母音　　　　　　短母音化されたもの
　　　vain（自惚れた）　　　vanity（虚栄）
　　　crime（犯罪）　　　　criminal（犯罪者）
　　　sign（しるし）　　　　signify（表す）
　　　clean（清潔な）　　　 cleanliness（清潔さ）
　　　cone（円錐）　　　　　conical（円錐の）
　　　pronounce（発音する）　pronunciation（発音）

この交替が形態化していることは，同じ構造をもっていながら語末から第3音節の母音が短くならないものがあることからわかる．

(45)　obese（太った）　　　　obesity（肥満）
　　　pirate（海賊）　　　　piracy（海賊行為）

先にも述べたとおり，音変化に見られる例外はかつて規則的に適用されていた音変化が非生産的になったことを示す．加えて，話し手の方言によって発音がばらつく語もある．例えば，plenary は [iː] とも [ɛ] とも発音され，privacy はアメリカ英語では [aɪ]，イギリス英語では [ɪ] で発音される．もともと規則的であった音変化が特定の語や派生接尾辞と結びつくようになった．

　音変化が形態的・語彙的に条件づけられた交替をもたらすようになる過程には，より複雑なものもある．交替が文法的接辞の中でのみ起こるような事例がそれだ．中でもマオリ語の受動態の事例は有名だが，これは，Hale (1973) がポリネシア諸語の形態構造を研究する中で明らかにしたものである．マオリ語の動詞の形を (46) に挙げる——第1コラムは動詞の基底形（接辞が一切付いていない形），第2コラムは受動態形である．ここで，受動態形と基底形を見比べてみると，受動態の接辞は C+*ia* というパターンで構成されているが，子音部分は動詞によってばらつきが見られる．

(46)　マオリ (Maori) 語の受動態形
　　　動詞の基底形　　　受動態形
　　　awhi　　　　　　awhitia　　　（抱擁する (embrace)）
　　　hopu　　　　　　hopukia　　　（つかむ (catch)）
　　　aru　　　　　　 arumia　　　　（運ぶ (carry)）
　　　tohu　　　　　　tohuŋia　　　（指摘する (point out)）
　　　miau　　　　　　mauria　　　　（運ぶ (carry)）
　　　wero　　　　　　werohia　　　（刺す (stab)）

受動態に見られるこのような形式的ばらつきは，ポリネシア諸語の前史的な段階において，動詞の基底形が *awhit, *hopuk, *arum, *tohuŋ, *maur, *weroh のように子音で終わっていたことに起因する．その後，規則的な音変化によりすべての語末子音が脱落した．この変化によって，すべての基底形が末尾子音を失った一方で，受動態形のように語中に現れる子音はそのまま残った．それ故，今では受動態を表す接尾辞に -tia, -kia, -mia, -ŋia, -hia などいくつかの異形態が存在するようになった．ここでは形態化が起こっていると言えるが，それは，多様な異形態に代わって -tia という1つの異形態を広く用いることで形態法を簡略化する変化などからわかる (Hale 1973; Harlow 2007)．その一例は，(47) のように使役接頭辞 whaka に，名詞などそれ自体が受動性を帯びない語の受動態形が後続するときに見られる (Harlow 2007: 117)．

(47) whaka-māori-tia
    使役 -Māori- 受動
    'translate into Maori' (マオリ語 (に) 翻訳 (させられる))

また，多音節の借用語が受動化した場合も同様である．(48) では，英語の *broom* からの借用に受動接尾辞が付加されている．

(48) puruma-tia 'sweep' (掃くこと (をされる))

Harrow (2017: 117) は，下の例のように -tia を付加して受動形を作る例が「多音節の複合ではない固有語幹にもだんだんと広がっている」と指摘する．つまり，以下のような非派生語幹がそれに当たる．

(49) kōrero-tia 'speak' (話すこと (をされる))
    waiata-tia 'sing' (歌うこと (をされる))

こうした革新的な形式を見ると，話し手が，もともと語幹末の音であった子音を語幹の一部と捉えなくなり，むしろその子音を受動接尾辞の一部として扱っていることがわかる．そして，その結果として受動態が複数の異形態をもつと考えざるを得なくなり，学習し覚えるのに負担がかかる可能性が出てきた．そのような状況の中，異形態のうちの1つが他のものに取って代わりつつある．こうした置き換えは類推的水平化 (analogical leveling) によって起こるが，これについては，次章で詳しく扱う．

　　音変化によって生じる交替の例を最後にもう1つ見てみよう．音交替が形態的カテゴリー標示に重要な役割を果たすようになるケースである．ドイツ語

では，2.2.4節で見た通り，その発達の過程で，i ウムラウト（i 母音変異）の音変化が起きたが，そこでは後続する音節に高前舌の母音あるいはわたり音がある場合に，後舌母音が前舌化するようになった．名詞複数接辞の1つは -i であったため，この接辞が付加する名詞では（50a）のような単数形と複数形の間での交替が生まれた．このような事例を考慮すると，別の複数接尾辞 -a がつく名詞では（50b）に示されるように，複数形に前舌母音が見られることはないと予想される．ところが，前舌母音が複数形の標識として機能するようになったため，本来そこになかったパラダイムにまで音変化によって拡張されることがあった（Hock 2003）．次章では，類推的拡張（analogical extension）についてさらに詳しく論じる．

(50)　　古高ドイツ語　　　　　新高ドイツ語
　　　　単数　　複数　　　　　単数　　複数
　　a.　gast　　gasti　　　　 Gast　　Gäste　　（客（guest））
　　b.　boum　 bouma　　　　 Baum　　Bäume　　（木（tree））

4.3. 形態統語的構文中での交替

音声的な理由で起こる音交替は，時として複数語からなる構文の中で定着することがある．英語の例としては不定冠詞 a/an の交替がある．子音終わりの形式は母音で始まる語の前で表れ，子音のない形式は子音で始まる語の前で生起する．このパターンは，中英語期に数詞の one（OE の āne）の非強勢形（OE の ān）から不定冠詞が発達した時に形成された．この冠詞は，名詞句構文の中で後続する語と密接な繋がりをもつ中で発達した．中英語では，強勢のない音節における語末の /n/ はたいていの場合脱落していた．この /n/ は，後続する語が子音で始まる場合には脱落したが，母音で始まる場合には保持された．このパターンは今日の英語にも残っている．冠詞と後続する名詞との繋がりがいかに密接であるかは，母音始まりの名詞の前に現れる /n/ が名詞の先頭子音であると再分析された事例を見るとよくわかる．例えば，nickname という語はもともと古英語の複合語 ekename（本当の）+（名前）からきているが，現代語の語頭にある /n/ は an ekename が a nekename として再分析される中で先行する不定冠詞の語末からもらったようである．[1] 同様の再分析の事例は

---

[1] 訳者注：Bybee は「再分析」という用語を用いているが，伝統的には「異分析」（metanalysis）という用語も用いられてきた（斎藤他 2015: 99 参照）．

次章で扱う．

　同様の音交替でより複雑なパターンとして，統語的構文内の複数の語の間で音交替が起こるものもある．そうした事例は，サンスクリット語のサンディー (sandhi) という語を用いて連声現象 (sandhi phenomena) や外的連声 (external sandhi) と呼ばれることが多い．フランス語のリエゾン (liaison) と呼ばれる現象も，16 世紀から 17 世紀ごろのフランス語で起きた語末子音の消失によって形成された．この音変化の結果，多くの語，特に名詞と一部の形容詞が，語末の子音を完全に失った．例えば，haricot（インゲン豆），buffet（食器棚），bois（森），goût（味），tabac（タバコ），sirop（シロップ）などは語末の子音が発音されない．しかしながら，文法構造上あるいは慣用句の中で母音で始まる語が頻繁に後続するような場合は形式交替が発達する傾向があった．語中では，こういった条件は女性接尾辞の前で見られた．女性接尾辞は有声であるため，男性・女性名詞，および，男性形・女性形形容詞の間で petit [pəti]（小さな：男性形），petite [pətitə]（小さな：女性形）といった交替を引き起こした．これらは今日，語末のシュワ（あいまい母音）が失われることで [pəti] と [pətit] との間の交替となっている．

　歴史上のこの時点では，今日と同じように，子音終わりの語に母音始まりの語が連なる場合に，語末の子音が後続の母音と結びつく順行再音節化 (forward resyllabification) が起こる傾向が強く見られた (Encrevé 1983; Green and Hintze 1988)．このプロセスはアンシェヌマン (enchaînement) として知られ，同じポーズグループ (pause group)，つまり，一休止内で発せられる語の連続の中で母音が後続した場合には語末の子音を頭子音に変えるものである．母音で始まる語が後続する構文に頻繁に生起する語や形態素は，そうした構文の中においては語末の子音を維持することが出来るのである．ここではこの交替を起こすいくつかの環境の例を見てみよう (Morin and Kaye 1982 および Tranel 1981: 233 に基づく)．例えば，(51) は限定詞＋名詞の例だが，後続する語が母音で始まる場合は子音が音として残るが，子音で始まる場合は子音が残らない．カギ括弧内の [z] と [n] は，音節頭子音として発音されていることを表しているが，括弧内の (s) や (n) は，発音されないことを表している．

(51)　フランス語の限定詞
　　(a)　vo[z] enfants（あなた方の子供たち）　　vo(s) livers（あなた方の本[複数]）
　　(b)　le[z] autres（その他の人たち）　　　　　le(s) personnes（その人々）
　　(c)　u[m] ancien ami（一人の古い友人）　　　u(n) journal（新聞一部）

同様に，(52) の接語代名詞 (clitic pronoun) と動詞の組み合わせでは，代名

詞が子音で終わるのは次の語が母音で始まっている場合に限られている．

(52) フランス語の接語代名詞
  (a) nou[z] avons（我々がもっている） nou(s) voulons（我々が欲する）
  (b) il[z] ont（彼らがもっている） il(s) veulent（彼らが欲する）
  (c) allon[z]-y（行こう）
  (d) parle-t-il?（彼は話しているのか）

(52d) は非常に興味深い例であり，-t- が動詞と代名詞のどちらにも属していないかのような表記になっている．しかしながら，この -t- はもともと動詞に付加されていた三人称単数を表す接尾辞である（ラテン語 amat（愛する：三人称単数））．この動詞末の /t/ はフランス語ではほとんどの環境で消滅してしまったが，三人称単数の疑問文では，倒置された代名詞が母音で始まるために，常に保持されている．

　母音で始まる語の前に置かれる語末の子音の現れ方にばらつきが見られる例はそのほかにも数多くある．そうした例はすべて高頻度で共起する語の間で見られる．例えば，dans[z] un mois [dɑ̃zɛ̃mwa]（一ヶ月のうちに）のような前置詞句がそうである．他の事例として，États-Unis（合衆国）や rien à faire（やることがない）といった固定化したフレーズにおいては，語末の子音は必ず発音される．これらの事例から，1つのまとまりとして処理されるフレーズは，より単一の語のようなふるまいを見せ，子音はむしろ語中子音のように音として発音されるということがわかる．しかしながら，同時に，それほど固定化されていないフレーズにおいては，他の子音が発音されない多くの例からの類推で語末の子音が発音されない場合がある．こうして子音の有無にばらつきが生まれるのである．

　表面的には異なって見えるが，東草原バンツー諸語（Eastern Grassfields Bantu）における結合構文（associative construction）の声調パターン（3.6.2 節参照）は，おそらく同じ仕組みで現れたものだろう．この構文は，(53) のバベテ語（Babete）（使用地域：カメルーン）からの例に見られるように，連続する2つの名詞句からなり，'NP1 の NP2' というごく一般的な意味を表す (Hyman and Tadadjeu 1976)．

(53) ŋ̀kù péɣù （知らない人たちからのメッセージ）

このグループの諸言語の多くにおける結合構文で興味深いのは，特定の声調変化が生じる点である．(53) で見られるような，2つ目の名詞の第1母音の高い声調はこの構文でのみ生じる．他の環境では，「知らない人たち」という名

詞は低い声調をもつ．ここでは，先行する名詞も低い声調しかもっていないので，高い声調に替わるのはとりわけ興味深いのである．3.6.2 節で述べたように，このグループの諸言語を比較研究する研究者らは，この現象を説明するものとして以下のような仮説を提示している．これらの言語にはもともと結合関係（associative relation）を示す形態素があり，それが V あるいは CV という音節で構成されていたと考えられる．そして，(53) の例が示すように，そこには高い声調があった．その後，その形態素の境界は弱化もしくは消失したが，その形態素が第 2 名詞に引き起こした声調の変化は残存した．そして，今ではその声調の交替がこの構文の唯一の文法マーカーとなってしまった．共時的な分析では，この交替を説明するために「浮遊声調」('floating tone') を想定し，それを「文法的な浮遊声調」("grammatical floating" tone) と呼ぶ．[2] 複数の子音（/z/, /n/, /t/）が交替するフランス語のリエゾンと同様に，結合関係を表す形態素（associative morpheme）もかつては複数の異形態をもっていたようで，その一部は，先に例示した高い声調に加えて，低い声調ももっていたと考えられる．そのため，名詞のクラス（noun classes）によっては浮遊低声調（floating low tone）が引き起こしたかのような表層形が見られることがある．

　本節では，音変化の影響が特定の文法的環境において固定化し，結果的に音交替が一部の文法的環境でのみ見られるようになるというケースを見た．こうした現象は，音変化（もしくは声調変化）が語の境界をまたぎ，しかも交替に関わる 2 語が密接な形態統語的関係にある，あるいは頻繁に共起する場合に起こるものである．英語やフランス語の事例では文法的形態素（grammatical morpheme，冠詞，接語代名詞）が関わっていたが，[3] バントゥー諸語の事例では，文法的形態素の分節素性（segmental feature）の消失が関わっているという点に注意してほしい．

4.4. 交替規則の逆転

　1972 年に発表された論文において Theo Vennemann は形態化の研究に「規則の逆転」(rule inversion) という概念を導入した．形態的に条件づけられた

---

　[2] 訳者注：声調は多くの場合語や形態素を区別するが，ここでの例のように文法的な区別を標示するのに用いる言語もある．声調の用い方のタイプについては，西江 (2012: 209-214) などを参照．

　[3] 訳者注：本書では，gram と同義で使われている．

第 4 章　音変化と文法の間の相互作用

交替について共時的に見て取れる方向性は，実際に起きた音変化とは逆のことがあるというのである．本書でもすでにいくつかその例を見てきたが，例えば，英語の不定冠詞 a/an の交替規則を共時的分析では母音で始まる語の前に /n/ を添えるものだと捉えうるが，歴史的に見ると実際にはそれは /n/ 音の脱落によるものなのである．同様のことはフランス語のリエゾンにも言える．ただし，リエゾンについては脱落分析と付加分析のどちらが共時的に最適なのか議論が分かれる (Tranel 1981)．どちらの事例でも，母音で始まる語よりも子音で始まる語のほうが多く，子音を欠いた交替形式が優勢になっているために変化規則の分析に反転が起こってしまうのである．

　文法的形態素における交替規則の逆転の例で，語の内部に見られるものとしては，英語の複数，所有格，過去の接尾辞が挙げられる．規則活用の複数や所有格の接尾辞には3つの異形態 (/s/, /z/, /iz/) があり，過去の接尾辞には同じように3つの異形態 (/t/, /d/, /id/) がある．よく知られている通り，無声の異形態は，無声の子音で終わる語幹の後に起こる (cats, cat's, walked)．母音をともなう異形態は複数形と所有格形の場合は歯擦音で終わる語幹の後に (classes, class's)，また過去形の場合は /t/ や /d/ で終わる語幹の後に現れる (added)．単独有声子音はそれ以外の環境に現れる．ほとんどの共時的分析では異音 (allophone) である /iz/ や /id/ に見られる母音は挿入されたものと考える．それは，これらの異形態の生起環境が最も制限されていることと関係している．つまり，より限定された母音の生起条件を規定する方が，母音が現れない条件を規定するよりもより簡潔な分析が得られるためである．しかしながら，歴史的に見ればこの交替の方向性は逆で，強勢を置かない母音の脱落によって起きたものである．本来これらの接尾辞は，lovede, loved（愛した）や endes（終わる）などの中英語の形式に見られるように，実際に発音される母音を含んでいた．したがって，今日我々がこの母音を挿入されたものとして見なすのであれば，交替規則性の逆転が起きたということになる．

　形態化においては，形態的カテゴリーが音韻的カテゴリーよりも前面に出てくるため，もともとは単一の音変化であったものが形態的機能に応じて分化したり，一部のカテゴリーにおいてのみ変化の方向性が逆転したりすることがある．例えば，先述の (42), (43) の古英語の例で見たが，一部の語幹が複数形で有声化すると，無声の単数形が基本形で，有声の異形は複数形を表すための変化形式に見えるという交替が生み出された．しかし，その他の交替はもともと母音間での有声化から生じたものである．同じ母音間の有声化は動詞における摩擦音にも起こり，その結果，不定形もしくは現在形の語幹と過去分詞との間での交替を引き起こしている (leave/left（去る，去った），lo[z]e/lost（失う，

失った）など）．歴史的によりさかのぼった例としては，中英語の bilēven/bilefte（信じる，信じた），bereave/bereft（奪う，奪った），heaved/heft（上げる，上げた）がある．これらの例では，不定形の有声摩擦音を基本形として見て，分詞の無声摩擦音を無声化によって派生したものとして見ることができる．この分析が正しいであろうことは，交替が失われた時に残存するのが believed, bereaved, heaved で見るように有声摩擦音であるということからわかる．これとは対照的な例として，一部のアメリカ英語の話者の間で起きつつある名詞における交替の消失との違いを見てみよう．ここでは，hou[s]es や ba[θ]s のように単数形の無声摩擦音のほうが残存している．つまり，交替は形態的な圧力で逆転させられたが，これは動詞に限ったことであり，名詞では起きていない．先に述べた通り，名詞の交替は形態化してはいるが，逆転は起きていないのである．

4.5. ルール・テレスコーピング[4]

音変化の結果が言語に浸透するにつれて，定着した交替が，音声的に全く異なる音を巻き込むような形で進行していくことがある．こうした事例は先に論じた有声化や無声化などではあまり見られないが，同化においては，変化した音がさらなる変化を受けることがある．例えば，2.2.3 節で見た口蓋音化のプロセスは，たいてい軟口蓋音の高前舌母音やわたり音への同化から始まり，硬口蓋閉鎖音や硬口蓋摩擦音への変化に至るが，場合によっては，その口蓋音の調音がさらに前方に動き，後部歯茎音の [tʃ] や，さらに先の [ts] や [s] にまで変わっていくことがある．こうした変化の連鎖はロマンス諸語の発達に見ることができる．ラテン語からスペイン語が発達する中で元の dīcō は（有声軟口蓋音をもつ）digo（私が言う）へと変化し，dīcit から変化した dice [dise]（彼・

---

[4] 訳者注：音の歴史的変化のプロセスの中で，段階的に起こった変化の中間段階の記録が失われてしまったために，共時的に見ると変化を動機づける要因・環境がわからなくなってしまった規則を指す．A>B という変化が環境 X で起きた場合，その時点では A から B への変化がなぜ，どのように起こったのか説明することができる．しかし，その後，B>C という変化が起こりすべての B が C に置き換わってしまい，さらに B という形式が記録に残っていない場合，共時的には A と C の交替が観察されることになる．ところがここでは A から C への変化を動機づける要因を見つけることはできない．こうした段階的変化における中間段階の痕跡消失の結果生じる共時規則を，歴史変化規則のテレスコーピング（telescoping たたみ込み）による規則と呼ぶ．実例については，Wang（1968: 708）や Kenstowicz and Kisseberth（1977: 64-65），Blevins（2004）などを参照．

彼女が言う）と交替するようになった（ラテンアメリカの方言やイベリア半島地域方言の多くでは，c は [θ] と発音される）．この交替は，opa[k]o（不透明な）と opa[s]idad（不透明さ）や，críti[k]o（批判的な）と criti[s]ismo（批判）など，派生関係にある形式にも見られる．同様の交替は，フランス語でも見られる（これはロマンス諸語における同じ音変化から起こったものである）：opaque [ɔpak] と opacité [ɔpasite]（不透明な）や，publi[k]ation（出版），publi[s]ité（知られていること）といった例である．そして，これらの交替は，フランス語の語彙ペアが交替を含んだ形でそのまま借用されたため，フランス語から英語に入ってきた．こうして，長い歴史を経て，スペイン語，フランス語，英語は [k] と [s] の交替をもつようになった．歴史的発達の過程で中間的な段階はすべて消え去ったが，Hyman は 1975 年にこの現象を ルール・テレスコーピング（rule telescoping）と呼んだ．[5] このテレスコーピングが起こると，形態的に条件づけられた交替には音声的に条件づけられた交替よりもずっと大きな違いを見せる音が関わることが多い．

4.6. 例外の発達

すでに述べた通り，音変化が形態化し，もともとの音声的生産性を失ってきていることは，その音変化に対する例外の発達に見て取れる．例外の要因は様々である．ここでは，借用語の発音とそれが引き起こす音変化について簡単に見てみよう．

音声的なプロセスや進行中の音変化が生産的であるとき，その規則は借用語のような新しい語彙要素の発音にも適用される．ある言語の話者が，他のよく知らない言語からの語に対したときには，自分の母語の音声パターンをなんとか外来語に当てはめて発音しようとする．例えば，(42) や (43) で見たような摩擦音の有声化が生産的に適用されていたときには，借用語でも母音間の摩擦音については有声にする形で発音されていただろう．実際に，古英語期に借用された古ノルド語（Old Norse）由来の語では，その有声化が見られる（例：geyser（噴き出す），give（与える），raise（上げる），scathe（傷つける）など）．しかしながら，その後他の言語から借用された語では，有声化が見られない．例えば，14 世紀後半に古フランス語経由でラテン語から借用された ether や，15 世紀にドイツ語かフランス語から借用された，「横笛を吹く (fife) 人」とい

---

[5] 訳者注：テレスコーピングという用語は Hyman (1975) 以前に Wang (1968) が用いている．

う意味の fifer，16 世紀にフランス語経由でギリシャ語から借用された mathematics などがそうである．これらの例から，14 世紀後半までに母音間の摩擦音の有声化が生産的ではなくなったことがわかる．

歴史的変化の中では，音変化が起こるための音声的な条件が，後に起こる音変化によって整うことがある．その時にもともとあった音変化規則が適用されるのであれば，その規則は依然として生産的で変化が進行していると言える．変化規則が適用されないのであれば，すでに生産性を失い，かつてその規則がもたらした音交替は形態化したということになる．その一例は，4.5 節で言及したロマンス諸語における軟口蓋音の口蓋音化に絡んだ変化に見られる．非円唇の軟口蓋音は前舌母音の前では口蓋音化したが，円唇軟口蓋音では口蓋音化が起こらなかった．しかしながら，円唇軟口蓋音は /a/ を除くすべての母音の前で円唇を失う傾向があった．語によってはその円唇の喪失が非常に早い段階でおき，そうした語では軟口蓋音がさらに口蓋音化していった（例：ラテン語 coquer > co[k]er > スペイン語 co[s]er（料理する）; coquina > co[k]ina > co[s]ina（キッチン））．しかし，ほとんどの語において，円唇の消失はもっと後で起きたため，その結果として軟口蓋音が口蓋音化することはなかった．スペイン語の que [ke]（あれ，何），quince [kinse] (15)，águila [agila]（ワシ）などを見てみよう．そのスペリングからはかつて円唇があったということがわかるが，現代の発音は軟口蓋音であって口蓋音や [s] ではない．

今度は例外が発達するに至った例を見てみよう．ルマッサバ語（Lumassaba）（バントゥー諸語，ウガンダ）のルフグ（Luhugu）方言では，かつて子音弱化のプロセスが存在していたことを示すような子音の交替が見られる．これは弱化した無声両唇閉鎖音が後続する母音に同化するというものである（G. Brown 1972）．この子音弱化は後続する母音によって条件づけられており，/p/ の前に鼻音がくる場合には起きない．これは，先行する鼻音が両唇閉鎖を強化するためである．

(54) ルフグ方言

名詞		指小形
impiso	（針）	kayiso
impale	（ズボン）	kahale
impusu	（ネコ）	kawuso

ルフグ方言に近いルフンボ（Lufumbo）方言では，名詞類接頭辞の鼻音は後に脱落して長母音が残り，以下のような形式ができた．

(55) ルフンボ方言
　　　名詞
　　　i:piso　　（針）
　　　i:pale　　（ズボン）
　　　i:pusu　　（ネコ）

これらの形式はこの段階で /p/ の子音弱化が起こる条件を満たしているが，それにもかかわらず /p/ は変化しないままである．ここから，この方言では子音弱化という音変化が生産性を失ったことがわかる．つまり，(54) の交替は形態化したものと考えることができる．同じことは子供たちの発話で広く観察されるとされる (Brown 1972: 81)．(56) のような指小形に見て取れる．

(56) ルフンボ方言の子供たちの発話に見られる形式
　　　指小形
　　　kapiso　　（小さな針）
　　　kapale　　（ズボン）
　　　kapusu　　（小さなネコ）

こうした形式を用いる子供たちは，形態化した交替をまだ獲得しておらず，基の名詞に含まれる子音を変化させることなくそのまま指小形で用いているのである．ここから，子供たちは軟音化が起こるべき環境において非弱化音の /p/ を用いることに全く違和感を感じておらず，この音変化がもう生産的でなくなってしまっているということがわかる．

4.7. 文法的に条件付けられた音変化はあるのか

本章ではこれまで，音変化が言語の形態法や統語法にどのような影響をもたらすかを見てきた．今度は逆に，形態法や統語法が音変化に影響を与えることがあるかを考えてみよう．第 2 章，第 3 章では，音変化は音声的に条件づけられるものであるということがくり返し確認され，本章の例では，パラダイムや構文に交替をもたらす場合であっても音声的条件による変化を受けることが見て取れた．こうしたことを踏まえると，音変化は音声以外のものに条件付けられることはないと仮定してもよさそうに思える．この考えは実際，19 世紀にドイツの言語学者らによって定式化され，青年文法学派仮説 (Neogrammarian Hypothesis) として知られるようになったものである (Wilbur 1977)．青年文法学派仮説では，音変化は常に規則的であり，文法・語彙的な要因に影響を

受けることなく，音声的な条件を満たすすべての語彙項目に適用されるものであるとされた．この前提に立つと，名詞や動詞のみに起こる音変化や，特定の形態素のみに見られる音変化はあり得ないということになる．また，形態的パラダイムや統語構文において音声変化に例外が見られるようなことはあるはずはない，ということになる．

　第2章・第3章において見たように，この仮説はだいたいにおいて正しい．しかしながら，同時に，音変化の進み方には大きなバリエーションがあり，特定の語彙に結びついたものもあった．さらに，少なくとも音変化の一部では，高頻度の語は低頻度の語よりも先に変化するということを示す証拠があることも確認した．こうした変化のバリエーションが最終的に解消されて音変化がすべての環境に一般的に見られるようになった場合，上の仮説は結局のところ正しいと言える．しかし，音変化の過程では，語彙的な要因，そして後で見るように，文法的な要因によるバリエーションが見られる期間があり，そこからは，音変化が時として予測されていた通りに完了しないということがわかる．以下ではそうした事例をいくつか議論するが，そこでも変化や例外を生んでいるのは文法的な要因それ自体ではないと考えられる．音声的な文脈という概念を，語や形態素が用いられるより広い文脈を含むものに拡張して捉えれば，結局音声的な条件が主要な要因であるとみなすことができるだろう．

4.7.1. 形態的環境に基づく音変化

　2.9節で，特定の高頻度の句のみで起こる音声変化である「特殊弱化」(special reduction) について論じた．これらは通常，青年文法学派が意味するところの音変化としては考えられないが，すでに指摘されている通り，特殊弱化はより一般的な変化の前触れであることもある．この実例としてあげられるのが，15世紀から17世紀のスペイン語動詞における二人称複数接尾辞に見られる交替で，母音間の /d/ が弱化したり脱落したりする現象である．この変化は，一見特定の形態素のみに限定されているように見えるが，音変化がこの環境で先行して起きたのは，それらの形態素の頻度と並んで，音声的な条件が原因となった可能性がある．

　これとは別の事例で興味深いのは，アメリカ英語で進みつつある語末の /t/ や /d/ の脱落である．ここに見られるバリエーションについては盛んに研究されているが，その中で音脱落を助長したり妨げたりする形態的な条件に関心が向けられている．/t/ と /d/ の脱落を条件づける最も強い要因は，何よりも音声的な環境であるということは抑えておく必要がある．脱落は子音，特に語境界を挟んだ阻害音の前，そして同一語内の子音の後に起こりやすい．

英語において /t/ と /d/ は過去時制を示すのに用いられるため，これらの音の脱落は形態法と音変化が相互作用しうる状況を作り出している．/t/ や /d/ が過去時制を表す形態素である場合，脱落は起こりにくいということは以前から指摘されていた (Labov 1972; Guy 1980; Neu 1980)．この説明として考えつきやすいのは，音の脱落によって有意味な形態素が失われてしまう場合には脱落が制限されるというものである．この仮説をさらに支持するのは，過去時制の接尾辞が，過去時制を表しうる語幹の変化をともなう動詞 (told, left) と生起した場合は，脱落が起こりやすいという事実である．しかしながら，脱落が起こる文脈をさらに調べると，実は語の頻度も関係していることがわかる．Bybee (2000b) では，脱落は高頻度の語でより起こりやすく，そしてさらに重要なことに，過去時制接尾辞の脱落は，高頻度で用いられる過去形式のほうが，使用頻度の低い過去形式よりも起こりやすいことが観察された．この事実は，脱落が形態的な情報を保持するために制限を受けるという仮説に疑問を投げかけるものである．加えて，Bybee は接尾辞と語幹変化を合わせもつ動詞にも強い頻度効果が現れるとしている．こうした動詞の中でも最も頻度の高いもの (told, felt, left, kept, sent) だけが，高いレベルの脱落 (high levels of deletion) を起こす．一方，found, lost, meant といった頻度の低い語は，それほど脱落しやすくない．このことから，やはり意味の保持が脱落の抑制を動機付けるという仮説には疑問をもたざるを得ない．

しかし，過去時制で脱落の確率が低くなる原因は何なのだろうか．語が用いられる環境をより詳しく見ることで，この疑問への答えが見えてくる．語末の /t/ や /d/ が置かれているのは音声的条件が変わる環境 (alternating environment) なのである．つまり，実際の言語表現の中でその音を含んだ語は脱落が起きやすい音声的条件 (perfect memory のように子音の前) に現れることもあれば，そうでない時 (perfect answer のような母音の前) もあるということである．さて，ここでもし音声的な条件のみが作用しているならば，子音が後続した時には必ず脱落が起こるはずである．しかし，実際には明らかに何か他の要因が作用している．それというのも，母音が後続しているのに脱落が起こる場合や，子音が後続しているのに脱落が起こらない事例があるからだ．Bybee (2002) はこの問題を精査し，母音の前に生起する傾向がより高い語は，子音の前であっても，全体的に脱落の割合が低く，子音の前に生起する傾向がより高い語は，母音の前であっても，全体的に脱落の割合が高いということをつきとめた．つまり，脱落の起こりやすさは，その語がどれだけの頻度で脱落に好ましい環境で生起しているのかによって影響を受けているということである．あたかも，それらの語が使われるたびに徐々に弱化した語末の子音を強化

し，そしてそれを音声的な条件が好ましくない場合であっても用いているかのようである．

表 4.1: /t/ と /d/ の異なる文脈での生起率と脱落率

	母音前生起	子音前生起	ポーズ前生起	母音前脱落	子音前脱落
すべての語	21%	64%	15%	37%	59%
過去時制	40%	47%	13%	7%	47%
否定助動詞	10%	80%	10%	86%	84%

総数 = 1272

　表 4.1 は，異なった音声環境での生起割合と音脱落との関係を示している．過去時制の動詞が母音の前に現れる割合は 40% なのに対し，すべての語では母音の前に現れる割合はトークンの 21% であった．この分布に関する事実が，過去時制の形式における脱落に影響を与えている．母音の前では脱落する割合が 7% のみとなっており，さらに子音の前での脱落の割合も，全体では 59% あるところを 47% にまで引き下げている．対照的に，否定形の補助動詞 (didn't, wasn't, isn't, shouldn't など) は子音の前に生起する割合が 80% であるが，子音前で脱落が見られる割合はずっと高く 84% である．さらに母音の前であっても 86% で脱落が起きている．これらを見ても，脱落の割合は，その語形が脱落に適した音声的環境にどれだけの頻度で生起するのかということに影響を受けており，しかもその語が非脱落環境で生起した時にさえも影響を与えているようである．

　では，いったいなぜ過去時制の動詞が母音の前に生起する頻度が非常に高く，また，なぜ否定補助動詞が子音の前に生起するのか．まず後者のほうから考えてみよう．否定補助動詞に後続する項目はほとんどの場合が動詞であり，動詞というのは子音で始まる傾向がある．過去時制の動詞のほうは，on, out, up, away などの前置詞や不変化詞の前や，it や us など母音で始まる代名詞，加えて，him, her, them など語頭子音が脱落しがちな代名詞の前で生起するのである．

　このように，話し言葉における語の分布は，その語が音変化を受ける速さを左右しているようである．生起しやすい環境が，ある語がどのように音変化を遂げるのかを決める主な要因であるならば，一見形態が音変化を制限しているように見えるケースにおいても，音変化を条件づけている主要因は，結局のところ音声的なものだと言える．

4.7.2. 語境界での音変化

　語境界が音の変化に影響するケースは，従来文法的に条件付けられた音変化の例として論じられてきた．それは，語境界が音声的な条件付けの一部ではなく，言語の語彙構造を反映したものであるからだ．語境界が音変化においてどのように機能するかについては以下のような説明がなされる．音変化はポーズの前の位置（沈黙の前，つまり音声的な要因）で起こり，そこから語末の位置で起こるものとして一般化される (Hock 1986)．ドイツ語における語末の無声化は以下のように説明される：古高ドイツ語 (Old High German) では tag（日）という語は有声閉鎖音で終わるが，ポーズの前では，無声化する（英語でも and, bad, tab, tag などの語において有声閉鎖音や摩擦音がポーズの前で部分的に無声化することに留意してほしい）．これについて Hock は，この無声化が類推によって語末の位置へと拡張し，結果として新高ドイツ語 (New High German) においてすべての阻害音が語末で無声化するようになったという説を提示している．彼の見方では，もともと音声的に条件づけられポーズの前で起きていた音変化が，語境界という文法的要因が絡むものに変容したというのである．

　語末における音交替現象のもう1つの説明方法は，（前節で提起したように）語末を交替が起こる環境だとみなすものである．/t/ や /d/ の脱落に関して，後続する文脈が脱落の進み方を決め，それが語彙的なバリエーションをもたらしていることを見た．ここでは，変化が語の中，並びに語の境界を超えて起こる他の例を考えてみよう．特に南北アメリカ大陸におけるスペイン語方言の多くでは，feli[h]mente（喜んで），e[h]tilo（スタイル），denti[h]ta（歯医者）のように語中・子音の前で /s/ の非口腔音化 (debuccalized) した変種が見られる．語末・子音の前でも，animale[h] finos（いい動物）のように同じ音縮約が観察される．後続の語の語頭が母音であった場合，ほとんど縮約を起こさない方言もあるが，変化がより進行している方言には多様な縮約を見せる方言もある（例：mientra[h] esa（この間），nova[s] a encontrar（あなたが見つけることはない））．ここで考えるべきは，同じ母音の前でも語の中では縮約が起こらないにもかかわらず，語境界を挟む場合には縮約が起こるのはなぜか，ということである．

　前節でも述べた通り，語境界は音交替が起こる環境である．スペイン語では，他の多くの言語と同じく，母音よりも子音で始まる語のほうがずっと多い．テキスト資料の中では，/s/ が子音の前に現れる割合は50% を超えているが，母音の前，ポーズの前ではより均等に割れている（母音20-25%，ポーズ23-28%）(Bybee 2000a)．したがって，たいていの語は母音よりも子音の前に2倍の頻度で現れることになる．そうすると子音によって引き起こされる変種

のほうが分布上優勢になり，母音前という環境にも広がって，母音の前でも弱化した [h] を生じさせるようになる．すでに述べた通り，大半の方言では，語中の母音前に位置する [s] は弱化されないままである．その結果，以下に例示するように，この音変化は「子音前もしくは語末で /s/ が /h/ になる（あるいは脱落する）」というものであるように見える：

(57) 語末　　　　　　　　　　子音前　　　　　　　　　母音前
　　　mientra[h]（〜の間）　　denti[h]ta（歯医者）　　hermo[s]a（可愛い）
　　　comemo[h]（我々は食べる）e[h]tilo（スタイル）　　ca[s]a（家）

ここでは，あたかも語境界が弱化を条件づけているように思えるが，実際には音変化を引き起こしているのは次の語の語頭に現れる子音なのであった．

　こうした事例は，結果として不規則と思える変化に至る可能性もある．例えば，古スペイン語において語頭の /f/ は /h/ になり，今では全く発音されなくなった．しかしながら，その一連の変化が起こったのは一部の語においてのみである．多くの研究者が，なぜ今でも /f/ をもつ語もあればそうでない語もあるのか，その理由を解明しようと試みてきた．現代スペイン語の以下の語を考えてみよう．いずれもラテン語では語頭に /f/ をもつものである．

(58)　語頭 f > h > ϕ　　　　　語頭の /f/ が保持されている
　　　hijo（息子）　　　　　　fijo（固まった）
　　　hecho（行い）　　　　　 fecha（日付）
　　　hallar（見つける）　　　favor（好意）
　　　horno（オーブン）　　　 foco（焦点）
　　　humo（煙）　　　　　　 fumar（喫煙する）

1つの見方は，/f/ が一度は弱化し，その後書き言葉などの要因によって再導入されたというものである．Brown and Raymond (2012) は，語が用いられる音声的環境に着目した説明を提示している．唇歯音 /f/ は，広母音が先行する場合により弱化（非口腔音化）しやすい．そこで彼らは，交替期間，つまり音変化が進行している時期に書かれたテクストの中で /f/ が現れる環境について詳しく調べてみたのである．ラテン語で /f/ で始まるすべての語について，先行する語が，どれくらいの頻度で，非高母音，つまり弱化の起きやすい環境で終わっているかを調べた．すると，現代スペイン語で（今日では発音されない）h のスペリングをもつ語は，今日 /f/ をもつ語よりも，非高母音が前に起きているケースが目立って多いことがわかった．つまり，交替期間が終わったとき，弱化環境に起こることが多かった語は弱化した音をもつようになったが，

弱化を誘発しない音の後に起こることが多かった語は変化を起こさず，/f/ が残ることになったというわけである．ここでの結論としては，この変化は語の境界ではなく，隣接している音声要素に条件づけられているということである．

4.7.3. 語の中での交替環境

　交替をもたらす環境は，語の内部にも現れうる．本章の中ですでに見たが，音変化は交替を起こす環境であっても起こり，最終的に形態化するような交替を作り出すこともある．しかし，ときに交替環境の影響が音変化の形成時に見られることがある．Timberlake (1978) は，ポーランド語のマゾフシェ (Mazovian) 方言でこうした現象の存在を示す証拠を見つけた．そこでは，データの収集時に口蓋音化プロセスがちょうど進行していた．

　Timberlake の例では，音変化は交替環境に起こる形態素においてよりゆっくりと進行している．ポーランド語マゾフシェ (Mazovian) 方言からの以下の例を見てみよう (Timberlake 1978: 313-314)．書き起こしは Timberlake と彼の引用先からのものである．(59) の例から，語根内に現れる軟口蓋音は /i/ の前で多かれ少なかれ口蓋音化していることがわかる．([ʲ] の記号は完全な口蓋音化を，[ˈ] は部分的な口蓋音化を表す．c は [ts] を表す．)

(59)　マゾフシェ・ポーランド語：無交替環境
　　　kʲij　　　　　（棒）
　　　skʲiba　　　　（峰）
　　　gʲipsu　　　　（石こう）
　　　kˈɪlômetr　　　（キロメートル）
　　　gˈɪńe　　　　　（塞栓症）

一方，交替環境における状況は以下の (60) に示す通りである．この言語では接尾辞の前の位置が交替環境になるが，この環境におかれると閉鎖音は /i/ の前の位置であっても収集されたデータの約半分でしか口蓋音化を起こしていない．

(60)　マゾフシェ・ポーランド語：交替環境
　　　progˈɪ　　　（炉：複数）　cf. progu（属格単数）
　　　drogˈɪ　　　（道：複数）　cf. droga（主格単数）
　　　burakˈɪ　　　（ビート：複数）
　　　jarmakˈɪ　　（市場：複数）
　　　morgˈɪ　　　（エーカー：複数）

rogʹɪ	（ツノ：複数）
gruskɪ	（梨：複数）
kackɪ	（アヒル：複数）
zmarsckɪ	（シワ：複数）
drugɪ	（他：複数）
robakɪ	（ミミズ：複数）

　軟口蓋音が語幹の末尾に現れる場合，それが口蓋音化を起こす環境におかれることもあれば，そうでないこともある．Timberlake によると，こうした揺れのために，たとえ条件が整っている場合にも口蓋音化のプロセスが妨げられる．そうだとすると，異なる環境に起こる異なる語幹形が互いに影響を与えているように見える．こうした状況の行く先には，2つの可能性が予想できる．(60) の語の間でも結局交替が確立されるか，あるいは (60) の語では口蓋音化が定着せず交替が確立されないか，のどちらかに落ち着くことになる．

　この事例は，ある音変化が一般規則として言語全体に及んでいるにもかかわらず，交替が確立されていないように見られる状況に関係している可能性がある．その一例がロマンス諸語に見られる．2.2.5 節と 4.6 節で見たように，口語ラテン語では前舌母音とわたり音の前で /k/ と /g/ が口蓋音化する．この音変化によって，スペイン語の第2および第3活用動詞においていくつかの音交替が生じた．例えば，ラテン語の動詞 dīcere（言う）では，語幹末尾の /k/ がパラダイムのほとんどの位置で前舌母音の前に現れ，後舌母音の前に起こるのは一人称単数直説法現在，接続法現在（present subjunctive）のみである．

(61)　ラテン語動詞 dīcere（言う）

直説法現在（Present indicative）　　　接続法現在（Present subjunctive）

dīco	dīcimus	dīcam	dīcamus
dīcis	dīcistis	dīcas	dīcātis
dīcit	dīcunt	dīcas	dīcant

　　　直説法未完了（Imperfect indicative）dīceabat
　　　未来（Future）dīcet

/k/ が口蓋音化したとき，このパラダイム中で音交替が起こり，(62) に示される通り，それは今日もスペイン語に残存している．ここでは，正字法の c はアメリカ諸方言の [s] とイベリア半島方言の [θ] を表している．

(62)　スペイン語 de[s]ir（言う）

直説法現在		接続法現在	
digo	de[s]imos	diga	digamos
di[s]es		digas	
di[s]e	di[s]en	diga	digan
未完了	de[s]ía, など		

　ところが，第1活用動詞においては，音声的条件がおおよそ真逆である．後舌母音が直説法で現れ，前舌母音が接続法で現れる．軟口蓋音で終わる語幹については音交替が起こる条件が整っているが，そのような交替は起きなかった．たとえば，llegar（着く），pagar（払う），negar（否定する），rogar（懇願する）などの動詞は，それぞれ llegue, pague, niegue, ruegue という，前舌母音前であるにもかかわらず軟口蓋音を保った（g の後に u が現れるスペリングからそのことがわかる）接続法の形式をもっている．上述のどちらの活用体系でも交替を引き起こす環境はあるのだが，一方では実際に交替が定着し，もう一方では定着しなかったのである．

　第1活用動詞における交替の欠如については，2つの説明方法が考えられる．1つは，交替が一度は確立されたものの，その後に水平化（leveled）したというものである（第5章を参照）．つまり，軟口蓋音をともなう新しい形式が後から形成されたというものである．もう1つの説明法は，語幹末が，音変化が起きたり起きなかったりする揺れを含む環境であったがために交替が定着することがなかった，とするものである．現段階では，この事例にしてもこれに類する他の例に関しても，どちらの説明の仕方が正しいのかを確定させることはできない．

4.7.4.　まとめ──文法によって影響を受ける音変化は非音声的変化か

　ここまで検討した多くの事例を踏まえると，音変化が音声的に予測できるという青年文法学派の仮説を棄却するに十分な論証は得られない．むしろ，語が使われる音声的環境をより幅広く捉え，そこに見られる諸要因が音変化に影響を与えているということを認識する必要がある．このより広い文脈において見てみると，語や形態素が変化を引き起こす音声的環境におかれる確率は一様ではなく，この確率の違いが音変化の定着のしやすさに関係している．音変化は，音声的に徐々に進み，その進行する間には様々なバリエーションが見られるものなので，語の分布の違いが変化の結果に違いをもたらすのであろう．しかし，その変化の仕方に影響を与えているのは，語の文法的，語彙的カテゴ

リーではなく，むしろ談話における使用のコンテクストなのである．したがって，ここまでのところ青年文法学派の主張は正しかったと言えそうだ——変化は音声的環境の中で起こるものである．

4.8. 結論

　前章までは音変化が起こる音声的理由を扱ったが，本章では音変化が文法とどのように関係し合うのかを扱ってきた．まず，音変化によってもたらされる音交替がどのようにして形態的パラダイムの一部となるのかを考察した．第5章では，こうした音交替に影響を与える類推変化へと考察を広げていく．2つ目に，音変化によって引き起こされた交替がどのようにして形態統語的構文の一部となりうるのかを見た．また，規則の逆転やルール・テレスコーピングによる音変化の拡張などの具体的変化についても論じた．続いて，音変化における例外が時間を経る中でどのように発達するのかを見た．次に音変化と文法との関係性を逆の視点から考察した——つまり，文法的要因が進行中の音変化に影響を与えうるのかという問題である．ここでは，特定の形態素や語境界に影響を受けていると思われる音変化の例を数多く検討した．しかし，どのケースでも，音変化に影響を与えていたのは文法的な要素そのものではなく，それが生起する音声的環境のほうであるという結論に至った．

ディスカッション用の問題

1. 英語話者を観察して，houses などの語の発音を聴いてみよう．年長者の話者の多くが語中の子音に [z] を用いる一方, 若者の一部は [s] を用いる．どちらの発音のほうが古いのだろうか．こうした2つの変種が現れるのはなぜだろうか．この変化は今でも進行中なのだろうか．
2. アメリカ英語やイギリス英語の話者の中には，語末あるいは子音前の /r/ を規則的な音変化によって発音しなくなった人たちがいる．/r/ をなくした方言の一部では，母音の前での語末に /r/ を再び付け足しているようである．その方言では the author can ... のような環境では /r/ を使わないが，the author is ... といった場合では /r/ をともなう形で発音する．これは音挿入の変化によるものであるようである．それというのも，こうした話者の多くはもともと /r/ が存在しない場合，例えば idea などの語の後，にも the idear is といったように /r/ を加えて発音するのである．

idea の末尾には /r/ はなかったので，挿入が起きていると考えられる．この章で扱った観点から，これらの方言で何が起きているのか説明を試みなさい．
3. 2.9 節で論じた特殊弱化は，青年文法学派仮説の反例であろうか．

第5章 類推変化

5.1. 類推

　言語学で使われる「類推」(analogy) という用語には特定的な意味と一般的な意味がある．歴史言語学では，普通，形態的変化，中でも形態的パラダイム (morphological paradigms) の中での変化を指すのに用いられる．[1] この章で扱うのもこの特定的な意味での類推である．一方，より広い意味での類推は，統語論で，規則ではなく既存の表現に基づいて新しい表現が作られる過程を指す用語として使われている．後者については第8章で見る．
　この章のテーマは，形態論上の形式の変化である（意味の変化については続く2つの章で考える）．まず形態的類推 (morphological analogy) を定義しておくと，「当該言語の既存の語との類似性をもとに語を作り直すこと」という意味である．前の章では，音変化によって形態的パラダイムに交替 (alternations) や不規則性 (irregularities) が生じることを見た．類推変化は，しばしば，そういう交替に対する反応であり，交替を取り除く方向に働くことが多いが，交替を別の語彙項目 (lexical items) に拡大する方向に働くこともある．
　音変化は語彙的に規則的 (lexically regular) であることが多いが，類推変化にはそのような規則性はめったに見られない．つまり，音変化は変化に必要な

---

[1] 訳者注：個々の語彙素 (lexeme) は環境に応じて異なる語形 (word-form) を取る．すべての語形の集合と各語形の生起環境の情報を合わせたものを，その語彙素のパラダイムという (Fábregas and Scalise 2012: 13; Don 2014: 22)．本章の「形態的パラダイム」もこれを指す．品詞ごとに特定のカテゴリーについて語形の対立が示される．例えば，英語では，動詞のパラダイムはテンス (tense)，アスペクト (aspect)，人称と数について対立を示す．一方，名詞のパラダイムは数に関して対立を示す．

音声的条件を備えた語彙項目すべてに働く傾向があるのに対し，類推変化は明らかに1度に1項目ずつであり，ほとんどの場合，必要な条件を備えた語彙項目もしくはパラダイムのすべてに影響を及ぼすわけではない．この特徴は，類推変化を不規則なもの，さらには予測不可能なものにさえ見せるかもしれない．しかし，これまで見つかっている多くの歴史的類推変化の事例や，子供の言語や実験で見られる諸現象を広く見てみると，類推にはある非常に一般的な傾向があることがわかってくるのである．本章では伝統的に類推に分類される諸変化を概観し，変化の方向性（directionality of change）に見られる一般的な傾向について考察していこう．

5.2. 比例式的な類推

悪夢を見た日，その夜自分は dreamed したのか，それとも dreamt したのか，考えたことがあるだろうか．このように dreamed と dreamt という2つの変異形が存在するのは，類推の結果である．類推変化は比例式的4項類推（proportional or four-part analogy）の結果として記述されることが多い．知能テストでおなじみの推論問題のような，4つの部分からなる類推式である．例えば，より古い形式である dreamt を置換するものとして dreamed という変異形がどこから来たのかを説明するのに，次のような4項類推が提案されるかもしれない．

(63) seem : seemed :: dream : dreamed

この説明の問題点は，dreamt から dreamed へといった変化の背景にある認知的なメカニズムが記述されていないと思われる点である．第1に，類推変化は手本となる形式対が1つしかない場合にはめったに起こらない．むしろ，英語の動詞には，母音の変化なしで -ed の付加により過去形を作るもの（例えば, dimmed, tapped, changed, tweaked, passed など）が大多数を占めているように，当該のパターンを示す形式がその言語に多数ある場合に起こるのである．第2に，話者は4つ目の形を作り出すのに3つの形を思い浮かべる必要はない．なぜなら，多くの形式に成立する一般的なパターンは，一般化として記憶に蓄えられているからである．類推形式を作り出すメカニズムには以下の節で見るように何種類かあるが，そのどれも比例式的4項類推を必要とするものではない．

5.3. 類推的水平化

すぐ上で見た dreamt の代わりに dreamed が使われるようになるという変化は類推的水平化（analogical leveling）の例である．古い形式に見られる交替が新しい形式では見られなくなった時，水平化（leveling）が起こると言われている．[2] 以下に挙げる英語の現在形と過去形のペアについて考えてみよう．

(64) 　基本／現在形　　過去・過去分詞形
　　　[iː]　　　　　　[ɛ]
　　　keep　　　　　　kept
　　　leave　　　　　　left
　　　sleep　　　　　　slept
　　　sweep　　　　　　swept
　　　feel　　　　　　felt
　　　kneel　　　　　　knelt
　　　mean　　　　　　meant
　　　dream　　　　　　dreamt
　　　creep　　　　　　crept
　　　leap　　　　　　leapt
　　　weep　　　　　　wept

1つの動詞クラスをなすこれらの形式のすべてにおいて，接尾辞 -t が（felt, knelt, meant のように先行子音が有声子音である場合でさえも）付加され，現在形の母音 [iː] が過去・過去分詞形で [ɛ] になる．よって，これらの動詞は語幹母音交替（stem vowel alternation）を示すといえる．（本書の読者ならこの交替が第3章で見た大母音推移（the Great Vowel Shift）の結果であることに気づいただろう．語基（base）の母音は長母音だったが，その母音は -t の子音群が後続する形では中英語期に短化したのである．）

(64) の動詞の過去・過去分詞形について，現代英語では，dreamt, knelt,

---

[2] 訳者注：交替（alternation）とは，「形態素・音素・語などが，環境・文法的機能などによって，その形を変える共時的現象．交替には，意味の変化を伴わないものと，伴うものがある．前者は，異形態や異音間の交替関係をいい，後者は，屈折，派生などに伴う規則的な形態の変容をいう」（亀井ほか（編）1995: 529）．本章で出てくる交替は「独立交替」と呼ばれる後のタイプであり，いずれも何らかの文法的機能の変化に対応して形態が規則的に変化している．独立交替には，母音交替（例：find～found），子音交替（例：lend～lent），音量交替，アクセント交替（例：récord～recórd）がある．

crept, leapt, wept という形ではなく, dreamed, kneeled, creeped, leaped, weeped という形が使われることがある. 後者の形は, いくつかの辞書に掲載されているし, アメリカ英語のコーパスなら例が見つかる. -ed で終わる形は類推的水平化の例である. この変化について大切なこととして, 例えば leapt [lɛpt] が leaped に変化すると考えてはならない. leaped は leapt から作られるのではなく, 語基である leap に規則的過去形のパターンを適用して作られる新しい形式なのである. なぜそう言えるかといえば, leapt も leaped も現時点ではまだ変異として共存しているからである (より古い形である leapt はいつかは消えるかもしれないが). 類推変化では, 古い形が意味を変えて生き残ることもある. 例えば, かつて形容詞 old の比較級は elder であった. 現在は older が通常の比較級であるが, elder (と最上級の eldest) も特殊な場面, 多くは the elder sister (姉) のように兄弟について話す場面でまだ使われている.

また, dreamed, creeped, kneeled, leaped, weeped の場合には, 規則化 (regularization) の例でもある. 接尾辞 -ed を付加して語幹交替なしというパターンは英語では規則的パターンであるので, より不規則なクラスからこの規則的なクラスへと動詞を移す変化は規則化と見なすことができる. 言語習得過程にある子供が作り出す catched や sleeped のような規則形は, 過剰一般化 (overgeneralization) と呼ばれている. 大人より子供のほうが規則化をしやすいのだが, creeped, leaped, weeped といった例から大人も同じことをすることがわかっている. なぜなら creep, leap, weep といった動詞は非常に幼い子供があまり使うことのない動詞だからである.

(64) の動詞とその過去形を見ると, 水平化もしくは規則化を受ける傾向のある動詞は一部だけであることがわかる. 本章冒頭で述べたように, 類推変化は1度に1形式ずつ起こり, 音変化のようにもれなく起こることはめったにない. また, 上で, この場合の類推のメカニズムは (古い形式の変化ではなく) 新形式の生成であることを見たが, このメカニズムからしても, 一度の変化で変わるのは1つの動詞だけであるといえる. そうだとすると, 考えるべき問題は, どの動詞が水平化を受けるかが, どのような要因で決まるのかという点である.

これまでに見つかっている要因の1つとして, 不規則形のトークン頻度 (token frequency) がある.[3] 交替を示す英語の過去形で非常に頻度の高いものは

---

[3] 訳者注: トークン頻度 (token frequency) とは「特定の言語アイテムが同じ形で出現する頻度をいう. トークン頻度が高いほど, そのアイテムが塊として心内に定着する. 構文学習に

規則化を受ける確率は低い．なぜならそのような不規則形は話者が言語を習得した段階で強固な記憶表象を得ており，アクセスが容易だから（すなわち，記憶の中から探し出し，取り出して使うことが容易だから）である．アクセスが容易な不規則形については，新しい形が作られる可能性はなく，仮に作られたとしても他の話者によって採用される可能性はないだろう．一方，頻度の低い過去形はアクセスが困難になる可能性があり，話者が即座にそれを取り出すことができなければ，規則的なパターンのほうが活性化され，新しい規則的な形が生成される可能性がある．

それでは，4億5千万語のアメリカ英語のコーパス，Corpus of Contemporary American English（COCA）における動詞過去形の頻度を比べてみよう．(65) は (64) の過去形を頻度順に並べたものである．[4]

(65)
現在形	過去・過去分詞形	COCA での 100 万語単位の頻度
leave	left	310
feel	felt	253
keep	kept	139
mean	meant	91
sleep	slept	20
sweep	swept	19
dream	dreamt / dreamed	13.5
leap	leapt / leaped	9
kneel	knelt / kneeled	6
creep	crept / creeped	5.5
weep	wept / weeped	4

(65) の過去・過去分詞形の頻度計算には古い形と規則化した形の両方が含まれており，両方あわせて当該の動詞がどの程度頻繁に過去形で使われるかを示している．[5] ここからわかるように，(64) の動詞の中で，現代英語で最も頻度

おいて，トークン頻度の高い事例が典型事例としてアンカー的な機能を果たすと言われている」（中野ほか（編）2015: 380）．5.4 節で出てくるタイプ頻度（type frequency）と対を成す．

[4] COCA のデータベースは 2018 年 9 月現在，5 億 6000 万語ほどにまで増加しており，現在検索すると，原著者が検索した結果とは一致しない場合がある．

[5] 監訳者注：ただし，古い形と規則化した形を分けた上で，規則化した動詞だけの件数と頻度を COCA と COHA で見ると，(65) の上の 6 動詞と下の 5 動詞の間に線が引けるわけではないので，注意が必要である．COCA はモニターコーパスなので，Bybee が検索した時点と現在でヒット件数が異なる可能性はあるものの，2019 年 3 月 7 日時点での検索結果によれ

の高い6つの動詞は水平化・規則化した変異形をもたないのに対し，頻度の低い5つの動詞はすべて水平化・規則化した変異形をもっている．

　ただし，水平化に影響する要素は使用頻度だけではなさそうだ．規則化変異形をもつ動詞同士を比較すると振舞いの違いが観察され，例えば dreamed と leaped はそれぞれ古い変異形より頻度が高いのに対し，それ以外の動詞では規則化変異形のほうが頻度が低く，特に wept / weeped の場合は極端に低い．水平化の予測要因が頻度に限られないことを示す別の事実として，(65) での slept・swept と dreamt の間の頻度の差はそれほど大きいものではないことが挙げられる．ともかく明らかなのは高頻度の動詞は類推的水平化に抵抗するということである．その証拠に，不規則動詞は（そして不規則な名詞や形容詞もそうだが）あらゆる言語において頻度が高いのである．頻度以外でどのような要因が働いているかについては現時点ではわかっていない．

　形式の規則化には類推とは別のルートもある．例えば，creeped を COCA で検索すると，うち84例は creeped (someone) out もしくは BE creeped out という句の形で生起する．（この84例は (65) には含めていない．）実際，この句の事例では crept が使われることはなく，creeped のみが使われていた．次のような例である．

(66)　Truth was, receiving the dead roses creeped me out.　(COCA 2008)
　　　（実のところ，枯れた薔薇を受け取った時にはぞっとした）

(66) では，creep は「ゆっくり進む」という意味の自動詞ではなく，誰かを「ぞっとさせる」といった意味の他動詞である．この creep が規則化するのは名詞からの派生形だからである．つまり，to creep someone out という表現は give someone the creeps という表現の作り替えであると考えられるのであ

ば，第1に，keep と sleep 以外の9動詞について，規則化変異形が少なくとも1例は存在する．また，規則化変異形があるとされる weeped は4件しかないのに対して，規則化変異形がないとされる（「去る／残す」の意味での）leaved も少なくとも5件は見つかる．第2に，下の5動詞のすべてについて，規則化変異形のほうが古い形よりも頻度が高い，とも言えない．具体的には，dreamed = 11.33, leaped = 4.51 で，dreamt = 1.46, leapt = 3.94 で，規則化変異形が比較的多いものの，knelt / kneeled, crept / creeped, wept / weeped については，現時点ではまだ古い形のほうが頻度が高い．第3に，leapt / leaped については，COHA によれば，20世紀後半から，leapt が増加して leaped が減少する傾向にある（leapt = 1.75 (1950s) → 9.20 (2000s); leaped = 22.65 (1950s) → 9.54 (2000s))．なお，頻度変化については，1470〜1690年代の英語を収録した Early English Books Online (EEBO) も，COHA と同じ ID で検索できるので，参照していただきたい．（小川）

る．名詞用法の give someone the creeps という表現は 19 世紀半ば以降見られるのに対し，動詞用法の to creep someone out が最初に使われたのは 1990 年代後半で，頻繁に使われるようになったのは 2000 年以降である．The Corpus of Historical American English (COHA) の事例を見てみると，give someone the creeps の the creeps は恐怖や嫌悪にともなって肌に感じられるぞっとする感じを表しているのである．

名詞から派生された動詞は規則活用をする傾向が強い．例えば，(67) で使われている「取り囲む」という意味の to ring は（名詞 a ring から派生したものであるが）規則活用をしている．

(67) Any Chinese city is ringed with appliance stores; where once they offered electric fans, they now carry vibrating massage chairs. (COCA, National Geographic 2011, Bill McKibben)
（中国の都市はどこでも電気屋に取り囲まれている．そこでは，かつては扇風機が売っていたが，今日では電動マッサージチェアが売っている．）

この文について，*Any Chinese city is rung with appliance stores ということはできないし，受動態を能動態にして *Appliance stores rang the city のようにいうこともできない．動詞を規則形にしておくことで，語基の名詞との関係が維持できるのである．おそらく，過去形の規則的パターンが頻度を伸ばしたこと——これについては次節で詳しく見るが——その一因には，英語では名詞から新しい動詞を作る傾向が強いことがあるのだろう．今の議論にとって大切なのは，(66) の creeped や (67) の ringed は類推的水平化の例ではなく名詞からの動詞形成の例であるという点である．[6]

まとめると，類推的水平化とは，交替を示すパラダイムの 1 形式を使って，交替のない新しい形式を作り出すことである．類推的水平化が影響を与えるのは頻度の低いパラダイムであり，頻度の高いパラダイムは水平化に抵抗する傾向がある．水平化の例は以下の節でも出てくる．水平化に関する重要な問題

---

[6] 訳者注：類例に「葉を出す」の意味の to leave（名詞 leaf より）や「平均値をとる」の意味の to mean（形容詞または名詞の mean より）もある．また，この種の規則活用は，「(野球で) フライを打ち上げる」の意味での to fly のように，元をたどれば不規則活用動詞に至る事例 (to fly 飛ぶ > a fly フライ > to fly フライを打つ) にも見られる．このような派生動詞の規則活用については，[[ring]$_N$]$_V$ という主要部のない内部構造に結びつける考え方もある（長野 2007）．また，屈折は，意味変化によって規則化することもある．例えば，louse は「シラミ」の意味では lice という不規則な複数形を作るが，「くだらぬやつ，人間のくず」という意味での複数形は規則的である．

は，パラダイム内のどの変異形が，新しい形を作る際のもとになってその後も生き残るのかという点である．この問題については 5.5 節で検討する．

5.4. 生産性

類推的水平化について生じるもう 1 つの問題は，どれが規則的パターンなのかを決める要因についてである．例えば，なぜ新形式は leaped や dreamed のような形をしていて，seep から（seeped に代わるものとして）*sept が作られたり，beep から（beeped の代わりに）*bept ができたり，seem から（seemed の代わりに）*semt ができたりしないのだろうか．

理由はパターンごとに生産性（productivity）が異なるからである．生産性とは，パターンや構文が新たな項目に適用される可能性（の程度）をいう．現在の英語では，動詞語幹を変えずに過去の接尾辞 -ed を付けるパターンが生産的なパターンである．しかし，下で見るように昔は必ずしもそうではなかったのであり，生産性とは変化するものなのである．[7]

パターンの生産性とその構文のタイプ頻度（すなわちそのパターンがいくつの項目に使われているか）との間には強い関係性が見られる．[8] 現代英語には何らかの不規則性，例えば接辞なしの形（cut）や母音交替形（break, broke）や子音交替形（teach, taught）を示す動詞が 180 ほどあるが，大多数の動詞の過去形は，接辞 -ed の付加だけで作られる（-ed には [d], [t], [ɪd] という異形態がある）．後者のパターンを示す動詞は非常に多いので，借用や派生で新たに言語に取り込まれた動詞に使われるのもこのパターンである．例えば，スカンジナビア語から借用された ski は skied となり，ドイツ語から借用された waltz は waltzed と屈折する．同様に，the creeps から派生された to creep は creeped となるし，名詞 hammer から派生された to hammer は hammered と屈折する．当然，こうして新たな事例が増えていくことによって，パターンはさらに生産性を増すのである．

古英語での過去形の屈折は，今とはかなり違っていた．過去形で母音が変わ

---

[7] 訳者注：接辞の生産性（productivity）には，新語の形成に使うことができるかどうかという availability の意味と，新語の形成にどの程度使われるかという profitability の意味がある（Bauer et al. 2013: 32）．Bybee のいう生産性とは profitability のことである

[8] 訳者注：タイプ頻度（type frequency）とは，「1 つのパターンがどれだけ異なる事例を通して出現するかを表す頻度のこと．タイプ頻度が高ければ，事例間の共通項すなわち規則性が抽出される．したがって，抽象化や生産性を促進するといわれている」（中野ほか（編）2015: 381）．5.3 節で出てきたトークン頻度と対を成す．

る動詞(「強変化」動詞(strong verbs)という)は今より数が多かった.「弱変化」(weak pattern)には接尾辞 -ede もしくは -ode が使われ,弱変化動詞は今より数が少なかった.[9] 母音交替のパターン(アブラウト(ablaut)という)のほとんどは非常に長い歴史をもち,インド・ヨーロッパ祖語(印欧祖語,Proto-Indo-European)(第10章を参照)までさかのぼる.接尾辞 -ede/-ode の発達はそれより遅く,おそらくゲルマン祖語(Proto-Germanic)で発達したものと考えられる(というのもゲルマン諸語には必ずこの種の接尾辞があるからだ).接尾辞の起源として想定できるのは動詞 'to do' の過去形であり,再建すると *dedō- と *dedē- に人称・数の語尾が付いた形になる.動詞(もしくは動名詞)に 'did' を付けた形はおそらく最初は有意味だったのだろうが,のちに名詞由来もしくは借用語由来の新しい動詞の過去形形成法になった(例えば,ende 'end, n.' から派生された動詞 endian 'to end' の過去形は enede- 'ended' となる).このように,本来2つの語であったものが接辞ありの1つの語になる変化を文法化(grammaticalization)といい,第6章で詳しく説明する.ここでは,意味の消失も音形の弱化もどちらも文法化にともなって見られる一般的現象であることを確認しておくだけでよい.

古英語の強変化動詞には様々な母音交替の型があり,一般的には7つのクラスに分けられている.(68)に示すのは,7つのクラスそれぞれの代表的な動詞である.

(68) 古英語における強変化動詞のクラス

不定詞	三人称現在	過去単数	過去複数	過去分詞
rīdan(乗る)	rītt	rād	ridon	riden
smēocan(いぶる)	smīecþ	smēac	smucon	smocen
drincan(飲む)	drincþ	dranc	druncon	drunken
brecan(壊す)	bricþ	brœc	brœcon	broken
etan(食べる)	itt	ǣt	ǣton	eten
standan(立つ)	stent	stōd	stōdon	standen
grōwan(育つ)	grēwþ	grēow	grēowon	grōwen

この体系の複雑さと,現在形と過去形の違いを標示するのが母音交替であったことからして,新しい動詞をこの体系の中に組み込むことは難しかったと思われる.そこで役立ったのが弱変化動詞の接尾辞 -ede, -ode であり,特に,ノルマン・コンクエストを経てフランス語から英語に入ってきた借用語について

---

[9] 訳者注:中尾(1972: 168)によると古英語動詞の約 3/4 が弱屈折型に属していた.

重宝したのである．実際，それらの接尾辞を使う動詞の数は劇的に増えた．それがさらに接尾辞パターンの生産性を徐々に増加させ，最後には強変化動詞の中で規則化するものも出てきたのである．(68) のリストのうち，smoke は今日では規則動詞である．また，reap, shove, help, burn, mourn, heave, wax, flow, row, mow, seethe, delve なども古英語では強変化動詞であったが，今日では規則動詞である．

水平化・規則化は，強変化動詞クラスのサイズを縮小させ接尾辞クラスのサイズを拡大させたメカニズムの1つである．接尾辞動詞の数を増やしたもう1つのメカニズムとして，動詞の消失が挙げられる．Sweet's Anglo-Saxon Primer (Henry Sweet 編纂の古英語の入門書．1882年) にリストされている強変化動詞のうち，hrīnan (触れる), mīþan (隠す), stīgan (上がる), brūcan (楽しむ), beorgan (守る), weorpan (投げる), hātan (呼ぶ) などは現代英語では使われていない．これらの動詞は別の動詞に置換されて消失し（第9章の議論を参照），そのことが屈折パターンのバランスを -ed 接尾辞による動詞が優勢となるように変化させたのである．

派生接辞同士もまた生産性をめぐって競合する．例えば，happiness, redness, creepiness に見られる接尾辞 -ness は，英語で形容詞から名詞を作る接尾辞であり，今日非常に生産的である．古英語でもこの接尾辞は広く使われていたようであるが (Riddle 1985)，-ness と並んで -ship の祖形（古英語では -scipe, -shepe), -hood の祖形（古英語では -hēd), -dom の祖形も使われていた．Riddle によると，古英語では同一の語根に基づく派生語同士が競合する変異が広く見られたという．例えば，次のようなものである．

(69)　raunesse, rauhede　　　　　　　　　　　(生の状態)
　　　gladness, gladscip　　　　　　　　　　　(喜び)
　　　wīsness, wīshede, wīsdom　　　　　　　(賢さ)
　　　blīnhēde, blindness　　　　　　　　　　(盲目)
　　　dronkenesse, drunkenhede, drunkeshepe　(酩酊状態)
　　　derkness, deorkhede　　　　　　　　　　(暗さ)

現代英語では，-ship, -hood, -dom による形容詞由来派生語は非常に少ない (fellowship, falsehood, freedom) のに対し，-ness はこれらに比べて生産的であり，様々な語で使われて，形容詞から抽象名詞を派生させている．[10]

---

[10] 訳者注：名詞由来の -ship, -hood, -dom の派生語は現代英語でかなり例がある (Bauer et al. 2013: 248-250).

5.5. 類推変化の傾向——基本・派生の関係

　この節ではパラダイム構造に基づく類推変化に見られる強い傾向のいくつかについて考える．具体的には，パラダイム内のどの形が生き残り，類推変化による新形式の基盤になるのかを予測する方法 (5.5.1 節と 5.5.2 節) と，どの形式が変化しやすいかをパラダイム内の意味カテゴリーからどのように予測できるかについて考える．

5.5.1. パラダイムの基本形式

　最初に考える問題は，パラダイム内のどの形式が新形式の基盤になるかを決める方法である．先に見た例でいえば，leaped, leapt の水平化において，なぜ現在形を基盤に新しい過去形が作られるのであって，過去形を基盤に新しい現在形が作られるのではないのか，という問題である．つまり，語幹は緊張母音 [iː] をもつものと弛緩母音 [ε] をもつものの 2 つがあるのに，なぜ交替の水平化は leaped という新しい過去形を作ることで達成されるのであって，lep, leps のような新しい現在形，さらには lepping という形を作ることで達成されるのではないのだろうか．

　この問題に対するアプローチの 1 つとして，パラダイム内でより「基本的」な，もしくはより単純な形が新形式形成の基盤になるという考え方がある (Kuryłowicz 1947)．この場合，パラダイム内でどういうものが基本的な形であるといえるのかという問いに答えねばならないが，その答えは分析によって異なるだろう．また，新形式形成の基盤としてカテゴリーを指定するアプローチもある．例えば，現在形は過去形の基盤になり，直説法の形は接続法の基盤になり，三人称単数形は他の人称・数の形式の基盤になる，といった具合である (Mańczak 1958)．この方法は 1 つ目の方法より具体的であるが，様々な事例に対処するだけの一般性に欠ける．

　様々なカテゴリーにわたる一般化を試みる場合，Roman Jakobson が開発したような (Jakobson 1939) 意味素性に基づく有標性 (markedness) の概念を使ったアプローチが考えられる．Jakobson は，あるカテゴリーの無標メンバー，例えばジェンダーにおける男性形は，そのカテゴリーの有標メンバー（女性形）とは異なる性質をもつことに気づいた．有標形が特性の存在を表すのに対し，無標形はその特性の不在を表すか，もしくは，その特性について何も言わないかのどちらかなのである．したがって，例えば waiter や actor は男性にも女性にも使えるのに対し，waitress や actress は女性にしか使えない．場合によっては，無標形は接辞をもたないという意味で文字通り「無標」の形をして

いることもある．また，Greenberg（1966）は，無標のメンバーは通常，最も頻度の高いメンバーであることを明らかにし，Jakobson の提唱した「無標」の基準に，頻度の基準を追加した．このような基準を用いることにより，有標性に基づくアプローチは表 5.1 のように様々なカテゴリーにまで広げることができる．表 5.1 は Greenberg（1966）をもとに作成している．

表 5.1：特定的カテゴリー間の有標性の関係

無標のメンバー	有標のメンバー
名詞・代名詞・形容詞：	
単数	複数・双数・三数・少数
直接格（主格，対格）	斜格
主格	対格
絶対格	能格
男性	女性，中性
原形形容詞	比較級，最上級
標準的な大きさ	指小辞，指大辞
基数	序数
相対的に小さい数	相対的に大きい数
三人称，一人称	二人称
動詞：	
能動態	受動態，再帰動詞，中動態，相互動詞
直説法	他の法
現在	過去，未来
完了	未完了
肯定	否定
平叙	疑問

　しかし，これらのカテゴリーの中には，特性の有無という意味的定義を使いにくいものが多くあるし，接辞なしのメンバーが1つもないパラダイムもある．よって，このアプローチも，すべてのカテゴリーに使える決定版とみなすには問題がある．だが，表 5.1 の分類によって，類推的水平化が屈折パラダイムの中でどう働くかをおおまかに予測することはできるだろう．

　表 5.1 の分類は他と比較すればうまくいっているものの，意味的基準に基づくアプローチの反証として，語彙項目によってパラダイム内の水平化の方向が逆になるケースがあることが報告されている．Mańczak（1958）の挙げる例では，地理上の名前の場合，「どこ？」という疑問文への答えに使われる格であ

る場所格を無標として優先するという水平化が起こっている．

また，Tiersma (1982) は，西ゲルマン語のフリジア語における興味深い水平化のパターンを報告している．フリジア語では (70a) のように名詞の単数形と複数形の間で母音交替が見られることが多く，それが水平化される時には (70b) のように新しい複数形が単数形の母音を用いて作られる．

(70) フリジア語の名詞
    a. 保守的な交替   b. 革新的な形
       単数/複数   単数/複数
       hoer/hworren（売春婦）   hoer/hoeren
       koal/kwallen（石炭）   koal/koalen
       miel/mjillen（食事，搾乳）   miel/mielen
       poel/pwollen（プール）   poel/poelen

(70b) の水平化は表 5.1 にある有標性の関係から予測される通りの水平化である．しかし，名詞の中には，これとは逆に，複数形の二重母音をもとにして新しい単数形を作るという水平化を示すものもある．(71) がその例である．

(71) フリジア語の名詞
    a. 保守的な交替   b. 革新的な形
       単数/複数   単数/複数
       earm/jermen（腕）   jerm/jermen
       goes/gwozzen（ガチョウ）   gwos/gwozzen
       hoarn/hwarnen（動物の角） hwarne/hwarnen
       kies/kjizzen（歯）   kjizze/kjizzen
       spoen/spwonnen（削り屑，破片） spwon/spwonnen
       toarn/twarnen（棘）   twarne/twarnen
       trien/trjinnen（涙）   trjin/trjinnen

(70) と (71) の例から，表 5.1 のような一般的カテゴリーだけに頼るアプローチでは水平化の方向のすべての事例を予測することはできないと言える．Tiersma は，(70) の名詞は，通常，単数形のほうが複数形より頻度が高いという分布パターンを示すのに対し，(71) の名詞はそれとは逆の分布を示すと指摘している．つまり，(71) の名詞の場合，その指示対象は対もしくは集まりを成すので，複数形のほうが高頻度なのである．Tiersma の考えでは，水平性の方向を決めるのは意味の有標性ではなく使用頻度である．頻度の高い形ほど（どのパラダイムが水平化しやすいかについて述べたように）変化を受けに

第5章 類推変化   133

くいだけでなく，変化の基盤として働く傾向が高い．表 5.1 でいう「無標の」形は大部分のパラダイムにおいて最も頻度の高い形でもあるので，意味の基本性ではなく頻度を使えば，(70) の変化，つまり Tiersma のいう「一般的有標性（general markedness）」で予測される変化だけでなく，(71) のような「局所的有標性（local markedness）」で予測される変化をも説明できる．

　以上，各種の提案を概観してわかったことは，頻度という，水平性の結果を予測する方法として非常に具体的で検証可能なものがあるということである．使用頻度に基づくアプローチは，有標性理論に基づくアプローチよりずっと検証可能性が高い．さらに，このアプローチであれば，類推的水平化以外のいくつかの事例についても使える一般性の高い仮説を立てることができる（類推以外の事例については後続の節で説明する）．次のような仮説である．

(72)　頻度の高い形式は，他の形式やパターンの構造に基づく変化を受けにくく，むしろ，頻度の低い形式がそのような変化を受ける際に，その基盤として働く傾向が強い．

この仮説の背景にある認知的メカニズムについてはすでに論じた通りである．語や句は使われるごとにその記憶表象が強化され，次の回以降にはさらにアクセスしやすくなる．強い記憶表象をもつ形式というのは変化を受けにくく，またより頻度の低い形式へのアクセスが難しい時に，アクセスされ使用される形式となる可能性が高い．この仮説は不規則性をもつ高頻度のパラダイムが変化しにくいことを説明できるだけでなく，1 つのパラダイムの中の形式同士では，より頻度の高い形式が変化の基盤として使われることの説明にもなる．

　規則化を受けにくいパラダイムの例として，母音交替で複数形を作る英語の名詞について考えてみよう．例えば，foot/feet, tooth/teeth, mouse/mice, goose/geese, child/children, man/men, woman/women のような例である．これらの例のうち，men, women という複数形はそもそも頻度が高い．また，feet, teeth, mice, geese のように指示対象が対や集まりを成すことの多い例では，複数形が単数形と同程度もしくはそれ以上の頻度をもっている．

　(72) の仮説が水平化の方向をどの程度正確に予測できるかについて結論を下すには，現段階では検証が足りない．例によって別の要因が使用頻度と相関している可能性もある．だが，使用頻度はこれまで提案されてきた中では最も有望で最も検証可能性が高いものである．次の節では，この要因がゼロ標示（zero markers）の創造という，また別の種類の形態的変化にどう影響を与えているかについて見ていこう．

5.5.2. 不完全分析とゼロの創造

名詞，動詞，形容詞のパラダイムには，接辞その他のマーキングはもたないのに屈折的な意味を表す形式が1つ含まれていることが多い．例えば，英語の名詞では単数形は接辞をもたない．例えば，dog という形には接辞がないが，the dog gobbled up the pizza（犬はピザをがつがつ食べた）のような例では単数として解釈される．この文の the dog は明確に単数を表しており，1匹の犬を指すか，数匹の犬を指すかについて不明瞭（vague）というのではない．この節では，接辞の不在という無の状態がどのようにして意味を担いうるかについて考える．

接辞の不在が意味をもつ場合，そこには形態統語論上何らかの具現形（exponent）が義務的に要求されるカテゴリーが介在することを示している．英語の単純現在形もその一例である．例えば，I drink decaf（私はカフェイン抜きのコーヒーを飲んでいます）と言えば，私は習慣としてカフェイン抜きのコーヒーを飲んでいるという意味になる．「今この時にカフェイン抜きのコーヒーを飲んでいる」という意味を表すには be + ing の進行形を用い，この形を使わなければ習慣の読みになる．一方，単純過去形では進行形を使わないからといって必ず習慣相の意味になるわけではない．例えば，he drank decaf（彼はカフェイン抜きのコーヒーを飲んだ・飲んでいた）という文は習慣の意味と1回限りの意味で曖昧であり，he always drank decaf（彼はいつもカフェイン抜きのコーヒーを飲んでいた）に対し，last night he drank decaf（昨夜彼はカフェイン抜きのコーヒーを飲んだ）と言うこともできる．したがって，進行と習慣の区別は現在形のみで義務的であり，過去形では義務的ではない．

形式の相対的頻度について上で述べたことから出てくることであるが，パラダイム内のゼロ標示形式（zero-marked form）は，最も頻度の高い形式であることが多い（Greenberg 1966）．この対応関係は2つの通時的傾向から説明される．1つ目は，接辞を作り出す文法化という過程が起こりやすいのはどのようなタイプの項目かということである．これについては本章に続く2つの章で検討する．最も頻度の高い形式においてゼロ形式を作り出すもう1つの通時的傾向として，もともとは接辞をもっていた形式を分析しなくなる傾向があり，以下ではこちらについて見ていこう．

多くの言語において動詞パラダイムの三人称単数形はゼロ標示形であるが，中にはマーカーをもつ場合もある．興味深いことに，顕在的な接辞をもつ三人称単数形は，ゼロ標示形として再分析されることがある．Watkins 1962 はケルト諸語の通時発達からそのような例をいくつか挙げており，三人称単数形を人称と数に関してゼロ標示形として分析することでパラダイム全体が再構造化

されることがわかる．南仏語のオック方言（the Occitan dialects of southern French）の動詞過去形でもそのような再構造化が起こった．出発点として，(73)の古プロヴァンス語（the Old Provençal）の形式を見てみよう．ここでは canté- の強勢母音が過去のマーカーとして働いていると考えられ，それに人称・数の接尾辞の -i, -st, -t, -m, -tz, -ren が付加されている．（現在形は，三人称単数現在形 cántat のように語幹母音に強勢をもつ点で異なる．）

(73)　古プロバンス語の過去形（Anglade 1921: 262, 294）*canta*（歌う）
　　　一人称単数　　cantéi　　　　一人称複数　　cantém
　　　二人称単数　　cantést　　　 二人称複数　　cantétz
　　　三人称単数　　cantét　　　　三人称複数　　cantéren

(74)のシャラント方言（the Charente dialect）のパラダイムでは，二人称単数形と複数形のすべてに t が現れている．一人称単数形は (73) の -éi という2重母音が -í に単純化されただけだが，二人称単数形と全複数形の t はどこから来たのだろうか．Bybee and Brewer (1980) は，三人称単数形が高い頻度を示すことを鑑み，(74)の二人称単数と全複数形は三人称単数を語基として用いてそこに人称・数の接辞を付加することで作り直されたとする．例えば，(74)の一人称複数形は，cantét + em のように作られたということである．
　このような変化が起こったのは，頻度の高い三人称単数形が過去形のパラダイムの基本形式と捉えられたためである．その時，三人称単数形の -t は三人称単数のマーカーではなく過去のマーカーと捉えられている．(74) のように別の人称・数のマーカーが付加されれば，-t- はまさに過去を標示する要素になるのである．一人称単数形にはこの変化が起きていないが，その事実についても (72) の仮説で説明できる．すなわち，一人称単数形も頻度が高いので，変化を受けず元の形が維持されるのである．

(74)　シャラント方言
　　　一人称単数　　cantí　　　　 一人称複数　　cantétem
　　　二人称単数　　cantéteí　　　二人称複数　　cantétei
　　　三人称単数　　cantét　　　　三人称複数　　cantéten

フランス南部の別の方言であるクレルモン＝フェラン方言（Clermont-Ferrand）では，(74) とは少し異なる結果が観察されている．(75) のように，一人称単数形が他の形と一緒に作り直され，三人称単数は規則的な音変化によって -t を失ったのである．

(75) クレルモン＝フェラン方言
　　　一人称単数　cantéte　　　一人称複数　cantétem
　　　二人称単数　cantétes　　 二人称複数　cantétetz
　　　三人称単数　canté　　　　三人称複数　cantéton

　これらの例やその他多くの類例からわかるのは，形態的に複雑な形式は頻度が高いと十分に分析されなくなったり，それ以前より単純な形のまとまりとして捉えられたりするということである．上で見た例の場合，三人称単数過去形はもともと語幹と過去を表す強勢母音と三人称単数を表す語末の -t という3つの形態素をもっていた．だが，再分析の結果，この語は語幹と過去を表す ét という形態素の2つの部分から成るものとなった．頻度の高い形式は，その構成要素が他の語や句に現れた同一要素と結び付けられないようになるという意味で，自律的（autonomous）になると言えよう．そのような例は，以下でも，またこの本の別の文脈でも目にすることになる（9.5節も参照）．

　自律化の影響は二重標示形式（double-marked forms）の生成にも観察される．Tiersma (1982) は，単純形より頻度の高い複数形は自律的と捉えられ，完全には分析されないという見方を支持するものとして，二重標示複数形に注目している．中期オランダ語（Middle Dutch）で靴を表す語は schoe であったが，今日の単数形は schoen である．この形式はかつての複数形であり，現在の新しい複数形は schoenen である．靴は普通対を成すので，複数形のほうが基本的と捉えられ，単数形として使われるようになったのである．これ以外にも，オランダ語の二重標示複数形には (76) のような例がある．ただし，(76) では単数形に変化はない．

(76) オランダ語の2重複数形

単数形	古い複数形	今日の複数形	意味
blad	blader	bladeren	（葉）
ei	eier	eieren	（卵）
hoen	hoender	hoenderen	（めんどり）
kalf	kalver	kalveren	（子牛）
kind	kinder	kinderen	（子供）
lam	lammer	lammeren	（子羊）
rad	rader	raderen	（車輪）

　(76) の名詞はすべて複数で指示されることの多いものを表している．おそらく，-er という複数マーカーは7つある複数マーカーの1つに過ぎず，-en 複

数形より生産性が低かったことに助けられて，-er による古い複数形は，語幹プラス接辞ではなく 1 つのまとまりとして捉えられるようになったのだろう．その結果，話者は意味に応じてその形態に複数接辞を付加するようになり，語源的には 2 つの複数マーカーが重なっているといえるような形が生まれたのである．二重複数形は古英語でもいくつか作られたが，現代英語に残っているのは child の複数形の children だけである．この複数形には，現代英語にはもうない -er 複数と現代英語では稀な -en 複数の 2 つが含まれている．

以上，この節では，頻度の高い複雑形式が時に（構成要素をもたない）単純形式と捉えられ，屈折パラダイム内での新形式生成の基盤として使われることがあることを見た．また，(72) の仮説から予測される通り，頻度の高い形式は変化に抵抗する場合があることも見た．

5.6. 関係の近いカテゴリー間での変化

今見たのは屈折パラダイム内でのより基本的な形式から他の形式への変化である．この節では，パラダイムの形式の構造化が形式同士の関係に影響を与えることについて見ておく．屈折語 (inflectional languages) の多くは，人称と数に加え，テンス（時制）(tense)，アスペクト（相）(aspect)，モダリティ (modality) のカテゴリーをもつ．[11] これらのカテゴリーは動詞の意味に与える影響の大きさが異なり，動詞に最も大きな影響を与えるのはアスペクトの違いであり，次にテンス，次にモダリティ，最も影響が小さいのは人称 (person) と数 (number) である (Bybee 1985)．とすると，アスペクトないしテンス・モダリティが同一の形式同士というのは意味的に最も近く，一方，アスペクトの異なる動詞形同士はパラダイムの屈折形の中でも最も遠い関係にあるはずである．交替の水平化についていえば，最も関係が近い形式同士に見られる交替が最初に水平化され，関係が近くない形式間の交替は維持される可能性が高い．

このことは，古英語と中英語の「する」'to do' の意味の動詞の形を見るとわかる．(77) を見てみよう (Moore and Marckwardt 1951)．

---

[11] 訳者注：亀井ほか（編）(1995: 494-495) によると，古典的な言語類型論では，語の形成の特徴に着目し，言語を屈折語 (inflectional language)，膠着語 (agglutinative / agglutinating language)，そして孤立語 (isolating language) の少なくとも 3 つに分類する．孤立語では語は文法的に語形変化をしないのに対し，屈折語の語は一定の文法範疇に応じて語形変化をする．1 つの語形に範疇が累積する．膠着語の語も屈折語の語と同じように語幹と接辞からなるが，「その接合は屈折語の場合のように緊密ではなく，したがって切れ目が明白で，あたかも膠で着けたようであるので，そのため膠着語とよばれる」(p. 495)．

(77)
		古英語	中英語
直説法現在単数	一人称	dō	do
	二人称	dēst	dost
	三人称	dēþ	doth
複数		dōþ	do
直説法過去単数	一人称	dyde	dide, dude [dyde]
	二人称	dydest	didest, dudest
	三人称	dyde	dide, dude
複数		dydon	dide(n), dude(n)

(77) を見るとわかるように，古英語では直説法現在形に母音交替が見られ，一人称単数形と複数形の母音は /oː/ であるのに対し，二人称・三人称単数形の母音は /eː/ である．同時に，過去形の母音はこれら現在形の母音のどちらとも異なり，円唇の前舌高母音である．そして，中英語期に起こった変化で現在形の母音交替は取り除かれたが，過去形の母音に変化は生じなかった．現在形では，(頻度の高い形式である) 一人称単数と複数形の母音が二人称・三人称単数の母音を置換したが，中英語期に過去形で起こった変化は円唇の前舌母音が次第に失われていったことによる変化である．古英語・中英語期の他の動詞パラダイムでも，現在形の母音の交替はすべて，次第に水平化していったのに対し，現在形と過去形の間の母音の違いは多くの場合，そのまま維持された．

　意味的に近い形式ほど同一の語幹形式をもつという傾向は共時的にも観察され，共時的なパラダイムでも，交替は同一のアスペクト・テンス・モダリティに属する人称・数の形式の間より，アスペクト・テンス・モダリティの形式の間に見られることのほうが多い．例えば，スペイン語の動詞における最も極端な語幹交替として，(78) のようなある種の動詞に見られる現在・未完了語幹と過去語幹の間の交替がある．これらの交替の大部分はラテン語さらにはそれ以前にまでさかのぼる．現在形と過去形それぞれに属する人称・数の形式は同じ語幹形式を共有している．現在・未完了形と過去形の間では交替が維持されてきたことから，類推変化の起こりやすさには，パラダイムの形式の頻度差だけではなく，パラダイムの構造も関係しているということがわかるのである．

(78)　スペイン語
　　　三人称単数現在　　　三人称単数過去　　　意味
　　　pone　　　　　　　　puso　　　　　　　　（置く）
　　　tiene　　　　　　　　tuvo　　　　　　　　（もっている）
　　　hace　　　　　　　　hice　　　　　　　　（作る，行う）
　　　está　　　　　　　　estuvo　　　　　　　（（ある場所に）ある）
　　　quiere　　　　　　　quiso　　　　　　　　（欲する）
　　　dice　　　　　　　　dijo　　　　　　　　（言う）
　　　sabe　　　　　　　　supo　　　　　　　　（知っている）

5.7. 拡張

　類推的拡張（analogical extension）は水平化の逆のような現象であり，以前は交替がなかったパラダイムにまで交替が見られるようになっていく現象をいう．1つの意味には1つの形式という対応を目指す傾向は強いので，水平化のほうが拡張よりずっと一般的である．だが，ある種の状況では拡張が起こる．この節では2つの大きく異なる種類の拡張について検討する．1つ目の拡張は意味的区別を表す語幹交替が他の語彙項目にも拡大していくケース，2つ目は接辞の異形態の拡張が交替を導入するケースである．どちらの場合も，変化の強力な決定要因となるのは拡張されるパターンのタイプ頻度である．

　まず検討するのは，古英語の強変化動詞の1クラスにおける母音交替である．上で見たように，古英語から現代英語への動詞過去形の変化は，トークン頻度による現状維持の力を受けながらも，強変化動詞を水平化するか捨て去るかという方向で進んできた．だが，この一般的傾向に逆らい，新たなメンバーとして大部分はもともと規則動詞だったものを加えることで拡大してきた動詞クラスがある．表5.2にあるのがその動詞クラスの例である．アステリスク（*）のついた過去形はもともとこのクラスのメンバーではなく，類推的拡張の結果，母音交替を示すようになったメンバーである．このクラスについての記述はBybee and Moder (1983) に基づく．

表 5.2：英語の準生産的な動詞クラス[12]

	/ɪ/	/æ/	/ʌ/	/ɪ/	/ʌ/
-m	swim	swam	swum		
-n	begin	began	begun	spin	spun
	run	ran	run	win	won
-ŋ	ring	rang	rung*	cling	clung
	sing	sang	sung	fling	flung*
	spring	sprang	sprung	sling	slung*
				sting	stung*
				string	strung*
				swing	swung
				wring	wrung
				hang	hung*
				bring	brung**
-nk	drink	drank	drunk	slink	slunk
	shrink	shrank	shrunk		
	stink	stank	stunk		
-k				strike	struck*
				stick	stuck*
				sneak	snuck**
				shake	shuck**
				dig	dug*
				drag	drug**

*古英語では強変化動詞ではなかったが類推によって強変化になったもの (Jespersen 1942).
**方言形. 古英語では強変化動詞でない.

表 5.2 の動詞クラスについてはいくつか興味深い点がある．第 1 に，左側の動詞は現在・不定形，過去形，過去分詞形という 3 つの形式をもつのに対し，右側の動詞は過去形を過去分詞形で置換したために 2 つの形式しかもっていない．過去形が過去分詞形で置換されるのは英語の一般的傾向であるが，場合

---

[12] 訳者注：荒木（編）(1999) によると，準生産性 (semi-productivity) とは次のように説明される．「ある形態規則が，規則内に定式化された語基に例外なしに適用される，という状況が生まれないとき，その形態規則は準生産的であるという．例えば，-age 添加は carry, marry などには適用されるが bear, smash などには適用されず準生産的である．」

によっては過去分詞形が過去形に置換されることもある．例えば，shown は showed に置換され，proven は proved に置換されている．表 5.2 の動詞クラスに新たに加わった動詞はすべて 2 つの形式しかもたない．このクラスでなぜ過去分詞形が過去形を置換したかについてはまだわかっていない．

　表 5.2 の左側の動詞を見るとわかるように，歴史的にこのクラスの動詞は 3 つの鼻音子音のどれかで終わる語幹をもっていた．古英語では鼻音の後の語末の -g は発音されていたと考えられる．このクラスには bind, grind, find, wind のように -nd で終わる動詞も入っていたが，語末子音連結（consonant cluster）の影響で母音が長化し，大母音推移を経て過去形は bound, ground, found, wound となってしまった．その結果歯茎音で終わる動詞はこのクラスから外れ，また，このクラスには drink のように -nk で終わる動詞も入っていたこともあり，結果として軟口蓋音で終わる動詞が最も数の多いタイプとなった．この変化を経て，表 5.2 のクラスの動詞は似た音韻形（phonological shape）をもつようになったのである．新たに加わった新しいメンバーを見てみると，そのすべてが語末に軟口蓋音（を含む連鎖）をもっており，メンバー追加に際しては「軟口蓋音で終わる」という音韻的定義が非常に重要であることがわかる．

　新規メンバーについてもう 1 つ重要なこととして，尾子音（coda）に鼻音子音をもたないという特徴が共通して観察される．もともと表 5.2 の動詞クラスは尾子音になんらかの鼻音子音をもつという特徴をもっていたが，現在では struck や dug のように尾子音に軟口蓋子音をもつというのが定義となっている．つまり，動詞の音韻形は非常に重要であるが，それはメンバーの変遷と共に変化するものなのである．

　また，古英語由来のメンバーでは現在形に必ず母音 /ɪ/ が見られるが，新規メンバーでは現在形の母音はそれほど重要ではなく，strike, hang, sneak, drag には「間違った」母音が入っている．このことからわかるのは，ある動詞がこのクラスに入れるかどうかを決めるのは最終的に過去形がどういう形になるかという点であって，現在形と過去形の関係ではないということである．そうなると，ここでの新しい過去形を説明するのに 4 項類推の比例式を立てることはできない．新しい形を生み出したのは比例式ではなく，既存の過去形から取り出された一般化なのである．

　古英語の強変化動詞の交替で新しい動詞に拡張したものは他にないので，なぜ表 5.2 のクラスは特別なのかを説明しなければならない．第 1 に，上で見たように，このクラスの語幹には一貫した音韻的特徴が見られる（上に挙げた特徴に加えて，s- で始まる子音連結を語頭にもちやすいという特徴もある）．第

2の要因として，このクラスのタイプ頻度が挙げられる．今日まで残っている古英語の強変化動詞のクラスのうち，このクラスは最もメンバーの数が多いのである．パターンの音韻的定義が強固であることに加え，そのタイプ頻度が高いことも，音韻的定義に合う他の動詞へのパターン適用を促したのであろう．音韻的定義に合わない fit や sip のような動詞にまで母音 /ʌ/ を拡張する傾向は見られない．

　交替を拡張する2つ目の事例として，ブラジルポルトガル語（Brazilian Portuguese, BP）における名詞複数形接尾辞に見られる交替がある．ポルトガル語では，名詞の複数形は普通，janela（窓.単数），janelas（窓.複数）のように /s/ を付加することで作られる．だが，-ão で終わる単数名詞の場合には (79) のように3つのパターンが見られる．1つ目は他と同じように -s を付けるだけだが，2つ目と3つ目では，鼻音化2重母音が変化する．

(79) 　ブラジルポルトガル語
　　　単数　　　複数　　　意味
　　　irmão　　irmãos　　（兄もしくは弟）
　　　leão　　 leões　　　（ライオン）
　　　pão　　　pães　　　（パン，パンの塊）

　この3つのうち，単数形の -s を付加する規則的なパターンが最も好まれるパターンであるように思えるが，-ão で終わる名詞については -ões 複数形がとび抜けて広く使われており，この形の単数形をもつ名詞（7000以上ある）の 97.8% が -ões 複数形を使うのである (Huback 2011)．そのため，普通の音変化からすると -ãos になるはずの名詞でも -ões 複数形が使われる傾向がある．例えば，cidadão（人民，市民）の複数形は歴史的には cidadãos であるが，今日では cidadões になることもある．

　この変化には2つの見方がある．1つ目は，名詞の単数形語幹と複数形語幹の間の交替がそれまで交替を示さなかった名詞にも拡張されたという見方であり，この場合，古英語の事例と同じ種類の変化ということになる．2つ目の見方は，鼻音2重母音プラス -s が複数を標示すると取り，その接辞には -ãos, -ões, -ães を含む異形態があるとする分析である．大部分の名詞は -s を付けるだけで複数化することを考えるとこれは複雑な分析をしているように思えるが，3つの鼻音2重母音が異形態として競合関係にあると考えなければ，なぜ，単に交替を取り除き -s を付加するだけにするという形で変化が進まなかったのかを説明できないのである．

　この節で見た類推的拡張の2例に共通しているのは，新しいパラダイムに

拡張されるパターンというのはタイプ頻度が最も高いパターン，すなわち適用対象となる語彙項目の数が最も多いパターンだということである．ブラジルポルトガル語の複数形の場合，Huback (2011) によると，トークン頻度の高い名詞は拡張変化を受けない．これは類推的水平化が起こる際によく見られることである．

5.8. 補充法の発達

　動詞 go の過去形はなぜ went となり，go と似た形ではないのか，考えたことがあるだろうか．この節ではパラダイムに不規則性を導入する別の方法として補充法（suppletion）について検討する．補充法という用語はパラダイムの語幹形式の様々な共時的不規則性について使われることがあるが，本来の意味はそれより厳密なもので，パラダイムのメンバーが語源的に全く異なる語の語幹に由来する場合に使われる．この歴史的定義に go の例は合っている．というのも，go はそれ自身の過去形をもつ動詞であり，went は「転じる，進む，行く」の意味の動詞 wend の過去形であったのだが，今日では go の過去形として使えるのは went のみであり，wend の過去形は wended になっているのだ．形の上では go と went は大きく異なるが，現在形と過去形の関係性としては全く普通のものであり，補充法のパラダイムを形成しているといえる．

　不規則で補充的な形式を共時文法でどう扱うかについては多くの議論があるが，ここで考えたいのは補充法のパラダイムが通時的にどう出現するかについてである．まず，世界の言語にはどのようなタイプの補充法パラダイムがあるかについて考えよう．いくつか一般化できることとして，まず，補充法パラダイムが最もよく見られるのは屈折語においてであり，膠着語（agglutinative languages）ではそれほど見られない．第 2 に，補充法のある言語でも，大方，数例の事例しかない．第 3 に，補充法パラダイムは通常最も頻度の高いパラダイムの中に見いだされる．最後に，どのようなカテゴリーが補充形で表現されることが多いかについて一般的傾向が見られる．この点について以下詳しく述べる．

　補充法が特に起こりやすいのは動詞のパラダイムにおいてであり，テンスやアスペクトの区別についてよく使われる（Veselinova 2003）．つまり，go/went のように語幹の違いがテンスの違いに対応するような補充法の事例は，それ以外のタイプよりも例が多いのである．完了（perfective）と未完了（imperfective）の区別に対応する補充法もよくある．例えば，スペイン語では「行く」の意味の動詞の過去形（完了相）は fue（三人称単数形）であり，一方，未完

了形（未完了相）は iba（三人称単数形）である．中央アメリカの言語である Chalcatongo にも，アスペクトに対応する補充法の例がある．

(80) Chalcatongo（オトマンゲ大語族 Oto-Manguen，ミシテク語族 Mixtecan）
「来る」(Veselinova 2003: 97)

習慣相	進行相	完了相
nbíí	bèi	na-kii

アイルランド語の「行く」に当たる動詞も，テンスとアスペクトについて補充法を示す．未完了相語幹は音変化によって現在形から作られているが，過去形と未来形は全く異なる語彙から来ている．

(81) アイルランド語 (Irish)（ケルト語派 Celtic) teim（行く）

	現在形	未完了形	過去形	未来形
一人称単数	téim	théinn	chuas	raghad
二人称単数	téann	théithéa	chuais	raghair
三人称単数	téann	théadh	chuaigh	raghaidh

名詞で補充法で標示されるものとして最も一般的なのは，英語の person/people のような単数／複数の区別である．ある研究によると，単数・複数の間で補充法を示すことが最も多い名詞は「子供」であるという．「女」「男」「人」を表す名詞にも補充法が見られることが多い (Vafaeian 2010)．形容詞も補充法を示すことがあり，例えば英語では good, better, best や bad, worse, worst の例，ラテン語では bonus, melior, optimus（よい，よりよい，最も良い）や malus, peior, pessimus（悪い，もっと悪い，最も悪い）の例がある．

また，時には，動詞のあるテンス・アスペクトのカテゴリーの人称・数の形式のどれか―1つ以上―に別の語彙項目の語幹に由来する形態が見られることもある．ドイツ語では，動詞 sein（ある・いる，～である）の現在形は，一人称単数形と二人称単数形が英語の be と同根の動詞（印欧祖語の *bhew-）に由来する bin と bist であり，三人称単数形は別の語幹（印欧祖語の *es-）に由来する ist である．フランス語の aller（行く）の現在形パラダイムは，(82) のようにラテン語の vadere（行く）に由来する単数形および三人称複数形と，ラテン語の ambulare（歩く）に由来するその他の形から構成されている．

(82)　フランス語 aller (行く) 現在時制
　　　　　　単数　　複数
　　一人称　　vais　　allons
　　二人称　　vas　　 allez
　　三人称　　va　　　vont

　ある意味では，別のパラダイムの形を合わせて1つのパラダイムにするという変化は妙な変化である．何らかの形式が本来属するパラダイムを離れ，別のパラダイムの形式を置換する形でそこに合流せねばならない．元になる2つの語彙項目はおそらく意味的には似ているが同義ではないので，何らかの意味変化も必要になる．このような過程がどのようにして起こるかについて理解するには，補充形式の特徴がヒントを与えてくれるだろう．第1に，補充法パラダイムはすべからく高頻度であり，「いる・である」「行く」「来る」「言う」「する」「見る」「やる」「座る」「もっている」「食べる」「死ぬ」のような非常に一般的な意味を表す動詞に起こること (Veselinova 2003) から，どのような言語でも，こういった意味を表す動詞は2つ以上存在していることが多いと考えられる．また，高頻度の動詞はいくつかの意味と用法をもつことが多いので，2つ以上の動詞が何らかの用法をめぐって競合し，テンスやアスペクトによって使い分けがなされるようになるという状況がありうる (Rudes 1980)．最後の点に関連することとして，補充法は人称と数の間よりテンスとアスペクトの間という風に，意味的により隔たりの大きいカテゴリー間で起こる傾向がある (最も頻度の高い動詞を除く)．

　また別の興味深い点として，記録されている事例のいくつかでは，昔の補充法形式を置換して現在の補充法形式ができている．例えば，古英語では gān (行く) は補充法の過去形 ēode をもっていた．そして，ēode は中英語で went によって置換されたのだが，それはこの形が，ʒede, yode, yude など多数の形で記録されていることからわかるように，弱化 (reduction) を受けていたためだろう．たぶん，ēode が弱化を受けていたことが理由となり，went のようなもっとしっかりした形式のほうを話者は選択するようになったのではないだろうか．このことに関連して触れておきたいのは，(83) の現在形と完了形をもつラテン語の ēo (私は行く) の場合，現在形は語幹をもたず，完了形は語幹として母音 ī をもつのみであったということである．よって，ambulare や vadere のような他の動詞による置換には，パラダイムに音韻的素材を取り戻すという意味もあったのである．

(83) ラテン語 ēo（私は行く）

	現在		完了	
	単数	複数	単数	複数
一人称	ēo	īmus	iī	iimus
二人称	īs	ītis	iistī	iistis
三人称	is	eunt	iit	iērunt

高頻度の動詞は一般的な意味をもちコンテクストによって意味が変わることを上で述べたが，それと並んで高頻度動詞に補充法が見られやすい理由として，弱化しやすいことも加えてよいだろう．他のパラダイムの形式が加われば，動詞はより明確な音韻形式を手に入れることができるのである．

5.9. 形態的再分析

類推変化を「既存の形式やパターンに基づいてある形式を作り直すこと」と定義する場合，その定義に合う語構造の変化は他にもある．1つ目は再分析 (reanalysis) または異分析 (metanalysis) と呼ばれるもので，連鎖内の音韻的要素のどれかが，それが本来属していたのとは異なる形態素もしくは語に所属させられるようになる変化をいう．例えば，英語の不定冠詞は a と an で交替する影響で，名詞の語頭の n- が失われたり，語頭に n- が加えられたりすることがある．フランス語の naperon（エプロン）は中英語に napron として借用されたが，語頭の n- が不定冠詞に属するものとして解釈されたことにより，a napron という連鎖は an apron として再分析された．似た単語に napkin があるが，こちらはそのような再分析を受けなかった．逆方向の例として，複合名詞 ekename（字義的には「追加的な名前」）は不定冠詞から語頭の n- を得て nickname となった．

このような再分析は，1語内の形態素間でも起こる．フランス語では，charpente（骨組み）> charpentier（大工），cheval（馬）> chevalier（騎士）のように，接尾辞 -ier を付加して動作主名詞 (agentive noun) を形成する．[13] 例えば

---

[13] 訳者注：動作主名詞という用語は，dancer のように動詞に接辞を付加し動作の主体を表す名詞について使うことが多い（中野ほか（編）2015: 83-84 の「動作主実詞」の項）．一方，フランス語の接尾辞 -ier は名詞に付加する接辞であり，語基名詞と関連する職業，容器，木の名を派生する．派生語 tabatier には「嗅ぎたばこ入れ」という容器の意味だけでなく「たばこ製造工」という職業の意味もある．

argent（銀）のように音変化によって最終子音を発音しなくなった名詞でも，動作主名詞形成では argentier（銀細工師）のように語末の /t/ が維持される．このような名詞は多数存在することから，clou（釘）> cloutier（製釘工）のように，語末子音をもたない名詞に -tier を付けることが一般化した．さらには，tabac（たばこ）> tabatier（嗅ぎたばこ入れ）にように本来 /t/ 以外の子音で終わる名詞にも -tier を付けるようになった．この再分析の事例は，4.2 節で見たマオリ語の受動態の事例と似ている．

さらに激しい誤分析によって新たな派生形態素が生まれることがある．例えば，alcoholic という語は極めて明確に alcohol + ic という 2 形態素に分割される．しかし語末を ic より大きく切り出し，それを chocoholic, foodaholic, workaholic のように他の語や擬似語幹に付加することが行われている．このように alcoholic から -ic 以上のものを取り出すことに作られた形態素は，alcoholic の意味のいくぶんか，具体的には，語幹名詞が表すモノや活動に対する中毒状態という意味を受け継いでいる．[14]

再分析の動機の 1 つとして，民間語源（folk etymology）という，語全体の意味を部分の意味から成り立たせようとする試みが挙げられる．この種の再分析をよく受けるのが借用語である．よく知られた例として hamburger があり，この語はドイツ語ではドイツの都市名 Hamburg（ハンブルグ）に動作主接尾辞 -er が付けたものであった．[15] 英語ではこれがロールパンを使った牛ひき肉のサンドイッチを表すようになり，その意味をもとに，ham という音節が「肉」に相当し（ハムとは肉の種類は異なるが），burger という部分が「ロールパンのサンドイッチ」に相当するものとして解釈されるようになった．こうして作られた新しい形態素は，fishburger, tofuburger, veggie burger のように拡張して多くの複合語を作り出すと共に，burger という単独の語としても使われている．

Campbell（1999）から，他の言語の例も見てみよう．スペイン語の vagabundo（放浪者，浮浪者）は mundo（世界，世の中）を取り入れた vagamundo に作り変えられているが，放浪者とは世界を放浪（スペイン語 vagar）する

---

[14] 訳者注：ここで見る -oholic のような要素を splinter と呼ぶ．すぐ下で出てくる -burger も splinter である．他に，-(n)omics（例：Reaganomics, Clintonomics, Thatchernomics）や -on（例：dralon, nylon, rayon, xeron）や商品名語末の -x（例：Clorox, Cutex, Kleenex, Pyrex, Tampax）がある．最後の 2 つのように，splinter の担う意味は必ずしも明確ではない（Bauer 2006）．

[15] 訳者注：本来の意味は「ハンブルグ生まれの人，そこの住人」．OED によると，英語でもこの意味での例が 1617 年〜 1966 年にある．食べ物を指す用法は 1889 年が初出．

ものであることを考えると，これは透明性 (transparency) の高い形への変化である．英語の beef jerky の jerky はスペイン語の charqui からの借用語で，スペイン語の charqui はさらにケチュア語 (Quechua) の č'arqi (干し肉) からの借用語である．だが，英語の話者は，jerky を動詞 jerk と関連するものと解釈し，jerked meat のように動詞 jerk を使って加工した肉を指すようになった．[16]

形態的再分析を通じた変化の最後のものとして，逆成 (back formation) がある．逆成とは語から接辞もしくは接辞に見えるものを取り除いて新しい語を作る方法をいう．現代英語の例としては orientation から作られた動詞 to orientate がある．英語はその前から to orient という動詞をもっていたが，orientation から -ion の部分を取ることによって動詞 to orientate が逆成されたのである．[17] また，cherry も pea ももともとは -s で終わっていた（cherry はフランス語の cherise に由来し，pea は古英語の pise に由来する）．これらは複数形で現れることが多いので，単純形を複数形と解釈し，-s を取って単数形にするのは全くおかしなことではない．[18]

5.10. 類推変化と子供の言葉の類似性

すでにお気づきの読者もおられるだろうが，類推変化の例として挙げたもののいくつかは，言語習得段階にある子供の誤りや第2言語学習者の誤りに似ていて，馴染みのあるものである．類推による誤りは，大人の母語話者にも見られることがあり，大方，この章で見てきた傾向に沿った誤りである．子供はswept と言わずに sweeped と言うことがあるが，このような規則化ないし水平化は子供にも大人にも共通するよくある誤りである．大人の場合，実験場面でプレッシャーを与えるとそういう誤りが出てくる (Bybee and Slobin 1982)．子供の場合，タイプ頻度が最も高いパターンで規則化をする傾向があり，これは英語だけでなくフランス語やハンガリー語のような他の言語でも観察されて

---

[16] 訳者注：『西和中辞典（第2版）』によると，スペイン語の charqui（男性名詞）は次の通り．(1) ［チリ，ラプラタ］乾燥果実，乾燥野菜，(2) ［南米］干し肉，ジャーキー，(3) ［南米］古い（壊れた，汚い，切り刻まれている）もの．

[17] 訳者注：OED によると，orientate はイギリス英語では orient より一般的であるのに対し，アメリカ英語では一般に誤った用法と考えられているとのこと．動詞形成の逆成については，Nagano (2008) に網羅的なデータと議論がある．

[18] 訳者注：逆成 cherise > cherry, pease > pea の類例として，chaise（馬車）> chay, Chinese（中国人）> Chinee がある（OED の chay, Chinee を参照）．これらの例についても「複数形のほうが一般的」という説明が成り立つだろうか．

いる (MacWhinney 1978). また拡張も大人と子供両方に観察され，例えば streaked に対し struck を使うような誤りをする．大人も子供も，新規な動詞を提示されると，sping/spung のような活用を行う．最もよくあるのは，先に見た準生産的な動詞の母音パターンを拡張する事例である．

屈折語を習得する子供は，動詞の屈折形のうち，他の形に先立って一人称単数形と三人称単数形を使う傾向がある．彼らの誤りは，一人称・三人称単数形を他の形の語基として使うことから発生しており，これは特に同一のテンス・アスペクトの中で観察される．例えば，ポーランド語で，(84) にあるポーランド語動詞の3つの活用クラスに直面した子供は，一貫して三人称単数の語幹に接尾辞 -m（第3活用より）を付けるというやり方で一人称単数形を作った．このやり方によって，一人称単数と三人称単数の間の語幹交替は三人称のほうに一貫させる形で水平化された (Smoczynska 1989). なお，(84) において，sz = [ʃ], cz = [tʃ], rz = [ʒ], ę = [ɛ̃] と読む．

(84) ポーランド語の単数現在形

	第1活用		第2活用		第3活用
	書く	取る	する	見る	読む
一人称	pisz-ę	bior-ę	rob-i-ę	widz-ę	czyt-a-m
二人称	pisz-e-sz	bier-e-sz	rob-i-sz	widz-i-sz	czyt-a-sz
三人称	pisz-e	bierz-e	rob-i	widz-i	czyt-a

子供の一人称単数形

一人称	piszem	bierzem	robim	widzim	czytam

子供の言葉には局所的有標性，すなわち，最も「基本的」であるとは言えないが高頻度ではある形式を用いて他の形式を作るということも見られる．例えば，ヘブライ語 (Hebrew) を習得中の子供は simla（服）から複数形 simlot を作る（大人の複数形は smalot）というように，普通は単数形から複数形を作るが，単数形より複数形のほうが頻度が高い場合には (85) のように複数形から単数形を作る．(85) において c = [ts] と読む．

(85) ヘブライ語

大人の形		子供の単数形	意味
単数	複数		
cédef	cdafim	cdaf	(貝，貝殻)
dim'a	dma'ot	dma'a	(涙（の玉），涙滴)
écem	acamot	acama	(骨)

このほかにも，子供の作り出す新しい形には，この章で見た他の変化と似たものがある．子供は feets や broked のような二重標示形を作る．また，語や複合語の部分を分析しようと試みていることがわかる．私の息子は一時期 Tuesday を Two-s-day と分析し Monday を One-day に変えたが，そういった子供の民間語源の例は，親に聞けばたくさん出てくるだろう．

形態論を学ぶ子供が通時的に起こる形態的変化のタイプに合うような形を作り出すからといって，変化が言語習得を通じて生じるということには必ずしもならない（11.1.4 節の議論を参照）．周りの友達や大人の発話に合わなければ，子供は自分の新語を修正するものである．両現象の類似性からいえることは，子供にも大人にも似たような分析やパターン形成が起こり，それらのパターンが言語変化の源になるということである．

5.11. 結論

類推に関する議論をまとめるに当たり，音変化と類推では使われる変化のメカニズムが大きく異なり，その結果様々な違いが生まれていることに注目したい．音変化は，語や句を作る調音動作の実行や間隔どりをつかさどる調音習慣に起こる変化である．低頻度の語より先に高頻度の語に起こるような音変化もあるが，非常に強い傾向としては，音変化の結果はその言語のすべての語に同じように影響を与える．一方，類推は音変化より高い認知レベルで起こると考えられる．というのも，類推には形態的に複雑な語の構造に関する一般化が関わるからである．類推は一度に 1 つのパラダイムを適用対象とし，他のパラダイムには適用されないことが多い．特に高頻度のパラダイムは強い記憶表象をもつので変化に抵抗することが多い．音変化は音声的要因に支配されるが，類推は音韻論的類似性に加え意味的要因（形態的カテゴリーの意味）にも支配される．こういった違いを一言でまとめたのがいわゆる「Sturtevant のパラドックス」であり，それによると，音変化は規則的だが（形態的）不規則性を生むのに対し，類推は不規則だが（パラダイム内に）規則性を生む（Sturtevant 1947）．

従来，類推は変化の方向を予測できないという点でも不規則と考えられた．すなわち，交替が水平化する際に，どちらの形式が勝つかや，はたして水平化や拡張が起こるかについては予測できないように思われたのである．この章では類推変化にはいくつかの一般的傾向があることを論じた．そのいずれもが強く支持されるものであるが，お互いに競合することがあるがゆえに特定のパラダイムにおいてどういう変化が起こるかを予測するのは確かに難しい．例え

ば，2方向に進む類推変化の例として次のようなものがある．スペイン語には語幹が /i/ と /e/ で交替する第3活用の動詞群がある．例えば，pedir（求める，頼む）の一人称単数現在形は pido だが，一人称複数形は pedimos である．スペイン語の方言ではこの交替が pidir, pido, pidimos のように水平化されることが多い．しかし，また別の方言ではこの交替が本来は交替しない動詞に拡張されている．例えば escribir（書く）の一人称単数現在形は escribo で一人称複数形は escribimos だが，方言によっては活用が escrebir, escribo, escrebimos となるのである．ここには2つの異なる力が働いている．1つは水平化の傾向（意味と形の1対1の対応を目指す傾向）であり，もう1つはそれなりのタイプ頻度のあるクラスの準生産性である．/i/〜/e/ 交替を示す動詞は20以上あるのだ．この2つの力は競合するので，類推変化を予測することが難しくなる．だが，ここで注目したいのは，/e/ 形への水平化も論理的には可能だが，それが起こったという報告は全くないことである．[19] なぜこれが起こらないかといえば，/e/ はパラダイム内の頻度が低く，基本的ではない形式にしか現れないからだ．このように，類推変化についてただ1つの予測を導くことはできないとしても，その一般的傾向についてわかっていることをもとにすれば，いくつかの可能性は排除できるのである．

推薦図書

Bybee, J., 1985. *Morphology: a study of the relation between meaning and form*, Amsterdam: John Benjamins. 特に1章から5章．

Greenberg, J., 1966. *Language universals: with special reference to feature hierarchies*, The Hague: Mouton.

Hock, H. H., 2003. *Analogical change*. In B. D. Joseph and R. D. Janda (eds.) *The handbook of historical linguistics*, Oxford: Blackwell, 441-460.

Rudes, B. A., 1980. On the nature of verbal suppletion. *Linguistics*, 18(7/8), pp. 665-676.

---

[19] 訳者注：つまり，「求める，頼む」の動詞の活用が，pedir, pedo, pedimos のように水平化した例は見つかっていないということである．

ディスカッション用の問題

1. 接尾辞 -hood, -dom, -ship で終わる語にはどのようなものがあるか. 自分の挙げた例が古英語でも同じ接尾辞をもっていたか, OED で確認しなさい. また, creepiness のような語は辞書で見つかるだろうか.
2. オンラインコーパスを使って, foot/feet, tooth/teeth, mouse/mice, goose/geese, man/men, woman/women の各ペアの単数形と複数形の頻度を調べなさい. これらの名詞の頻度と不規則性の間にはどのような関係があるだろうか.
3. louse と lice が昔どのような関係にあったかを（まだあなたが知らなければ）辞書を使って調べなさい. その関係が時とともにどのように変化し, また, なぜそのように変化したかを説明しなさい.
4. スペイン語とフランス語の「行く」に当たる動詞は, 本文で見たよりずっと複雑である. これらの動詞（スペイン語 ir, フランス語 aller）の完全なパラダイムを調べ, いくつの動詞が合体してそれらのパラダイムを形成しているか考えなさい.
5. cow と cattle というペアの場合, 補充法の関係にあるといえるだろうか.

第6章 文法化——その過程とメカニズム

6.1. 導入

　第6章および第7章では,「文法化 (grammaticalization, ただし grammaticization と呼ばれることもある)」の過程, すなわち, 新たな文法的形態素 (grammatical morpheme) が生じる過程を考える. すでに述べたように, 文法的形態素 (=文法素) (grammatical morpheme = gram) は,[1] 語彙形態素 (lexical morpheme) (例えば名詞や動詞) と対比することができる. 語彙形態素は「開いた類 (open class)」と考えられているので, 新たな項目を容易に追加することができるが, 文法的形態素は「閉じた類 (closed class)」だと考えられており, 1つの類としてひとたび確立すると, 新たな項目を追加するのは容易ではない. この仕組みについては, これから明らかにしていくことにする.
　まず, 文法的形態素というのは, 例えば, 接辞 (affix), 助動詞 (auxiliary), 冠詞 (article), 代名詞 (pronoun), 前置詞 (preposition), 後置詞 (postposition) などである. どの文法的形態素も, 生起できる位置がかなり限定的で, 例えば接辞は語幹 (stem) に付加される, 助動詞は本動詞 (main verb) と共に起こる, 冠詞は名詞と共に起こる, 代名詞は名詞句 (noun phrase) の代わりに起こる, 前置詞と後置詞は名詞句と共に起こる. つまり, 文法的形態素は, 特定の構文 (construction) で起こるのである.[2] したがって, 文法的形態素が

---

　[1] 訳者注:原文では, grammatical morpheme と gram がランダムに使用されている. 本章の冒頭にあるように, どちらも同じものを指示しているが, 混乱を避けるために翻訳では一貫して「文法的形態素」という訳語を用いることにする. (ただし, future gram は,「未来形態素」とした.)
　[2] 訳者注:英語の construction は「構造」と訳されたり「構文」と訳されたりする. 後者を

発達する過程とは大方，それが使用される構文が発達する過程のことである．

本章および次章では，このような文法的形態（grammatical forms）が時間の経過とともに発達していく様子を議論する．文法的形態のほとんどすべてが語彙項目（lexical items），例えば名詞や動詞，あるいは語彙項目と文法項目の組み合わせから生じたことを知ると，驚いてしまうかもしれない．実際，この考え方は，ここ 20～30 年間でようやく受け入れられるようになってきたものである．文法的形態素が，言語の違いを超えて同様の発達を遂げることが，多くの研究によって次々に明らかになってきたからである．この章では，まず英語の未来の助動詞 will がどのように発達したかをまとめ，それからロマンス諸語（Romance languages）の未来形がどのように発達したかについて述べる．そのあと，文法化の一般的な過程とメカニズムを議論することにする．第 7 章では，世界の様々な言語について，文法的形態素が確立するための変化の道筋について，議論することにする．

第 I 部：未来時制の標識が発達する過程

6.2. 事例研究——英語の will

英語の will がどのようにして未来を表す助動詞になったかを調べると，音声形式（phonetic form），形態統語的な性質（morphosyntactic properties），および意味や機能（meaning or function）に変化が起こったことがわかる．文法化は時間をかけて徐々に進行するが，その過程で，これらすべての変化が一緒に起こるのである．変化が起こると，語の様々なふるまいに影響が及ぶ．つまり文法化とは，1 つの過程ではなく，同時に起こる様々な過程であると言ってよい．

ここで取り上げるのは，9 世紀，すなわち古英語（Old English）の文献が増え始めたころの will である．もちろん，それ以前にも変化は起こっていたわけであるから，9 世紀よりも前について話をすることも可能である．willan (will（want（欲する，望む）の意味）＋ an（不定詞の語尾））は，高頻度の動詞で，すでに多くの用法を有していた．例えば，本動詞（main verb）として直

使用すると「文」を想起させる懸念がある．しかし近年は，construction grammar の訳語として「構文文法」が頻繁に使用されるなど，文よりも小さな単位にも「構文」という訳語が使用されることが一般化しているので，翻訳では，「構文」とした．

第 6 章　文法化

接目的語をともなうこともできた．(86) はその例で，目的語は名詞句になっている．(87) もその例であるが，ここでの目的語は that (ðæt) によって導かれた節になっている．これらの例は，willan がかつては本動詞であったことを示している．その意味は，現代英語 (PDE) の本動詞 want に近いものである（例文の (86)-(89) は OED から引用）．

(86)　Ne　　　drincð　　　nan　　　man eald win,
　　　～でない 飲む.現在形 ～もない 人　古い ワイン
　　　&　　wylle　　　sona þæt　　　niwe.
　　　そして 望む.現在形 すぐに その.対格 新しい
　　　　　　　　　　　　　　　　　　　(1000 WS Gospels: Luke)
　　　(古いワインを飲む人はいない．すぐに新しいワインを飲みたがる．)

(87)　Hē　　cwæð:　　　Hwæt　wilt　　　　ðū
　　　彼.主格 言う.過去単数 何　　希望する.現在 あなた.主格
　　　ðæt　īc　　　　　ðē　　　　　do?
　　　ことを 私.単数主格 あなたに.単数与格 する.直説法または仮定法現在形
　　　　　　　　　　　　　　　　　　　(Blickling Homilies 19.33)
　　　(「あなたは私に何をしてほしいのか」と彼は言った．)[3]

willan が不定詞補語 (infinitive complement) をともなって起こることも一般的であった．(88) と (89) はその例であり，ここでの willan は「～したい」の意味で使用されている．ときにはこの用法で，何かをしようとする主語の意図 (intention) を表すこともあった．

(88)　Hwyder wilt　　　　þu　　　　　gangan?
　　　どこへ　したい.現在 あなた.主格 行く.不定詞
　　　Min Drihten, ic　　wille　　　　gangan　 to　Rome.
　　　私の 主.呼格　私.主格 したい.現在形 行く.不定詞 ～へ ローマ
　　　　　　　　　　　　　　　　　　　(Blickling Homilies 191)
　　　(あなたはどこに行きたいのか．主よ，私はローマに行きたいのです．)

---

[3] 訳者注：原文では，例文 (87) の現代英語訳が He says: What do you want me to do for you? となっているが，cwæð は過去形なので，修正した．

(89) Ic　wille　　　　mid flōde　folc　　ācwellan.
　　 私.主格 意図する.現在 ～で 洪水.単数 人々.対格 滅ぼす.不定詞

(1296 Genesis)

　　（私は，洪水で人々を滅ぼそうと思う.）

これらの用法に加えて，willan は意志（willingness）を表すこともできたし，ときには未来（future）を表すと解釈できることもあった．
　中英語（ME）になると，will に不定詞補語が続く用例が増え，対格目的語とともに使用される用例が明らかに減少する．動詞を補語とする場合（つまり不定詞のことだが，to がない不定詞）は，通常は意志または意図の意味となり，一人称では決意や約束の表現となる．次の例は，『ガウェインと緑の騎士（*Sir Gawain and the Green Knight*）』（14 世紀半ば）からの引用である．[4] 古英語では単数と複数の区別があり，二人称単数は wilt であったが，中英語になると複数の指標（marking）が落ち，語尾の母音が消えることもある．[5] ただし，二人称単数形の wilt の使用は継続する．wil と wyl は異綴りであって，おそらく発音上の区別はないと考えられる（Bybee and Pagliuca 1987）．

(90)　意図（intention）
　　　Now　wyl　　I　　of　　　hor　　　seruise
　　　今　 意図する 私.主語 ～について 彼らの（テーブルの）サービス
　　　say　　　　yow　　 no　　 more　　　　（130 行目，語り手）
　　　言う.不定詞 あなたに ～ない もっと
　　　（今は，彼らの（テーブルの）サービスについては，これ以上述べはしない.）

(91)　意志（willingness）
　　　And　ȝe　　　　wyl　　　a　　whyle
　　　そして あなた方.主語 意志がある 一定の 時間
　　　be　　　　　style
　　　～である.不定詞 じっとした

---

[4] 訳者注：原文では，14 世紀半ばとなっているが，『ガウェインと緑の騎士』の制作年代は，一般には 14 世紀後半とされることが多い．寺澤芳雄・川崎潔（1993: 85）を参照．

[5] 訳者注：例文（91）では，主語が複数であるが単数の場合と同じ wyl が使用されている．ただし中英語後期でも，複数の語尾は（-(e)th の系統および -en の系統ともに）維持されている場合もある．*LALME* および *eLALME* を参照．

第 6 章　文法化　　　　　　　　　　　　　　157

  I schal   telle   yow   how
  私.主語　することになる　述べる　あなた方に.目的語　どのように
  þay   wroʒt.　　　　　　　　　　　（1996-1997 行目，語り手）
  彼らが.主語　ふるまった.過去形
  （もしあなた方がご辛抱の意志があるのなら，彼らがどのようなふるまいをし
  たのかをあなた方にお話ししましょう。）

本当に未来時制の用法だと確認できるのは，話者が未来予測 (prediction about the future) を表明するときである．中英語ではこの用法はまだ一般的ではなく，ここまで引用に使用してきた『ガウェイン』の語りに一例だけ見られる．その未来予測を表す例は，以下のものである．

(92)　予測 (prediction)
  For   mon   may   hyde   his   harme,
  というのも　だれでも　できる　隠す.不定詞　その人の.所有格　傷
  bot   vnhap ne   may   hit,
  しかし　はずす　〜ない　できる　それ.目的語
  For   þer   hit   onez is
  というのも　〜のところでは　それ.主語　一旦　〜である
  tachched   twynne <u>wil</u>   hit   never.
  付加する.過去分詞　はなれた　〜になろう　それ.主語　決して〜ない
                    （2511-2512 行目）
  （というのも，自分の傷を隠すことはできても，それを取り去ることはできないからだ．というのも，一旦付着してしまったものは，決して離れた状態には戻らないからだ．）

次の発達段階，すなわち初期近代英語 (Early Modern English) では，形態上の変化が起こる．綴り字の縮約形が起こるようになり，I'll, we'll, you'll, thou'lt などの形が使われる．[6] 頻度は落ちるが he'll, she'll も起こる．縮約形（他にも it will の縮約形の 'twill がある）は，生起頻度の増加とともに音韻縮約 (phonological reduction) が起こることを示す．[7] 機能については，ほとんどの例がまだ意図，約束 (promise)，意志を表すが，予測を表す例も増えてく

---

 [6] 訳者注：thou'lt は，thou wilt の縮約形．wilt は，will の二人称単数形．
 [7] 訳者注：原文では，phonological reduction と phonetic reduction は，必ずしも厳密な使い分けがされていないようである．6.6 節を参照．

る．以下の例は，すべて 1600 年頃に書かれた Shakespeare の『ベニスの商人 (*The Merchant of Venice*)』からの引用である．

(93) 意図
Well, old man, I will tell you news of your son: (2.2)
(それでは，おじいさん，あなたの息子の話をしてあげましょう．)

(94) 意図
I'll end my exhortation after dinner. (1.1)
(食事の後には，私の説教は終わりにするつもりです．)

(95) 意志
Yet, to supply the ripe wants of my friend, I'll break a custom. (1.3)
(けれども，友人がすぐにも必要とするものを提供するために，慣習を破ることにしたい．)

(96) 予測
I fear he will prove the weeping philosopher when he grows old, being so full of unmannerly sadness in his youth. (1.2)[8]
(あの人は年を取ると「泣く哲学者」になるわね．あの若さであんなにふさぎ込んでいるなんて，無作法だわ．)

(97) 予測
I am half afeard
Thou wilt say anon he is some kin to thee,
Thou spend'st such high-day wit in praising him. (2.9)
(まったく，その方がお前の親戚だなんて言い出すんじゃないかしら．褒め言葉を探すのに，まるで祝祭の日にふさわしいような知恵を絞っているようだけど．)

初期近代英語と現代英語との際立った違いは，現代英語では予測を表す用法が増えてきていることである．意図や意思を表す用法ももちろん同時に存在する．Shakespeare の劇（『間違いの喜劇 (*The Comedy of Errors*)』と『ベニスの商人』）から約 100 例の will を取り出してざっと数えてみたところ，例文 (96) や (97) のような予測の用法は 20% にも満たなかった．これに対して，Coates (1983) の現代英語（イギリス英語）のデータでは，will の 50% が予

---

[8] 訳者注：原文では 1 幕 1 場となっているが，正しくは 1 幕 2 場．

測を表している．このことからわかるのは，文法化よる意味変化とは，新たな意味（例えば「予測」）が生じ，次に起こる変化として，その新たな意味の使用頻度が増えるということである．また文法化の過程を通じて常に多義性が存在しているので，ここでの意味変化は，特定の意味の頻度が変化することをいうことになる．will についていえば，現代英語でも，予測だけではなく，まだ意図や意志の意味で使用されることもある．以下に，Coates のイギリス英語のコーパスから例をあげてみる．

(98) 意図
I'll put them in the post today.
（今日，投函いたします．）

(99) 意志
Give them the name of someone who will sign for it and take it in if you are not at home.
（もしご在宅でないのなら，だれかサインをして受け取ってくれる人の名前を彼らにお知らせください．）

(100) 予測
I think the bulk of this year's students will go into industry.
（今年の学生の大半は，産業界に行くものと思います．）

形態統語的な特性としては英語の will は法助動詞の1つであり，本動詞とは異なる性質をもっている．法助動詞という類（class）は，古英語ではまだ存在しておらず，will やそのほかの法助動詞（shall, may, can, must, should, might, could, would）の文法化によって生じた．これらの法助動詞の特性としては，疑問文では主語と法助動詞が倒置によって入れ替わること，否定の not が法助動詞の後につくこと，to がつかない不定詞をともなうこと，三人称単数の接尾辞 -s がつかないこと，がある．これらのうち最初の3つの特性は，古英語や中英語では，あらゆる動詞が伝統的にもっていた特性である．ほかの本動詞がこれらの特性を失ったのに対して，法助動詞は，頻度の高さと文法化によって構文としての定着度が高かったため，これらの特性を維持することになった（前章で述べた，高頻度の形は変化に逆らうという仮説を参照）．三人称単数の接尾辞が存在しないのは，もともとの過去形が現在形になったという昔からの特性で，一部の高頻度の動詞に見られるものである．さらに法助動詞がもつ特性として，不定詞形と分詞形の欠落があるが，これはもっと最近の発達によるものであり，これらの法助動詞が経験した意味変化と関連している．

従来の語彙的意味が失われてしまったために，法助動詞はもはや本動詞として使用されることはなく，構文としても本動詞が起こる場所に来ることはできない．

6.3. ロマンス諸語の屈折による未来形

西ロマンス語（Western Romance）の未来時制の発達は，文法化の事例としてよく知られている．というのは，語彙項目（habēre 'to have, hold'）が本動詞の不定詞と一緒に起こった構文が未来を表す屈折語尾に変わる変化の全貌を追うことができるからである．この発達はまず，ラテン語で，動詞 habēre の変化形と不定詞が一緒に起こる構文から始まる．この構文の最初の意味は，ある状況になる定め（predestination）であるということである（Benveniste 1968）．興味深いことに，英語の shall も昔の用法では，しばしば定めを表したが，そのうちに，ある種の設定を行ったのでその通りになるだろう，という意味を示すようになった．ラテン語も同様で，6世紀，7世紀にこの構文の使用が拡大すると，義務（obligation）や意図の意味合いで使われるようになり，ついには予測の意味で用いられるようになった．

構文の形式についていえば，habēre の変化形は不定詞のあとに続く傾向があり，habēre の /h/ は落ちる傾向があった．つまり，essere habetis 'you (sg.) will be'，venire abes 'you will come'，videre habe 'he will see'（6世紀）(Benveniste 1968) のようになった．さらに habēre の縮小が起こって，語中の /b/ も落ち，フランス語の chanterai，スペイン語の cantaré，イタリア語の canterò，ポルトガル語の cantarei（いずれも 'I will sing' の意）となる．スペイン語を例にさらに詳しく説明すると，未来形は haber の弱まった形が不定詞（-r で終わる形式）に付加されて，以下のようになる．

(101)　スペイン語の cantar（歌う）の屈折による未来形
   1st sg.　cantar + é　　1st pl.　cantar + emos
   2nd sg.　cantar + ás　 2nd pl.　cantar + éis
   3rd sg.　cantar + á　　3rd pl.　cantar + án

不定詞と助動詞の変化形が接合する過程は，時間をかけながら徐々に進行した．この変化が始まった当初は，不定詞と助動詞の間に別の要素が介在することもできた．それから，古スペイン語（Old Spanish）で接語としての目的語代名詞（clitic object pronoun）が発達したが，この接語は定動詞の前，不定詞の後に生じる傾向があった．こうなると，目的語代名詞は不定詞と助動詞の間

第6章 文法化　　　　　　　　　　　　　161

に挟まれることになる．古スペイン語では，これが一般的な位置であった．実際のところ，不定詞と助動詞の間に介在できる要素が接語代名詞のみとなるのは，しばらく経ってからのことのようである．以下に引用する15世紀の例では，目的語代名詞のlo（三人称単数男性）がこの構文の2つの部分を分離している．[9]（102）では，最初の動詞（diesmará）は未来時制の接尾辞がついているが，[10] 2番目の動詞darでは，まず目的語代名詞が続き，そのあとに助動詞が続いている．

(102)　diesmará　　　　　　　vuestro　　　pan　　　y
　　　 十分の一を取る.三人称単数未来　あなたがたの　パン.目的語　そして
　　　 vuestro　vino.　y　dar　lo
　　　 あなたがたの　ワイン.目的語　そして　与える.不定詞　それを
　　　 ha　　　　　　　　a　sus　vasallos
　　　 〜だろう（もつ）.三人称単数現在　〜へ　彼の　下の者たち.複数
　　　　　　　　　　　　　　　　　　　　　　　(Mejia, 15世紀)
　　　 （彼は，あなた方のパンとワインの十分の一を取って，下の者たちに分け与えるであろう．）

(103)　todo　sarmiento　que　　　en　mi
　　　 すべての　ブドウのつる　関係代名詞　〜に　私.前置詞の目的語
　　　 no　　lleuare　　　　　fructo
　　　 〜ない　もたらす.接続法未来　果実.目的語
　　　 cortar　lo　　ha　　　　　　（Meditaciones de Pseudo-Augustine）
　　　 切る.不定詞　それを　〜だろう（もつ）.三人称単数現在
　　　 （実を結ばないブドウのつるはすべて，刈り取ることになるだろう．）

最終的には，この統語形式もなくなり，lo dará（三人称単数，'will give it'）や，lo cortará（三人称単数，'will cut it'）のように，目的語代名詞は動詞句全体の前に置かれるようになる．この段階になると，全体が一語で表記されるようになり，助動詞は接尾辞（suffix）になる．
　ロマンス語の未来表現の事例からわかるのは，以下の3つの点である．まず，未来時制を表す文法的形態素（grams）は，意志（volition）を表す構文か

───────────────
　[9] 訳者注：すなわち，不定詞と助動詞．
　[10] 訳者注：原文では，接辞（affix）となっているが，cliticの訳語である「接語」との混乱を招く可能性を考慮し，接尾辞と訳した．

らも，義務を表す構文からも発達する可能性がある．次に，もし条件が整えば，文法化が起こる要素は接辞（affix）[11]となって，構文中の語彙項目に付加されることもあり得る．三番目に，この接辞添加のプロセスでさえ，その進行には時間がかかるので，その過程ではバリエーションが見られるのが特徴的である．

6.4. 移動動詞から発達する未来指標

　ここまで，英語やロマンス諸語で未来を表す文法的形態素（grams）が意志や義務を表す動詞から発達することを見てきた．しかし，英語やスペイン語，フランス語やポルトガル語の話は，ここで終わりではない．未来を表すとても実用的な方法が確立したかと思うと，さらに新たな構文が文法化を起こし，従来の未来表現の領域を侵し始める．英語とこれらのロマンス諸語では，動詞の'go'を使った構文が生じて，未来の意味を表す機能を帯びるようになる．英語では，go の進行形構文に to 不定詞が付く．

(104)　主語（SUBJECT）+ *BE* + *going* + *to* + 動詞（VERB）

注目すべきは，構文全体が文法化の過程に入るのであり，新たな意味を構築するには，すべての意味構成要素が必要だということである．動詞 go の進行形＋不定詞から，主語が動詞によって示されたゴールに向かっているという意味が生じる．これが，I am going to Santa Fe to see my sister（私は妹に会うためにサンタフェに向かっている）というように，結局は目的の意味をもつことになる．これは，とてもよく使用される英語表現で，go だけでなく，他の動詞を使って，例えば I'm walking to the drugstore to get some aspirin（私はアスピリンを買うために，ドラッグストアに向かって歩いているところです）のように言うこともできる．しかしこの構文では，go が最も頻繁に使用される動詞であるため，その機能に拡張が起こって，I'm going to mail these letters today（私はこの手紙を今日投函するつもりです）のように意図を表したり，さらには，it's going to rain tomorrow（明日は雨が降るでしょう）のように予測を表したりするようになる．

　またアメリカ英語では，文法化が進行中のこの構文で音声縮約（phonetic reduction）がかなり進み，今では，going to の部分が gonna と表記されるこ

---

　[11] 訳者注：ここでの affix は接頭辞・接尾辞を特定できないので，そのまま接辞と訳した．訳者注 10 参照．

ともある.[12] これは強勢のある音節の母音が縮小し，[ŋtʰu] の部分が「鼻弾音 (nasal flap) + シュワ（あいまい母音）(schwa vowel)」に変化したことを示す．主語が I の場合には縮小がさらに進んで，[aimɔ̃ɾ̃ə] のような発音になる．過去 200 年間に，この構文の頻度は急増した．以前なら will を使用していた多くの場面で，現在は，この構文が使用される．

　すでに述べたように，同様の変化がフランス語，スペイン語，ポルトガル語でも進行中で，前節で述べた屈折による未来形に変わって，go を意味する動詞構文による未来表現が広がってきている．スペイン語では前置詞の a 'to, towards' をつけるが，ポルトガル語とフランス語では，不定詞を直接付加する．この go を使う構文は，スペイン語では未来表現の 67%，フランス語では 78%，ポルトガル語では 99% といわれている (Poplack 2011)．したがって，いずれの言語でも，文法化によって生じた新たな構文が，すでに未来表現の多数派となっているのである．特にポルトガル語では，この未来表現の交替がほとんど完了していると言ってもよい．

6.5. 未来表現と文法化についての概観

　ここまでの 3 つの節では，未来形態素の起源を 3 つ見てきた．すなわち，意志動詞 (volitional verb)，義務を表す構文 (obligation construction)，そして移動の構文 (movement-towards construction) である．これを見ると，未来形態素の起源が言語ごとに異なっていると思えるかもしれない．しかし，実はそうではない．ここまで扱ってきた 3 つの起源が，世界の多くの言語で共通しているのである．以下は，3 つのそれぞれの未来形態素をもつ言語をリストにしたものである（ただし網羅的ではない）（主に Bybee et al. 1994 からのデータ）．

(105) a.　意志未来 (volition futures)：英語 (English)，イヌイット語 (Inuit)，デンマーク語 (Danish)，現代ギリシャ語 (Modern Greek)，ルーマニア語 (Romanian)，セルボ・クロアチア語 (Serbo-Croatian)，ソグド語（東イラン語）(Sogdian (East Iranian))，トク・ピシン (Tok Pisin)

---

[12] 訳者注：訳文では，phonological reduction を音韻縮約，phonetic reduction を音声縮約とした．訳者注 7 および 6.6 節参照．

b. 義務未来 (obligation futures)：バスク語 (Basque)，英語 (English)，デンマーク語 (Danish)，西ロマンス諸語 (Western Romance languages)
c. 移動未来 (movement futures)：アビポン語 (Abipon)，アチン語 (Atchin)，バリ語 (Bari)，広東語，コカマ語 (Cocama)，デンマーク語，英語，グワイミ語 (Guaymí)，クロンゴ語 (Krongo)，マノ語 (Mano)，マルギ語 (Margi)，マウン語 (Maung)，ムウェラ語 (Mwera)，ヌン語 (Nung)，テム語 (Tem)，トホラバル語 (Tojolabal)，トゥカノ語 (Tucano)，ズニ語 (Zuni)，フランス語，ポルトガル語，スペイン語

このリストからもわかるように，まったく関係がない言語であっても，同じ語彙項目が使用され，同じような経過で文法化が進む．これは，文法化の驚くべき点の1つである．次章では，様々な文法的形態素を生み出す文法化の共通の起源について議論することにするが，その前にここでは，文法化が起こる構文の特徴についてもう少し見ておくことにしよう．

　未来表現の起源としてここにあげたものはそれぞれに異なっているが，徐々に未来の意味を発達させる過程は，かなり似た性質を示す．まず「主語の意図 (intention of the subject)」を表すようになり，そのあとようやく「予測」を表す用法が発達するらしい．つまり，文法化は以下の道筋をたどる．

(106) 意志
　　　義務　　＞　　意図　　＞　　未来（予測）
　　　移動

言語によっては，この道筋に若干の差異がみられるが，全体的な流れ，特に意味変化の方向性は，どの言語も同じようである．

　さらに，文法化する項目とその構文の形式的な特徴も，類似の変化をたどる．つまり，これらの変化にも，方向性があるのである．Givón (1979) は，様々な文法構造に共通で，様々な言語にも共通である変化の経路 (path of change) を提唱する．この道筋は，まず「談話 (discourse)」から始まる．なお，ここでの談話とは，語が緩やかに連結されたものをいう．これが，もう少し固定した構造や意味をもつ構文，すなわち統語 (syntax) となり，さらにこれが形態 (morphology) となる．ここまで来ると，ロマンス語の屈折未来の例で見たように，形態素は接辞として語の中に収められる．

(107) 談話　＞　統語　＞　形態

第6章 文法化　　　　　　　　　　　　　　　165

この変化の経路を念頭に，Givón (1971) は，「今日の形態は，昨日の統語」というスローガンを提唱し，これは今ではとても有名になった．ロマンス語の未来形で見てみよう．不定詞が助動詞とともに起こった (cantar ha) のは，統語の段階である．助動詞が接尾辞になる (cantará) と，形態の段階となる．

　このような一般原則が多くの言語の多くの事例に共通することから，文法化の際に当該構文に影響を与える変化のメカニズムは，言語の違いを超えて同じであることがわかる．本章では，これより先，文法化の過程を形成する様々な変化のメカニズムを探求することにする．

第 II 部：変化のメカニズム

　これまで見てきたように，文法化には当該構文の異なる側面，例えば音声形式，文法的なふるまい (grammatical behavior)，意味などに変化が起こる．ここより先は，文法化の様々な側面を個別に議論し，それぞれの変化の根底にある言語使用のメカニズムを明らかにすることにする．6.6 節から 6.10 節では，音声的な形式と形態統語的な形式の変化を扱い，6.11 節から 6.13 節では，意味の変化に焦点を当てる．

6.6. チャンク形成と音声縮約

　文法化において縮小を推し進める要因の 1 つに，チャンク形成 (chunk formation) がある．チャンク (chunk) とは，全体として処理される要素の連なりである．語や形態素は，繰返し使用されると，チャンクを形成するようになる．文法化が進行している構文中の語や形態素は，そのよい例である．チャンクは，使用頻度が高まれば高まるほど，チャンク内の音声的な縮約が進んで，融合が起こる．そして，チャンクの中の一定の部分 (invariant part) が特に変化を受ける．英語の移動未来の例を見てみよう．

(108)　主語 (SUBJET) + BE + going to + 動詞 (VERB)

ここでは一定の部分は going to であり，これが最も大きな変化を受ける．英語では母音がシュワ（あいまい母音）に弱化 (vowel reduction to schwa) することがよくあるが，これが going to の強勢を受ける第一音節と，最後の音節 (to) の母音に起こり，[gə̃ɾ̃ə] が生じる．また，[ŋ] は [t] と同化するが，[t] はこの位置では弾音化（はじき音化，flapping）する傾向があるため，前の鼻音

(nasal)と一緒になって鼻音化した弾音（nasalized flap）になる．さらに鼻音の前の母音も鼻音化する．一方，この構文の他の部分はスキーマ的（schematic）である．つまり，様々な項目（items）がそこに入ることができる．例えば主語は，どんな代名詞でも，名詞句でもよい．BE のところには，主語に応じて様々な be の変化形が起こる．VERB のところには，どんな動詞を入れてもよい．BE の変化形は，BE の他の用法の場合と同じで，主語（特に主語が代名詞の場合）との縮約も起こるが，縮約が起こるのはここだけで，構文のその他のところでは縮約はない．したがって，構文中で縮約や融合（fuse）が起こるのは，頻繁に起こるまとまりの部分であるということができる．

先述の様々な未来形態素は，異なる構文に由来し，また言語によっても異なっているため，縮約のパターンも異なっている．英語の未来を表す will の場合は，I'll, you'll, he'll, she'll, they'll および that'll, what'll のように，直前の代名詞と融合する．これは移動未来の BE や助動詞一般にみられる縮約の方法と同じである．また，名詞句によっては同様の縮約形が起こることもある．これに対して，ロマンス語の未来屈折（future inflection）は，本動詞の不定詞形の後に起こるので，語彙動詞と融合する．この位置には，非常に多くの別の動詞（というより，すべての動詞）が起こりうるにもかかわらず，そうなるのである．一般的に，新たに生じる文法的形態素が帰属する語彙項目の**後**に起こる場合には，語彙項目の**前**に起こる場合に比べて，接辞（つまり，接尾辞（suffix））の形成が起こりやすい．これは，世界の言語で，接頭辞（prefix）よりも接尾辞のほうが多い，という事実を説明する要因の1つである．

第2章で音変化（sound change）を扱ったときに，縮約をともなう音変化は，低頻度の語よりも高頻度の語で先に起こる傾向があると述べた．文法化に見られる縮約をともなう変化は，まさにこのパターンを示す極端な例であると言える．そして，これまで見てきたような特定の音声的変化（phonetic changes）は，言語の別の場面でも起こるような縮約の例と並ぶ極端な事例であると言える．

Bisang（2004）など，研究者によっては，言語の中には文法化の際に音声縮約（phonetic reduction）が起こらないものがあることを指摘することがある．特に，東南アジアの接辞を使わない言語（non-affixing languages）（孤立語（isolating languages）や分析的言語（analytic languages））などがそうである．ただし，音声縮約の中には微妙で，語彙形態素（lexical morphemes）や文法的形態素の音声形式（phonetic shapes）を注意深く観察しなければわからないこともある．例えば，継続時間（duration），声調（tone），子音や母音の音声的特徴などの観察が必要になる．第3章で扱ったベトナム語（Vietnamese）で

は，高頻度語は長さが短く，声調が縮小する．したがって，わずかではあっても，音声縮約が起こる．Bybee et al. (1994) は，発達途上の文法的形態素にどれだけ音韻的な融合や縮約が起こるかは，意味変化の度合いと連動しているとする．そして言語の中には，これがたくさん見られるものもあるし，そうでないものもある，という．Bisang が扱う言語は，形式的にも意味的にも，文法化がそれほど進んでいない言語である．

6.7. 特殊化，つまり範列的対立の消失[13]

構文が文法化する際に起こる変化は，構文中の異なる位置に生起することができる項目に影響を及ぼす．位置によっては，そこに起こることのできる項目の幅が狭まることがあり，ときには，項目が1つに限定されてしまうこともある（特殊化（specialization））．一方，位置によっては，そこに生起することができる項目の幅が広がる（範疇の拡張（category expansion））こともある．本節では，最初の現象をあつかい，次節では2番目の現象を扱うことにする．

Hopper (1991) は，フランス語の否定構文を例に，特殊化を議論する．ラテン語から継承した否定語は，古フランス語（Old French）では ne となる．これは，動詞の前に位置した．これに加えて，古フランス語では新たな構文も起こった．動詞の前の ne が名詞によって補強（supplement）される構文で，名詞としては「最小の量」（least quantity）を表すものが使用された．この構文が近代フランス語（Modern French）にも生き残り，主要な否定文の形式となっている．(109) はその例で，pas（一歩）が動詞 boit（飲む）の後に置かれている．

(109) Il　ne　boit　pas　de　vin
　　　彼.主格　〜ない　飲む.現在形　〜ない（一歩）　冠詞　ワイン.目的格
　　　（彼はワインを飲まない．）

古フランス語（Old French）では，否定構文で起こる名詞は，pas だけではなかった．他の名詞としては，

---

[13] 訳者注：専門用語なので，直訳を試みた．「範列的対立の消失（paradigmatic reduction）」とは，ここでは本文が示すように，特定の位置に起こることができる語の数が減少し，特定の語に限定されていくことを言う．

(110)　point（点）　　　　mie（パンくず）
　　　　gote（一滴）　　　　amende（アーモンド）
　　　　areste（魚の骨）　　beloce（スロー）[14]
　　　　　　　　　　　　　　eschalope（エンドウ豆の鞘）[15]

16世紀になると，このグループの名詞が以下のものだけに限定され，中でもpasとpointが最も頻繁に使用されるようになる．

(111)　pas（一歩）　　　　point（点）
　　　　mie（パンくず）　　goutte（一滴）

今日では，pasとpointだけが使用され，特にpasが中立的な否定語（neutral negator）となっている．これは特殊化の例である．構文中で使用することができた名詞の中から，2つだけが残ったからである．以前のようにneだけで否定を表す方法は，現在では使用されていない．(109)のようにpas（一歩）が本来の意味を失った点は，文法化の特徴である．否定文中に起こったことで，pasが否定の意味を帯びてしまった．今日では，この構文から省略によりneが消えていることも多いが，その場合はpasが単独で否定を表す．また，pasはpas beaucoup 'not much'（あまり～ない）のように，別の構文で否定を表すこともある．

　他にも特殊化の例として，英語の完了形構文（perfect construction）の発達がある．今日では，完了形構文は，haveの変化形と過去分詞を使って，現在に関係する過去，あるいは現在まで継続する過去の出来事を表す．例えば，以下の通りである．

(112)　For centuries children <u>have learned</u> to walk with push toys and <u>have played</u> with rattles.　　　　　　　　　　　　(COHA 1980)
　　　　（何世紀にもわたって，子供たちはプッシュトイで歩くことを学び，ガラガラで遊んできた．）

この構文の文法化は古英語に始まり，habban 'to have'に他動詞の形容詞形がついた所有の構文がもとになっている．この構文は，Traugott (1972) から引用した以下の (113) が示すように，結果の意味（resultative meaning）を表した．

---

[14] 訳者注：バラ科の植物．Hindley, Langley and Levy (2000) では，sloe, wild plum, bullaceの訳語が与えられている．

[15] 訳者注：Hindley, Langley and Levy (2000) では，shell (of nut), carapaceとなっている．

(113) Ic hæfde hine gebundenne.
　　　私.主格 もつ.過去 彼.対格 縛られた.対格
　　　（私は彼を縛られた状態でもった．）[16]

Traugott は，この構文から，同様に過去分詞を用いる (114) のような構文が生じたという．そしてこれが，私たちが知っている完了形構文に発達する．

(114) ic hæbbe nu gesæd hiora ingewinn
　　　私.主格 もつ.現在 今 話す.過去分詞 彼らの.属格 内乱.対格
　　　（私はいま，彼らの内乱について話した．）

状態の変化（change of state）を表す動詞やその他の自動詞では，構文中に have ではなく be 動詞を使用した．また，形容詞と分詞の両方の形が起こり，(115) は分詞の例である．

(115) Hie wæron cumen
　　　彼ら.主格 be動詞.過去形 来る.過去分詞
　　　Leoniðan to fultume
　　　レオニダス.与格 として 助け.与格
　　　（彼らは，レオニダスの助けとして来た．）[17]

このように，完了形には be と have の 2 つの助動詞が使用された．これはフランス語やドイツ語など，他の言語にも見られる現象である．フランス語やドイツ語でも，ある種の自動詞は be を助動詞として使い，それ以外の動詞では have を助動詞として使う．しかしながら，英語では，自動詞の場合にも have を用いるようになった．初期近代英語になってもまだ，初期の聖書の翻訳のいくつかに見られるように，he is risen, he is come のように be を用いる表現が残っている．また，be を維持し続ける高頻度の動詞が 1 つある．それは，he is gone であり，he has gone と対比される関係にある．He is gone は 'he is gone and he is still not here'（彼は行ってしまい，ここにはまだいない）ということで，結果の意味を有している．一方，have を用いると，普通の完了の意

---

[16] 訳者注：原文の現代英語訳では，I have him bound となっているが，hæfde は過去形なので過去形に変更した．Traugott (1972: 93-94) では，'I had him in-a-state-of-being-bound' と訳されている．なお，少し不自然な日本語だが，文法化の経緯がよくわかるように habban を「もつ」と訳した．

[17] 訳者注：原文では原典についての情報が与えられていないが，例文は *Orosius* からの引用．Bately (1980: 47) を参照．

味になる．英語の完了形で be が助動詞として使用されなくなったのも，特殊化の一例である．

　特殊化が起こるときには，異形（variant）の1つが他よりも高頻度になり，自己増殖が始まる．頻度が高い異形のほうが他よりも手頃になるため，さらに頻度が高くなり，ますます手頃になる．意味が一般化し，さらに漂白化（bleach）し（6.9節を参照），構文として固定（entrench）されていく．頻度が低い異形はというと，さらに頻度が下がり，いずれは消失してしまうかもしれない．文法化した構文に残る項目は，以前は他よりもタイプ頻度（type frequency）が高い項目だったものである．そのために，より生産的な異形となったのである．類推による水平化（analogical leveling）（5.3節を参照）と同様で，高頻度の語彙項目とあまり生産的でない異形が，少なくともしばらくの間は置き換えに至らず，もちこたえることもある．

6.8. 範疇の拡張

　また，文法化が起こる構文には，スロットのようなものがある．すなわち，初めは意味的に制限されていたカテゴリーが，文法化の過程で（意味領域を広げながら）拡張し，スキーマのようになる．ここで最初に取り上げたいのは，英語の法助動詞 can である．can は，もともとは 'to know (how)'（(方法を)知っている）を意味する動詞で，少数の不定詞とともにしか起こらなかった．しかし今日では，can はどの動詞とも起こることができる．Bybee (2003) に基づいて，古英語（OE）と現代英語の状況を比較してみよう．

　古英語の文献では，can のもとになる動詞の cunnan は，「人」(person)，「言語」(language)，「本」(book)，「技術」(skill) などの名詞句を目的語として使用された．また次の例のように，「理解する」の意味で使用されることもあった．

(116)　Ge　　　　　dweliaþ　　　and　　　ne　　　cunnon
　　　あなた方.主格　誤る.現在形　そして　～ない　知る (理解する).直説法現在
　　　halige　gewritu.　　　　　　　　　　(Ags. Gospel of Matthew xxii)[18]
　　　聖なる　書物.複数目的格
　　　(あなた方は誤っている．そして，聖書を知らない．)

---

[18] 訳者注：マタイによる福音書22章29節．古英語原典では，ge dweliað and ne cunnon halige gewritu ne godes mægen (あなた方は誤っている．そして，聖書も神の力も知らない) と続く．Liuzza (1994) を参照．

第 6 章 文法化

不定詞補語（infinitive complement）をともなう用法はあまり頻繁ではなかったが，これをともなう場合には，次の例のように，「技術（skill）」を表すことができた．

(117) mid hondum con hearpan grētan
　　 〜で 手.複数与格 〜する術を知っている ハープ.対格 扱う.不定詞
　　　　　　　　　　　　　　　　　　　　　　　(c. 1000 Versus Gnom. 172)
　　（手で，ハープを奏でる技術がある．）

'he can the harp' という表現も可能であったので，この例は名詞句を目的語にするのとそれほど違うものではない．

やや驚くべきことは，cunnan が，「理解する」というような動詞をともなうこともあった点である．あたかも cunnan の 'know' の意味が不十分で，さらに動詞を加えて意味の詳細を表す必要があったかのようである．以下は，その具体例である．

(118) Nu cunne ge tocnawan
　　 今（さて） 知る.現在形 あなた方.主格 見分ける.不定詞
　　 heofenes hiw. 　　　(Ags. Gospel Matthew xvi)
　　 空.単数属格 色（様子）.対格
　　（さて，あなた方は空模様を見分ける方法を知らないのですか．）

同様に，以下の例文では，cunnan がコミュニケーションの動詞（verbs of communication）と一緒になって 'have the knowledge to say truthfully'（本当のところを述べる知識がある）という意味を表す．

(119) þa me soðlice secgan cunnon. [19]
　　 その時（そして） 私に.与格 本当に 言う.不定詞 知識がある.現在[20]
　　　　　　　　　　　　　　　　　　　　　　　　(c. 1000 Elena 317)
　　（そこで，彼らは私に本当のところを述べることができる（知識がある）のです．）

---

[19] 訳者注：原文では，Weras þa me soðlice secgan cunnon となっており，'Then men can truly say to me' という訳が与えられているが，Elena の 317 行は，þa me soðlice secgan cunnon となっている．韻文であるので，原典の表記に合わせて変更した．Weras は，主語を補うために原典 314 行目の weras を行頭に付加したものと思われる．Krapp (1932: 74) を参照．

[20] 訳者注：cunnon は形態としては過去形であるが，過去現在動詞なので現在形扱いとした．過去現在動詞については，6.9 節を参照．

ここにあげたものは，いずれも古英語の cunnan に不定詞が続くことを示す例であるが，「知っている」あるいは「方法を知っている」という意味がきわめて強いことがわかる．中英語で can に起こった変化の経路の1つは，これらの動詞のクラスが拡張するというものである．知的な心の状態からもっと感情的な状態（'love' など）へ，コミュニケーションの動詞から教えたり慰めたりする動詞の類へ，特殊な技術からより一般的で具体的な行為へと広がる．ただし，すべてにおいて，まだ主語となるのは人間である．この拡張が意味しているのは，can が精神的な能力（mental ability）を表していたものが，もっと一般的な意味での能力（ability）を表すようになったことである．この後，初期近代英語になると，「根源的可能性（root possibility）」，すなわち「～が可能である（it is possible to）」の意味が出てくる．(120) はその例である．

(120) Til   we   be   roten,
　　　～まで 私たち.主格 ～である 腐った
　　　kan   we   nat   be   rype.
　　　～できる 私たち.主格 ～ない ～である.不定詞 熟した
　　　　　　　　　　　　　　　　　　　　　　　(A. Rv. 3875)[21]
　　　（私たちは，腐るまでは，熟すことはできない．）

可能性の意味が起こると，今度は主語の位置が，無生物主語（inanimate subject）にも開かれる．(121) はその例である．

(121) There is a great number that fayne would aborde, our ship can holde no more.　　　　　　　　　(Barclay, *Ship of Fooles* 1570)
　　　（船に乗りたい人がたくさんいる．船は，もうこれ以上乗せることはできない．）

このように，英語のすべての動詞が不定詞の位置に起こることができるようになるだけでなく，主語の位置にも，人間だけではなくあらゆるものが可能になる．このような使用範囲の拡張は，意味変化が起こったことを示す．特に，6.11 節で扱う一般化（generalization）や漂白化（bleaching）が起こったと言える．

　2番目に，西アフリカの言語に見られる少し異なる例を見てみることにしよう．ここでは，「言う」を意味する動詞が，補文標識（complementizer）になる．Lord (1976) は，エウェ語（Ewe）（ニジェール・コンゴ語族，クワ語群（Kwa））の補文標識 bé が，「言う」を意味する動詞に由来することを示す

---

[21] 訳者注：Geoffrey Chaucer の『カンタベリ物語』より．

(Lord 1993 も参照). be が動詞として使用される場合には，次の例が示すように，補文標識は必要としない．

(122)　me-be　　me-wɔ-e
　　　　私-言う　私-行う-それ [22]
　　　　（私は，自分がそれをやったと言いました．）

ところが，類似の意味の他の動詞が使われると，補文標識の bé が起こる．

(123)　me-gblɔ　bé　　　me-wɔ-e
　　　　私-言う　補文標識　私-する-それ
　　　　（私は，自分がそれをやったと言いました．）

エウェ語は，連動詞構文（serial verb construction）をもつ言語である．すなわち，主語を共有した2つまたはそれ以上の動詞が連続する構文を形成することが多い．おそらく，補文標識 bé の文法化は，「言う」という意味の動詞が2つ連続する構文から生じたのであろう．2つ目の動詞が屈折する能力を失って（bé に主語の標識がないことに注意），意味を失ったのである．現在では，bé は (124) に示すような「言う」という意味以外の動詞とともに起こり，文の補部（sentential complement）を導く．(125) は，その例である．

(124)　エウェ語の動詞で補文標識 bé を取るもの
　　　　gblɔ（言う）　　　ŋlɔ（忘れる）　　　ŋlɔ（書く）
　　　　kpɔ（見る）　　　se（聞く）
　　　　bu（考える）　　　dí（望む）　　　　xɔse（信じる）
　　　　nyá（知っている）　kpɔ́ mɔ́（希望する）　ná（確認する）
　　　　vɔ（怖れる）

(125)　atá　kpɔ　bé　　　kofí　wɔ　dóa
　　　　アタ　見る　補文標識　コフィ　する　仕事
　　　　（アタは，コフィがその仕事をやったのを見ました．）

bé は本来「言う」の意味の動詞であったので，最初は「言う」を意味する動詞と共起したものと考えられる．[23] しかしながら，この補文標識は，補文を取る

---

[22] 訳者注：エウェ語（時制をもたずアスペクトをもつ言語）の動詞は，同形を現在や過去の意味に解釈することが可能．Nurse, Rose, and Hewson (n.d.) §10.4 を参照．

[23] 監訳者注：日本語にも，動詞の「言う」が文法化し，それを一部に含む補文標識「という」になったと考えられる事例がある．例えば，「美容師の資格を持っているという人」の「とい

動詞や句全般に大きく拡張してきた．can の場合と同様で，共起する語彙項目の拡張は，文法化する要素のもともとの意味が失われるのと並行して起こる．

6.9. 脱範疇化

これまで見てきたように，名詞や動詞が構文として文法化すると，意味の一部が消失し，同じ名詞や動詞が他の環境で起こる場合とは分離する．また，構文の文法化がさらに進むにつれて，名詞や動詞であることを示す形態統語的特徴も失われていく．このように，本来属していた語彙クラスの形態統語的特徴を失うことを，「脱範疇化 (decategorization)」と呼ぶ (Hopper 1991)．この過程を示す事例として，法助動詞 can や接続詞 while をあげることができる．

まず，法助動詞 can を見てみよう．古英語（OE）の cunnan のふるまいは，本動詞的であった．しかし現代英語の can は，完全に法助動詞である．それでは，本動詞のどの特性が失われたのであろうか．

1. 目的語を取る能力：(117) の例では，cunnan が目的語として名詞句を取ることがわかる．この用法は中英語ではまだ見られるが，現代英語では，*I can the piano は不可である．

2. 不定詞形の消失：古英語では，不定詞形の cunnan が使用されることがあった．中英語でも，(126) のような例がある．ここでは，助動詞の shall とともに conne が使用されているので，conne は不定詞と考えるべきである．

(126)　Criseyde　　　shal　　　not
　　　　クリセイデ.主格　～だろう　～ない
　　　　conne　　　　　knowen　　　me.
　　　　～できる.不定詞　認識する.不定詞　私.目的格
　　　　　　　　　　　　　　　(Chaucer, *Troilus and Cressida*, l. 1404)[24]
　　　　（クリセイデは，私を認識できないだろう．）

う」には「美容師の資格を持っていると自分で言っている人」の意味が優勢だが，「彼女が美容師の資格を持っているという噂」の「という」は，まだ「(不特定多数の人が) そう言っている」という含意があるものの，同格を表す補文標識の用法に近い．さらに，「彼女が美容師の資格を持っているという可能性／事実」になると「言う」の含意は完全に消失しているので，意味の漂白化が進み，脱範疇化も受けて，「という」は完全に同格の補文標識になっていると言える．本文で論じられているエウェ語の動詞 bé の補文標識への文法化も，同格の補文標識ではないが，これと類似の現象だと考えるとわかりやすい．（小川）

[24] 訳者注：原文では，1404 行目とだけ記述されているが，より正確には Book V の 1404 行目．Benson (1987) では，Criseyde shal nought konne knowen me となっている．

現代英語では，法助動詞を2つ重ねる用法はとても稀で，特定の方言の中で，しかも特定の組み合わせでしか起こらない．[25] (126) の現代英語訳からもわかるように，意味的な組み合わせの問題ではない．未来と be able to の組み合わせは可能で，意味的には理にかなっている．しかしながら，can が「能力」の意味を失うにつれて，根源的可能性（root possibility）を表すようになり，単独で未来について言うことできるようになる．すると，未来と can の組み合わせはきわめてまれ，なじまない，ということになり，結果的に廃れてしまう．

 3. 動詞の屈折の消失：古英語の cunnan は，三人称単数現在の屈折語尾がない動詞であった．過去現在動詞（preterit-present verb）と呼ばれる類の動詞の1つで，この名称は，現在形が過去形と同様の屈折をもっているところからきている．他にも，現在では法助動詞となっている動詞のほとんどが，この類に属している．[26] つまり，すでに古英語の段階でも，これらの動詞は特異な性質をもっていた．これらの動詞は，意味的に過去形から遠ざかる方向性をもっているので，さらなる変化と文法化によって，屈折の可能性をさらに狭めていく．can の過去形は，語源的には could であり，実際 When I was seven I could do a back bend（私も7歳のときには，後屈ができた）のように，状況によっては can の過去形として could が使用されることもある．しかし could は，You could come with us（私たちと一緒に来てもいいですよ）のように，仮定の意味で使われることもある．これは，過去時制を示す用法ではなく，むしろ未来の時点について述べている．つまり can と could の関係性が弱まり，もはや厳密な意味での現在・過去の対応ではなくなっている．

---

[25] 監訳者注：参考までに，英語と同じゲルマン諸語の1つである現代ノルウェー語では，複数の助動詞が単文の中に起こることや，不定詞節の中に助動詞が生じることができる．

 (i) a. Han vil   kunne forstå.
    彼 だろう できる 理解する
    （彼は理解できるだろう．）
   b. Han ønsket å   kunne forstå.
    彼 （し）たい to 不定詞標識 できる 理解する
    （彼は理解できるようになりたい．）

             （Lightfoot and Westergaard 2007: 404）（小川）

[26] 訳者注：ここで議論されている can のほかにも，shall, may, must, ought, dare など，現代英語の法助動詞の多くが過去現在動詞である．これらの動詞では，本来の過去形が現在形として使用されるようになり，新たな過去形として，should, might, could などが生じた．新たに生じた過去形もまた現在の意味を帯びてきていることは，本文中で述べられている通りである．

名詞の脱範疇化（decategorization）の例としては，接続詞の while を見よう．while（古英語の hwil）は，「時間」（length of time）を意味した．現在でも，all the while（ずっと），a long while（長い間）などいくつかの定型化した表現では，この意味で while を使用することができる．しかし，(127) や (128) のように節を導入する while は，もはや名詞としては機能していない．したがって，名詞の特性を帯びることはできない．つまり (127) と (128) のいずれも，while に冠詞（a, the）や指示詞（demonstrative）や形容詞（adjective）をつけることはできない．またこれらの例では，while の位置は名詞が普通に起こる場所とは異なっている．つまり while は主語でもなく，動詞の目的語でもなく，前置詞の目的語でもない．

(127)　He crosses the street in search of help while she tries one final approach.　　　　　　　　　　　　　　　　　　　　(COCA, Spoken, 2012)
　　　（彼女がもう一度だけ近づこうとするとき，彼は通りを渡って助けを求める．）

(128)　And while they weren't making a fortune, it was enough for the down payment　　　　　　　　　　　　　　　(COCA, Spoken, 2012)
　　　（彼らは富を築いているわけではなかったが，手付金を払うには十分であった．）

　この 2 つの例は，それぞれに文法化の度合いを示している．(127) の while には，時間の意味がある．つまり最初の節が記述する内容は，2 番目の節と同時に起こる．(128) にも時間の意味はあるが，それに譲歩の意味が加わっている．つまり最初の節が示すような逆境（彼らの稼ぎが多くなかったこと）にもかかわらず，2 番目の節が示す状況は起こった，ということである．
　can の文法化では，もとになった動詞は，もはや本動詞（main verb）としては使用されなくなった．while の場合は，もとになった名詞が，定型化した表現の中で限定的にまだ残っている（例えば，a long while（長い間）や a short while（短い間）は可能だが，*a boring while は不可である）．しかし場合によっては，文法的形態素を生み出したもとの語彙項目が，そのまま普通に使用されていることもある．エウェ語（Ewe）の補文標識は動詞の特性を失った（もはや接頭辞や接尾辞を取ることはできない）が，もとになった動詞は変化していない．6.5 節で扱った英語の have の完了形構文では，明らかに構文としての文法化が起こっている．しかしながら語彙動詞（lexical verb）としての「所有」の have （"possessive" *have*）はまだ存在していて，本動詞として使用される．実際，文法化によって生じた完了の have は助動詞のようなふるまいをして，hasn't, haven't, hadn't のように否定の not とともに縮約形を作

るが，アメリカ英語の本動詞の have では，これは起こらない．[27]

(129) I was shocked to hear that school lunches haven't changed in fifteen years.　　　　　　　　　　　　　　　　　　(COCA, Spoken 2012)
（学校給食が 15 年間変わっていないことに，私はショックを受けた．）

(130) Obviously most people don't have (*haven't) four or five cars
　　　　　　　　　　　　　　　　　　　　　　　(COCA, Spoken 2012)
（当然ながら，ほとんどの人は，車を 4 台も 5 台も持ってはいない．）

同様に，(131) では助動詞と主語の縮約が見られるが，(132) が示すように，本動詞での縮約はない．

(131) I mean, I've said that from the very beginning. (COCA, Spoken 2012)
（というか，そのことを最初から言っているんですけど．）

(132) You know what? I have (*I've) an amazing, yummy, big old car.
　　　　　　　　　　　　　　　　　　　　　　　(COCA, Spoken 2012)
（実は，大きい古い車で，びっくりするようなすごいのを持っているんです．）

したがって，両方の可能性があると言える．つまり，語彙項目は文法化の構文に取り込まれて，それ以外の環境では起こらなくなることもあり得るし，一方で，語彙項目がもともともっていた機能と意味を保持し続ける可能性もある．しかし，いずれにしても文法化する構文では，以前の語彙項目が以前にもっていた形態統語的な特性を失うことになる．構文全体としての新たな意味と機能を帯びることになるからである．

　研究者によっては，脱範疇化を再分析（reanalysis）の事例であると考える場合もある．言語学的にある範疇に属していた項目が，別の範疇に移ることになるからである．これを，言語使用者による再分析であると考えることもできる．実際，語彙項目を文法項目として再分析することが文法化であると定義する研究者もいる．Antoine Meillet による最初の文法化の定義は，「本来は自立語（autonomous word）であったものに文法的な特性を帰属させること」("l'attribution du caractère grammatical à un mot jadis autonome"，すなわ

---

[27] 訳者注：イギリス英語では，本動詞 have の否定形として have not があり，その縮約形も起こる．以下の例は，British National Corpus からの引用である．
　(i) You put up with your voice and speak with it because you haven't any choice.
　　　　　　　　　　　(BNC, https://corpus.byu.edu/bnc/, 2018 年 9 月 21 日)

ち "the attribution of a grammatical character to a formerly autonomous word") (Meillet 1912) であり，再分析を強調しているようである．しかしながら，このコンテクストでの使い方がまさに示すように，「再分析」は，文法化で起こる多様な変化の結果についての包括的な用語にすぎない．(11.1.3節では，再分析と文法化の関係についての異なる見方を扱っているので，こちらも参照．)

6.10. 位置の固定

　他にも，文法化に付随する形態統語的な変化として，位置の固定（fixing of position）がある．新たな文法的形態素のもとになる語彙項目は，本来，文中の様々な位置に生じることが可能であったという場合が多い．次に示すものは，未来形態素のもとになる語彙項目のもう1つの例，すなわち時の副詞（temporal adverb）の例である．時の副詞から未来を表す文法的形態素が生じる事例はそれほど多くないが，論理的にはとくに問題ないと感じるだろう．トク・ピジン（Tok Pisin）（パプア・ニューギニアのクリオール語）では，英語の by and by（やがて）が文法化し，意図と未来を表す指標になりつつある．以前は，baimbai という本来の形態であったが，今日では bai と縮約することが頻繁である．最も古い文献では，この語は (133) や (134) が示すように，節の最初に起こる．その後，動詞の前に起こる bai が生じた．Romaine (1995) は，節の最初に起こる bai と動詞の前に起こる bai について，トク・ピシンを第一言語，第二言語として話す人々も含め，大人，子どもの様々な方言からなる大規模なコーパスを使って調査した．その結果，動詞の前に起こる bai が増加する傾向にあることがわかっている．

(133)　最も古い形：baimbai mi go（間もなく私は行きます）

(134)　通常の異形 (current variable form)：bai mi go（私は行くでしょう）

(135)　革新形 (innovative form)：mi bai go（私は行くでしょう）

　一般に文法化の過程では，1つの異形が定着する傾向がある．この事例では，その異形が動詞に近い位置を取ることになるが，これは意味が動詞にかかわっているからである．以下の例は，Romaine のコーパスからの引用である．

(136)　Supos sios i　　kamap　 bikpela,
　　　　もし 教会（虚辞）〜になる 大きい
　　　　em bai　　　gim　 graun long ol
　　　　それ 〜でしょう 与える 土地　 〜に 彼ら
　　　　bai　　　 sanapim aus lotu[28]
　　　　〜でしょう 建てる　 寺院（建物＋信仰）
　　　　（もし教会が大きくなったら，彼らに土地を与え，寺院を建てることになるでしょう．）

　アフリカのバリ語（Bari）（ナイル・サハラ語族（Nilo-Saharan））にも同様の発達が見られ，未来形形態素の dé が，時制を示す場合には動詞の前に置かれ，「その時」（then）の意味で副詞としての機能するときには，節のはじめに置かれる（Heine and Reh 1984; Spagnolo 1933）．

6.11. 意味変化―漂白化あるいは一般化

　文法化が起こる構文中の語彙項目に起こる意味変化として以前から知られているのは，語彙的意味の特殊性が漂白される，あるいは意味の特定の部分が失われて一般化するという点である．わかりやすい例は，古英語の cunnan「（やり方を）知っている（to know (how)）」が現代英語の can に発達する際の意味変化である．すでに 6.8 節でみたように，cunnan は「知っている（know）」の意味であったので，主語が知的な能力（mental ability），知識（knowledge）をもつことがわかる環境で使われた．中英語期には，can がより多くの動詞とともに使用されるようになり，その意味から「知的な（mental）」の部分が失われて，動作主（agent）に内在する能力（internal ability）を示すようになり，知的能力と身体的能力（physical ability）の両方を含むようになった．この意味の段階が，漂白化（bleaching）あるいは一般化（generalization）である．使用環境が広がることと意味の一般化には密接な関係がある．すなわち，環境が広がると一般化が起こり，一般化が起こると，さらに環境が広がる．表 6.1 の a, b は，この 2 つの段階を示している．

---

[28] 訳者注：原文（Supos sios i kamap bikpela, em bai gim graun long ol bai sanapim aus lotus）を Romaine (1995: 414) の例文表記に合わせた．

表 6.1：can の発達の段階

a.	知的能力 (mental ability)：可能である知的条件が，動作主に備わっている
b.	能力 (ability)：可能である条件が，動作主に備わっている
c.	根源的可能性 (root possibility)：可能である条件がある

　表 6.1 の第 3 段階は，根源的可能性 (root possibility) への変化である．この段階になると，動作主 (agent) は必須ではない．むしろ can は，(137) が示すように，物事を可能にする状況全般を表す．この例では，主語は特定の人を指さない (impersonal) you であり，can は，「～をすることが可能である」という意味になる．ここでは，可能であるかどうかは主語の能力のみに依存するのではなく，もっと一般的に「記録」(transcript) がどのような性質であるかにも依存している．

(137) if you—you know, go through the transcript, you can find little bits here and there　　　　　　　　　　　(COCA, Spoken 2012)
　　　（記録をよく調べてみるとね，あちこちに，ちらほら見つけることができますよ．）

　このように第 3 段階では，あらゆる種類の主語と動詞とともに使用できるようになる．

　文法化では，典型的に使用頻度の増加が起こるが，頻度の増加も漂白化や一般化を促す．語句が繰り返し使用されると，私たちはそれに慣れてしまい，語句が本来もっていたインパクトの一部が失われる (Haiman 1994)．誓言 (swear word) は，語彙変化のよい例である．誓言がめったに使用されないような社会的環境では，その使用は強い意味をもつ．しかし，誓言が繰り返し使用される環境なら，そのインパクトは失われる．また，これまでの章で見てきたように，頻繁に使用される語句や構文は，そうでないものに比べて，記憶からの取り出しが容易である．記憶から簡単に取り出せるということは，文法化で頻度が高くなった構文の頻度がさらに高くなるということを意味する．すると，ますます慣習化が進み，さらなる漂白化につながる．頻繁な使用で意味の漂白化が進み，記憶からの取り出しが容易になると，さらにまた使用頻度が増加する．新たな使用環境への拡張の場合と同様である．このような要因が相乗的に作用して文法化に拍車をかけ，6.14 節で議論する方向性の効果を生み出すことになる．

6.12. コンテクストからの意味の追加による意味変化

　文法化の際の構文の意味変化は，語彙的意味の消失ばかりではない．ときには，構文にコンテクストから新たな解釈が加わり，意味が追加される．意味の追加で最もよくあるのは，構文が起こる特定のコンテクストで，聞き手の推論 (inference) が働くことによる変化である．推論による意味変化は，文法化の過程で，複数回にわたって起こることも可能である．例えば，6.2 節と 6.4 節でそれぞれ議論した英語の未来表現の will と be going to は，意図を表す段階を経ている．この機能も，推論を通して生じたものである．

　話し手と聞き手は，コミュニケーションの際に絶えず推論を行っている．話し手は，伝えようとすることをすべて言語に落とし込むことができるわけではない．むしろ，聞き手に理解してもらうためには，聞き手の側の知識に頼ることになる．聞き手がこの世界について，あるいは話題となっているコンテクストについて有している知識に依存しているのである．聞き手は，聞いたことから，主要なメッセージを抽出する作業を行う．聞き手は，単に語や構文を解析するだけではなく，「なぜこの人は，私にこのことを述べているのだろうか」という問いを常に発し続けている．つまり聞き手は，話し手のコミュニケーションの動機や目的を見極めようとする．これが，推論である．

　次の例は，William Shakespeare の劇中の会話である．ここでは，文字通りの意味と，話し手が本当に伝えようとしていることとは，明らかに違っていることがわかる．

(138)　Duke:　　　Sir Valentine, whither away so fast?
　　　　Valentine:　Please it your grace, there is a messenger
　　　　　　　　　That stays in to bear my letters to my friends,
　　　　　　　　　And <u>I am going to</u> deliver them.
　　　　Duke:　　　Be they of much import?
　　　　　　　　　　　　(1595, Shakespeare, *Two Gentlemen of Verona*, 3.1.51)
　　　（大公：　　　そんなに急いでどこに行こうとしているのですか．
　　　　ヴァレンタイン：　ごめんなさい，使いのものが待っていて，私の手紙を友人のところに持って行ってくれることになっていますので，それを届けるところなのです．
　　　　大公：　　　その手紙というのは，大事な手紙なのですか．）

大公の質問は，「そんなに急いでどこに行こうとしているのですか」（wither は「どこへ」の意で，初期近代英語では動詞の go を落とすことができた）という意味である．これに対する Valentine の答えが，必ずしも行き先に触れていない点に注目したい．むしろ，手紙を使者に渡すこと，という目的（goal）あるいは意図が述べられている．また，この答えに大公が満足していることにも注目したい．大公は，正確な用務先を知りたいわけでもないようである．むしろ，その目的と意図を知りたがっているようだ．これがわかるのは，大公の次の質問である．大公は，手紙について尋ねている．つまり，ここでの2人の登場人物は，going to を使いながら，空間の移動ではなく，意図を話題にしている．going to を本来の意味で使用するのであれば，場所についての情報が必要となるはずである．言い換えると，Valentine は，大公が空間の移動ではなく意図について尋ねているのだと推測し，その推論は実際に正しかったのである．

　特定の構文，例えば going to VERB に，意図にかかわる推論が生じると，その推論が構文の意味の一部として慣習化することがある．その結果，その構文に新たな意味が生じることになる．(138) の例が示すように，多くの場合に，空間を移動する意味と意図を表す意味が共起する点に注目したい．しかし，どこかの段階で，空間の移動が必ずしも表現されずに意図の意味で使用されるようになる．(139) は，その例である．

(139)　You see I am going to make you a wampum belt of the shells you brought, and I want you to tell me how to put them together.
(COHA 1824)

（ところで，あなたが持ってきた貝殻を繋いで，あなたにベルトを作ってあげようと思うのですけど，どのように繋いだらいいか，教えてください．）

be going to の意図を表す用法は，特に一人称に多い．三人称で使われるときも意図を表すことは可能だが，その場合は，(140) が示すように，予測（純粋な未来）の推論が働き，その推論も構文の意味の一部となる．そして次の段階では，(141) が示すように意図が含まれない場合にも，予測を表すために使用される．この例文では be going to の主語が無生物になっていることに注意したい．

(140)　Most charming young lady, I must plead your cause; they are going to disinherit you.
(COHA 1814)

（素敵なご婦人，私はあなたを弁護しなければなりません．彼らはあなたの相

続権を奪おうとしています．）

(141) It's going to be a fair job to cut it out, but when it comes, it is not only beautiful, but worth a price（speaking of a cocoon）

(COHA 1909)

（（繭について）それを切って出すのは大変な仕事でしょうね．しかし出てきたら，美しいだけでなく，価値もありますよ．）

　これらの例は，単に説明のためにあげたものである．必ずしも，これらの例で変化が起こったというわけではない．また，ここで述べるあらゆる種類の意味変化について，新しい意味の導入が必ずしも古い意味の消失をともなうわけではないことに注意したい．古い意味の消失は，時間をかけてゆっくりと起こる．このため，文法化する構文や文法的形態素は，一般に多義的（polysemous）である．つまり，ある特定の時代を見ると，複数の意味や用法を有しているのである．現代英語の be going to 構文は，ある目的のための空間の移動，主語の意図，話し手による予測，あるいはこのうちのどれでも同時に表現することができる．

6.13. メタファー（隠喩）

　文法化する構文に新たな意味を提供するものには，比喩的拡張（metaphorical extension）もある．メタファーは，ある領域（通常は，より具体的な領域）から別の領域（通常は，より抽象的な領域）へ，構造関係の写像（map）を行う．特に，人間の体（頻度は低くなるが，動物の場合もある）をもとにした空間メタファー（spatial metaphor）は，前置詞や後置詞の発達でよく見られる．Heine et al. (1991b) は，この種のメタファーによる発達が，アフリカの言語で特に豊かであることを指摘する．例えば，スワヒリ語（Swahili）の名詞 mbele を取り上げ，本来は「胸」を表すが，人間以外のものに使用されると「前側・前部」の意味になると言う．胸と身体全体との間でみられる空間関係が，メタファーによって他のものに写像される．さらに mbele は，場所を表す前置詞として「前方に」の意味で使用されることもあり，時の副詞として「以前に」の意味で使用されることもある．

　Heine et al. (1991b) は，アフリカの 125 の言語を調査し，関係性を表す構文で最も一般的に使用される身体部分は，'on' の意味の「頭」，'back' の意味の「背中」，'front' の意味の「顔」，'in' の意味の「お腹」，'under' や 'back' の意味の「尻・肛門」であると言う．メタファーの働きで，身体部分の用語が

一般化・抽象化し，あらゆる類のものに使用できるようになる．人間の身体には前後があるが，時計，テレビ，家など，物体よっては本質的に前後がある場合がある．したがって「顔」のような用語を，メタファーによって，そのような物体にも適用することが可能になる．以下の例は，Svorou (1994) の例である．

(142) バリ語 (Bari)（ナイル・サハラ語族 (Nilo-Saharan)）(Spagnolo 1933)
　　　i　　　kɔmɔŋ　na　kadi
　　　～において　顔　　～の　家
　　　（家の前で）

一方で，木や山など，本質的に前後がない物体もある．「前がない」ものにも，ここであげたような関係性の用語が拡張的に使用されるが，その際は，見る人の視点を考慮する．見る人と木の間にある物体は，木の前にあるとされ，木の向こう側にある物体は，木の後ろにあるとされる．（場所を表す語の起源についてのさらなる情報は，7.7 節を参照．）

また，よく知られた語彙メタファーとして，空間の語彙を基盤にした時間の語彙があり，「時間が来つつある (the time is coming)」や「時間の経過がはやすぎる (time is going by too fast)」のような空間の移動を表すものも含む．したがって，スワヒリ語 (Swahili) の mbele，英語の before や behind などの前置詞が空間の意味から時間の意味へ変化したのは，メタファーによる拡張だと言えるかもしれない．この議論の問題点は，空間の意味から時間領域についての推論を行うことも同時に可能だということである (Svorou 1994)．もし誰かが他の人の前位置 (in front of) に到着するのであれば，それは先 (before) に到着することにもなる．言い換えると，空間の移動と時間の移動は，切り離せない関係で結ばれているのである．このような理由から，英語の be going to，すなわち目的への移動の構文が未来表現になるのはメタファーによる拡張ではない．というのも，時間の意味は，もともと存在しているからである．むしろ 6.12 節で見たように，be going to は目的に向かうことからの推論として意図を表す段階を経て，ついにはもう1つの推論である予測の意味が構文と結びついて，未来の意味が生じる．このように，意味の発達にどのようなメカニズムが働いているかを知るには，中間段階を調べることが重要である．どのように変化が起こったのかを明らかにするときには，初期段階と後の段階を見るだけでは，誤った結論に至ってしまうかもしれない．

6.14. 文法化にともなうその他の一般的な特徴

この章では時制 (tense)，法 (modality)，補文標識 (complementizers)，否定 (negatives)，接続詞 (conjunctions) を見てきた．次章では，さらに指示詞 (demonstratives)，決定詞 (determiners)，受動態 (passives)，格標識 (case markers)，談話標識 (discourse markers)，その他の構文が文法化する様子を観察しながら，文法化の全面的な影響を見ていくことにする．これらの事例からわかることは，すべての言語において，そしていつでも，文法化は文法的形態素や文法的構文 (grammatical construction) を生み出す主要な要因だということである．本節では，文法化の一般的な特徴のいくつかを考察することにする．

文法化の過程は**漸進的（gradual）**で，形式と意味の両面における**バリエーション**の存在が特徴的である．文法化する構文は，2つあるいはそれ以上の意味をもつことが可能であり，実際，そうであることが一般的である．構文を構成する語の形式は，形態統語的な性質のみならず，音声形式についてもバリエーションを有しているかもしれない．

文法化は，**継続的なプロセス**である．一旦ある構文が形成され，文法的形態素ができると，文法化が起こったと言える．[29] しかし一般的には，これで終わりではない．文法化はさらに進行し，ついにはそれそのものが失われるか，あるいは同様の機能をもつ別の構文への置き換えが起こる．

文法化は**一定の方向に進行し（move in one direction）**，これは「一方向性」(unidirectionality) と呼ばれる特性である．いうまでもなく，この特性は定義によるものである．なぜなら，もしある構文が文法的性質を失う方向に変化したら，その過程を「文法化」と呼ばないだけのことだからである．しかしながら，時間の経過とともに構文がより文法的になる事例の報告は枚挙にいとまがないのに対して，文法化が途中で止まった事例の報告はずっと少なく，文法化が逆方向に進んだ事例は皆無に近いほど少ない．このような理由から，文法化は言語の様々な構文に広く当てはまる過程であり，その方向は同じ，すなわちより文法的な性質を強める方向だと，しばしば考えられるのである．

本章は，最初に英語とロマンス諸語の未来形態素の文法化を議論した．その際に見たように，英語，スペイン語，ポルトガル語，フランス語で，go を使用する未来表現が，伝統的な未来形（英語の場合は will，ロマンス諸語の場合は「不定詞＋haber」）に取って代わりつつある．このように，文法化のサイク

---

[29] 訳者注：構文化 (constructionalization) については，8.3 節を参照．

ル (cycles of grammaticalization) が議論されることもある．つまり，ある構文が発達しても，また新たな構文に置き換えられるのである．このようなサイクルが起こる速度は，速い場合もあれば遅い場合もある．ある文法的形態素の意味の一般化がかなり進行すると，また新たな文法的形態素が新たな構文で起こり，ここにはより特殊な意味が備わっている．しかしこの文法的形態素もまた，使用頻度が増えると，前の文法的形態素と同じ経路をたどることになる．したがって，will の意図を表す意味の強さが十分でなくなると，be going to がこの用法を引き受けるが，やがて be going to にも意図の意味を薄めてしまうような推論が働くようになる．するとまた，意図を表す別の方法が必要となる．重要なことは，言語が新たな未来形態素を探っているわけではないということである．より特殊な意味を表す方法を探索するのは言語の話者である．しかし，新たな方法も頻度が上がるやいなや，また意味変化の経路をたどる．このように，変化と置き換えのサイクルが繰り返される．一般化が進行してほとんど何の意味もなさなくなると，やがては消失が起こり，置き換えが起こる．このときに，形態上の縮約が進んで，文法的形態素そのものが完全になくなってしまうこともある．

推薦図書

Bybee, J., 2003. Cognitive processes in grammaticalization. In M. Tomasello (ed.) *The new psychology of language*, Mahwah, NJ: Lawrence Erlbaum, pp. 145–167.

Haiman, J., 1994. Ritualization and the development of language. In W. Pagliuca (ed.) *Perspectives on grammaticalization*, Amsterdam: John Benjamins, pp. 3–28.

Hopper, P. J., 1991. On some principles of grammaticalization. In E. C. Traugott and B. Heine (eds.) *Approaches to grammaticalization*, Amsterdam: John Benjamins, pp. 17–35.

Hopper, P. J. and Traugott, E. C., 2003. *Grammaticalization*, Cambridge: Cambridge University Press.

ディスカッション用の問題

1. 繰り返しや頻度の増加が様々な形で変化のメカニズムに影響を与える様子を考察しなさい．頻度は文法化の原因でもあり結果でもある，と言えるか．
2. 習慣化 (habituation)，推論 (inference)，チャンク形成 (chunking)，縮約 (reduction) について考察しなさい．これらは，言語のみに当てはまる過程だろうか．あるいは，他の認知領域にも，適合事例を見いだすことができるか．
3. ラテン語の unde は，「そこから (from there, whence)」を意味した．スペイン語では，「どこで (where)」にあたる語は dónde であり，「どこから (from where, whence)」は，de dónde である．de は，「〜の，〜から (of, from)」を意味する前置詞である．de dónde の通時的な発達を提案しなさい．
4. アメリカでは，相手の性別に関係なく，you の複数を表すのに you guys を使う人が多い．you guys は文法化の途上にあると言えるか．この問いに答えるのに，あなたならどのような特性に注目するか．
5. 副詞および前置詞として使用される ahead には多数の用法があるが，それはどのような用法か．それぞれの用法について，身体の部分を表す名詞 head との関係はどのようになっているか．

第7章 文法化の共通経路

7.1. 導入

　文法化（grammaticalization）は，ある1つの言語に固有な現象としても十分に興味深いが，言語間の距離が遠い言語に非常に類似した意味変化の経路が見つかれば，よりいっそう重要で興味深いものになる．確かに，大規模な文法化の通言語的研究では，それぞれの文法素（gram）のタイプに対して，その元となる語彙はわずかしかないことが明らかにされている（Bybee et al. 1994, Heine et al. 1991b, Heine and Kuteva 2002）．[1] 第6章では，未来の文法的形態素は，意思や義務の意味をもつ動詞や構文，着点への移動を表す構文，少数の事例ではあるがトク・ピシン（Tok Pisin）のbaimbai（by and by）のような時の副詞から発達することを見た．これらの4つの起源によって，今のところ起源が明らかになっている未来の文法的形態素の大半を説明することができる．

　したがって，すべての時代のすべての言語において，同じ変化のメカニズムが非常に類似した語彙的，文法的要素に作用して，類似した結果を生じさせていることになる．これは文法化がすべての言語において全く同じであるということではない．Poplack（2011）は，2世紀にわたるフランス語，ポルトガル語，スペイン語の移動未来の文法化を比較し，変化の速度が異なるだけでなく，移動未来の使用に影響を与える文脈の要因が言語によって異なることを示した．したがって，文法化の経路の普遍性においては，概念上の起源は似ており（おそらく全く同じではない），漂白化（bleaching）や推論（inference）などの変化のメカニズムはいかなる言語においても非常に類似している．しかし，それぞれの言語には，長期の発達が，特定の文脈では別の文脈よりも推し

---

[1] 訳者注：本書では，grammatical morpheme と同義で使われている．

進められるような特別な条件がある．これらの言語固有の要因には競合する他の形式の存在，一方または他方の変異形に対する社会的意味の付与，そして分布を偏らせる特定のパターンの用法などがある．このような言語固有の要因がある一方で，（訳者補足：類型論的に）関係のない多くの言語に類似した変化のパターンも広く認められている．

　この章では，「文法化の経路（grammaticalization path）」と呼ばれるおおまかな変化のパターンについてこれまでの研究で明らかにされてきたことを検討する．それぞれの事例において，（訳者補足：類型論的に）関係のない多くの言語の例を観察し，どのような変化のメカニズムが作用しているのか考察する．まずは 7.2 節で屈折範疇である動詞と時間範疇であるテンス（時制）とアスペクト（相）の文法化を見る．7.3 節ではムード（法・法性）とモダリティを，そして 7.4 節では人称代名詞を見る．最後に 7.5 節で人称-数の一致を見る．7.6 から 7.8 節では名詞範疇の冠詞，後置詞，格標示を扱い，7.9[2] から 7.11 節ではより大きな構文の文法化を扱う．文法化の過程は最終的にどのような結末を迎えるのかを論じてこの章を締めくくることにする．

7.2. テンスとアスペクト

　「テンス（tense）」と「アスペクト（aspect）」という用語は時間という概念的範疇を表す文法的な表現をさす．様々なタイプの言語学用語があるので，概念と用語を区別しておくことは重要である．時間的な領域には be going to のような迂言的構文や過去時制の -ed のような屈折として符号化される概念はもちろん now, today, yesterday, then, on Wednesday などの語彙項目として符号化される概念も含まれる．したがって，時間の概念的領域と時間を表現する言語固有の表現があり，その表現は語彙的な場合と文法的な場合がある．さらに，通言語的研究ではある特定のタイプの文法的形態素は複数の言語にわたって一貫して現れ，これらのことを文法素タイプ（gram-type）と呼んでいる（Bybee 1985; Dahl 1985; Bybee and Dahl 1989）．以下の議論では，Comrie (1976) に従い，言語固有の名称は「過去形（Preterit）」のように頭文字を大文字にして表し，普遍的な範疇の名称は「完了相（perfective）」のように頭文字も小文字で表す．[3] したがって，スペイン語の「過去形（Preterit）」は「完了相

---

[2] 訳者注：原著では 7.8 となっているが，7.9 の誤りだと思われる．
[3] 訳者注：用語の訳語については，2 例目以降の出現時で，その用語が当該言語固有の文法現象に対する用語でない場合には，原語表記を省略する．

(perfective)」を表し，古英語の「過去形 (Preterit)」は「過去時制 (past tense) を表す，などとなる．このように決めておくことにより，その名称が文法素間の通言語的類似性と相違性が認識される前に作られた言語固有の文法素と個別言語から独立して定義をもつ文法素とを区別しやすくなる．

　時制文法素の意味は直示的である．すなわち，実際の時間的指示は発話の瞬間やその他の基準点によって変化する．つまり，今日用いた現在時制は昨日用いた現在時制と完全に同じ時を意味してはいない．now や today, next week などの時間を表す語もこれらが指す時間が発話された時間に依存するという点で直示的である．最も一般的な時制は過去，現在，未来であるが，近い過去や未来，あるいは遠い過去や未来を表す言語もある．前章で見たように，未来の文法素は一般的に意図などの他の意味を表すため，未来は厳密にはテンスではない場合も多い．現在時制も，現在を含むある期間にわたって継続する状態や状況とともに用いられることがほとんどであるため，いくぶん厄介なテンスである．過去時制だけが，まさに英語のように発話時よりも前に起こった状況のみを指す場合，厳密な意味においてテンス的である．

　アスペクトは，ある状況の内的時間的構造を見ることのできる様々に異なる様式を指す (Comrie 1976)．例えば，英語の進行相 (BE + VERB + ing) は発話時に進行中の状況 (he is swimming (彼は泳いでいる)) や過去のある瞬間に進行中の状況 (he was swimming (彼は泳いでいた)) を表す．これは完了した状況 (he swam across the pool (彼はそのプールを泳ぎきった)) とは異なる．英語では動態動詞の単純現在形 (過去では used to を用いて表す) で表す習慣相は，he swims every day (彼は毎日泳ぐ) や he used to swim every day (彼はかつて毎日泳いでいた) のように，ある期間繰り返される状況やある期間に特徴的な状況を表す．「完了相 (perfective)」と「未完了相 (imperfective)」という相に関する大きな区別がある言語もある．このような言語では，完了相は（通常は過去に）完全に完了した状況を表し，未完了相はある意味で継続中，すなわち進行中であったり繰り返しや習慣的であったりする状況を指す．これはスペイン語の過去形 (Preterit) と未完了形 (Imperfective) もしくは現在形 (Present) に見られる違いである．過去形 (Preterit) は完了相 (perfective) であり，継続中（進行中あるいは習慣的）の過去の状況を表す．そして現在形 (Present) は本質的に未完了相 (imperfective) である（ある状態や進行中，あるいは習慣的な状況が発話時と完全に同時の事柄である場合など）．談話において，完了相 (perfective) は話 (narration) の主軸を与えるために用いられ，未完了相 (imperfective) は背景の状況を表すために用いられる．

　言語学者はテンスとアスペクトの間に明確な線引きをしたがるが，言語変化

の研究によれば，ほとんどの言語において，両者は深い相互関係にあり，スペイン語の未完了形（Imperfective）が過去における未完了相（imperfective）を表すように，多くの場合1つの文法素がテンスとアスペクトの意味をともに表す．文法化の経路の観点では，過去時制は完了相と関連づけられ，現在時制は未完了相と関連づけられる．したがって，ここでの文法化の経路の議論はテンスとアスペクトの両方を扱う．

7.2.1. 過去・完了相の経路

この節では，結果相（resultative），既然相（anterior (perfect)），完了相（perfective）と過去時制の文法素の発達を見る．[4] これらの意味には元となる構文がある．ここではインド・ヨーロッパ語族に共通して見られる構文から見ていこう．

6.7節で見たように，結果構文は既然相（この用語は完了形とも呼ばれ完了相と混同されやすい）に変化する場合がある．[5] (143) と (144) の古英語の例のように，この構文には過去分詞や受動分詞をともなう be や have などの状態動詞が現れる．

(143) ic hæbbe nu gesæd hiora ingewinn
   私.主格 have:助動詞 今 話す.過去分詞 彼ら.属格 内紛
   （私は今彼らの内紛について話したところだ）

(144) Hie wæron cumen Leoniðan to fultume
   彼ら.主格 were:助動詞 来る.過去分詞 Leonitha 不定詞 助ける
   （彼らは Leonitha を助けに来た）

結果相の意味とは，現在の状態や出来事を結果として生じさせる状況（あるいは行為）が起きたことを示す．例えば，(144) の例は，彼らがここにやって来て，まだここにいることを意味している．

結果の意味は，現在と関わりをもつ過去の行為の意味へと一般化される傾向

---

[4] 訳者注：Bybee, Perkins, and Pagliuca (1994: 105) によれば，この3つの相は，迂言的な現在完了形の意味範囲が左のものから右のものに向かって通時的に変遷していく過程に対して与えられた名称である．ここで，結果相とは，「過去の行為や出来事の結果として生じた現在の状態のみを表す」段階，既然相とは，「過去に生じた状況が何らかの形で現在に関連している」段階，完了相とは，「当該状況が完結している（時間的に区切られた後の状態である）」段階のことをいう．

[5] 訳者注：ここでは have ＋ 過去分詞のような統語的（迂言的）な形式を指す．

がある．すなわち（現在で）結果として生じている状態から，現在の状況との関連性を表す，より一般的な意味への一般化である．つまり，既然相すなわち完了形の意味である．既然相すなわち完了形を理解するには，これが出来事の連続した語り（narrating）には用いられないということに留意する必要がある．語りには過去時制や完了相の機能がある．英語の既然相を含む（145）と既然相を含まない（146）の例を比較してみよう．（145）では提出された案が依然として関係しており，すなわち，まだ採用される可能性があるのに対して，（146）では過去の出来事について事実がただ述べられているだけである．

(145) Some officials have pushed for cleaner, city-owned generators that would still run on fossil fuel. Others have called for retrofitting the current power plant and keeping it open while alternative power options are explored. (COCA 2009)
(より環境にやさしい市所有の化石燃料で動く発電機を求める役人もいる．また，代替電力の選択肢を模索しながら現行の発電所の改良と使用の継続を求める者もいる．)

(146) The local city councilman pushed successfully for a moratorium on opening large stores in downtown, although Wal-Mart got around that by pulling its permits before the ordinance took effect. (COCA 2012)
(地方都市議員は繁華街の大型店舗の開店停止の要求を通した．しかし，Wal-Mart は法令が施行される前に開店の許可を得ることで停止を免れた．)

結果の意味から派生した既然相構文は，英語に見られるように状態動詞と分詞で構成される．このような構文はスペイン語をはじめ，デンマーク語，現代ギリシア語，バルチー語などのその他のインド・ヨーロッパ語族だけでなく，バスク語，ティグレ語，マノ語，ブリヤート語のようなその他の語族にも見られる (Bybee et al. 1994).

　多くの言語では，既然相，すなわち完了形の起源は動詞＋「終える」のような行為動詞構文であったり「～から来る」＋動詞のような運動動詞構文であったりする．このような構文は常に結果の意味を表しているわけではなく，ある状況を終わらせて次を始めるという意味から，現在との関わりのある過去の状況の意味へと変化しているものである．中央アフリカのクリオール言語のサンゴ語の例を挙げる (Samarin 1967).

第7章 文法化の共通経路

(147)　eh bien,　lo　　　　tɛ　　ungunzá ní
　　　　それで　三人称単数　食べる　葉.複数　その
　　　　kóé　　awe,　mɔ　　　　goe　mɔ　　　　　mú
　　　　すべて　終える　二人称単数　行く　二人称単数　もつ
　　　　na　　　lo　　　　ngú
　　　　とともに　三人称単数　水
　　　　（それで，彼がマニオクの葉を食べ終えた時，あなたは彼に水を渡しに行く）

「終える」を意味する動詞や助動詞から派生した既然相をもつ言語には，ボング語，テムネ語，トク・ピシン，ラオ語，カム語，北京官話，パラウン語などがある．

したがって，既然相には（状態動詞と分詞からなる）結果相，「～からの移動」，「終える」という3つのよく知られた起源があることになる．これらの構文は (148) の変化の部分的な経路に示すように，既然相の意味へと収束する．

(148)　結果相
　　　　「～からの移動」　>　既然相
　　　　「終える」

既然相の文法素のこの後の変化は，より一般化した完了や過去の意味の発達へと続く．すなわち，既然相は現在との関連性という意味を失い，単に過去の状況全体や完結した状況を表すようになる．例えば，フランス語の avoir（もつ）あるいは être（ある／いる）と分詞形からなる複合過去（passé composé）はもともと既然相であったが，現在は完了を表し，単純な過去の完結した状況を表すために用いられている．これは口語や一部の文体でラテン語から由来した完了相（単純過去（passé simple））に取って代わった．既然相から完了相への変化がどのように生じたかを示す証拠がある．17世紀のフランス語の記述書『ポール・ロワイヤル文法（Port-Royal grammar）』(Lancelot and Arnould 1660) では，複合過去（passé composé）は同日の行動や出来事を表すために用いられると述べられている．そして，現在と関連のある過去の行動から同日の行動へと意味が変化し，そこから一般的な過去の行動へと拡張したのである．興味深いことに，スペインのアリカンテの方言におけるスペイン語の完了形（Perfect）の現在の用法の研究も，スペイン語の完了形が同日の過去の行動を示すために用いられるようになったと示している (Schwenter and Torres Cacoullos 2008)．おそらくスペイン語の完了形はフランス語の同族の構文と同じ経路をたどっており，最終的に完了相になるのであろう．

「終える」の意味をもつ動詞から派生した既然相も完了相へと発達することがある．実際に，この発達はラサ語，ビルマ語，コンゴ語，北京官話に見られる (Heine and Kuteva 2002)．(148) の経路は (149) の経路に拡張される．

(149) 結果相
「～からの移動」 ＞ 既然相 ＞ 完了相
「終える」

これとは別の発達に既然相から単純過去への経路がある．完了相と単純過去は，どちらも過去の出来事を語る時に用いられるという点でよく似ている．しかし，単純過去には完了相とは異なるところもいくつかある (Bybee et al. 1994; 3.14 節)．特に，単純過去は過去未完了相とは対照をなさず，未完了相を表すためにも使われることがある．例えば，英語の he washed his car every week（彼は毎週車を洗った）は習慣的な（未完了な）状況を表している．また，単純過去は状態動詞とともに用いられると，過去時制の意味を与えるだけであるのに対して，状態動詞に現れる完了の屈折は動詞の意味を変えてしまう．つまり，スペイン語では，動詞 saber（知っている）の（完了相の）過去形（Preterit）は，supo（三人称単数）であり，found out（わかった）を意味する．he knew（彼は知っていた）を表すためには，未完了相の形式の sabía を用いなければならない．

　既然相がいくつかの言語において単純過去に変化したことを示す証拠がある．ドイツ語では，かつて既然相であった have/be + 分詞構文は，今では単純過去として用いられている．Heine and Reh (1984) によれば，エウェ語のダホメ方言（アフリカ西部）では，「終える」に相当する動詞が既然相を経て過去時制標識へと発達した．アトチン語（オーストロネシア語族）では，助動詞 ma（来る）が代名詞と結合し過去時制の助動詞になる．近い方言であるヴァオ語やワラ語では，この助動詞はまだ既然相として用いられている (Capell and Layard 1980)．したがって，既然相の3つの起源は (150) に示すように，すべて単純過去になったことが確認されている．しかし，完了相と過去時制のどちらも，起源となる構文が現在確認されている明確な事例はほとんどないことに注意しよう．それは文法化が進むつれて，そして時が経つにつれて，元となる構文とのつながりが次第に希薄になり，その構文が消失してしまうこともあるからである．

第 7 章 文法化の共通経路　　　　　　　　195

(150) 結果相
　　　「〜からの移動」　＞　既然相　＞　完了相／単純過去
　　　「終える」

　既然相の形式が完了相の形式になるか単純過去の形式になるかを決めているように思われる要因は，その言語に，以前に未完了相の形式が存在したかどうかである．フランス語にはすでに未完了相（imparfait）があったため，新に生まれた複合過去（passé composé）は完了の用法に制限される．一方，オランダ語やドイツ語には未完了相の形式がなかったため，複合過去は未完了の文脈まで広がることが可能である．ただし，この問題を考察するには，より多くの言語を考慮してさらなる研究が必要であろう．

7.2.2. 現在・未完了相の経路

　完了相とは反対のアスペクトの領域には，継続中の行動・習慣的な行動や状態を表す文法素がある．進行相はこの領域で最もよく文法化する範疇の１つである．進行相は現在時制や未完了相に至る発達の連鎖につながるため重要である．

　進行相の起源となる最も一般的な構文では，動詞が表す行為が生じている空間に主語が位置付けられることを示す場所動詞（おそらく「立っている」や「座っている」）や接置詞が含まれる．例えば，スペイン語の進行相にはラテン語の動詞 stāre（立つ）に由来する動詞 estar（位置する）と本動詞の動名詞形が用いられる．(151) のような初期（13 世紀）の例では，場所の意味は依然として明確である (Torres Cacoullos 2000)．

(151)　Et　　alli　　estaua　　el　　puerco　en　　aquella
　　　 そして あそこ 位置する　その　豚　　 中に　 あの
　　　 llaguna　bolcando　se　　　　　　　　　　　　　(GE.II)
　　　 池　　　 転ぶ　　　自身
　　　（そしてあの池で豚がひっくり返っていた）

しかし，近代のテクストでは場所の文脈はなく，進行している過程を表す純粋なアスペクトの意味のみがある．

(152)　todo　hombre　tiene　un　　precio;　y　　　estoy　hablando
　　　 すべて　人　　　もつ　 ある 価値　　 しかし 立つ　 話す
　　　 desde　una — perspectiva　económica,　hay　gente
　　　 から　 ある　　観点　　　　経済　　　　　　いる　人

```
    que         no  tiene  precio
    関係代名詞    ない もつ   価値
```
                                      (COREC, AHUM019A)

(すべての人には価値がある．しかし，経済的な観点から話をすると，価値のない人が出てきてしまう)

場所の構文のもう1つのタイプでは，アフリカのクルー諸語全般に見られるのだが，そこでは，場所の動詞と，本動詞の名詞化された形式が用いられるゴディエ語の例のように，名詞化させる要素自体が場所を示していることがわかる事例もいくつかある (Marchese 1986)．

```
(153)  ɔ         kù    sʉkā  di   dʌ
       彼女.主格  にいる  米   刈る  場所
       (彼女は米を刈っている)
```

進行相に場所の構文を用いる言語には他にバスク語，アイランドカリブ語，コカマ語，ヒバロ語，アリャワラ語，タヒチ語，パパゴ語，アブハズ語，バルーチー語，ムウェル語，ンガムバイ語，シャスワプ語，ハカ語，ラフ語，広東語，ダコタ語，トク・ピシンがある (Bybee et al. 1994)．

進行相に関係するもう1つの起源には「歩く」「行く」「来る」などの移動動詞を用いる構文もある．トルコ語の進行相の接尾辞 -yor は「歩く」「行く」を表す動詞から派生したものである．スペイン語には，estar をともなう構文ほど頻度は高くないが，動詞 andar (歩く) を助動詞として用いる進行相の構文があり，ir (行く) もいくつかの動詞とともに用いられる．

```
(154)  ya  no  me interesa     tanto     el       teatro,
       今  ない 私  興味がある  それほど   その     劇場
       y por eso  ando  aquí  cambiando
       だから      行く  ここ   乗り換える
       de    pintura  a  música;  de      música  a
       から   絵画     へ  音楽    から    音楽     へ
       coreografía, y       de    coreografía  a   cine
       舞踏        そして   から   舞踏          へ  映画
       (今，私は劇場にそれほど興味はなく，私の興味は絵画から音楽へ，音楽から舞踏へ，そして舞踏から映画へと移っていっている)
```

上の例のように進行相は迂言的表現をともなう強い傾向があり，進行相が最近

文法化されたことを示している．また進行相は動作主の解釈（主語が能動的に何かをしているという意味）をともない，状態動詞ではなく動態動詞をともなうことがきわめて多い．進行相がさらに発達するにつれて，習慣を表す文脈で用いられるようになり，ついには状態動詞とともに現れるようになる．習慣を表す文脈への拡張はヨルバ語のいくつかの方言，スコットランドのゲール語 (Comrie 1976)，パンジャブ語，ヒンディ・ウルド語 (Dahl 1985) で起きている．さらに，トルコ語の進行相の接尾辞 -yor（歩く）は口語では習慣の標識として用いられる (Underhill 1976)．文法素が進行と習慣の両方の機能を担う時，現在と過去の時制（可能ならば未来も）のどちらでも用いられるならば未完了相となっており，現在時制になる場合とは，初めから，それがたまたま現在の形式に限られている場合である．現在時制と未完了相の用法は文法化するにつれ，動詞に付着する接辞として現れるようになる傾向が強く見られる．

7.2.3. 未来時制の経路

未来の文法素を形成する様々な経路については文法素の経路に沿った変化のメカニズムとともに前章で幅広く議論した．第6章で提示された未来の経路を (155) に再掲する．

(155) 意志
　　　義務　＞　意図　＞　未来（予測）
　　　移動

意志，義務，移動の起源となる構文は次の言語に見られる．

    a.　意志未来：　英語，イヌイット語，デンマーク語，現代ギリシア語，ルーマニア語，セルビア・クロアチア語，ソグド語（東イタリア），トク・ピシン
    b.　義務未来：　バスク語，英語，デンマーク語，西ロマンス語
    c.　移動未来：　アビポン語，アトチン語，バリ語，広東語，コカマ語，デンマーク語，英語，グアイミ語，クロンゴ語，マノ語，マーギ語，マウン語，ムウェラ語，ヌン語，テム語，トホラバル語，トゥッカーノ語，ズニ語；さらに，フランス語，ポルトガル語，スペイン語

Dahl (1985) の研究で，未来時制の文法素は迂言的な表現と接辞的な表現にかなりはっきりと分かれることがわかった．さらに後の研究では，意味の文法化が進んでいない未来時制の文法素（例えば，「意図」も表すもの）は迂言的に

なる傾向があり，ふつう動詞と融合しないのに対して，より文法化の進んだ未来時制の文法素（例えば，認識的モダリティ（以下の議論を参照））は動詞に接辞として付着する傾向があり，動詞とのより強い融合を示すことが明らかになった (Bybee et al. 1991)．

7.2.4. 派生的なアスペクト

アスペクトの標識は派生により発達することもある．派生接辞は屈折接辞とは少し異なる過程で文法化する．接辞や不変化詞には，場所の方向を示す副詞から発達するものがある．例えば英語には，up, down, over や through のようなある特定の動詞に付随する不変化詞がある．これらの不変化詞が非完結的 (atelic) 動詞（必然的な終点のない状況を表す動詞）に加えられると，それらは終点に到達したということを示す表現に変化する．例えば，eat up（食べつくす）は限界への到達，すなわち対象物の完全な消費を表す．さらに，write up（書き上げる），write down（書き留める），burn up（燃え上がる），burn down（焼き尽くす），think over（熟考する），think through（考え抜く）のような句動詞についても考えてみよう．これらすべての句動詞は動詞単独では表さない終点を示している．これらの英語の句動詞は「終止相 (completive)」と呼ぶほうがよいが，ある言語においてこのような形式がきわめて一般的になると完了相と似てくる．上で述べた完了相とは異なり，これらの句動詞は「バウンダー (bounder)」，つまり動詞の表す行為が完結したということを示す文法素から発達した完了相であると言える (Bybee and Dahl 1989)．

バウンダーから発達した完了相をもつ言語には，いくつかの異なるバウンダーが用いられるのが通例であるが，これらは動詞と特定の結びつきにおいて生じる．[6] 例えば，英語では，write down（書き留める）や burn down（焼き尽くす）とは言えるが *eat down や *think down とは言えない．ほぼすべての動詞にバウンダーが付く形式と付かない形式が可能となるほどに，このような過程が一般化し文法化した言語もある．この場合，バウンダーの付かない場合は未完了と解釈され，付く場合は完了と解釈される．[7] このような完了相が以前

---

[6] 訳者注：ちなみに，生成文法では，句動詞内に生じる up, down などは「小辞 (particle)」と呼ばれ，句動詞は「動詞小辞構文 (verb-particle construction)」と呼ばれることがある．

[7] 訳者注：英語の句動詞に生じるバウンダーは，完結相であっても完了相ではない．完結相と完了相は別々の相なので注意しよう．write down が完結相であっても，I am writing down what he says.（私は彼の言うことを書き留めている）のような進行形に生じると，文全体は未完了相になる．

に議論した完了相と似ている重要な点は，これらは出来事の連続を語るために用いられるということである．この種の完了と未完了の区別はロシア語に見られ，程度の違いはあるが，他のスラヴ系言語にも見られる．また，グルジア語（カフカス諸語），マーギ語（チャド語派），モキル語（オセアニア語族）にも見られる (Dahl 1985)．現在知られているすべての事例において，数種類のバウンダーが存在し，複数のバウンダーと共起する動詞がある．したがって，このシステムは大きな語彙的特異性を示しているということになる．チャド語派のマーギ語（北アフリカ）の例を挙げる (Hoffman 1963)．

(156)　-bá（外へ (out)）の派生語
　　　ɗèm　　（選ぶ・集める）　　　ɗèmbá　　（選び出す・〜から集める）
　　　ndàl　　（投げる）　　　　　　ndàlbá　　（捨てる）
　　　ŋà　　　（呼ぶ）　　　　　　　ŋabà　　　（呼び出す）
　　　'ùtlà　　（咳をする）　　　　　'ùtlàbá　　（咳をして〜を出す）
　　　-ía（下に (downward)）の派生
　　　ndàl　　（投げる）　　　　　　ndàlía　　（投げ下ろす）
　　　dùgù　　（見つける・近づく）　dùgùwía　（近づく・攻撃する）
　　　vǎlía　　（跳ねる・とぶ）　　　vǎlía　　　（跳び下りる）
　　　-na（遠くへ (away)）の派生語
　　　ndàl　　（投げる）　　　　　　ndàlnà　　（投げ捨てる）
　　　ŋgùshí　（笑う）　　　　　　　ŋgùshiná　（〜を笑う・〜をばかにする）
　　　ɓɘ̀l　　　（こわす）　　　　　　ɓɘlnà　　　（ちぎる）

Hoffman は，派生接尾辞 -bá はおそらく動詞 bá（外へ行く）と副詞 àbá（外へ）に関係していると述べている．接尾辞 -ía は近い言語であるブラ語の動詞の接尾辞 -ghì に関係しており，-ghì はおそらく「下へ」を意味する副詞に関係している．Hoffman は (156) に挙げた3つ目の接尾辞の起源については言及していない．

　これらの接尾辞が付着した形式は動詞の屈折として現れるスペイン語の過去形（Preterit）や迂言的なフランス語の複合過去（passé composé）と同様に完了相と呼ばれることがあるが，通時的発達の起源の違いにより異なる性質をもつ．すでに述べたように，屈折完了相と迂言的完了相とは違い，バウンダーに語彙的一般性を示すものはない．このような接尾辞が付着した形式は限界に達したという意味を含むが，よりふつうに見られる完了相は単に状況が完了したことを表しているので，これらには意味的にもわずかに違いがある (Dahl 1985)．これは，いかに構文や形式の通時的起源が後の用法や意味に強く影響

を及ぼすかを示した好例である．

7.3. モダリティ・ムードを表す文法素

　モダリティの意味領域は定義することがかなり難しく，この意味領域に何を含めるかについては言語学者ごとに見解が異なる．どのようなものがしばしば含まれるのかをおおまかに捉えるために，現代英語の法助動詞 can, could, may, might, should, must の意味を考察してみよう (will と shall にはモダリティの用法もあるが，will は専ら未来を表し，shall は未来の意味以外でほとんど用いられないため，ここでは考慮しないことにする)．前章で古英語の cunnan から can への発達の例をいくつかみた．そこでは，cunnan は心的能力や知識を表していたが，やがてあらゆる種類の能力へと一般化したと述べた．したがって，can は本動詞が表す行為の完遂に関する動作主の条件を含意するようになったため，「動作主指向 (agent-oriented)」のモダリティと呼ばれる．以下に現代英語における can の能力の用法の例を示す．

(157) You are the one who can play the piano and knows how to tie a bow tie. 　　　　　　　　　　　　　　　　　　　　(COCA 2012)
（あなたはピアノが弾けて蝶ネクタイの結び方を知っている人だ．）

(158) I can read the human body the way you read the machinery on the ship. 　　　　　　　　　　　　　　　　　　　　　　(COCA 2012)
（あなたが船の機械類を読み取れるように私は人の身体を読み取れる．）

最近では，can は「根源的可能性 (root possibility)」と呼ばれる，かなり一般化した意味で最も一般的に用いられる．このタイプの可能性は動作主の可能条件 (enabling condition) を含意するが，物理的・社会的条件を含む動作主に内在しない可能条件も含む．次の例では，重要なのは運転手の技術だけでなく路肩に車が入るスペースがどれくらいあるのかといった可能条件でもある．

(159) I think I'll pull over as far as I can and let that whole herd of cars behind me pass. 　　　　　　　　　　　　　　　　(COCA 2012)
（できるだけ車を路肩に寄せて後続車をすべて先に行かせようと思う．）

次の例のように，can は受動文で現れる際にも根源的可能性を表す．

(160) I question whether it can even be called cruelty when any other action would have meant our certain death. 　　　(COCA fiction)

（他のどんな行動も私たちの確かな死を意味していたかもしれない時にそれが残酷とさえみなされてよいのか疑問に思う．）

もう1つのモダリティの意味は義務（「必要性（necessity）」と呼ばれることもある）であり，強いものと弱いものがある．should は must よりも弱い義務を表す．次の例を考えてみよう．

(161) A little voice in my head warned me I should keep our interaction all business. (COCA 2012)
（頭の中の小さな声は私に私たちの関係はすべて仕事上のものにしておくべきだと警告した．）

(162) And so pilots must be qualified to handle whatever may come. (COCA 2012)
（だからパイロットは起こりうるすべてのことに対処できる資格を有していなければならない．）

should と must は述部に関する動作主の条件を含意するので，これらもまた動作主指向である．これらの義務は倫理的，法的，あるいは社会的なものである．(163) のように，しばしば should は単にあることを提案するために用いられる．

(163) Maybe she and her sister should try and find a signature brand of coffee to sell in the shop. (COCA 2012)
（おそらく彼女と彼女の姉（または妹）は店で売るコーヒーのシグネチャーブランドを探してみるべきだ．）

義務の文法素の語彙的起源には「（義務などを）負う」という意味を表す本動詞が含まれる．例えば，shall は古英語では「（金銭的な義務や忠誠の義務を）負う」という意味を表していた．should は shall の過去時制である．「負う」から派生した義務の文法素をもつ言語には，他に広東語やデンマーク語がある．その他の迂言的表現の起源には，不定詞をともなう have や be などの動詞がある．例えば英語の have to や be to などであり，どちらも義務や予定を表す．このような構文はアブハジア語，バルチ語，テムネ語，チェパン語にも見られる．ラフ語，パラウン語，ムウェラ語のように「望ましい」や「相応しい」のような非人称句（impersonal phrase）も義務の標識になることがある (Bybee et al. 1994)．

義務の法助動詞は，しばしば文法化において意味が変化し，述べられた命題

の真理性に対して話者がどの程度確信しているのかを示す認識様態的意味を表すようになる．should と must が認識様態として用いられる時，それらが保持する（命題に対する確信の）強さの度合いは，相対的に異なっている．(164) が示すように，should は証拠に基づく蓋然性を表し，(165) が示すように，must は証拠からの推論に基く強い蓋然性を表す．

(164) I have given her an injection. She should sleep through the night.
(COCA 2012)
　　　（私は彼女に注射した．彼女は夜通し寝ているはずだ．）

(165) I know, he must think I am a billionaire. (COCA 2012)
　　　（彼は私が億万長者であると思っているに違いないね．）

実際，根源的可能性は認識様態的可能性を表すようになることもあるので，動作主指向（つまり根源的）法助動詞は認識様態的法助動詞になりうると一般化して言えるだろう．これは can にはまだ起きていないが，英語の may には過去にすでに起きている．元来 may は身体的な能力や力を表していたが，能力や根源的可能性に一般化した．書体では根源的可能性を表すために依然として may を用いる．次の例では，著者は確信の乏しさを述べているのではなく，提案を表している．can は意味を変えることなく may に置き換えることが可能であることに注意しよう．

(166) We propose that the correlations shown in the literature between lexicon and syntax may reflect two different types of interactions.
(COCA 2012)
　　　（その文献で示されている語彙目録と統語論の相関関係は2つの異なるタイプの相互関係を反映しているのかもしれないと私たちは提案する．）

しかし，口語では，may は認識様態的可能性を表すために用いられることが多く，「かもしれない」の意味を表す．次の例では，話者は確信の乏しさを表していることがわかる．

(167) Yes, the brooch is important, but getting it back may not solve everything (COCA 2012)
　　　（はい，そのブローチは重要です．しかし，それを取り戻せばすべてが解決するわけではないでしょう）

(168) they may have moral concerns and they probably do (COCA 2012)

(彼らには倫理的な配慮があると思われ，おそらくそのようにするだろう)

このように，根源的可能性は認識様態的可能性の意味を引き起こしうることがわかる．

モダリティの議論のこの部分を要約すると，能力と義務の意味の変化の経路が次のように表せる．

(169)　能力　＞　根源的可能性　＞　認識様態的可能性
　　　　弱い義務　＞　蓋然性
　　　　強い義務・必要性　＞　推論に基づく確実性，すなわち強い蓋然性

能力と義務のモダリティはそれほど文法化の度合いが高くないので迂言的な表現をもつ傾向にあるが，認識的モダリティはときに屈折（接辞）表現をもつ．モダリティに関わるその他の範疇で屈折表現によるものは，ふつうムード（法）と呼ばれ，仮定法（subjunctive）（従属節に固有の形式）や命令法（imperative）を含む．これらの表現に示されるように，これらの範疇は，しばしば文法化の度合いが高い．ムードは様々な起源から発達し，しばしば長い歴史をもつので，この章ではこれ以上扱わないことにする．より詳細な議論は Bybee et al. (1994) の第 6 章を参照してほしい．

7.4.　人称代名詞

人称代名詞（英語の I, me, you, he, she, it, they など）は動詞の主語，直接目的語，間接目的語，前置詞の目的語として機能するという点で，名詞句とよく似たふるまいをする文法範疇を形成する．[8] 語彙名詞と違い，代名詞は冠詞，指示詞，形容詞などの修飾語をとらない．代名詞は閉じた類（closed class）を成す（後で見るように，文法化によって新しい代名詞が生じる可能性はあるが）．この節では，世界中の言語の人称代名詞の起源を三人称代名詞から順に簡潔に概観する．ここでの議論の多くは Heine and Song (2011) に依拠している．

7.4.1.　三人称代名詞

Heine and Song (2011) の研究によれば，三人称代名詞は指示代名詞，名

---

[8] 訳者注：原著では pronoun となっているが，文脈上 preposition の間違いだと思われるので，ここでは前置詞と訳した．

詞的概念 (nominal concept)，強意語 (intensifier) から派生する．指示代名詞は「これ」や「あれ」のような空間的位置によって指示物を区別する語である．三人称代名詞だけを表す（だけに特化された）範疇を持たず，その代わりに指示詞に用いられるのと同じ形式を三人称代名詞としても用いる言語もある（ラテン語，コラ語（ユト・アステカ語族），インジバンディ語（パマ・ニュンガン語族），トルコ語（アルタイ語族），古代エジプト語（アフロ・アジア語族））．ラテン語の遠隔指示代名詞 ille（「あれ」男性・単数・主格）は，フランス語の il，スペイン語の él，ポルトガル語の ele のように，ロマンス諸語では三人称代名詞になった．ラテン語の illa（「あれ」女性・単数・主格）は，フランス語の elle，スペイン語の ella，ポルトガル語の ela になった．これらの言語の目的語代名詞は対格形から主に派生したが，さらなる音韻縮約によって，フランス語の le や la，スペイン語の lo や la，ポルトガル語の o や a となった．

　三人称代名詞を生じさせる名詞的概念はふつう「男の人・男性」を表す．例えば，ボツワナのアニ語（中央コイサン語族）では，「人」を表す名詞 khó(e)mà（男性・単数）は三人称男性単数代名詞 khó(e)ma になり，さらに khóm に音韻的に縮約された (Heine and Song 2011)．「人」を表す語が代名詞となったアフリカ言語のその他の例には，レンドゥ語（中央スーダン語族），ザンデ語（ウバンギ語族），アルール語，アドラ語（ナイル川南ルオ語族）がある．敬語のシステムをもつ言語ではとくに，階級や社会的地位の名詞も三人称代名詞の起源となる．

　「頭」や「自身 (self)」のような強意語が代名詞に付加され，新しい語を作ることもある．President Obama himself tipped off the entire world to the rescue.（オバマ大統領は自分自身で全世界に不法奪回を知らしめた．）のように，self をともなう英語の再帰形は強意語としても用いられる．トルコ語では名詞 kendi（自身）は三人称単数代名詞としても用いられるように，この種の用法は新しい代名詞の起源となることがある．

7.4.2. 二人称代名詞

　二人称代名詞は三人称代名詞と同様に空間的な直示表現，語彙名詞，強意語から派生することがあるが，二人称代名詞にはさらに複数代名詞と三人称の形式という 2 つの重要な起源がある．二人称においては，単数形の代わりに複数形を使うことはよくある．ここ数世紀の間に，この過程は多くのヨーロッパ言語で起こっている．フランス語で今まさにこの過程を見ることができる．フランス語には，親密な間柄で用いられる tu という二人称単数代名詞と，よりフォーマルな場面で用いる vous という二人称単数代名詞がある．vous は初

期のころは（ラテン語の vōs に由来する）二人称複数代名詞であったが，丁寧さや改まりを表すために単数の指示対象に対して用いられようになり，もともとあった単数形（tu）を，親密さを表す形式へと追いやった．似たような変化は英語にも起きており，you は元来複数としての用法しかなかったが，丁寧でフォーマルな状況において thou の代わりに用いられるようになった．そして，この置き換えによって論理的帰結として you は二人称単数を表す唯一の手段となったが，依然として複数としても用いられている．（この変化の結果として you all, you guys, youse などのように，複数を表す様々な用法が生じている．）

　二人称に向けて丁寧に話しかけるためのもう 1 つの方法は，本来は三人称形である名詞句を用いることである．スペイン語の vuestra merced とポルトガル語の vossa mercê はどちらも「閣下（your grace）」を意味し，二人称の丁寧な代名詞（それぞれ usted と você）に文法化した．オランダ語では，あなた様（your nobility）を意味する Uwe Edelheid は u という二人称の丁寧な形式となった．Heine and Song (2011) によれば，ポルトガル語の vossa mercê という形式は1460年頃に王様に向かって話しかけるために用いられていたが，公爵に対しても用いられるようになり，さらに誰にでも用いられるようになって，ラテン語に由来する vós という形式に取って代わっていった．一般的に，二人称の形式は聞き手に敬意を払ったり，その人の地位を高めたりする丁寧に振る舞おうとする気持ちに大きく影響を受けるようだ．謙遜を表すための話者の丁寧に振る舞おうとする気持ちは，一人称代名詞に文法化する形式に影響を与える．[9]

7.4.3. 一人称代名詞

　一人称代名詞と二人称代名詞はかなり保持性が高い，すなわち，受け継がれた形式は，ある言語とそこから派生した言語にきわめて長い期間残ることがある．このことは表 7.1 と 7.2 に示され，そこでは印欧語族の主な語派の言語の一人称および二人称単数の主格形と対格形が挙げられている．

　表 7.1 から，ここで挙げられているこれらの言語で，場合によっては2000年以上の歴史のあるものを示すが，一人称の形式は同語源，すなわちすべて共通した原形に由来するものであることがわかる．このことを裏付ける最大の証拠は子音に見られる．主格形はほとんどの形式に中間あるいは語末の軟口蓋音

---

[9] 訳者注：原著では complementary だが，文脈上 complimentary と思われるため，このように訳した．

があり，古代教会スラヴ語やリトアニア語には口蓋音化した子音，サンスクリット語には弱化した軟口蓋音が見られる．対格形は，すべての言語において /m/ が語頭の子音として維持されている．例えば，ラテン語が話されていたのは 2000 年前であり，ロマンス諸語が一般的に一人称対格形に /m/ を，二人称に /t/ を維持していることを考えると，いかに長くこれらの形式が維持されてきたかわかる．

表 7.1：印欧語族の主な言語における一人称単数主格及び対格形 (Beekes 1995)

「私」	サンスクリット語	古協会スラヴ語	リトアニア語	ヒッタイト語	ギリシャ語	ラテン語	ゴシック語
主格	ahám	azʊ	àš	uga	egō	egō	ik
目的格	mā́m	mene	manè	ammuk	emé	mē	mik

表 7.2：印欧語族の主な言語における二人称単数主格及び対格形 (Beekes 1995)

「あなた」	サンスクリット語	古協会スラヴ語	リトアニア語	ヒッタイト語	ギリシャ語	ラテン語	ゴシック語
主格	tvám	ty	tù	zik	sú	tū	þu
目的格	tvā́m	tebe	tavè	tuk	sé	tē	þuk

これらの形式は長期にわたって保たれる傾向にあるため，元となる語彙的起源が何であるかわからない．そしてこれは世界中の多くの言語の一人称代名詞と二人称代名詞についても同様のことが言える．少数の例において，一人称代名詞の語彙的起源がわかる場合もわずかだがある．例えば，インドネシア語では，一人称代名詞は saya であり，sahā ya（使用人）が「私」（謙遜・丁寧）としても用いられていたと記述されている．この言語では，社会的関係が違えば使われる形式も様々に異なるが，現在では saya は中立的で親密さを表さない「私」である (Lehmann 1982)．

一人称複数代名詞は強意語を加えることにより意味が強められることがある．例えば，スペイン語の nos（私たち）に otros（他人）を加えると nosotros（私たち）となる．[10] 一人称複数代名詞は不定代名詞から生じることもある．フ

---

[10] 訳者注：原文の翻訳だけではわかりにくいが，nos は目的格代名詞で動詞への接語として生じるのに対して，nosotros は主格として主語に生じる．スペイン語では意味的に強調されない主格代名詞は省略されるので，顕在化している nosotros には強意の意味がある，とい

ランス語では，不定代名詞 on は，しばしば on y va（行きましょう（let's go））のように「私たち（we）」を表すために用いられる．ポルトガル語では，名詞句 a gente（人々）は不定代名詞として用いられるようになり，さらに，一人称複数の用法に拡張されたことにより，元来の形式 nós と競合することになった (Travis and Silveira 2009)．

7.5. 人称・数の一致

　人称代名詞には様々な用法があり，しばしば強調の用法のための完全な形式（核音節のある形式（tonic form））と，縮約形式（核音節のない形式（atonic form））の両方をもつ．そして，ひとたび代名詞が形成されると，文法化を受け続ける傾向がある．その1つの結果として，核音節のない形式が動詞の接辞となることがある．多くの言語で，動詞に付着する人称・数の一致接辞と人称代名詞に音韻的な類似が見られる．(170) のブリヤート語（アルタイ語族）の代名詞と (171) の一致接尾辞を比較してみよう (Poppe 1960)．

(170)　ブリヤート語：人称代名詞・主格
　　　一人称単数 bi　　一人称複数 bide / bidener（複数接尾辞 -nar をともなう）
　　　二人称単数 si　　二人称複数 ta

特別な三人称代名詞はなく，その代わり指示詞「これ」と「あれ」が用いられる．

(171)　動詞に付着する主語との一致接尾辞：jaba-（行く）＋ -na- 現在時制
　　　一人称単数 jabana-b　　　一人称複数 jabana-bdi
　　　二人称単数 jabana-s　　　二人称複数 jabana-t
　　　三人称単数 jabana　　　　三人称複数 jabana-d (cf. ede（これら）)

7.6. 定冠詞と不定冠詞の発達

　定冠詞は指示詞（「これ」や「あれ」）から発達するのが最も一般的であり，たいていは遠称指示詞「あれ」から発達する．この発達はロマンス諸語に見られ，そこでは，定冠詞は上で述べた三人称代名詞と同じ指示詞から発達する．ラテン語の ille（あれ．男性），illa（あれ．女性）はスペイン語の冠詞 el と la，

うことだと思われる．

フランス語の le と la，ポルトガル語の o と a とそれぞれの複数形へと発達した．指示詞はもともと直示的・空間的意味をもっており，近く（ラテン語の hic（話者の近く）および iste（聞き手の近く））と遠くを区別していた．指示詞 ille があるテクスト内で，すでに同定された指示対象を示すために用いられた時，その意味は空間における指示から談話における指示に一般化される．そこから，名詞の指示対象が聞き手にとって既知のものであることを示す定（definite）の意味が生じることがある．同様の発達は英語（the は that から発達した），バスク語のビスカヤ方言，ヴァイ語（ニジエールコンゴ語族），ハンガリー語（フィンウゴル語派）にも生じている（Heine and Kuteva 2002）．

不定冠詞は主に数詞「一」から派生する．この発達は多くのヨーロッパ諸語，例えば英語，ドイツ語，スペイン語，フランス語，ギリシア語，アルバニア語（印欧語族），ハンガリー語（フィンウゴル語派）に見られ，またトルコ語（アルタイ語族），レズギ語（北コーカサス言語族），タミル語（ドラビダ語族），イースター島語（オセアニア語族）にも見られる（Heine and Kuteva 2002）．この過程において，単数の意味はたいていの場合維持されるが，使用される文脈は，唯一の指示対象を指定することに焦点があてられる状況から話者が新しい指示対象を談話に導入するものへと変化する．「一」という意味が一般化していることを示す証拠が，冠詞が複数化（pluralized）されてもよいという事実から裏付けられる言語もある．例えば，スペイン語の unos や unas などである．英語では，不定冠詞 a/an にはかなりの音韻縮約が起きており，数詞・不定代名詞 one と区別される．[11]

7.7. 接置詞の起源

「接置詞（adposition）」という用語は（名詞目的語の前に生じる）前置詞と（目的語の後ろに生じる）後置詞の両方を表すのに用いられる．次章で見るように，後置詞は名詞的目的語が動詞に先行する言語（日本語のような OV 言語）に生じ，前置詞は目的語が動詞に後続する言語（英語のような VO 言語）に生じるのが一般的である．接置詞は名詞の構文からも動詞の構文からも派生する．

名詞の構文から派生する文法素は，空間的位置づけを指定する意味から始ま

---

[11] 訳者注：英語でも，an estimated 100 people のように数詞の前や，from the Middle East to an assertive Russia のように固有名詞の前に形容詞が置かれた場合には不定冠詞 a/an が生じる．この a/an は「1つの」の意味を失って一般化していると言えるだろう．

る．これらの文法素は，英語の in front of N などの複合前置詞のように，規定の接置詞と属格の名詞を含む構文に見られる．通言語的研究（Heine et al. 1991b; Svorou 1994）によれば，そのような構文で文法化する名詞は頭，目，口，顔，背中などの人間の身体の部位を表す名詞であることが最も多いが，空，道，野原，戸口などの周囲のランドマークや横，頂上，真ん中，内部のような物体の部位を表す関係名詞であることもある．[12]（そして，これらの中には身体部位の用語から派生したものもあるかもしれない）典型的な例をいくつか以下に示す．

(172) アブハジア語（北コーカサス語族）
 a-vok' ҁà a-ç'ə
 駅　　　　三人称単数代名詞-口
 （駅で）
 カーニコバル語（オーストロアジア語族）
 i　kúːy řóːŋə
 に　頭　丘
 （丘の頂上に）
 バリ語（ナイロ・サハラ語族）
 i　kɔmɔŋ ŋa kadi
 で　顔　　の　家
 （家の前で）

身体の部位の名詞が用いられる時には，頭は頂点，顔は前，背中は後ろ，尻は底といったように，たいてい人の身体における位置を示している．しかし，頭が前，尻が後ろ，背中が頂点，腹が底を表す言語もある．この場合，部位の全体に対する空間的位置関係は四つ足の動物の体に基づいている（Heine et al.

---

[12] 訳者注：Huddleston and Pullum (2002) によれば，空間における 2 つ以上の物体の関係性に関わる表現を定式化する際に，一方をもう一方が置かれる基準点（領域）(reference point (area)) と定めるのが典型的である．ここでは，この基準点あるいは基準領域をランドマーク (landmark) と呼び，場所や移動が指定される項目をトラジェクター (trajector) と呼ぶ．例えば，The pen is on the table. （ペンがテーブルの上にある．）において，ペンがトラジェクターであり，テーブルがランドマークとなる．He collapsed in the bedroom. （彼は寝室で倒れるように寝た．）においては，トラジェクターは彼が倒れるように寝たという出来事であり，ランドマークはベッドとなる．トラジェクターは物理的な物体，あるいは出来事や状態のような抽象的なものや状況である．ランドマークは典型的には物理的な物体，空間における場所（点や範囲），あるいはこれらがメタファー的に表すものである．

1991b; Svorou 1994). Heine によれば，このような牧畜家モデルは畜産が重要な食糧源である文化で最もよく見られる.

　Svorou (1994: 90) は，身体の部位の用語が空間的接置詞になる過程で受ける意味変化の段階として，(173) を提案している.

(173)　身体の部位の用語　＞　物体の部位を表す関係名詞　＞　物の部位に近い場所　＞　物の部位の領域にある場所

この変化の軌跡は英語の in front of を用いて説明される．名詞 front は 13 世紀に「額」を表すラテン語の frontis から借用され，1 世紀後に，家のような物の一番先の部分（この場合，戸のある側面を前面と考える）を表す the front of に見られるようになった．6.13 節で述べたように，相対的位置関係を表す構造がある特定の領域（人間の身体）から別の領域へ拡張しているので，この意味の拡張はメタファー（隠喩）的であると考えられる．後に，話者の観点によって，あらゆる側面を表すように拡張された．17 世紀には，front は物の前部に接している場所を表す in the front of という表現に見られるようになる．18 世紀には，in front of はついにある物の前部に近い領域を表すために用いられるようになり，現在の意味となった．示される領域が，ある実体全体の一部にすぎなかった段階から，それに接していることを表し，最終的にそれに隣接する領域に含まれていることを表すようになったという点で，この最後の 2 つの段階はメトニミー（換喩）的変化（これによりこの部位は全体を表すようになる）であると考えられる.

　接置詞のもう 1 つの起源は動詞，特に連動詞構文（serial verb construction）の動詞である．連続した動詞が現れる言語では，同一の主語を共有する 2 つの動詞が標識を付加することなく連続する文が許されることを思い出してみよう．Givón (1975) は，動詞 fi（手に取る）が (174) のように道具の標識になり，さらに (175) のように一般化するヨルバ語（ニジエールコンゴ語族）における接置詞の起源を議論している.

(174)　ma　　　fi　　　　　àdá　gé　　　igi
　　　私.主格　手に取る.過去　なた　切る.過去　木
　　　（私はなたを手に取って木を切った）

(175)　mo　　　fi　　　　　ọgbọn　gé　　　igi
　　　私.主格　手に取る.過去　器用な　切る.過去　木
　　　（私は器用に木を切った）

またヨルバ語では，次の例のように，動詞 fún（与える）は受益者を合図するために用いられる．

(176) mo   mú   ìwé wá   fún   ọ
      私.主格 もつ.過去 本 来る.過去 与える.過去 あなた
      （私はあなたに本をもって行った）

(177) mo   sọ   fún   ọ
      私.主格 言う.過去 与える.過去 あなた
      （私はあなたに言った）

動詞から派生した前置詞は他の言語にも見られる．例えば，マレー・ポリネシア語族のトアバイタ語の議論が Lichtenberk (1991) にある．実際に英語にも現在分詞＋目的語名詞構文から派生した前置詞がある．during the night（夜の間）における前置詞 during は，現在では廃れてしまった動詞 duren（続く，耐える）の現在分詞形である．現在，前置詞化している可能性のあるもう1つの現在分詞として considering the cost（費用を考慮して）における considering や following dinner（夕食に続いて）における following などが挙げられる．

7.8. 格の発達

(174) から (177) の例で見たように，格標識のような文法関係を表す標識も動詞の文法化によって生じる．[13] Givón (1975) が指摘するように，ヨルバ語の対格標識はおそらく「得る」や「取る」を意味する動詞から生じた（もちろん現在ではそのような意味はなくなっている）．

(178) bọ́lá gbà adé gbọ́
      Bola 対格 Ade 信じる
      （Bola は Ade を信じた）

もう1つの対格の起源には「〜に向かって」や「〜へ」（向格）から始まる文法化の長い連鎖がある．ラテン語では，前置詞 ad は最初「ローマのほうへ向かって行く」の「〜へ向かって」や「ローマへ行く」の「〜へ」を表していた．後に，スペイン語で ad は，dió el libro a Juan（ジョンに本を与えた．三人称単

---

[13] 訳者注：原著は adposition となっているが，文脈上，「動詞の文法化」の誤りだと思われるため，このように訳した．

数）のように与格（間接目的語の格）として用いられるようになった．次の段階では，前置詞 a は ví a Juan（私はジョンを見た）のように直接目的語が人間で，かつ定である場合，直接目的語とともに用いられる．この段階では，a はある特定の状況で対格を標示するが，より一般的な用法に拡張しつつある（Company Company 2002）．向格が与格になるその他の言語には，タミル語（ドラビダ語族）やレズギ語（北コーカサス言語）などがある．ドラカ・ネワール語（チベット・ビルマ語）でも，与格が被動作主（直接目的語）を標示するようになっている．また，英語の目的語代名詞 him は，以前は与格代名詞であった（Heine and Kuteva 2002）．その他の格標識の起源については，次章の受動構文と能格構文の発達との関連において議論される．

7.9. 談話標識と主観化

　談話標識（discourse marker）はふつう節や主たる主述関係の外にあり，節内の事柄に対しての話者の態度を示す．談話標識は動詞，あるいは節全体からも通時的に派生するが，他の文法化を受けている連続体と同様に，談話標識も統語的，形態的柔軟性を失い，固定化され，音韻縮約が起こり，語用論的機能を帯びていく．英語には談話標識としての you know や I think などの例がいくつかある．ここでは，スペイン語の dice que（〜と述べる．三人称単数（says that））が命題に対して話者が表す疑念の標識 dizque になった事例を考察する．以下には，Company Company (2006) からの引用として，まず (179) に dice que の通常の動詞の用法が示され，次に (180) に述べられていることが本当ではないかもしれない事例，そして (181) に dizque が話者の疑念を表すようになった事例，最後に (182) に dizque が 2 度用いられている事例，すなわち 2 つ目の dizque は先行する陳述に対して疑念を表す純粋な談話標識として用いられている事例が示されている．

(179)　Ya　Plinio, en　su　Historia Natural, <u>dice</u>　<u>que</u>
　　　　すでに　Pliny　中で　彼の　博物誌　　　　　　　述べる　と
　　　　las　palmas　datileras　　　dan　en　las
　　　　その　ヤシ　　ナツメヤシの木　与える　中で　その
　　　　costa　de　España　un　fruto.
　　　　海岸　の　スペイン　ある　果実
　　　　(Plinio は彼の著書『博物誌（*Historia Natural*）』の中でスペイン沿岸ではナツメヤシは実をつけるとすでに述べている.)

(180) Se   dice que   la   prosperidad material trae
　　　再帰代名詞 と言う　その　繁栄　　　物質　　もたらす
　　　la   cultura y   la   dignificación del   pueblo,
　　　その　文化　　と　その　品位　　　　　の　　人
　　　mas   lo que realmente sucede …
　　　しかし　こと　現実に　　起こる
　　　（物質的な富はそれとともに国民の文化と品位をもたらすと言われる，しかし現実に起きていることは …）

(181) Se   trajo   todo   al instante y   con   estos
　　　再帰代名詞 もたらす すべて　すぐに　　　そして で　　これら
　　　y otros auxilios, diz que se
　　　と 他の　治療　　　と言う　再帰代名詞
　　　alivió   el   enfermo.
　　　和らげる　その　病人
　　　（すべてがすぐに持ち込まれ，そしてこれらと他の治療でその病人は回復したと言われてはいるが．）

(182) Sí, sí, dizque estamos   progresando, dizque.
　　　はい　はい　と言う　be 動詞.一人称複数　進展している　憶測で
　　　（はい，はい，状況は進展していると憶測で言っているのだ．）

dizque が談話標識として用いられれば，三人称現在形に固定化され，主語との一致により動詞が屈折することはない．現在，dizque は補文標識 que の目的語を取らないという点で，統語的にも自立している．また，dizque は音韻縮約を起こし，動詞では発音される語末の /e/ がここでは発音されない．このような場合 dizque は一語として書かれる．

談話標識は，より主観的になることで意味と機能を変化させる（Traugott and Dasher 2002; Company Company 2006）．dizque は語彙動詞＋補文標識から変化したため，証拠性を表す機能や，ある陳述を他者に帰属させる機能をもつようになり，また話者が抱く疑念を表すようにもなった．実際にこの変化は，話者が疑念を抱き，それを聞き手が理解するような状況で，頻繁にこの句が用いられることによって，生じる．そのため，この談話標識の機能のより高い主観性は，この形式を用いた場合，話者は陳述の真理性にいくらかの疑念を表していることを聞き手が推論することによって生じる．したがって，主観性は話者に帰属する一方で，聞き手は常に話者の主観的な意見を理解しようとするため，

実際に主観性を高めているのは聞き手である．

　Traugott and Dasher (2002) によって詳しく研究されてきたもう1つの談話標識は，英語の indeed である．古英語の dede は「行動」を意味する動詞 to do に関連した名詞であった．現代英語の deed の意味は，この古い意味とそれほどかけ離れているわけではない．dede は名詞であったので，他の名詞と同様に修飾語をともなうことができたし，動詞の主語や目的語としても機能することができた．また，前置詞句にも現れ，例えば in dede は「行動で (in action)」のように，in speche「言葉で (in speech)」と対照的に用いられていた．この意味から，in dede は14世紀に（目に見える行動は言葉よりも真実を示すため）「実際に・確かに (in truth)」という意味に発達した．強調としての indeed の現在の用法が，次の例が示すように，この用法から直接派生した．

(183)　I mean, that would be very exciting, <u>indeed</u>.　　　(COCA 2012)
　　　（つまりその，それは確かにたいへん刺激的かもしれない．）

Traugott and Dasher によれば，確信度の高さを表す認識様態的標識は，まるで indeed が修飾する陳述が予測されていなかったかのように，ある陳述が別の陳述と対比される文脈で用いられることが多い．次の例では，幽霊にはポルターガイストという種類しかいないという前提があったように思われる．

(184)　Polter-geist means noisy geist, in ghost language. It's just mischievous. <u>Indeed</u>, there are many other kinds of geists out there in the spirit world.　　　(COCA 2012)
　　　（ポルターガイストは幽霊の言葉で，うるさい幽霊を意味する．それはただのいたずらものである．実際には，霊界に多くの種類の幽霊がいる．）

この用法は2つの陳述の関係を表しており，Traugott and Dasher が述べるように，この用法から談話標識の用法が生じた．談話標識の用法では，ここでの例のように，indeed は節頭に現れ，より多くの情報とより大きな迫力を先行する節に加えている．

(185)　First of all, it creates not one new job. <u>Indeed</u>, it will hit some small businesses.　　　(COCA 2012)
　　　（まず，それはひとつも新しい仕事を生み出していない．それどころか，それは中小企業に打撃を与えるだろう．）

ここでも，かなり具体的な意味をもっていた元の語彙項目をともなう句が主観化 (subjectification) と文法化を受けた結果，他の陳述との関連における，話

者による命題の真偽性に対する評価，あるいは話者による談話の中の命題の位置づけを表す標識になっていることがわかる．

　この談話標識の発達は文法化と似てはいるが，同じではないと論じる言語学者もいる (Company Company 2002)．明確な違いとして，テンスやアスペクトの標識が節の内側にあるのに対して，談話標識は節の外側にあることが挙げられる．そして，談話標識は構文の一部ではないとも言えるだろう．しかしこの点に関しては，ここでの構文は「談話標識＋それが修飾する節」であり，構文の中に完全に含められると考えることもできる．また，談話標識は主観化によって特徴づけられるが，他の構文の文法化に主観化が常に見られるわけではない．

7.10. 文法化の過程の終点

　文法化の長い過程の終点で文法素には何が起こるのかを問うことは道理にかなっている．一般的に，文法素がより漂白化を受けるにつれて，より最近文法化した，元のより豊富な意味を保持している文法素に置き換えられていく傾向があると言えるだろう．この置き換えは非常にゆっくりと進むため，1つの言語に古い文法素と新しい文法素が似たような機能をもって共存することがしばしば起こる．例えば，古英語では主格，対格，与格，属格の格接尾辞があるが，格接尾辞とともに多くの場所関係を表す前置詞も発達していた．したがって，(186) に示すように，to は着点を表す与格の NP とともに用いられる (Traugott 1972)．

(186)　his　　suna　　twegen mon brohte
　　　　彼.属格　息子.複数　2　　誰か　連れる.過去
　　　　to þæm　　cyninge
　　　　に あれ-与格　王-与格
　　　　(誰かが彼の2人の息子たちをあの王のところに連れてきた)

前置詞と格接尾辞はラテン語でも共存していた．英語とラテン語では，語順が主語と目的語の関係を表し，前置詞がそのほかの機能を引き継ぐようになるにつれ，格接尾辞は次第に消失していった．この消失は，接尾辞を完全に消してしまうほどの音韻的縮約によると考える研究者もいる．例えば英語では，強勢の置かれない母音が縮約されてシュワ（あいまい母音）となり，語末の子音が削除された時に語末母音の対立は消失した (Vennemann 1975)．しかし，このような文法化の進んだ接尾辞は，その意味もほとんどを失っているということ

を忘れてはならない．したがってこの場合，文法化の過程の終点では，形式と意味の両方が消失するほどに縮約されたことになる．

　ある文法素がより最近発達した別の文法素に置き換えられた時，古いほうの文法素がその言語に残る場合がときどきあり，たいていはより周辺的な機能で残る．アメリカ英語では，(第6章で議論したように) will と be going to は未来を表すために頻繁に用いられ，より古い未来の形式である shall は使用頻度がはるかに低く，未来の意味で用いられることは今では稀である．shall は常に主語の人称によって異なる機能をもっていたため，現在の用法はその古い時代の分布上の特徴のいくつかを反映している．すなわち，一人称の場合にのみ未来の意味を示し，二人称または三人称の主語とともに用いられる時，shall の古い義務の意味が保持されている．今日では Congress shall make no law ...（国会は法律を作るべきではない）のような法律に関する陳述や聖書言語で shall の使用を見ることができる．また，shall は一人称主語とともに，特に shall we open it up?（それを始めませんか）のような一人称複数主語の疑問文や shall we say?（いかがですか）のような決まり文句でも用いられる．

　文法化の長い過程の終点で起こりうる発達のもう1つの例は，きわめて漂白化した，あるいは一般化した文法素の意味は，それが用いられる文脈から新しい意味を獲得するということである．Bybee et al. (1994: 230-234) で報告されたように，古い形式の現在時制が文法化している現在進行形によって置き換えられる事例がある．例えば，アルメリア語やカイロ・アラビア語では，拡張しつつある進行形が主節や断定における直説法現在 (present indicative) の用法のほとんどを引き継ぎ，古い形式の現在形は目的節，ある特定の時を表す接続詞に続く副詞節，ある特定の補部節に残るのみである．結果として，かつて単純現在形や未完了直接法であった形式は通言語的にしばしば仮定法と関連付けられる文脈で現在用いられている．実際に，Fairbanks and Stevick (1958) は，現代アルメリア語の疑問文における直接法の形式は願望法現在 (present optative)」の機能をもつと述べている．この現在時制の屈折はかつて生じていた構文の意味を獲得し，それによる非断定的な意味は主節での用法にももたらされたようである．

　古い文法素が最後に収められるのは語彙目録 (lexicon) であり，古い文法素の破片や断片は語彙項目 (lexical item) を増大させる．例えば，seldom の語末 -om は名詞 selda-（めずらしいもの）に付着する古英語由来の与格複数の格標識である (Hopper 1994)．より体系的な事例として，定冠詞の発達の最終的な状態が挙げられる．Greenberg (1978b) によれば，名詞標識は定冠詞の化石化したものであり，ほぼすべての名詞の用法に広がっている．Greenberg が挙

げているハウサ語（チャド語派）の例では，すべての名詞の語末は母音で，ほとんどの事例でその母音は長母音である．その長母音は，ほぼすべての事例に一般化した定冠詞接尾辞の名残であると彼は考えている．長母音をもたない名詞は，（すでに特定的でふつう冠詞をとらない）固有名詞，ʔà ʔídó（目の中に）（単独で用いられる場合は ʔídòò（目））のような場所や時の副詞的表現における名詞，そして短母音で終わる jíyà（昨日）のような（訳者補足：副詞的な）名詞のみである（Greenberg 1978b: 71-72）．

7.11. 結論

この章で挙げられた例は，文法化の過程がどれ程まで広がっており，文法素が文法のあらゆる側面への発達に至っていることを示すように意図されている．個々の事例において，第6章で述べられたメカニズムは，異なる語彙項目や異なる構文に対して適用するが，類似した効果を示す．すなわち，動詞句内，名詞句内，あるいは談話全体であるかに関わらず，文法的に機能する文法的形態素が形成される．また，これらの例は，（形式と意味の両方で）非常に類似した変化の経路が，（訳者補足：類型論的に）関係のない多くの言語に存在することを証明し，さらに，その過程はあるタイプの言語に制限されることはなく，むしろ，言語が使われる社会的，認知的文脈にこそ文法化の可能性は存在するのであり，その文脈は，すべての文化を通じて似ていることを示している．

推薦図書

Bybee, J. L., Perkins, R. D., and Pagliuca, W., 1994. *The evolution of grammar: tense, aspect and modality in the languages of the world*, Chicago: University of Chicago Press.

Heine, B. and Kuteva, T., 2002. *World lexicon of grammaticalization*, Cambridge: Cambridge University Press.

Hopper, P. J., 1994. Phonogenesis. In W. Pagliuca (ed.) *Perspectives on grammaticalization*, Amsterdam: John Benjamins, pp. 29-45.

ディスカッション用の問題

1. 文法範疇の通言語的な類似点と相違点を決定する通時的な要因とは何か.フランス語とスペイン語の have done 構文はどのように異なるのか.スラヴ語の完了相はこれらとどのように異なるのか.
2. 動詞に人称と数の一致が現れる言語を学んだことがあるなら,その言語の一致接辞と人称代名詞になにか類似点がないか見てみよう.
3. COCA で shall を調べ,その頻度を will と比べてみよう.また,shall が現在用いられている文脈を調べ,ここでの記述と一致するか確かめてみよう.
4. 文法化に関する多くの情報は *Oxford English Dictionary*(おそらくあなたの大学の図書館でオンライン版が利用できるでしょう)に見つけられる.however の項目を調べ,however の現在の意味とその用法が時代を経てどのように進化してきたのか調べてみよう.

第8章　統語変化――構文の発達と変化

8.1. 導入

　本章で取り上げる統語変化とは統語的構文上の変化であり，そこには新たな構文の創発や，創発後に生じる構文変化も含まれている．本章で使用する「構文（construction）」という用語には，2つの意味が含まれている．1つは「受動構文（passive construction）」や「関係節構文（relative clause construction）」を指すような従来の伝統的な用法であり，もう1つはGoldberg等の言語学者による統語分析で現在使用されているような，構文を形式と意味の関係として捉える用法である（Goldberg 1995, 2006）．Goldbergにとっては，句や統語パターンだけではなく語や形態素も形式と意味の写像関係ということになるが，本章では慣習化された統語パターンを考察の対象とする．そのような統語パターンには，様々な語や形態素によって占められるスロット（slot）や位置があり，それゆえ「スキーマ的（schematic）」であると見なされる．例えば，前置詞句は前置詞と目的語名詞句からなる構文ということになる．前置詞にしても目的語名詞句にしても，多くの異なる項目がそれぞれのスロットに生起可能という意味でスキーマ的である．例えば英語の場合，前置詞スロットはどのような前置詞も生起可能なことからスキーマ的であり，名詞句スロットは生起可能な名詞句の範囲が広範なため，いっそうスキーマ的である．構文を形式と意味の写像関係と見なすということは，構文を，その各部を占める語や形態素の意味以上の総体的意味を伝えるものとして捉えることになる．

　統語変化として論じられる現象は，以下の2つの意味で文法化（grammaticalization）との関係が深い．第一に，構文はそれに固有の文法形態素を含んでいる場合が多く，それらは文法化のプロセスを経て発達している点である．英語の前置詞（in, to, of, behind, below, after 等）はすべて文法化を経て

新たな前置詞構文（prepositional construction）を創出している．単一または複数の単位がカテゴリー変化を受ける場合には，統語変化と見なされうる．例えば，2つの動詞を伴う構文があった場合に，仮に1つの動詞が助動詞化したとすると，そこには文法化が起こっただけではなく統語変化も起こったことになる．第二に，文法化の原動力となるチャンク形成（chunking），カテゴリー拡張（category expansion），一般化（generalization），そして推論（inference）といったプロセスの中には，新規構文の創発に関係しているものもある．その意味で，本章で取り上げるテーマの多くは，前2章とも馴染み深いものとなっている．

さらに，本章では語順（word order）のタイポロジー（類型論，typology）と語順変化現象を取り上げ，言語がある語順から別の語順へと変化することを扱った先行研究のいくつかを概観する．語順の型が変化することは一般的ではないが，印欧語族ではこの変化が起こったように思われ，とりわけ20世紀には歴史言語学者の注目を大いに集めていた．

8.2. 並列的言語から統語的言語へ

1979年の著書 *On Understanding Grammar* の中で Talmy Givón が論証したのは，文法が談話から発達するということであった．つまり，緩やかに結合した語群（つまり並列的な繋がり）の結合度が時間を経て強固となり，結果的に統語ユニットが形成されるということである．この点に関して，Givón は (187) のようなパターンを繰り返して「次から次へと」変化が循環的に起こるという，自身の名を知らしめることになる提案をしている (1979: 209)．

(187) 談話（Discourse） → 統語（Syntax） → 形態（Morphology） → 形態音素（Morphophonemics） → ゼロ（Zero）

文法化を論じた際には（第6章），迂言的表現（periphrastic expressions）が接辞化する場合のように統語から形態への変化を取り扱った．第4章では形態音素（morpho-phonemics）の発達事例，第7章の最後では屈折がどのように消失するかを簡潔に考察した．本節では (187) の第一段階，つまり，談話上緩やかに結合している語が，反復使用を経てより強固に結合することで慣習化された構文（conventionalized constructions）へと至り，各語の意味の総和とは異なる意味を担うようになる事例を考察する．

8.2.1. 主題から主語へ

　談話から統語への変化の典型例として Givón が提示するのは，バンツー諸語のキンブンドゥー語（Kimbundu）の主題化構文（topicalization construction）に関するものである．キンブンドゥー語では，目的語名詞句が文頭に生起することが可能であり，以下の (188) および (189) では通常の語順と性数一致を示しているが，(190) では目的語名詞句が主題化されている (Givón 1976)．

(188)　aana　　　a-mono　　　　　Nzua
　　　子供たち　三人称複数.主語-見た　John
　　　（その子供たちは John を見た）

(189)　mwana　u-mono　　　　　Nzua
　　　子供　　三人称単数.主語-見た　John
　　　（その子供は John を見た）

(190)　Nzua, anna　　　a-mu-mono
　　　John　子供たち　三人称複数.主語-三人称単数.目的語-見た
　　　（John であれば，その子供たちが彼を見た）

例文 (190) では，目的語が文頭に現れることによって，緩やかに結合した（すなわち並列的な）構造が創出され，それによって目的語である John を談話の主題 (topic) として注意喚起する機能をはたしている．その意味で，(190) は談話のパターンとみなすことができる．

　本章を通して，「主題」という談話上の概念に依拠する研究を引き合いに出してゆく．これまでに幾多の研究が試みられてはいるものの，この用語に関して一般的な合意は依然として得られてはおらず，談話というコンテクストの中で構文がいかにふるまうのかについても十分な研究が積み上げられてきたわけではない．とりあえずここでは，主題とはその文が何について述べているかを示すものであり，多くの場合，談話の中で既に言及されている要素であると仮定しておこう．主題と対比的に用いられる概念は評言 (comment) であり，評言は文中に提示される新情報のことである．ただし，これらの用語は研究分野ごとに異なる意味合いで用いられ，主題は必ずしも節の主語とは限らない点にも留意しておくべきである．[1] つまり，主語は通例語用論的というよりも統語的に定義される．すなわち，主語とは動詞との一致を引き起こし，特徴的な格

---

[1] 訳者注：「話題 (topic)-評言／叙述 (comment)」のように訳出される場合や，「主題 (theme)-題術 (rheme)」の関係で考察される場合もある (cf. 荒木 1999: 95, 639)．

標示や節中で特定の位置を占めうる要素のことである．本節および以下の節での事例が示すように，ここでは主題が主語に変化する傾向を考察してゆく．

　キンブンドゥー語では，このようにもともと緩やかな構造を示すものが「統語化 (syntacticized)」され，つまり，より結束性の高い構文となり，受動態の機能をもつ事例も見受けられる．この構文では，もともと三人称複数形主語を標示していた接頭辞 (prefix) *a-* が不変化標識 (invariant marker) として固定化している．おそらくは，非人称の三人称複数 (they) を標示する機能から受動態標識へと発達したのではないかと思われる．このことは，動詞の動作主 (agent) が三人称複数でない場合にも *a-* が現れている (191) および (192) から明らかである．

(191)　Nzua　a-mu-mono　　　kwa　　meme
　　　　John　a- 三人称単数-見た　によって　私
　　　　(John は私に見られた)

(192)　Nzua　a-mu-mono　　　kwa　　mwana
　　　　John　a- 三人称単数-見た　によって　子供
　　　　(John はその子供に見られた)

(193)　meme　a-ngi-mono　　　kwa　　Nzua
　　　　私　　a- 一人称単数-見た　によって　John
　　　　(私は John に見られた)

(193) では，節の始めに位置する，主題化された目的語である「私」が，文の主語として機能し始めており，それに合わせて動詞の形も主語との一致が図られ，1 つの受動構文を形成し始めている．さらに，動詞の動作主が付加される場合には，前置詞 kwa (by) で標示されている．したがって，緩やかに結びついた談話の連続体が繰り返し使用されて時を経ることで，より結びつきの強い構文が発達したのである．この発達過程において，三人称複数を標示する接頭辞が受動構文を標示する新規の文法素 (gram) として創発された．接頭辞が三人称複数から受動態を標示する機能へと極端な変化を被ることから，この種の変化はしばしば「再分析 (reanalysis)」とみなされる．構文全体に関わるコンテクストと使用実態によって，本接頭辞が再解釈されたのは言うまでもない．

8.2.2. 2 つの節が 1 つに融合される場合

　6.8 節，7.7 節および 7.8 節において，連動詞構文 (serial verb constructions, 主語を共有する連続した 2 つの動詞) が，どのような経緯で補文標識

(complementizer),接置詞(adposition)あるいは格標識へと変化したかを考察した.² さらに,連動詞構文は主語に加えてテンス(時制,tense),アスペクト(相,aspect),ムード(mood),そして,極性(polarity, i.e. 肯定(affirmative)／否定(negative))を共有する等位節から歴史的に派生していると述べる研究者も多い.Lord(1993)は,こうした発達の証拠を,西アフリカで使用されているクワ語族(Kwa)と同地域の他言語から説明している.まず彼女が指摘するのは,目的語標示なども含む広範な文法機能を有するチュイ語(Twi)の標識 de である.この標識は,1881年と1875年に報告されている以下の例のように,等位接続で動詞として使用されていた.

(194) ɔ-n-dé   apèmpensí nàˊ   ɛ-pɛ̀
      三人称単数-否定-使う 強要   接続詞 三人称単数-探し求める
      n'-ádé
      三人称単数.所有格-もの
      ((彼が)強要によって私腹を肥やすのは,彼のやり方ではない)

(195) anoma de ako-ne-aba   na   enwene   berebuw
      鳥   de 行く-そして-来る 接続詞 三人称単数.織る 巣
      (行き来することで,鳥は巣を作る)

これらの例は,de がかつて動詞として使用されていたことを示している.そのことは,実動詞(full verb)を含む他の節と結合する節に de が現れていることから分かる.³ これらの節は,英語の and のように節を並列して結びつける接続詞 na によって連結されている.次に Lord が注目しているのは,これらの例が連動詞構文創発の起源である可能性を示している点である.つまり,連結した節は語用論的には並列ではなく,むしろ,手段と目的,行動と結果というような連動詞構文に典型的な機能を示しているからである.Lord は(196)

---

² 訳者注:接置詞については 7.7 節に基本的な説明がある.さらに詳しい解説は Huddleston and Pullum (2002: 602) を,通言語的考察として Hagège (2010) などもある.

³ 訳者注:Lord (1993: 65-114) に詳細な解説があり,(194) と (195) はそれぞれ同書 70 頁と 72 頁からの引用である.Lord の解説によると,de は「取る(take),つかむ(hold),もつ(have),所有する(possess),使う(use)」などの広い意味領域をもつ動詞であり,文法化を経て被動作主(patient)や道具(instrument)を表す前置詞へと変化したことが豊富な事例とともに紹介されている.第1章でも,オーストロネシア語族のトアバイタ語(To'aba'ita)から近い変化が紹介されているので,確認してみるのもよいだろう.さらに理解を深めたい場合には,Aikhenvald and Dixon (2006) や Haspelmath and König (1995) を比較参照してほしい.

に示すような文型の通時的発達を提示している．そこでは，まず接続詞が消失し，その後，主語代名詞が省略され，結果的に（196c）のように動詞が連続する状態になる．

(196) a.　NP　VP　CONJ　NP　VP
　　　b.　NP　VP　Ø　　　NP　VP
　　　c.　NP　VP　Ø　　　Ø　　VP

(196c) の構造で de が動詞機能をもっているチュイ語の例として，以下のようなものがある．

(197)　　ɔ　de　sika　ba-ae
　　　　彼　de　お金　来る-過去
　　　　（彼はお金を持ってやって来た）

このように，(196) に記載されている変化は，2つの完全節をより緊密に結合した1つの構造へと縮約する効果を示している．(196a) の場合には2つの連結した節があり，(196b) では2つの節が並列しているが，(196c) は1つの節のみから構成されているとみなされうる異なる構文である．他の章で言及した通り，(196c) の動詞の1つがさらに文法化して動詞性を消失することはよくあることであり，まさにチュイ語の de に起こったことである．本事例は，結果として，2つの等位接続された重文が単文へと変化する通時的連続性の橋渡しを担っている．

これとは異なる事例においても，2つの節が1つになる発達が観察される．Heine et al. (1991a) は，テソ語（Teso，ケニヤ西部およびウガンダ東部で使用されるナイル－サハラ語族）の否定構文 (198) は，(199) に示す主節と従属節を含む構文から派生していると報告している．[4]

---

[4] 訳者注：例文 (198) と (199) は，その注釈も含めて Heine et al. (1991) からの引用であるが，学習者向けに補足をしておく．まず (199) について，Heine et al. (1991) は主節 (e-mam petero) と従属節 (e-koto ekiŋok) の連鎖から派生した再建 (reconstruction) 事例と考えており，ここから (198) が実際のテソ語に確認できると説明している (218頁)．(そこで，原典通りアステリスク（*）を加筆してある．) その際に，-mam（存在しない 'not to be'）が否定辞へと文法化したと想定している．他の節や章でも同じだが，限られた紙幅では著者の Bybee も説明し切れず，苦肉の策として広く認められている Heine et al. 1991 からの引用にとどめたものと思われる．なお，比較的資料の豊富なインド・ヨーロッパ祖語（印欧祖語）の再建，そして，歴史的調査記録の稀少な言語の再建も，限られた資料からの推測であるため必ずしも見解が一致するとは限らない．こうした学問的な手順をより良く理解するために，学習

(198) mam petero e-koto ekiŋok
　　　否定　Peter　3単数-欲しい　犬
　　　(Peter は犬を欲しがっていない)

(199) *e-mam　　　petero　　e-koto　　ekiŋok
　　　3単数-コピュラ.否定　Peter (who)　3単数-欲しい　犬
　　　(犬を欲しがっているのは Peter ではない)

(199) の文は，もともと「存在しない ('not to be')」を意味する本動詞 -mam と，目的語としての Peter，そして，Peter を修飾する関係節から成り立っている．(198) のような現在の構文では，動詞 -mam は主語標示を失い否定辞となり，結果として，2つでなく1つの節からなる否定文を示している．本事例が示すように，かつて従属節であったものが主節へと変化を遂げている．

8.2.3. 節中での再編成——能格はどのように生まれるのか

　本章の最初の例として，キンブンドゥー語の一構文を取り上げた．その構文はまず主題化構文として始まり，その後，主題が文主語として再分析されたことにより，現在では受動構文になっている．本節では，節中の項が改編されることで生まれる構文の1つとして，能格構文（ergative construction）を取り上げる．格標示あるいは格配列は，主に対格（accusative）と能格の二種に分けられる．対格標示は多くのヨーロッパ言語ではなじみ深いものであり，他動詞と自動詞の主語が同じふるまいをし，他動詞の目的語とは区別される．格標示上，主語は主格であり，直接目的語は対格となる．例えば，英語の he（彼は）と him（彼を）は別々の格をもっている．主格 he は他動詞節の主語にも (he saw the deer（彼はその鹿を見た)) 自動詞節の主語にも (he walked away（彼は立ち去った)) 用いられ，対格 him は目的語にのみ使用される (the deer saw him（その鹿は彼を見た))．加えて，英語などの言語では，他動詞と自動詞の主語は，現在時制の場合に動詞一致を引き起こすという点からも，同様のふるまいを示す．これとは対照的に，能格配列構造（ergative alignment）は自動詞の主語と他動詞の目的語に，同じ格が標示されたり，ともに格標示が無かったりといった点で同じふるまいを示す．自動詞の主語と他動詞の目的語はともに絶対格（absolutive）を標示され，しばしば格接辞あるいは不変化詞（particle）によって標示される異なる格——すなわち能格——をもつ他動詞の主語と対

者には，Bybee が序章で言及している Crowley と Campbell の最新版でもある Crowley and Bowern (2010) や Campbell (2013) などを参考にしてほしい（「監訳者解説」4節も参照）．

照をなしている．

　能格構文は世界の言語の多くで確認され，一言語内に主格／対格構文（accusative construction）と能格構文が共存する場合も頻繁に起こる．こうした「分裂能格（split ergative）」システムは，能格そのものの歴史的派生経緯を知るうえで手掛かりになることがある．一例として，ヒンディ語（Hindi，インド-イラン語族）が挙げられる．この言語の場合，未完了相（imperfective）の動詞を含む節は主格／対格パターンを示し，(200)に例示されるように，他動詞主語はゼロ標示である一方で，目的語が定（definite）であり，有生的（animate）でもある場合には -ko による標示をともなう．さらに，(200c)と(200d)にあるように，動詞は性と数で動作主と一致している（Allen 1951; Anderson 1977）．

(200) a.　laṛkā　kutte-ko　dekhtā　　　hai
　　　　　少年　犬-定.対格　見る.男性.単数　助動詞-単数
　　　　　（その男の子はその犬を見た）
　　　b.　laṛkā　kutte　dekhtā　　　hai
　　　　　少年　犬.複数　見る.男性.単数　助動詞.単数
　　　　　（その男の子は犬を何匹か見た）
　　　c.　laṛkī　kuttā　dekhtī　　　　hai
　　　　　少女　犬　　見る-女性-単数　助動詞-単数
　　　　　（その女の子は犬を一匹見た）
　　　d.　laṛke　kuttā　dehkte　　hãi
　　　　　少年　犬　　見る.複数　助動詞.複数
　　　　　（その男の子たちは犬を一匹見た）

対照的に，完了相（perfective）の動詞を含む節は能格パターンを示し，(201)では他動詞主語が不変化詞 -ne で標示され，動詞は目的語と一致している．

(201) a.　laṛke-ne　　kuttā　dekhā　　hai
　　　　　少年-能格　犬　　見る.分詞　助動詞.単数
　　　　　（その男の子は犬を一匹見たことがある）
　　　b.　laṛkõ-ne　　　kuttā　dekhā　　hai
　　　　　少年.複数-能格　犬　　見る.分詞　助動詞.単数
　　　　　（その男の子たちは犬を一匹見たことがある）
　　　c.　laṛkī-ne　　kuttā　dekhā　　hai
　　　　　少女-能格　犬　　見る.分詞　助動詞.単数
　　　　　（その女の子は犬を一匹見たことがある）

    d. laṛke-ne billī dekhī   ha
       少年-能格 猫（女性）見る.分詞.女性 助動詞.単数
       （その男の子は猫を一匹見たことがある）
    e. laṛke-ne kutte dekhe   hāi
       少年-能格 犬.複数 見る.分詞.複数 助動詞.複数
       （その男の子は犬を何匹か見たことがある）

自動詞節の場合には，未完了相であれ完了相であれ主語には特別な標示はなく，動詞は主語と一致している．

　こうした状況に至る経緯には，ヒンディ語の歴史が大いに関係している．完了相は，動詞的形容詞つまり分詞形にコピュラ（連結詞，繋辞，copula）をともなう迂言的構文の文法化によって派生したもので，その構文には受動の意味が含まれていた．この受動性こそが過去の行為の結果として生じる現在の状態，すなわち結果の意味を表していた．前章で触れたように，結果を表す意味は既然相（anterior）へと発達する傾向にあり，さらに完了相に至る場合もある．完了相は受動構文に起因するため，意味上の目的語は主格で現れ，動作主は特別な標示 -ne を伴っている．受動構文から能格構文へという文法化の進行が完了相の場合に限定されるのはこうした理由による．したがって，能格システム（ergative system）になるか対格システム（accusative system）になるかは（動詞の）アスペクトによって変わってくるのである（Anderson 1977; Garrett 1990; Harris and Campbell 1995）．

　ポリネシア諸語にも興味深い事例が報告されている．マオリ語（Maori）やハワイ語（Hawaiian）を含む東ポリネシア諸語では対格配列構造（accusative alignment）が確認され，トンガ語群（Tongic languages）やサモア語（Samoan）等のサモア・域外ポリネシア語群（Samoan-Outlier）では能格配列構造が確認されている．現存する言語をもとに研究者はかつてのパターンの再建（reconstruction）を試みてはいるものの，以前の言語形式が対格なのか能格なのかについては，いまだ決着がついていない（Ball 2007 や Otsuka 2011 を見よ）．論争はつづいているが，その中から，Chung（1977）が提案する見解を紹介しよう．彼女は，後者の言語群（トンガ語群やサモア語等のサモア・域外ポリネシア語群）の中に受動構文が能格構文へ発達する変化を指摘するのだが，その変化はヒンディ語の場合と同じではなく，アスペクト体系による違いを生じさせなかったと主張している．対格配列構造をもつ東ポリネシア諸語は（202）のパターンを示す．同諸語のすべての言語は VSO 語順を示し，テンスとアスペクトは動詞に先行する不変化詞で，格標示は前置詞で示されている．

(202) 対格言語 (accusative language)
　　　　テンス　動詞　主語　　　　　　　　（自動詞）
　　　　テンス　動詞　主語　対格.直接目的語　（他動詞）

マオリ語からの他動詞文を一例として (203) に挙げる．

(203) Ka　　inu　te　　tangata　i　　te　　wai
　　　テンス　飲む　定冠詞　男　　　対格　定冠詞　水
　　　（その男はその水を飲んだ）

直接目的語が先行する i で示されていることがわかる．

　同じく東ポリネシア諸語の中で，能格言語 (ergative language) と見なされる言語には (204) のパターンが確認できる．[5] このパターンは，動作行為が目的語に影響を及ぼす他動詞の事例に見られる．

(204) 能格言語
　　　　テンス　動詞　主語　　　　　　　　（自動詞）
　　　　テンス　動詞　能格.主語　直接目的語　（他動詞）

以下に示すサモア語の他動詞文の事例 (205) は，マオリ語の他動詞文と異なることは一目瞭然であろう．つまり，能格名詞句が先行する e で格標示されている．

(205) 'Ua　tipi-(ina)　e　le　　lo'omatua　le　　'ulu
　　　テンス　切る-受動　能格　定冠詞　老女　　　定冠詞　パンの木
　　　（その老女はそのパンの木を切った）

サモア語の能格構文の発達を理解するために，マオリ語やその他の対格言語の受動構文を考察してみよう．受動構文のパターンを (206) に示す．（C は子音を示す．）

(206) 受動構文
　　　　テンス　動詞 -Cia　e 動作主　主語

---

[5] 訳者注：広範なオーストロネシア語族の中でもポリネシア諸語は系統関係がはっきりしているようだが，トンガ語 (Tongan) やサモア語などいくつかの言語は能格構文をもつ一方で，対格システムを示す言語もある (Dixon 1994: 191)．その中でもマオリ語は特筆に値し，対格システムを示し，その受動構文から能格構文への変化の初期段階を示しているとのことである（同頁）．

マオリ語から一例を挙げる．

(207) Ka　　inu-mia　　te　　wai　e　　te　　tangata
　　　テンス　飲む-受動態　定冠詞　水　動作主　定冠詞　男
　　　（その水はその男に飲まれた）

対格言語における受動構文は，能格言語における能格構文と大変近い配列を示しており，Chung は能格構文が受動構文から派生したと主張している．両構文の違いは，能格構文では動詞に標示される受動態接尾辞が削除される変異形が認められることと，能格構文では能格名詞句が絶対格名詞句に先行するのに対し，受動構文では動作主のほうが目的語に後行するという点のみである．

　能格言語には，直接目的語への影響が及ばない類いの限られた動詞群（感情，知覚，コミュニケーション動詞）に見られる，中間構文（middle construction）と呼ばれる別の統語形式もある．[6] 例えば，(208) はサモア語からの例である．

(208) 'Ua　　'alo　　le　　fafine　i　　le　　teine
　　　テンス　無視する　定冠詞　女　対格　定冠詞　少女
　　　（その女性はその少女を無視した）

---

[6] 訳者注：現代英語を前提として中間構文を捉えると誤解が生じると思われるため，以下のシンハラ語（Sinhalese）を用いて説明を加える．例文 (i) は典型的な他動詞構文であり，(ii) は中間構文の例である．なお，Dixon (1994) は，中動態（middle voice）を標示する動詞を含む構文を中間構文としており，Bybee の記述も「直接目的語への影響が及ばない類いの限られた動詞群」と明示していることから Dixon (1994) に従っていると思われる．

(i) 　mamə　　vaturə　bivva
　　　私.主格　水　　飲む.過去.能動態
　　　（私は（自分の食事を摂りながら）水を飲む）
(ii)　matə　　vaturə　pevuna
　　　私.与格　水　　飲む.過去.中動態
　　　（（私は川に落ちた時）私は（思わず）水を飲み込んでしまった）

(Dixon 1994: 26)

他動詞構文 (i) の場合，主格主語は意識的に動作をする解釈になるが，中間構文 (ii) の場合，与格主語には意図性が読み取れないという違いがある．与格主語以外にも具格（instrumental case）との組み合わせになる動詞もあるようだ（同頁）．こうした現象は，格標示の組み合わせが動詞の語彙的意味によって異なることとも関係しており，8.3.3 節で見る古英語の他動詞構文においても，同様の現象が見受けられる．現代英語の That book sold well（その本はよく売れた）のように，格解釈の必要性が少ない言語に馴れてしまうと見過ごしやすい現象である．通言語的にさらに詳しく中間構文あるいは中動態（middle voice）を理解したい場合には，Kemmer (1993) を参考にしてほしい．とりわけロマンス諸語の通時的考察が充実している．吉村 (1995: 第 5 章) も参考になる．

上記の (208) と (203) を比較すると，能格言語における中間構文は対格言語における対格構文に対応していることは明らかである．こうした理由により，マオリ語に確認できるような受動構文がサモア語等の能格構文へと発達を遂げたと Chung は主張している．こうした能格言語では，直接目的語へ動作行為が及ぶ他動詞を含む場合に能格構文が確認され，これら以外の他動詞をともなう場合には（現在では中間構文と呼ばれる）より古い対格構文となる．

　大部分の言語では，受動構文は能動構文に比べると使用頻度が大変低い．受動態は，話者による事態把握が，動詞の意味上の目的語の視点から節に反映された場合に用いられるからである．ところが，マオリ語の場合には受動構文の使用頻度がとても高いと Chung は指摘している．仮に，ある言語の受動構文の使用頻度が他動詞構文を表す一般的方法に至るまで高まれば，その言語は能格配列が基本になり始めていると考えられる．受動接尾辞を伴わない動詞語幹の広まりをみせるサモア語では，この変化がすでに起こったことは明らかだ．さらに，サモア語の能格構文は，もともと中間構文で見受けられた動詞にまで拡張している．Chung の報告によると，今日，多くの若年層のサモア語話者は，様々な動詞を（上の説明から予想される）(209) のような中間構文として用いることもあれば，(210) のような革新的な能格構文として用いることもあるとのことである．したがって，サモア語もまた，語彙動詞に何を選択するかに基づいて能格か対格かが変わってくる「分裂能格」システムをもっている．

(209)　na　tofo　'oia　i　le　kuka
　　　　過去　味わう　彼　対格　定冠詞　料理
　　　　（彼はその料理を味わった）

(210)　na　tofo　e　ia　le　kuka
　　　　過去　味わう　能格　彼　定冠詞　料理
　　　　（彼はその料理を味わった）

本事例では能格構文が受動構文から発達したことが唱えられている．（能格を派生させるその他の構文については Harris and Campbell 1995: 第9章を参照．）サモア語では対格構文と受動構文が共存しているが，受動構文の使用が高まるにつれて，受動構文そのものが基本構文としての地位を築くようになる．そしてさらに多くの他動詞とともに使用されるようになり，古い対格構文に徐々に取って代わるのである．[7]

---

[7] 訳者注：能格言語とその変化については諸説あるため，ここでは Dixon (1994) に基づい

8.3. 構文に見る発達と変化

先の2つの節で，緩やかに連結した語の組み合わせが，密接なまとまりを持つ構文へと発達する事例をいくつか見てきた．こうしたプロセスは，近年構文化 (constructionalization) と呼ばれている (Noël 2007)．構文は一度形成されると変化を被ることになるが，そうした変化を通して，使用域および構文内に生起する語彙項目が拡大する可能性もある．また，他の構文と競合する場合には使用域の減少を伴う可能性もある．また，ある構文の機能が別の構文により受け継がれる場合には，構文そのものが言語から完全に消失する場合もある．構文ライフ・サイクル上のこうした段階を以下の節で取り上げてみる．

8.3.1. 構文はどのように始まり拡大するのか

ここまでに取り上げた構文の中には，(話題化から受動構文，受動構文から能格構文のように)，話者の視点を節中の何らかの名詞に位置付けたり話題化したりする談話基盤型ストラテジー (discourse-based strategies) に由来するものがある．ところが，構文には様々なタイプが存在し，その多くは特定の語彙項目や語彙項目の組み合わせと関係している．この種の構文発生に関する研究はまだ始まったばかりであるが，いくつかの構文については史実に基づく情

て一部を紹介しておく．まず，本節で紹介されている受動構文から能格構文へという変化は，タイポロジーではよく知られる現象である (191頁)．ただし注意を要するのは，ポリネシア諸語には，(206) に紹介した -Cia に加えて，動詞接辞の -Ci と -a が個々に存在している点である．ポリネシア祖語 (Proto Polynesian) と系統的に関係深いフィジー語 (Fijian) の場合，完全な対格システムを持ち，-Ci は標準的な他動詞につく一方で -a は三人称単数目的語を標示する．Dixon は，-Cia がポリネシア祖語の受動標示であるという仮説と，フィジー語に観察される -Ci と -a との関係は決着を得ていないと指摘している (同頁)．一例として，Hohepa (1969) がポリネシア祖語を対格構造と提案するのに対して，Foley (1976) はポリネシア祖語を能格構造と提案している研究史もある．

本書で紹介されている対格システム (受動構文) から能格システムへの変化に加え，能格システムから対格システムへの変化も指摘されている (Dixon 1994: 193-203)．ただし，この2つの変化は鏡像的 (mirror-image) ではなく (186頁)，いち早く調査されることが望まれている．というのも，Schmidt (1985) が指摘するように，若い世代の能格言語話者は，自らの言語を対格システムに置き換える傾向も報告されているからだ．接語代名詞 (clitic pronoun) の属格と主格の分布を詳細に調べ，中央太平洋祖語 (Proto Central Pacific) の能格システムを再建した Kikusawa (2002) は本研究分野の到達点の1つと言える．Kikusawa (2002) によれば，ポリネシア祖語は能格システムを保持しているが，フィジー語は後の分岐を経て対格システムへと移行したことを明らかにしている．能格システムと対格システムの連続性を名詞句階層との関係で論じた柴崎 (2006) もある．

報が関連研究の中で提示されている．本節では，動詞と形容詞の単純な組み合わせから発達を遂げた，生産性の高いスペイン語の構文事例を考察する．

現代スペイン語には，形容詞をともなう構文中に使用されて，「～になる (become)，～の状態に入る (enter into a state)」を意味する動詞がいくつか存在する．Wilson (2009) は，こうした構文の1つである「quedarse＋形容詞」構文の歴史的発達を，発生当初の12世紀から現代までたどる研究である．[8] この構文に使用される動詞は quedar の再帰形で「～のままである (remain)」を意味している．初出は12世紀であり，「～の状態になる (become)」を意味していた．初期の事例 (211) で留意しておきたいのは，「～のままである (remain)」あるいは「～の状態になる (become)」のどちらも言い表せる可能性があった点である．

(211) E el conde quando vio quando vio que de otra manera no podia ser sino como queria el comun delos romeros no quiso ay quedar solo & fazia lo mejor & cogio sus tiendas & fue se empos delos otros.
(Gran conquista de Ultramar, 作者不明，13世紀)
（伯爵は，ローマへの巡礼者が共通に望むものは想定されること以外には無いと分かり，独り取り残されたまま一生を終えることが嫌になった．必死に仮の住まいを片付け，仲間の後を追いかけた．）

12世紀や13世紀のテクストには本構文の事例はごくわずかであるが，17世紀までには生産性が高まり，多様な形容詞とともに用いられるようになっている．Wilson は，この数世紀の間の構文拡張プロセスを研究し，以下のことに気づいた．この構文は特定の形容詞とともに生起し，コロケーション (collocation) として慣習化されている．例えば，quedarse solo「独りで生涯を終える」(end up alone) は調査された12世紀の資料の中では最も使用頻度の高い組み合わせである．この構文は全体でも12例という少なさではあるが，うち3例は quedarse solo であり，他の形容詞との組み合わせはどれも1例ずつである．この最も使用頻度の高い組み合わせは17世紀までの数世紀間用いられ続けていることからも，慣習化 (conventionalize) されているとみなして良いであろう．この構文自体は他のいくつかの形容詞とも用いられているが，どれもが慣習化に至っているかどうかは分からない．特定の語の連鎖が慣習化し，つまり，コロケーションやプレハブ表現 (prefabricated sequence) であるとい

---

[8] 訳者注：動詞 quedar は「残る，～の状態になる，～のままである」などを意味し，se は再帰代名詞三人称単数・複数形を表している．

うことは，その連鎖がイディオム的あるいは母語話者のような言い回しで特定の概念を表していることを意味している (Pawley and Hodgetts Syder 1983; Erman and Warren 2000)．本節で quedarse solo を「孤独になる (become alone)」と訳さず，「独りで生涯を終える (end up alone)」と英訳するのは，後者こそが，英語で慣習化された表現だからである．前者の訳は，意味的に筋は通るものの，だいぶ座りが悪い訳出だと思われる．[9]

いくつかの「動詞 + 形容詞」連結が慣習化されることが重要なのは，こうした事例がモデルとなり，他の形容詞も同構文への使用が見込まれるからである．一例として，14 世紀から 15 世紀に，(212) のような事例が見受けられることが指摘できる．この事例では，妻に先立たれること，言い換えれば，男やもめになることを表すのに quedar が用いられている．その理由は，独り取り残されることを表すのに，より早い時期に慣習化して定着した表現 (quedarse solo) と以下の表現 (quedo biudo) が意味的に似ていることによると Wilson は説いている（「〜になる」を意味し，形容詞 biudo と共起できたであろう動詞は他にもある点は留意しておきたい）．

(212) Enla tierra de ansaj avia vn potente rrey al qual no avia quedado sy no vna hija la qual avia avido de su muger que enel ora del parto murio & <u>quedo biudo</u> mas el rrey hjzo criar la hija muy honorable mente.

(Historia de la Linda Melosina, 作者不明, 15 世紀)

(Ansaj の地には実力のある君主がいたが，娘一人以外には後継者がいなかった．娘は授かったものの，その母は出産と引き換えに息を引き取り，(君主は) <u>男やもめとなった</u>．しかし君主はその娘を立派に育てあげた．)

またこの時期には，形容詞 huérfano（孤児になる）や前置詞 sin（〜なしで）を含む一連の前置詞句が quedar とも用いられ，例えば，sin heredero（後継者なしで），sin armas（武装せずに），sin pluma（ペンなしで）などの表現を形成して

---

[9] 訳者注：言語習得におけるプレハブ表現の効果についてはペレラ (2015) を勧めておく．例えば，5 歳 3 ヶ月の日本人の男の子がアメリカに来て半年後からの言葉を観察してみると，プレハブ表現の一例として I'm hungry が確認できたという (149 頁)．その男の子はそのプレハブ表現を分解し，[I'm + X] というパターンから別の表現を使うようになったものの，例えば，I'm bathroom や I'm drink some water のようなエラーも含まれていた (153-154 頁)．プレハブ表現に近い用語として定型表現 (formulaic language) もあるが，後者は「大人が使う固定された熟語や慣用句を指す場合が多い」のに対し，前者（プレハブ表現）は「子どもが自分なりに切り取ったチャンク全て」を指すとし，研究上の解釈を示している (16 頁)．

いる．さらに，sin dubda（間違いなく）や sin pena（悲しむことなく）などの抽象概念もいくつか使用が確認できる．このような状況から判断すると，この時期には，quedar(se) とともに用いることのできる形容詞あるいは前置詞句のカテゴリーが拡大していると思われる．これは，solo と共起する初期の例との意味的な類似性によって家族の一員を失うことを描写する表現に端を発し，そこから転じて武器のような具体物の欠如を表すようになり，より抽象的な表現が生起するに至っている．このように，1つの固定表現の存在が，後のより一般性の高い構文の形成の一翼を担っている．早い時期に慣習化された表現 quedarse solo が，20世紀や21世紀の今でも非常に頻繁に用いられている点も興味深い．

他にも慣習的コロケーションが「quedarse＋形容詞」構文とともに発達している．15世紀には quedarse confuso（困惑している）が生まれ，17世までには，この意味領域で quedarse とともに使用される形容詞は，suspenso（驚いて），embelesado（魅了されて），absorto（夢中になる）をはじめかなりの数にのぼっている．「驚き」を中心とする表現群は19世紀に一層の拡がりを見せ，今なお健在である．現代スペイン語で「驚いている」(to be surprised) の慣習的な言い回しは quedarse sorprendido である．

この構文は現代スペイン語で非常に生産的であり，新たな語彙項目へと拡がりを見せている．タイプ頻度（type frequency）も非常に高く，多数の異なる種類の形容詞と共起している．しかし，こうした形容詞の大部分は，いくつかの意味的クラスターのうちの1つに収束され，構文の生産性は意味上きわめて制限されている．興味深いのは，現在よりも17世紀や18世紀の時点のほうが，この構文がより生産的であったと思える点である．目下，この構文の使用が制限される背景にあるのは，「～になる」を意味する他の動詞の発達であり，quedarse 構文の機能のうちいくつかがそれらに引き継がれている．そうした事例の1つが「ponerse＋形容詞」構文である．

起源と発達について継続的に研究が進められている他の構文として，英語の「way 構文 (*way* construction)」がある．(213) に示す (Israel 1996)．

(213)　The wounded soldiers limped their way across the field.

(Israel 1996: 218)

（負傷した兵士たちは，足を引きずりながら平原を越えていった．）

Israel は，本構文は中英語におけるより一般的な構文の特殊な一事例であると指摘している．構文中に way 以外の名詞も使用可能な点から，Israel は同構文を「go-your-path 構文」と捉え，以下のような例をそれぞれ引いている（訳

第 8 章　統語変化　　　235

者加筆：原典情報を可能な範囲で加筆してある）．

(214)　To　madian lond, wente　　he　　　his　　　ride
　　　　～へ　Madian　土地　行く.過去　彼.主格　彼.所有格　馬に乗って
　　　　　　　　　　　　　　　(c. 1250 Genesis & Exodus, 3950; Israel 1996: 221)
　　　（彼は馬に乗って Madian へと向かった）

(215)　Tho　　wente　　he　　　his　　　street,
　　　　その時　行く.過去　彼.主格　彼.所有格　通り
　　　　tho　　flewe　　I　　doun.
　　　　その時　急ぐ.過去　私.主格　一直線に
　　　　　　　　　　　　　　　(1481 Caxton, Reynard (Arb), 55; ibid.)
　　　（私が急いで駆け下りる一方で，彼は一直線に進んだ）

本構文中に用いられる最も一般的な名詞は way であり，最も一般的な動詞は wend（旋回しながら進む）であった．事実，wend one's way（ゆっくりと進む，去る，行く）は現代英語でも頻繁に使用されるイディオム的表現である．中英語から別の例を示しておこう．

(216)　The king took a laghtre, and　　wente　　his　　way.
　　　　その　王　笑う.過去形　　そして　行く.過去形　彼.所有格　道
　　　　　　　　　　　　　　　(1412 Hoccleve, De Reg. Princ., 3400; ibid.)
　　　（王は笑って出かけて行った．）

(217)　Now　wyl　I　　　go　wend　my　　way
　　　　今　意志　私.主格　行く　進む　私.所有格　道
　　　　With　　sore　syeng　and　　wel away.
　　　　～とともに　悲哀の　歌　　そして　良い気分で
　　　　　　　　　　　　　　　(1450 Coventry Mysteries, "Cain & Abel" 193; ibid.)
　　　（我，これより立ち去る，悲哀の歌とともに，良い気分にて．）

19 世紀になると，構文の拡張が進んで動作の様態を表す動詞とともに用いられるようになり，例えば，困難で骨の折れる動きを表す (218) のような事例や，曲がりくねった道を表す (219) のような事例が出現する．

(218)　She started up, and fumbled her way down the dark stairs.
　　　　　　　(1801 Gabrielli's Mysterious Husband, III.80; Israel 1996: 222)
　　　（彼女は立ち上がり，手探りしながら暗い階段を降りて行った．）

(219) Mr. Bantam corkscrewed his way through the crowd.

(1837 Dickens, Pickwick Papers xxxv; ibid.)

(Bantam 氏は，群衆の中に身をねじり込むように進んでいった．)

19世紀末になると構文はさらに拡張し，(220) のように，動作から連想される音を表す動詞が現れ始める．

(220) There is a full stream that tumbles into the sea ... after singing its way down from the heights of Burrule.

(1890 Hall, Caine Bondman, ii.iii; ibid.)

(Burrule の高地から，鳥のさえずるように流れ出たのち，大海へと一気に流れ込む小川がある．)

　以上の考察だけで way 構文を語り尽くせるわけではないが (全体像については Israel 1996 を参照)，ここで一度，way 構文とスペイン語の「quedarse＋形容詞」構文の事例から導き出せる結論を見てみよう．2つの事例を通して観察してきたことは，新たな構文の創成を意味する構文化である．ここで言う構文化のプロセスには2つの側面がある．1つは，構文の一部の固定化であり，最初の事例では動詞 quedarse が，二番目の事例では名詞 way がこれに該当する．もう1つは，構文の他の部分が拡張することである．最初の事例では，quedarse とともに使用される形容詞のカテゴリーが拡張され，二番目の事例では，構文に用いられる動詞群が拡張している．このような拡張のプロセスは，より多様な語彙項目を含む構文を生じさせ，カテゴリーを図式的に示せるようになることから，スキーマ化 (schematization) と呼ばれている (Noël 2007). ここで考察したいずれの事例でも，カテゴリーのスキーマ化に意味的制約がかかっている．カテゴリーのスキーマ性には程度の差があり，例えば，(移動動詞 (verbs of motion) のように) 意味上の定義が広い範囲に及ぶ場合には，そのカテゴリーは極めてスキーマ的となる．しかし，(曲がりくねる移動を表す動詞のように) 数そのものがより少なく，より類似した項目で構成されている場合には，そのカテゴリーのスキーマ性はより低くなる．

　すでに示したように，どのようにして新しい構文が発生するのかという問いに，研究者が取り組み始めてまだ日が浅い．実際の開始時期を特定するのは困難な場合が多いが，発達の早い段階で構文を捉え，その後の発達を辿ることは可能である．この点において，コーパスを利用する研究は，構文の使用される環境の拡張と縮小の両面を明らかにすることが可能なため，とりわけ興味深い．歴史上のある時期において，その他どのような構文が近い機能を担ってい

るのかを検討することも同じく重要であり，このことを次節で考察する．

8.3.2. 構文の重層化と競合

ここまでに本章で取り上げたほぼすべての事例において，非常に近い機能を表すために複数の構文が競合（competition）し合う状況が説明されていた．構文化あるいは文法化によって新たな構文が生じる場合，既存構文の機能は，時間をかけて少しずつ，新たな構文に引き継がれていく．こうした緩やかな言語変化が興味深いのは，ほぼ同じ文法的働きを担う構文が同時に2つ3つ存在するという共時的状況が生まれるからである．Hopper (1991) は，このような状況を「重層化 (layering)」と名付けた．共時現象に取り組む統語論者は形態統語的構文が重層化することにすっかり魅了され，類似性の高い構文間に見られる意味的，語用論的，あるいは，文体的差異を見いだそうと躍起になっている．こうした場合，とりわけ，ある構文が別の構文の機能を引き継ぐ際に，どのような要因が働いているのかを理解したい場合には，通時的観点が役立つ．

英語の統語研究の中で話題に上ることの多い2つの構文を考えてみよう．例文（221）には複他動詞構文または二重目的語構文 (ditransitive or double object construction, 以下 DOC 構文)，例文（222）には DOC 構文に近い機能を持つが，受取人 (recipient) に前置詞をともなう構文が取り上げられている．

(221)　She gave her brother a large dictionary.
　　　（彼女は自分の兄弟に大きな辞書を与えた．）

(222)　She gave a large dictionary to her brother.
　　　（彼女は大きな辞書を自分の兄弟に与えた．）

これらの例では，「彼女の兄弟」が受取人すなわち間接目的語で，「大きな辞書」が被動作主すなわち直接目的語である．これらの文で示される2つの構文は近い意味を表し，談話上の要因次第ではあるが，場合によってはおおよそ同義的に用いられる．しかし，(221) の DOC 構文の場合は，特定の意味を表す動詞群にのみ使用が限定されるが，(222) の前置詞構文の場合には使用上の制約は少なくなる．例えば，両構文ともに，(223) と (224) のようなメッセージ伝達動詞とともに使うことは可能であるが，(225) と (226) のように発話様態動詞 (manner of speaking verb) の場合には，前置詞構文が優先される (Colleman and De Clerk 2011).[10]

---

[10] 訳者注：現代英語の DOC 構文と与格構文 (dative construction) の交替については研究

(223) John told Bill the news.
　　　（ジョンはビルにその知らせを伝えた.）

(224) John told the news to Bill
　　　（ジョンはその知らせをビルに伝えた.）

(225) *John whispered Bill the news.
　　　（意図される意味＝(226) と同じ）

(226) John whispered the news to Bill
　　　（ジョンはその知らせをビルに耳打ちした.）

歴史的発達の観点から見ると，前置詞構文は DOC 構文よりも発生時期が遅い．古英語（Old English）では名詞に格標示があったため，異なる格標示を持つ名詞の組み合わせ，例えば，与格＋対格，属格＋対格，あるいは，与格＋属格から構成される DOC 構文がいくつか存在していた．前置詞は古英語期に現れたが，その使用頻度は現在よりもかなり低かった．また古英語期の前置詞 to は広い意味で着点を表していた．したがって，古英語では受取人は (227) のように与格を標示するか，使用率は下がるものの (228) のように前置詞 to で示されることもあった（例文は Traugott 1972 より．原典情報は訳者による加筆）．

(227)　pa　　　　teð　　　　hie　　brohton　　　　　sume
　　　指示詞.複数　歯.対格/複数　彼らは　持ってくる.過去/複数　いくつか

が盛んである．ここでは一例のみ紹介し，以下の本論で展開する歴史的考察と比較してみてほしい．ゴールドバーグ (2001) によれば，以下の (iii) のペアは文法的に可能な表現だが，(iiia) には丁寧さが感じられないという．
　(iii) a. She fed lasagna to the guests.
　　　 b. She fed the guests lasagna.
　　　　（彼女はお客にラザニアを出してあげた）
　　　　　　　　　　　　　　　　　　　　　（ゴールドバーグ 2001: 196）
動詞 feed（餌をやる）は，通常赤ん坊か動物に食べ物を与える場合であり，その点だけでも丁寧さが感じ取られにくい．しかし，(iiib) の構文の場合，(iiia) に比べると丁寧さの度合いが上がる理由は，第一目的語位置に現れる受取人に自発性が読み取れるからである．このように考えると，(iv) が容認されないことも説明がつくという．恐らくこの場合，Bill threw a blanket to the coma victim とするほうが自然だと推測できる．本現象をより深く理解するために，Iwata (2008) と Rappaport Hovav and Levin (2008) を読み比べるのもよいだろう．
　(iv) *Bill threw the coma victim a blanket.
　　　（Bill は昏睡状態の被害者に毛布を投げてあげた）
　　　　　　　　　　　　　　　　　　　　　（ゴールドバーグ 2001: 196）

þœm   cyninge
指示詞.与格　王.与格

(Or. (King Alfred's Orosius) 18.1; Traugott 1972: 79)
(それらの歯を，彼らはいくつか国王へ捧げた)

(228)　his　suna　　　　tweġen　mon　　　brohte　　　　to
　　　　彼の　息子.対格／複数　2つ　　　彼が／人が　持ってくる.過去　〜に
þœm　　　　cyninge
指示詞.与格　王＋与格
(894 Chron. (Two of the Saxon Chronicles Parallel) 86.26; Traugott 1972: 80)
(息子2人を彼は国王へと捧げた)

中英語期になると名詞の格標示は次第に消失するが，(227)に示される構文は，受取人名詞を動詞に最も近い位置にともないつつ存在し続けた．前置詞構文は拡張し続け，様々な動詞とともに使用されるに至っている．

すでに説明したように，現代英語では前置詞構文が幅広い動詞とともに使用可能な一方で，DOC構文はより制限されている．しかし，DOC構文に用いられるいかなる動詞も前置詞構文に使用可能という意味では，使用域に完全に一致するところがある．歴史的観点に立つと，ここで起こっているのは，DOC構文で使用可能な動詞群が徐々に縮小してきているということである．筆者の知りうる範囲内では，2つの構文が競合する全期間を通して，こうした変化がどのように生じてきたのかを詳細に論ずる研究は皆無である．しかし，かつてはDOC構文に使用されていたある種の意味を表す動詞群がもはや使用されてはいないことを，過去300年の中で論じている研究は存在する (Colleman and De Clerk 2011)．目下の論点は (223) や (225) に例示されるような伝達様式を表す動詞類であり，[11] 現在では，whisper (耳打ちする) のような動詞はDOC構文には現れないことを示している．ところが，Colleman and De Clerk (2011) は whisper がDOC構文に使用されている18世紀からの例を報告している．

(229)　At her departure she took occasion to <u>whisper me</u> her opinion of the widow, whom she called a pretty idiot.　　　(Fielding 1751)
(出発の時，彼女は機に乗じて，相当困った人と呼んでいる例の未亡人につい

---

[11] 訳者注：本節中の (223) と (225) は原著ではそれぞれ (229) と (230) であった．文脈上，(223) と (225) が適切と判断し訳出の際に改めたことを記しておく．

て，自身の気持ちを私に内緒で教えてくれた．）

(230) I would grant neither, as something whispers me that it would be giving a sanction to adultery. (Goldsmith 1766)
（私はどちらも認めなかった．というのは，そうすることで姦通に対する制裁になるであろうと虫の知らせがあったからである．）

以前は DOC 構文で使用されていたものの，現在では前置詞構文を求める他の動詞類の例も Colleman and De Clerk は見出している．例えば (231) にあるように，現在では DOC 構文は受取人目的語に使用することが可能であるが，それは，目的語が受取人として意図された場合に限られている（訳者注 10 を参照）．しかし，つい最近の 19 世紀までは，間接目的語が直接目的語の受取人とは言えない場合においても，DOC 構文が受取人目的語とともに用いられていた（例文 (232) を参照）．

(231) She found me a job. He baked me a cake.
（彼女は私に仕事を見つけてくれた．彼は私にケーキを焼いてくれた．）

(232) Let a French woman nurse me when I am ill, let an English woman clean me my house and an Englishman write me my poetry.
(Jean Ingelow 1882)
（私が病気の時には，フランス人女性に看病してもらい，イギリス人女性には家の掃除を，イギリス人男性には私の詩を代わりに書いてもらおう．）

現代では clean my house for me や write my poetry for me と言うと思われることからも，この事例は前置詞構文に置き換えられた用法とわかる．
　では，こうした構文の切り替えは厳密にはどのように起こるのだろうか．伝達様式を表す動詞と物体の受領を意味しない受取人が両構文でともに使用される状態から次第に前置詞構文が好まれるようになり，その傾向が強まるにつれ，こうした意味を担う DOC 構文の事例は一層使用頻度が少なくなっていったに違いない．言語表現の使用が少なくなり馴染みも薄れて来ると，最終的に非文法的と見なされることがある．このプロセスは形態論で言う類推的水平化 (analogical leveling) に似ている．つまり，より生産性の高い構文（過去時制を規則的に表す -ed）は，(wept ではなく weeped を産み出すように）ますます多くの事例を取り込み始める．類推的水平化と同様に，高頻度で使用される表現は変化に抵抗を示すところがある．例えば, give someone a call（人に電話をする）や give someone a nudge（人に小言を言う）のようなある種の定型表

現は DOC 構文を保持する一方で，前置詞構文としては使用できない．したがって，I gave a call to the doctor は不自然である．その他にも，pay someone a visit（人を訪問する）や wish someone a good day（人に良い一日を願う）ように，DOC 構文との相性が良いものもある．予想できるように，ある種の意味を持つ動詞類が他の動詞よりも DOC 構文で長く使用されるのは，以下に見る通りである．

　Barðdal (2007) によれば，同じ傾向が他のゲルマン諸語でも確認されている．彼女の研究は，古ノルド語と古アイスランド語で DOC 構文とともに使用されていた動詞類の変化を，現代アイスランド語，ノルウェー語，および，スウェーデン語との比較により調査したものである．そこで彼女が気づいたことは，DOC 構文のタイプ頻度もトークン頻度 (token frequency) も，古ノルド語および古アイスランド語時代から現代にかけて減少していることである．（たいへん保守的な言語として常々見なされている）アイスランド語の DOC 構文で使用される動詞類は，北ゲルマン語の，もしかするとゲルマン諸語全体の原型を表しているのではないかと Barðdal は主張している．（現代オランダ語も含めて）あらゆる事例を考察してみると，DOC 構文で用いられる動詞類が競争に敗れ，前置詞構文の使用が拡張してゆくという変化の方向が見えてくる．

　ここでの議論に関わる興味深い別の要因として，DOC 構文で用いられ続けた動詞類の意味と，DOC 構文での用法が衰退してきた動詞類の意味が挙げられる．Colleman and De Clerk が指摘しているのは，DOC 構文で用いられる動詞類に制限がかかることにより，結果として意味的に緊密に結びついた構文が生じるということである．彼らによれば，DOC 構文はそこで用いられる動詞類が縮小されることで，受取人と聞き手 (addressee) を中心とする構文に帰着している．Goldberg (2006) は，ある構文に最も頻繁に生起する項目が，その構文の意味の最も基本的な特徴を示していると指摘している．Colleman and De Clerk の研究によると，18 世紀には，英語の DOC 構文で群を抜いて使用頻度の高い動詞は（間接目的語が受取人を表す）give と send，および（話しかけられる人を表す）tell であった．古ノルド語と古アイスランド語の場合，「与える (give)」と「言う (say)」に相当する動詞が最も頻繁に使用される動詞であったと，Barðdal (2007) は述べている．ことによると，これらの意味から最もかけ離れた意味を担う動詞が，DOC 構文での使用頻度がその分少ない傾向にあるというのが実態かもしれない．

　さらに Colleman and De Clerk が考察していることは，構文の意味的な結合性よって偶発的な拡張が可能な点である．彼らの指摘するように，現代英語

のDOC構文で用いられるすべての動詞類は18世紀においても使用が確認できる．ただし，e-mail, fax, text等のコミュニケーション上の手段を含む動詞類は別である (he faxed me the form)．技術変化を反映するこのような動詞類が（「聞き手」の意味の事例として）DOC構文に適応されうる事実は，これらの行為によって知覚される意味的な緊密性が（DOC構文についての）真理を表しており，生産性を増幅させていることのさらなる証拠となっている．

　本事例を含む本章で論じてきたすべての事例から，いくつかの一般原理が導き出せる．ある言語の中で，2つの構文が非常に近い機能を担う際には，一方がより古く，他方がより現代に近い時期に形成されている場合が多い．後から生まれた構文が先の構文を押し退けることで生産性を高めることが多く，その場合，より古い構文はタイプ頻度面でもトークン頻度面でも縮小することが予想される．さらに，古い構文が保持される事例では，使用頻度が高い表現，つまり，全体が決まり文句として学習される定型表現である場合が多い．本章で見たように，高頻度で使用される表現が必ずしも過去の名残であるとは限らず，むしろ，生産的な意味カテゴリーの中心として機能することがある．

8.3.3. 構文はどのように消失するのか

　前節で論じた事例では，構文間の競合が約一千年も続いている．こうした事実に基づくと，DOC構文が英語や他のゲルマン諸語から今すぐにも消え失せるとは思えない．しかし，競合や重層化の事例の中には，1つの構文が他方に勝ち，相手を消失させる場合もある．以下で論じる事例も古英語から現代英語にかけての変化であり，英語が格標識を失う過程に関係するものである．

　名詞に格標識を持つ他の言語と同じように，古英語では，格の組み合わせがそれぞれ異なる構文が，数多く存在していた．本節ではこうした構文すべてを概観するわけではなく，(233)に取り上げる他動詞構文と，(234)のような非人称構文 (impersonal construction) の2つに注目してみる．なお，原典情報を可能な範囲で加筆してある（訳者加筆）．

(233)　he　　　　　　acwealde　　　　　þone　　　　　dracan
　　　三人称単数男性.主格　殺す．―/三人称.過去　定冠詞.対格　ドラゴン.対格
　　　（彼はドラゴンを殺した）　(ÆHom (Supp.), XXI, 455; Trousdale 2008: 307)

(234)　him　　　　　　ofhreow　　　　　þæs　　　　　mannes
　　　三人称単数男性.与格　哀れむ.三人称単数.過去　この.属格　男.属格
　　　　　　　　　　　　(ÆCHom I XIII. 281.12; Trousdale 2008: 301, 305)
　　　（彼はその男を哀れんだ）あるいは（その男は彼に同情させた）

上の他動詞構文は動作主に主格を，被動作主に対格を用いており，もちろん，ごく標準的な他動詞構文である．ところが，古英語には他の組み合わせも存在していた．(234) の例では，経験者に与格標示，(動詞が描写する状況に対する) 起点に属格標示を用いており，Trousdale (2008) はこの構文を非人称構文と呼んでいる．非人称と見なされる理由は，主格標示の項が含まれておらず，項の人称と数に関係なく動詞の活用が三人称単数形をなすからである．

古英語では，ある種の限られた動詞のみが非人称構文に用いられていた．Allen (1995) が記載している動詞には，lystan（喜びを誘発する），langian（思い焦がれるようになる），ofþyncan（悲しみを産み出す），þyncan（〜ように思われる，〜のように見える），hreowan（悔いる，残念に思う），tweonian（疑いを持つ），ofhreowan（哀れむ）がある．こうした構文の中では，与格標示の名詞は感情を抱く者を表し，属格標示の名詞はその感情を引き起こす原因を表している．他動詞構文は典型的には動態動詞（dynamic verb）とともに用いられ，(対格標示の) 目的語は動詞が表す動作の影響を受ける．Trousdale が論じるところによれば，他動詞構文が拡大してますます多くの動詞とともに用いられるようになった結果，主格主語が動作主であるべきという他動詞構文への制約も次第に失われることとなった．言うまでもなく，代名詞を除いては格標示自体も同時に消えゆく流れであり，そうした変化の中で，節中に現れる最初の名詞を主語と解釈することは，話者にとってごく自然なことであった．

中英語期には，(235) の rue のような動詞（ここでは rew と綴られている）が主格主語をともなう事例が，おおよそ 1325 年から確認される (Trousdale 2008)．

(235) We schold rew þat sore.
　　　我ら きっと … だろう 悔やむ そのこと ひどく
　　　　　　　　　　　　　　　　(?1325 Swet Iesus v2,I6; Trousdale 2008: 309)
　　　(我々は，きっとそのことをひどく悔やむだろう．)

加えて，動詞 think も変化してきたが，一人称単数形が与格標示になる用法は 19 世紀まで継続使用されており，以下の例では，methinks が「私には〜のように思われる」を表している．

(236) Well, my honoured father, methinks you have carried your amusement at my expense to a sufficient length.　　　　　　(1817 年)
　　　(さて，栄誉なる我が父よ，貴殿は，私をだしにして自身の娯楽を十二分に興じていたように存じます．)

現在も使用が確認できる動詞の場合には，経験者を動詞の主語として扱っている．(237) と (238) で考えてみよう．言うまでもなく，think は用法を著しく拡張してきた動詞であり，補部には通例名詞ではなく節をともなう．今では，think が主語と一致する点に特に注目してみたい．

(237) If Yeltsin does not come to rue the price of his victory, he may rue the debts he has incurred.
（エリツィンが自らの栄光の対価を悔いないのならば，彼は自らが招いた負債を悔いるのかも知れぬ．）

(238) My lawyer thinks it will go through pretty quickly.
（私の弁護士は，問題はすぐに解決するだろうと考えている．）

古英語では，動詞 like は与格経験者と主格起点という名詞の組み合わせとともに用いられていた．その構文も徐々に変化し，支配的な他動詞構文に適合するようになったが，16 世紀の段階では，(239) が示すように経験者が them で表される古風なパターンが見受けられる (Trousdale 2008)．

(239) calling for a pot of the best ale, sat down at the tables end:
　　　求める　　一杯の　　最良のビール　腰座る.過去　テーブルの端に
　　　the　　lykor　liked　them　　　　so　well,　that
　　　定冠詞　酒　　好き.過去　三人称複数.与格　とても　とても　補文標識
　　　they　　　　had　　pot vpon pot.
　　　三人称複数.主格　もつ.過去　何杯も
　　　(1567 Harman, A Caveat or Warening for Commen Cursetors Vulgarely called Vagabones; Trousdale 2008: 310)
　　　（最良のビール一杯をくれと言ってテーブルの端に腰かけた．彼らはお酒が大好物のようで，次から次へとあおっていた．）

ときおり見受けられる古風な定型表現の methinks や it seems to me のような言い回しを除けば，現代から見ると古く感じられる構文は英語から消えている．後者の表現 it seems to me の場合でも，虚辞の主語 (dummy subject) が挿入されており，格標示だけではなく前置詞も使用されている．こうなると，もはやかつての非人称構文と同じ構文とは言えない．実際，英語の節には，動詞との一致を引き起こす主語を含むことがほぼ無条件に求められるようになっている．Trousdale は，こうした変化は他動詞構文の発達と拡張の結果であり，この変化に応じて，節内に最初に現れる名詞句が主語と見なされるようになっ

たと主張している．このプロセスを Trousdale は文法化になぞらえている．その理由は，他動詞構文の生産性が一層高まり，より広範な種類の主語とともに用いられるだけではなく，より多様な主題関係を統語的に表すことにより，構文そのものが一般性を高めていることにある．他動詞構文の本来の意味が多くの場合においてもはや明確ではないという意味で，合成性も減少している．本事例が示すように，（非人称構文という）1 つの構文が消えゆくということは，通常，そうした衰退傾向にある構文の機能を引き継ぐ別の構文の拡張によって引き起こされる．より新しくより一般性の高い構文はスキーマ性が高いが，意味的な結合性には欠ける．[12]

格標示の消失，および，他動詞構文の展開は，前節で考察した前置詞構文とともに，英語の統語構造を数世紀にわたり劇的に変化させてきた．続く 2 つの節では，古英語期から英語に起こったその他の劇的な変化を考察してみる．

8.4. 語順変化――OV 言語と VO 言語

8.4.1. 共時的な語順の相関性

1963 年に出版された非常に広範な通言語的研究において，Joseph Greenberg は，主語（S），目的語（O），そして動詞（V）といった統語要素の配列に関して，顕著に見受けられる相関性があることを明らかにした．30 言語から採取した用例に基づき，Greenberg (1963) は，主語，動詞，目的語の基本的な配列にしたがって，大きく 3 つのタイプの言語があることを提唱した．この 3 つのタイプとは，動詞・主語・目的語（VSO），主語・動詞・目的語（SVO），そして主語・目的語・動詞（SOV）の配列をもつ言語である．彼のあげたサンプルの中で，動詞・目的語・主語（VOS）や目的語・動詞・主語（OVS）そして目的語・主語・動詞（OSV）という配列がないことは，主語が目的語に先行する強い傾向を持つことを示している．この傾向は通常，主題が評言に先行する強い指向性を持つからであると説明される．8.2.1 節で例証さ

---

[12] 訳者注：この段落の議論については，用語解説の「スキーマ的（schematic）」と関係が深い．つまり，中心的事例とその関連事例から共通点を抽出して上位カテゴリーとするため，より多くの事例を含めることができる反面，抽象度も上がることを意味している．上掲の古英語の例文からも分かるが，当時の他動詞構文は，意味に応じて異なる格を取っていた．ところが，中英語以降，徐々に格は消失し，格標示によって意味を判別しきれなくなっていった．そして英語は語順中心の構造へと移行していった．こうした意味上の曖昧性がある一方で，語順に基づくスキーマが他動詞構文を包括しているのだ．Comrie (1988) の視点も関連しているとと思われる．

れたように，この説明の背後には，主題と主語が通時的に関連しているということが想定されている．近年の研究により，稀ではあるものの，VOS, OSV, OVS という統語構造をもつ言語も存在することが明らかになっている．ただ，最も一般的なタイプは SVO と SOV である．SVO 言語と SOV 言語は互いにとても似通った性質を持つため，Lehmann (1973) と Vennemann (1975) では，タイポロジーは，VO か OV かの2つの区別へと単純化された．表8.1 は，Greenberg が明らかにした言語間の相関性である．

　表8.1を考察する前に，いくつか注意すべき点がある．それは，ほとんどの言語が，S, O, V の語順に関して，別の許容されるパターンを持っているという点である．そのため，ある言語がどのタイプかを論じる際には，その言語において最も一般的な語順について論じる（通常，単純な平叙文における語順を対象とする）．時に，ある言語のタイプを判断するのが非常に難しいことがあり，それゆえ，どのタイプであるか分類ができない言語も存在する．また，自然な談話においては，主語，目的語のいずれの要素も完全な名詞句を形成することは稀である．それよりも，主語ないし目的語またはその両方が代名詞であったり，完全に省略されることのほうが頻繁に起こる．そのため，ある意味では，S, O, V に基づく分類というのは，ある程度理論上のものになると言える．タイポロジーを目的語と動詞の語順に単純化することで，ある程度この問題は解消される．いずれにせよ，タイポロジーというのは重要で何かを明らかにする上で役に立つ部分がある一方で，言語を過度に単純化してしまっている部分があることを踏まえておく必要がある．表8.2では，VO 言語のフランス語の用例と，OV 言語の日本語の用例を用いて，VO 言語と OV 言語の相関性をまとめている．

表8.1：語順の相関関係

VO（主要部 − 修飾要素）	OV（修飾要素 − 主要部）
Aux V（助動詞 動詞）	V Aux（動詞 助動詞）
V complement clause（動詞 補文）	complement clause V（補文 動詞）
Preposition N（前置詞 名詞）	N Postposition（名詞 後置詞）
N Genitive（名詞 属格）	Genitive N（属格 名詞）
N Adjective（名詞 形容詞）	Adjective N（形容詞 名詞）
N Relative Clause（名詞 関係節）	Relative Clause N（関係節 名詞）
Adjective Standard（形容詞 比較基準）	Standard Adjective（比較基準 形容詞）
Prefixing or mixed（接頭辞または混在）	Suffixing（接尾辞）

第 8 章　統語変化　　　　　　　　　　　　　247

　こうした相関性が明らかになることで浮かびあがる興味深い疑問は，なぜこのような相関が関連性のない多くの言語間で見受けられるのか，そして語順変化が起こる時，それはどのように生じているのかということである．おそらく2つ目の疑問（語順変化の生じ方）は1つ目の疑問（異なる言語間の語順に見受けられる相関性）の説明になると考えられるため，これらの疑問は通時的言語変化に重要な意味をもっていると考えられる．

表 8.2：フランス語と日本語からの語順相関の事例

フランス語	日本語
(a) Jean a mangé une pomme[13] 　　John 食べる.過去 1つ リンゴ 　　（John はリンゴを1つ食べた）	Taroo-ga ringo-o tabeta. 太郎-主語 りんご-目的語 食べた （太郎がリンゴを食べた．）
(b) Jean peut parler anglais. 　　John できる 話す 英語 　　（John は英語を話すことができる．）	Taroo-wa Eigo-ga hanas-eru. 太郎-は 英語-が 話す-できる （太郎は英語が話せる．）
(c) avec un baton 　　で 一本 棒 　　（一本の棒で）	boo-de 棒-で （棒で）
(d) la sœur de Jean 　　定.女性 妹 の John 　　（John の妹）	Taroo-no imoto 太郎の-所有格 妹 （太郎の妹）
(e) une fleur blanche 　　1つ 花 白い 　　（一輪の白い花）	siroi hana 白い 花 （白い花）
(f) le garçon qui a frappé 　　定.男性 男の子 関係詞（who） 　　le chien est mon frère 　　定.男性 犬 だ 私の 弟 　　（その犬をぶった男の子は私の弟だ）	inu-o butta otokonoko-wa ぶった 犬-を ぶった 男の子-は watasi-no otooto-da 私の-所有格 弟-だ （犬をぶった男の子は私の弟だ）
(g) plus grand que Jean 　　もっと 大きい よりも John 　　（John よりも大きい）	Taroo-yori ookii 太郎-より 大きい （太郎より大きい）

---

　[13] 訳者注：この例文は複合過去という，助動詞化した本動詞 avoir（持つ）の活用形と動詞の過去分詞の組み合わせで，「1回で完結した〈動作〉や〈行為〉や〈事件〉を表す過去」を意味している（中条 2018: 207）．

語順の相関性を説明する際に最初の手がかりとなるのは，同一言語において異なる句の主要部（head）が修飾要素（modifier）に対して同じ配列をもつというように，構成要素間に語順の平行性が見られるということである．ただ，この「主要部」という用語は，理論によって異なる意味で使用されるため，本章ではごく単純に，主要部とはその句の名称となり，よって句全体の機能を決定する要素という意味で用いる．つまり動詞は動詞句，名詞は名詞句，そして前置詞は前置詞句，形容詞は形容詞句の主要部となるということだ．Vennemann (1975) は，自然線状化の原理（Principle of Natural Serialization）を提唱し，以下のような構成要素の配列があると主張している．

(240)　主要部（head）―修飾要素（modifier）　　VX 言語の場合
　　　修飾要素（modifier）―主要部（head）　　XV 言語の場合

Hawkins (1979) もこれと類似する原則をカテゴリー横断の調和（Cross-Category Harmony）として提唱している．しかし，この (240) における「原理」は，Greenberg がすでに明らかにしている事実の言い換えでしかない．そのため，なぜそういう配列を取るのか，ということへの説明がやはり必要である．Hawkins と Vennemann の両者が，(240) は類推を通して組織される文法原理を表しているという見解を示している．ただし，両者ともに，この原理は語順変化が起きている言語において，非常にゆっくりと確立してゆくという認識を持っている．また，この原理は決して普遍的ではなく，これとは一致しない構成要素の配列を持つ言語も多く存在する．私自身の考えでは，いかにして実際の語順変化がこの原則に従うように生じているかを慎重に検証しないかぎり，この原則の位置づけに関して確証は得られないと考えている．以下で，どのように文の構成要素の配列が決まっていくのかを検証し，そしてその過程を通して，語順にはなぜ相関性があるのかを探っていきたい．

　まず初めに，Greenberg の明らかにした点を精査する必要がある．彼がサンプルをとった言語は，いわば「便宜性」により選ばれた．つまり，サンプルは彼がよく知っていた言語だったということである．こうしたサンプルの採取方法が抱える問題点は，取り上げたサンプルに偏りが生じることで，彼の場合でいえば，ユーラシア大陸の言語からとったサンプルが多すぎるという問題が生じている．より代表性のある言語からとったサンプルに基づき，Dryer (1988) は，Greenberg による発見をほぼ再現したが，同時に 1 つの大きな例外があることを指摘した．Dryer が新たに明らかにした点は，名詞と形容詞，動詞と目的語の語順には何の相関性もないということであった．それに代わって彼が明らかにしたのは，OV 言語における形容詞-名詞という語順はユーラシア大

陸の言語によく見受けられるもので，その逆（名詞-形容詞）の語順がユーラシア大陸以外の言語において頻繁に見受けられるということであった．そのため，以下では名詞と形容詞の語順については考察しないことにする．

8.4.2. 語順の相関性に関する通時的要因

本節では，少なくとも表 8.1 の語順における相関性のいくつかは既存の構文が文法化した結果であることを例証するとともに，調和的な語順をその起源から導いていく．最も顕著な例は，動詞と助動詞の語順である．助動詞はもともと，別の動詞述語を目的語にとる動詞であったため，OV 言語では助動詞は動詞に後続し，VO 言語では助動詞は動詞に先行する (Givón 1984)．

(241)　OV 言語：（目的語）＋動詞＋動詞　　VO 言語：動詞＋動詞＋（目的語）
　　　　　　　　　　　　　↓　　　　　　　　　　　　　　↓
　　　　　　　　　　　　助動詞　　　　　　　　　　　　助動詞

そのため，助動詞が接辞化すると，OV 言語では接尾辞となり，VO 言語では接頭辞となる．スワヒリ語（Swahili）からの例は VO 言語，ユート語（Ute）からの例は OV 言語における発達を表している．以下の例はすべて Givón (1984) からの引用である．

(242)　スワヒリ語：VO 語順
　　(a)　a-li-soma　　kitabu　　　li（be 動詞）　＞ 過去（past）
　　　　彼-過去-読む　本
　　　　（彼は本を読んだ）
　　(b)　a-ta-soma　　kitabu　　　taka（欲しい）　＞ 未来（future）
　　　　彼-未来-読む　本
　　　　（彼は本を読むだろう）
　　(c)　a-me-soma　　kitabu　　　*mála（終える）　＞ 既然（anterior）
　　　　彼-既然-読む　本
　　　　（彼は本を読んだところだ）

(243)　ユート語：OV 語順
　　(a)　wúuka<u>xa</u>　　　　xa（have / be 動詞）　＞ 既然（anterior）
　　　　働く-既然
　　　　（彼は仕事をし終えたところだ）
　　(b)　wúuka-<u>vaa</u>(ni)　*páa（行く / 過ぎる）　＞ 未来（future）
　　　　働く-未来

(彼は働くだろう)

　これが一般的なパターンではあるものの,もちろん例外もある.スワヒリ語にはバンツー祖語(Proto-Bantu)の *gid(終わる(finish))が接尾辞化した完了形がある.おそらく,これは他の動詞と finish が並ぶ時には finish が最後にくるという類像的な語順から派生している(Heine and Reh 1984).[14] この例外における重要な点は,それぞれの文の構成要素は文法化を遂げる時に,生起する位置が変化しないという一般的な通時的原則にしたがっていて,それゆえ,各要素が生起する位置は,元となる構文の語順を示しているということになる.別の言い方をすれば,なぜ VO 言語では助動詞が動詞に先行するのか,そして OV 言語では助動詞が動詞に後続するのか,ということを説明するためにこれ以上の調査は必要ないことになる.

　Greenberg が採取したデータから発見された最も強い相関性の１つは,前置詞は名詞−属格の語順と共に用いられ,後置詞(postposition)は,属格−名詞の語順と共に用いられるということである(Hawkins 1979 の分析を参照).また,接置詞と属格構文(genitive construction)の間にも通時的に強い相関性が見受けられる.属格構文は,新たな接置詞を生み出し,そして接置詞はしばしば属格構文を形成するのに用いられる.まずは前者について検討する.

　属格構文が新たな接置詞の形成に関与するのは頻繁に見受けられる現象である(Svorou 1994).英語では,複合前置詞(complex prepositions)が前置詞＋関係名詞(relational noun)＋of＋名詞句から構成される.もちろん,of＋名詞句は属格か所有格であり,これが(244)のような前置詞句の創発へとつながる.これらは現在のところ複合前置詞であるが,さらに進化を遂げる可能性がある.例えば,inside of the house は現在では inside the house と言うほうが一般的となっている.

(244)　英語：VO 言語
　　　 in back of the house(家の裏で)

---

[14] 訳者注：学習者には分り難い可能性があるため補足しておく.ここではスワヒリ語は VO 語順の一事例として挙げられている.湯川(1989)も指摘している通り,スワヒリ語の語順は「主語,動詞,目的語」である(381 頁).この語順の言語が構成要素を接辞化する場合,(242a)の a-li-soma のように主要部(soma)の前に位置することが予想される.こうした語順と接辞の配列関係にも「類像的な」関係,つまり,この場合には形態レベルと統語レベルでの相関性が一般に確認できることを示している.ところが,バンツー祖語の *gid(終わる)が機能語化(助動詞化)し,主要部動詞に接尾辞化していることは,類像的配列の例外とみなすことができる.

inside of the house（家の中で）
in front of the house（家の前で）

他の VO 言語からの類例として，(245) のバリ語からのものがある（Spagnolo 1933）．

(245)　バリ語：VO 言語
　　　ŋa sɪsɪ'da ɪ　kɔmɔŋ na　kadi?
　　　誰 いる　中に 前　〜の 家
　　　（誰がその家の前にいるのか）

対照的に，例えばブリヤート語（Buriat, Buryat）のような OV 言語や，フィンランド語（Finnish）のような主要部末尾型（head-final）の言語では，(246) や (247) の例にあるように，後置詞は属格＋関係名詞＋後置詞構文から形成される．

(246)　ブリヤート語：
　　　ger-ei　xazuu-da
　　　家-属格　側-位格（locative）
　　　（家のすぐ側で；家の脇で）

(247)　フィンランド語：
　　　poja-n　　kansa -ssa　＞　poja-n　　kanssa
　　　男の子-属格 同行-中に　　　男の子-属格 一緒に
　　　（男の子と一緒に）

もう 1 つ，接置詞と属格の対応関係の起源となっているのは，英語の of が，off から派生したように，属格を示す格標識が接置詞から派生することがあるという点である．このように，接置詞と名詞－属格の語順の間の対応関係については通時的観点からただちに説明できるため，何か特別な類比的な原則を援用する必要はない．

　VO 語順と接置詞語順の対応関係が通時的な起源を持つさらなる例として，連動詞構文が接置詞の創発に至る事例を挙げることができる．ある言語が VO 語順をとる場合，動詞が文法化すると，動詞はやがて前置詞に変化する．この一例が，(248) のヨルバ語（Yoruba）からの例であり，ここでは動詞 fi（取る (take の意味)）が，具格（助格）の前置詞となっている．それに対し，もしある言語が OV 語順をとる場合には，動詞はやがて後置詞へと変化する．この一例として，イジョ語（Ijo）からの (249) の例では，動詞 aki（取る (take の意

味))が具格の後置詞へと変化している（Givón 1975）．

(248) ヨルバ語：VO 言語 ＞ 前置詞
    (a) mo fi àdá gé igi
        私 取る.過去 なた 切った 木
        （私はなたでその木を切った）
    (b) mo fi gbòn gé igi
        私 とる.過去 賢い 切る 木
        （私は賢くその木を切った）

(249) イジョ語：OV 言語 ＞ 後置詞
    (a) erí ogidi akí-ní indi pei-mí
        彼 なた とる-アスペクト 魚 切る-アスペクト
        （彼はなたで魚を切った）
    (b) áràú zu-ye ákí buru teri-mí
        彼女 かご とる ヤムイモ 覆う-アスペクト
        （彼女はヤムイモをカゴで覆った）

これらの例は，文法化と新たな構文の創発という通時的な言語変化によって，いくらかの顕著な語順の相関性を説明できることを示している．これらの変化は，既存の言語パターンに基づいて起こるため，新たな構文は予測された語順になり，言語内の一貫性は保たれることになる．しかし，言語変化が起こりながら新たな構文が生じる場合には，新たなタイプへと段階的に変化する過程が観察できる．次節では言語が主要な語順変化を遂げる場合の理由について検証する．

8.5. 主語，動詞，目的語の語順変化を促す語用論的原因：印欧諸語におけるドリフト（偏流，駆流）

インド・ヨーロッパ祖語（印欧祖語，Proto-Indo-European）における支配的な語順については，完全な見解の一致はないものの，娘言語である古典語（サンスクリット語，ラテン語，古英語，ゴート語）はすべて OV 言語の多くの特徴を持つ．例えば，格標示のために用いられる接尾辞や，テンス，アスペクト，モダリティ（法性）(modality)，所有格－名詞の語順，そして動詞の後に助動詞的な要素を取ることなどが挙げられる．そのため，通常，インド・ヨーロッパ祖語は OV 言語であったと仮定されている．現代の印欧諸語の多

く（例えば英語やフランス語など）は VO 言語であるため，どうやら大きな語順変化が起きたことがうかがい知れる．実は，この語順変化は古典語においてすでに始まっていた可能性がある．というのも，前置詞といくつかの動詞接頭辞（verbal prefixes）が，古典語の中に現れているからである．しかし，ゲルマン諸語とロマンス諸語における主要な変化は，過去 1000 年の間に起きたものである．

過去 1000 年で英語に起きた変化（その変化が他のゲルマン諸語やロマンス諸語でも共通している）についての最も洞察力に富んだ議論は，単純に語順の変化のみに焦点を合わせたものではなく，他の変化についても触れ，すべての変化を統合した上で言語変化の要因を求めるものである．20 世紀前半の著名な言語学者 Edward Sapir は，いくつかのこうした変化と，これらの変化が何世代にもわたって同じ方向に起きた事実に注目した．彼は，仮に変化へとつながる変異に法則性がないならば，違う方向へ向かう変化はそれぞれの変化を相殺し合うであろうと推論した．しかし実際には，彼は変化には一定の方向性があることに気付き，これをドリフト（drift）と呼んだ．この説明に彼が用いた例は現代ヨーロッパ言語における格標識の消失であった（Sapir 1921）．後続の研究者によって，これに関連するいくつかの変化が明らかにされた（Lakoff 1972; Vennemann 1975）．Vennemann はロマンス諸語とゲルマン諸語が，以前は OV 語順であったことを特徴づける以下の特性を列挙し，現在の VO 語順の特徴と比較している．

(250)   OV   VO
          （前古英語，ラテン語など）   （現代英語）
    a. 名詞語尾の屈折   名詞格標示の欠如，間接目的語と所有格には前置詞を使用[15]
    b. 主題化があることによる   語順で示される文法的関係性
       自由な語順   （主語と，動詞の目的語）
    c. 冠詞なし   定冠詞と不定冠詞あり
    d. 代名詞の義務的使用がない   代名詞の義務的使用

---

[15] 訳者注：古英語末期になると間接目的語は独自の語形変化を失い，直接目的語と同形になる（中尾・寺島 1988: 118）．そのため現代英語では，統語位置によっては前置詞を伴うことが義務的となっている．8.3.2 節で見た二重目的語構文と与格構文の交替に，その一面が確認できる．さらに，名詞所有格にも変化が現れ，部分を表す所有格は「of 所有格」に置き換わってゆく（同頁）．上掲（250a）の現代英語の箇所はこうした経緯を意図している．なお，of 所有格を含む所有格の史的競合の変遷は Williams (1975: 253) に詳しい．

e.　迂言的受動構文なし　　　　　迂言的受動構文あり
　　　f.　より総合的 (synthetic)　　　　より分析的 (analytic)

前述のとおり，古英語の名詞には格標示としての接尾辞が存在した．次の例は，当時名詞がどのように屈折したのかを示す一例である．

(251)　stān 'stone'（石）　　単数　　　　　　　複数
　　　主格/目的格　　　　stān（石が/を）　　stānas（（複数の）石が/を）
　　　属格　　　　　　　stānes（石の）　　　stāna（（複数の）石の）
　　　与格　　　　　　　stāne（石に）　　　　stānum（（複数の）石に）

語順に関してはバリエーションがあったようだが，以下のような順序で主要な変化が起きたと考えられる．留意する必要があるのは，動詞が生起する位置に変化が起こるのはまず主節からであり，その後で従属節においても同様の変化が生じるということである．動詞の生起位置はここで「助動詞」とラベル付けされたクラスの動詞によって引き起こされるが，ここでいう助動詞には，コピュラ（連結詞，繋辞）と法動詞 (modal verb) が含まれている．このクラスの助動詞は，節の中で二番目の位置に現れている．後に，すべての動詞がこの二番目の位置をとるようになった．

(252)　英語の各時代における主節の語順 (Hock 1986)
　　　初期ルーン文字碑文　　S O MV Aux　　MV = 主動詞 (main verb)
　　　後期ルーン文字碑文　　S Aux O MV　　Aux（助動詞）はコピュラ，法
　　　および *Beowulf*　　　　　　　　　　　助動詞等，語彙的機能が減少
　　　　　　　　　　　　　　　　　　　　　したものを指す
　　　後期古英語　　　　　　S V O　　　　　助動詞だけでなく，すべての
　　　　　　　　　　　　　　　　　　　　　動詞へ「動詞第二位」の原則が
　　　　　　　　　　　　　　　　　　　　　一般化

(253) のベオウルフ (*Beowulf*) からの例では，助動詞が二番目，そして本動詞 (main verb) が節の最後に生じている (Hock 1986)．原典情報は訳者による加筆である．

(253)　Bēowulfe　　wearð　　　guðrēð　　　gyfeþe
　　　　　　　　　助動詞　　　　　　　　　本動詞
　　　ベオウルフは　である.過去形　戦場での栄誉　与える.過去分詞
　　　（ベオウルフは戦場で栄誉を与えられた）　　　　　(Beowulf 818b-819a)

第 8 章 統語変化　　　　　　　　　　255

後期古英語では，すべての動詞が二番目の位置に現れている．前述したように，これはいわゆる「助動詞」に対して起きた構文の一般化であった．(254)では witan（知っている）が本動詞となっている．

(254)　wē　witan　ōþer　igland　hēr　be　ēaston
　　　　我々　知る　別の　島　　ここ　側に　東
　　　（我々は，ここより東方に位置する島を知っている）

従属節では，語順は SOV のままである．例文 (255) のどちらの節も，法動詞が本動詞の後に続く初期古英語の状況を反映した，(OV 言語の特徴である)より保守的な語順を示している (Hopper and Traugott 1993)．

(255)　nimþe　　　se　cyng　alyfan　wille,
　　　　でなければ　その　王　　許す　　意図する
　　　　þaet　　man　wergylde　alysan　mote
　　　　補文標識　人　身代金　　　支払う　できる
　　　　　　　　　　(c. 1050 Law Grið 15; Hopper and Traugott 1993: 54-55)
　　　（もしも国王が身代金を払わせないのであれば）

現代ドイツ語を見ると，これと非常に似た状況にあることがわかる．つまり，主節においては，屈折形の動詞または助動詞は節の中の二番目に，従属節では屈折形の動詞または助動詞は節の最後に生起する．

　Vennemann (1975) が提唱した説によれば，(250) にあげた (b) から (f) の変化は格標示の消失に関係している．Vennemann の考えによれば，ある言語において新情報と旧情報を格標示を用いて整理するのは簡単なことである．なぜならば項構造 (argument structure) についてのいかなる情報も失うことなく，旧情報である主題となる名詞を節の初めに置くことができるからである．確かに，(すべてではないが) ほとんどの SOV 言語が格標示を持ち，名詞句の位置を語用論的な用途によって変えることができる．古英語では，格を示す接尾辞が発音されなくなりはじめた時，動詞の主語と目的語を示し，新情報と旧情報を区別する新たな方法が生まれる必要があった．もちろん，古英語には格標示があったことを述べたが，(251) のような典型的なパラダイムを考察すると，主格と目的格はしばしば同じであったことがわかる．古英語期に始まった，語順固定化の長期にわたる段階的なプロセスを経て，結果として主語は動詞の前，目的語は動詞の後という語順が生じた．これは基本的に 8.3.3 節で論じた他動詞構文であり，そこで見た通り，この構文は (動作を表す) 典型的な他動詞以外の動詞へと広く一般化されていった．Vennemann の見解では，

語順が固定化し，格標示がなくなると，話し手が新・旧情報を指し示すことが困難になる．もしも話し手が，主題となる名詞句を節の最初に置きたいと考えても，聞き手はそれが主語か目的語かを判別することができないか，または主語だと解釈するだろう．彼の提唱したことは，冠詞や受動構文の発達は，SVO 語順を保持しつつ名詞句の中の主題性（topicality）を示す必要性から生じたものだということであった．

　第 7 章でも触れたが，指示代名詞（demonstrative pronoun）は定冠詞へと発達する．英語史のこの段階において指示代名詞から定冠詞への発達が見られるのは，名詞句によって示される指示対象が既知のものであることを知らせる方法として指示代名詞の使用が増えたことの結果であろう．定冠詞は，その後，談話の中で（既知の）旧情報を指し示し，それらを新情報とは区別する役割を果たすようになる．不定冠詞は（英語においては ān 'one'（1，1 つの）がその起源だが），[16] 定冠詞とは相補的な役割を果たしており，ある談話の中において，指示対象（referent）がはじめて言及されたものであることを指し示す．第 7 章で触れたように，多くの印欧諸語が定冠詞と不定冠詞を発達させてきたが，この発達は，それぞれの言語において語順が OV から VO へと変化するにつれて引き起こされたものであった．

　英語において語順タイプの変化と同時に引き起こされたもう 1 つの発達は，受動構文の文法化である．古英語には受動構文はなかったものの，近い機能を果たすいくつかの構文があった．助動詞の beon（ある）や weorþan（なる）と動詞の屈折した分詞形が一緒に使われることで，動作主に言及せずに結果的な意味（過去の行為の結果状態）を指し示した．以下の例は，Petré and Cuyckens (2009) による．原典情報は訳者による加筆である．

(256)　þe　　cwyde,　þe　　awriten　　　is　　　　on　þere　becc,
　　　 その　格言　　関係詞　書く.過去分詞　コピュラ.現在　中に　その　本
　　　 þe　　is　　　　　ȝehaten　　　　"Actus apostolorum".　　　(c. 1025)
　　　 それ　コピュラ.現在　呼ぶ.過去分詞　固有名詞
　　　　　　　　　　　　　(c.1025 Ben RW 55.113.18; Petré and Cuyckens 2009: 350)
　　　（その格言は，その本（つまり聖書）に記され（今でも存在し）ており，「使徒言行録」と呼ばれている．）

---

[16] 訳者注：原文が曖昧なため補足しておく．Bybee は ān の意味 'one' のみを示しているが，不定冠詞 a, an および数詞 one は，すべて古英語の数詞 ān に由来している（中尾・寺島 1998: 115）．

(257) Ac   heora bendas   sona   wurdon
      しかし 彼らの 足かせ.主格.複数 すぐに コピュラ.過去.複数
      for-swelede.
      離れる-焼かれた：主格．複数

(c. 1050 ÆLet4 (Sigeweard2) 529; ibid.)

（しかし，彼らの足かせはすぐに焼き払われ（今では灰となっ）た．）

Petré and Cuyckens が説明するように，この結果構文が受動態へと変化する過程には，必然的に 3 段階の変化が起きていたと考えられる．第一に，例えば by などの前置詞によって明示的な動作主が追加されること，第二に，助動詞の意味が希薄化し，文法化すること，そして第三の変化は，分詞が（助動詞ではなく）本動詞へと再分析されることである．これらの 3 つの変化が中英語において完了した．また中英語では，この受動構文が徐々に重要な談話的機能を果たすようになった．具体的には，受動構文における主語が，1 つ前の節の主語でもある時，つまり談話上の継続主題である時に受動構文が使用された．古英語では，例えば me beswicode he（彼が私を裏切った）のように，OVS 語順がこの機能を果たすために使われていたと Petré and Cuyckens は指摘している．ところが，ある程度 SVO 語順が定着すると，受動構文がこの機能を果たすようになったのである（Seoane 2006 を参照）．

　その他の屈折の消失，とりわけ，古英語やラテン語，他のより古い印欧諸語には見受けられた動詞における人称と数の一致の消失の結果，人称代名詞の使用頻度が増加した．実際，ラテン語には三人称代名詞が存在せず，指示代名詞を代わりに使用していたが，これらの使用が増えるにつれ，ロマンス諸語は徐々に主語や目的語，間接目的語に使用する目的で三人称代名詞を発達させていった．例えばスペイン語などのいくつかの言語では，主語代名詞の使用は，いまだ選択可能な部分があるが，その他の言語，例えばフランス語などにおいては，代名詞の使用は義務的である．このドリフトもまた，屈折語尾が消失したことと関連している．

　最後に，サピアの提唱したドリフトにも，文法上のカテゴリーや機能が複雑な屈折や総合的表現によって示される言語から，それらがより分析的（迂言的）表現によって示される言語へと推移する全般的な移行が含まれている．文法化のプロセスが 1 つの終わりを迎え，そして接辞が発音されなくなっていき，その意味が希薄化すると，接辞自体が消失していく．接辞が完全に消失する前に，その他の構文が同じ役割を担うために発達してくる．例えば，前置詞，冠詞，代名詞，そして迂言的受動態（periphrasic passive）などである．これら

はより新しい構文であるため，古い構文よりは文法化が進んでおらず，そのためより分析的である．さらに，これらの新しい構文は VO 言語のパターンに従っていて，VO 言語の規範に従い，助動詞と接置詞は，主要部先頭の語順で生じる．文法化される要素が前置されて接辞になる傾向は，後置される傾向よりもずっと弱い．こうした傾向が，ヨーロッパの言語が VO 言語へと発展を遂げる上で，分析的構造を保持することに一役買った．

8.6. 結論——構文のライフ・サイクル

　本章では，構文中で起こりうる言語変化の種類について考察してきた．はじめに，そもそも構文とはどのように形成されるのかという問題をとりあげ，新たな構文の源となるものとして，2 つの起源を見てきた．1 つは，談話パターンの固定化・統語化で，例えば名詞句が文頭にくることが挙げられる．もう 1 つは，慣習化したひと連なりの語群がスキーマ化を遂げることである．スキーマ化は，例えばスペイン語の quedarse + adjective のような例で，これは quedarse solo（独りで生涯を終える）というような特定の語の組み合わせに始まった．新しい構文のさらに別の起源は，第 6 章の文法化の話の中で議論したもので，ある語彙と構文が共に用いられることで，それらが新たな構文へと発展していくというものである．この良い例が，be going to という未来を表す英語の構文で，これは本来，go, journey, come 等の移動（を表す）動詞と不定詞を用いた目的節で成り立つ一般的な構文の一例にすぎなかった．

　新たに発達した構文がより頻繁に使われることで，その構文は様々な点で変化するようにもなる．構文におけるスキーマ化されたスロットは，より多くの語彙を取り入れるようになる．一方で，固定化したスロットはより限定的な語彙しか取らないようになる（例えば英語の受動態は，本来 be と weorþan（〜になる）のどちらも生起することができたが，今では be 動詞しかとらない．get を用いる受動態は後になって発達したものである）．文頭の名詞句が，本来は主語ではないのにその文の主語であると解釈されることがあり，そういった意味で構文内の要素は再分析される可能性がある．また，動作主を表す句が発達過程の受動態に追加される等，要素が追加されていくこともある．

　構文は，新たに創発された構文との競合の中で，言語内で消失することもある．このプロセスは非常に長い時間を要することがあり，そのため構文の競合というのは頻繁に起こりうる．新しい構文はタイプ頻度とトークン頻度のいずれにおいても，その生起数を増加させるものであり，古い構文は，決まった意味をもつ語彙との共起に限られたり，非常によく用いられるフレーズや談話と

いうコンテクストの中での使用に限定されたりする．

　新しい構文が発達し，それらが古い構文にとってかわると，基本語順の変化のような，1つの言語における大きな変化へと繋がっていくことがある．主語，目的語，動詞をとりまく語順の変化は，長期にわたる段階的な発展であり，その進化の過程では，語用論的要素が新たに生じる構文の在り方を決める大きな要因となっている．その他の構成要素（名詞 – 属格，接置詞 – 名詞）に関わる新たな構文は，既存の文の要素の配列から文法化を経て生じるもので，そのためもともとの構成要素の配列と一致した要素の順序を示す．

推薦図書

構文の創発と構文に生じる変化を扱う参考文献：

Harris, A. C. and Campbell, L., 1995. *Historical syntax in cross-linguistic perspective*, Cambridge: Cambridge University Press."

ディスカッション用の問題

1. 本章の用例に戻って，2つ以上の構文が競合しているケースを見つけなさい．2つの競合する構文のうちのいずれかが，もう一方の構文の持つ機能を担うようになる現象には，どのような要因があるのか．
2. 文法化が起こる際に働いている要因の中で，新たな構文の創発にも働く要素はどんなものが挙げられるか．
3. 英語の属格構文である 'the boy's bike' と 'the leg of the table' を比較してみよう．どちらが OV 語順と一致し，どちらが VO 語順と一致するのか．歴史的に古いのはどちらであるか．そしてなぜそうだと見分けることができるのか．

第9章 語彙変化——言語はどのように新しい語を獲得し,語はどのように自身の意味を変えるのか

9.1. 導入

　本章では,言語が所有する語が,どのように変化するのかについて議論していく.前の章までは,語に影響を与える数多くの変化を考察してきた.第2章と第3章では音の変化について議論をしたが,語の音声形式(phonetic form)は変化する可能性があり,しかも,その変化は通常,規則的な方法で行われることがわかった.第4章と第5章では,語の形態的構成も変化する可能性があることがわかった.第6章と第7章では,特定の構文で使用される語には,文法化を引き起こし,文法的形態素となるものがあることがわかった.[1] 第8章では,語が生起する特定の構文も変化することがあり,これによって,語の意味にも影響を与える場合があることがわかった.

　本章では,語や語彙目録におけるこれまでに見た以外の変化を考察する.はじめに,言語はどのように新しい語を獲得するのかについて,9.2節で議論する.[2] そして,語はどのように自身の意味を変えるのかについて議論する.これについては,4つの節にまたがって展開していく.はじめに,9.3節では,語の意味を構成する範疇の本質について議論し,その後で,語が長い時間をかけて自身の意味を変える仕組みをあつかう.9.4節では,語彙意味論的変化で見られる一般的な傾向について,いくつか取り上げる.9.5節では,派生接辞(derivational affix)によって形成された語がどのように語の合成的意味を失うのかについて議論する.最後に9.6節では,昔から存在する語がどのようにし

---

[1] 訳者注:本書では,grammatical morpheme(文法的形態素)と gram(文法素)は同義で使われている.本章では,一貫して「文法的形態素」を使用する.
[2] 訳者注:「獲得」および「習得」の訳出に関しては,第11章の注を参照.

第9章　語彙変化

て当該言語から消失するのかについて，いくつかの見解を追加する．

9.2. 新しい語はどこから来るのか
9.2.1. 内部資源——複合と派生

あらゆる言語には，既存の資源から新しい語を生み出す手段がある．ある文化に新しい人工物や概念がもち込まれると，当該言語の使用者は，名詞，動詞，形容詞，副詞をはじめとする新しい語を作る方法を見つけ，この目新しい物や考えに対応しようとする．自国語の資源を用いて作る手段としては，複合 (compounding)（2つの語を並べて，新しい意味を形成）と様々な種類の派生形態論 (derivational morphology) があり，派生形態論は通常，新しい語を生み出す接辞をともなう．[3] 複合と派生については，本節で議論していく．新しい語を生み出す他の要因として，他の言語からの借用がある（9.2.2節参照）．語はどこから来るのか，語はどのように変化したのかなど，語の歴史を研究する領域は語源学 (etymology) である．多くの英語の辞書には語源の解説もあるが，最も包括的なものは『オックスフォード英語辞典 (*The Oxford English Dictionary*)』であり，英語の語に関する詳細な歴史を提供している．

新しい語を作るのにどのくらい広範囲に複合を用いるのかに関して，言語間で違いがある．[4] ゲルマン諸語は，複合語を使用することが特に多い．英語には，2つの名詞から構成される複合語 (coffee cup（コーヒーカップ）), beauty sleep（美容によいとされる夜半前の睡眠）, TV show（テレビ番組）), 1つの動詞と1つの名詞から構成される複合語 (drawstring（引き締めひも）, pull tab（プルタブ）), 1つの形容詞と1つの名詞から構成される複合語 (high chair（幼児椅子）, White House（ホワイトハウス）), 1つの前置詞と1つの名詞から構成される複合語 (overdose（過剰摂取）, in group（排他的な仲間集団）) などがある．[5] 英語の複合語は，第1強勢が2番目の語ではなく1番目の語に置かれる

---

[3] 訳者注：複合については，第1章も参照．
[4] 訳者注：複合の生産性をめぐる言語間変異については，Snyder (2001) が，以下の複合語パラメータを提案している．
　(i) 言語は，統語的派生の過程で，内心的な複合語を {許す／許さない}．
ゲルマン諸語や日本語などは (i) で「許す」を選択し，ロマンス諸語やセルビア・クロアチア語は「許さない」を選択する，とされている．
[5] 訳者注：*The Cambridge Grammar of the English Language* は，複合名詞，複合形容詞，複合動詞に大別している．以下にその例を示す．
　(i) 複合名詞：ashtray（灰皿）, blackbird（クロウタドリ）, copycat（模倣者）

ので，通常の句と区別される．英語では，複合語は1つの語，または2つの語として表記できることに注意する必要がある．複合語の表記法はかなり恣意的に感じられ，このことが相当の混乱を引き起こすこともあり得るのだ！ さらに，複合語が別の複合語に埋め込まれることも可能であり，その結果，とても長い複合語となることもある．例えば，customer service（顧客サービス）は複合名詞であるが，この複合名詞が customer service representative（顧客サービスの担当者）という複合語で生じることもできる．オランダ語では，これに対応する複合語は Klantenservicemedewerker（klanten（顧客）＋service（サービス）＋medewerker（労働者））と1語で表記され，きわめて長い語となる．もちろん，これが複合によって作られる最長の語ということでは決してないのだが．

　複合語がもつ意味は，その中にある語から推測することはできない．複合語の意味はむしろ，複合語が作られる特定のコンテクストで決定される．例えば，air conditioner（エアコン）という機械は，空気に対してあらゆることをすることができるだろうが，空気を冷やすというコンテクストで常に用いられてきた．lighthouse（灯台）という建物は，家と関連した照明が装備されていれば，いかなるタイプの家でも可能だろう．しかし，lighthouse はたまたま，海上もしくは海の近くにある強力な明かりを放つ塔で，航海中の船の参照点として役割を果たす塔という意味である．このように，複合語の意味は慣習的であり，言語に固有である．

　上述したように，ゲルマン諸語は，新しい語を作るのに複合語をたびたび用いる．ロマンス諸語でも，複合語を使用する頻度ははるかに落ちるが，動詞と名詞から構成される複合語はたしかに存在する．例えば，スペイン語の matasanos（mata（「殺す」の三人称単数現在形），sanos（健康な人々））（やぶ医者），イタリア語の lavapiatti（lava（「洗う」の三人称単数現在形），piatti（「皿」の複数形））（食器洗い機）である．言語によっては，複合語を構成する1つの要素が，派生形態素として実際に文法化されるほど非常に生産的な複合もある．その一例が英語の接尾辞 -ly である．-ly は古英語では -lic で，「身体」を意味する語に由来した．-lic は名詞と結合して複合語を生み出し，dog-like（犬のような）などで用いられる現代英語の like と用法がとても似ていた．

 (ii) 複合形容詞：foot-loose（気ままな），bitter-sweet（ほろ苦い），awe-inspiring（神々しい）
 (iii) 複合動詞：baby-sit（ベビーシッターをする），bar-code（バーコードをつける），blacklist（〜をブラックリストに載せる）

第 9 章　語彙変化

　新しい語を作る他の主要な手段で，大部分の言語がもっているものとして，派生がある．通常，既存の語幹 (stem) や語に派生接辞（英語の接尾辞 -hood, -ness, -ish や接頭辞 re-, un- など）を付加することによって，新たな語が形成される．[6] おそらく，あらゆる言語には多少なりとも派生接辞がある．派生接辞の中でも，動詞に添加して「その動作をする人」を意味する接辞は，多くの言語が備えている．このような接辞は，動詞から名詞を形成するので，一種の名詞化である．また多くの言語には，動詞に付加して，「だれかがその動詞の表す動作を引き起こす（使役）」ことを表す接辞がある．派生接辞には多くの種類があり，またそれが生起可能な構文も多くの種類があるが，ここで挙げた例はごく一部にすぎない．

　派生 (derivation) により作られる語は，程度の差こそあるものの，意味の点で透明性が高い傾向がある．そのような語はおそらく，透明性のかなり高い状態から出発し，やがて語の意味が変化する可能性がある．この一連のプロセスについては 9.5 節でさらに論じるが，ここではとりあえず business という名詞を考えてみよう．business という語は中英語期に形成され，はじめは「忙しいという質や状態」を意味した．この意味から様々な方向に発展し，18 世紀になると現在最も中心的であろうと見られる「貿易・通商」や「貿易を行う機関」という用法が現れ始めた．このように意味が変化した結果，分析可能性 (analyzability) も失われた．つまり，busy と -ness はともに，今日の英語に存在するけれども，英語話者は，business という語がこの 2 つの要素から構成されているとたいていは考えない．これと関連していることが音節の消失で，business はわずか 2 音節から成る語である．さらに言えば，今日の business は，busyness（忙しいこと）と対照をなしている．busyness は business よりも意味の透明性が高く，分析可能な語である．[7]

　派生による構文は，多かれ少なかれ生産的となりうる．つまり，程度の差こ

---

　[6] 訳者注：中野ほか (2015: 85, 266) によれば，stem（語幹）は「語の構成要素の 1 つで，屈折語尾を除いて残った部分．cat, cat's, cats, cats' では cat が語幹である」，それに対して base（語基）は「形成において接辞付加規則が適用されるもとの形態素をいう．treatment における treat など」と定義される．

　[7] 訳者注：OED によると，busyness は「忙しいという状態や質」を意味し，その初出は 1849 年の以下のとおりである．

　　(i)　Behind every man's busy-ness there should be a level of a undisturbed serenity.
　　　　　　　　　　　　　　　　　　　　　　　　　　　　　　(Thoreau Week 380)
　　　　（人それぞれの忙しいという状態の背後に，邪魔されない平穏という段階があるべきだ．）

そあるものの，新しい語を作るのに用いられる可能性が高い．例えば，英語の接尾辞 -ness は，disinterestedness（関心がないこと），waterproofness（耐水性），standoffishness（よそよそしさ）などのように，形容詞から名詞を作るのに生産的に用いられる．これらの名詞には，既存の合成語（complex word）——複合語，もしくは他の派生接辞をともなう語——に付加された -ness がある．そのため，語の意味は透明性がきわめて高い．この柔軟性の高い接尾辞 -ness の用法と，接尾辞 -th とを比較してみよう．warmth（暖かさ），width（広さ），length（長さ）で見られるように，接尾辞 -th も形容詞から抽象名詞を作る接尾辞である．-th は適用範囲がきわめて限定的で，今まで許容されていなかった形容詞に，たやすく付加することはできない．例えば，wrong（間違った）という形容詞から *wrongth，cool（冷たい）という形容詞から *coolth という名詞を作ることはできない．第5章で屈折を議論したところでみたように，接辞は時を超えて生産性が高まったり，低下したりする可能性がある．

　多くの言語に存在する語形成の別の手段に，重複（reduplication）というものがある．重複は，語の一部または全体を繰り返して，異なる意味を表す．[8] 重複は世界の多くの言語で見られ，広範な意味を表す．そこには，関係のない言語どうしでさえ重要な共通点がある．例えば，名詞では複数の概念（標準中国語の renren（あらゆる人）は，ren（人）から形成された語），動詞では動作の繰り返し，つまり反復を表すことができる（スワヒリ語の pigapiga（繰り返し殴る）は，piga（殴る）から形成された語）．[9] 重複は度合いを表すこともできる．例えば，タイ語の díidii（非常に良い）は dii（良い）から，wáanwăan（非常に甘い）は wăan（甘い）から形成されている．

　一部の言語では，名詞が動詞になったり，動詞が名詞になったりすることがかなり自由にできる．[10] 英語はそのような言語の1つであるが，例えば，

---

[8] 訳者注：小野 (2015: 463) によると，日本語の「重複」には次のようなものがある．
　(i) a. 名詞を語基とするもの：山々，人々
　　　b. オノマトペ：ドキドキ，スベスベ
　　　c. 形容詞の語幹の重複：広々，早々
小野 (2015) はさらに，自ら構文的重複語（constructional reduplication）と名付けた現象に着目し，分析を行っている．例えば，以下の下線部が構文的重複語である．
　(ii) 女の子女の子した女が嫌いな男性に好かれるにはどうすれば良いでしょうか？

[9] 訳者注：宮川 (2014) は，Graz Database on Reduplication (GDR) という重複語のデータベースを用いて，重複によって名詞の複数を表す現象は，言語間でよく見られると指摘している．GDR に収録されている82の言語のうち，87%がこの特徴を有していた．例えば，タガログ語やアイヌ語などが該当する．

[10] 訳者注：このように，つづりを変えずに品詞を変える現象を転換（conversion），ゼロ転

hammer や walk などを見ればわかるだろう．hammer は元来，ハンマーという道具を表したが，現在ではハンマーを用いて行われる行為を表すこともできる．また，walk はもともと動詞だったが，現在では動詞の行為が及ぼす一定の時間や経路を表す名詞として使うこともできる（he took a walk（彼は散歩した），our walks takes us around the lake（歩いてその湖をひと回りできる））．英語では，品詞を変えるのに次の2つの方法で行うことができることに注意する必要がある．その方法とは，新しい範疇に適した屈折接辞を付加するか，コンテクストにある語幹を新しい範疇にそのまま用いるかである．後者は派生接辞が要求されないので，ゼロ転換（zero conversion）と呼ばれる．複合の時と同じように，ゼロ転換によって形成された名詞や動詞の意味は，完全に予測できるわけではない．むしろ，当該の語が用いられる特定のコンテクストによって，意味が決定される．例えば，dog が動詞として可能なあらゆる意味のうち動詞用途では，dog は（「犬のように息を切らす」，「犬のように物乞いする」のように）動詞的に様々な意味で解釈されることが予測されるが，実際に動詞として用いられるときには「犬のように尾行する」という意味になる．これはおそらく，この用法が最初に使用された16世紀当時，獲物の追跡に犬を使うことが一般的だったためであると考えられる．

　ここで見てきたことは，言語が新しい語を獲得できる方法を網羅しているわけでは決してない．ほかにもいくつかの可能性がある．例えば，逆成（back formation）は，本来，語の一部であった burger（ハンバーガー）（hamburger に由来し，元来，「ハンブルグ出身の人，あるいは物」という意味）が単独の語として，あるいは，cheeseburger（チーズバーガー），veggieburger（ベジバーガー）などのように，ほかの要素との組み合わせで使用されたりする手法である．ほかには，省略（clipping），つまり，長い語を短縮する手法もあり，lab（実験室），tech（科学技術），app（アプリ），dis（侮辱する）などが該当する．[11] 文字体系のある言語には，頭字語（acronym）という手法がある．頭字語は，句を構成する語の最初の文字を並べて，それを語のように発音するというもの

換（zero conversion），または，ゼロ派生（zero derivation）と言う．詳しくは，Marchand (1969)，大石（1988），Nagano (2008)，Kastovsky (2009) らを参照．名詞から動詞に転換された他の例として，次のようなものがある．

　　(i)　I managed to elbow my way to the front.
　　　　（私は何とか肘で押し分けながら，最前列に出た．）　　　　（畠山（編）2017a: 61）

　[11] 訳者注：lab, tech, app, dis は，それぞれ，laboratory, technology, application, disrespect の省略である．

で，例えば，radar（レーダー）は RAdio Detection And Ranging, laser（レーザー）は Light Amplification by Stimulated Emission of Radiation の大文字を並べてできた語である．これ以外に，新しい語を作る手法として他の言語からの借用がある．これについては次節で取り上げることとする．

9.2.2. 他言語からの語の借用

　大部分の言語にとって，新しい語の語源が他の言語に根ざす場合もある．特に，文化どうしが接触すると，人工物や対象物，例えば食べ物などは，それを表す語とともに入ってくる．spaghetti（スパゲッティ），chow mein（五目焼きそば），taco（タコス），sushi（寿司），sauerkraut（ザウアークラウト）など一般的な英語の単語が，他の言語に起源があることはたいていの話者にとって実に明らかである．[12] しかし，英語は何世紀もの間，食物に関する語を借用してきているので，それらの多くは英語にもともとある語だと思われている．orange（オレンジ），potato（ジャガイモ），tomato（トマト），squash（カボチャ），coffee（コーヒー），tea（茶）を考えてみよう．orange は，古フランス語（Old French）の orange を経由して 1300 年頃に英語にもたらされた．古フランス語の orange は，イタリア語の arancia（もともとは，narancia）に由来し，arancia 自体は，アラビア語の naranj の交替形である．naranj はペルシャ語の narang に起源があり，さらにサンスクリット語で「オレンジの木」を意味する naranga-s にまで遡ることができる．ジャガイモ，トマト，カボチャは，すべてアメリカ大陸原産の食物である．したがって，予想どおりではあるが，potato, tomato, squash はアメリカ先住民の言語に由来する．スペイン語の patata は 1560 年頃から使用が確認されるが，カリブ語族のハイチ語に由来し，「サツマイモ」という意味だった．1590 年頃になると，ペルー原産で，一般的に見られる白いジャガイモに対しても用いられるようになった．tomato は当初（1600 年頃から）tomate で，これはスペイン語の tomate に由来する．スペイン語の tomate は，ナワトル語（Nahuatl）の tomatl からの借用である．tomatl は tomata（膨らむ）に由来し，文字通り「膨らむ果物」という意味をもつ．squash は，ナラガンセット語（アルゴンキン語族）の askutasquash を短縮した形として，1640 年代から英語で使用が確認されている．askutasquash は askut（緑色をした，生の）+ asquash（食べられる）から形成され，文字通り，「生で食べる

---

[12] 訳者注：OED によると，spaghetti はイタリア語（1849 年），chow mein は中国語（1903 年），taco はメキシコ系スペイン語（1949 年），sushi は日本語（1893 年），sauerkraut（1633 年）はドイツ語からの借用語である．カッコ内の数字は，OED の初出年である．

ことができる緑色のもの」という意味である．語尾の -ash は，succotash（サコタッシュ）で見られるように複数を表す接辞である．

　coffee と tea は，東洋から異なるルートを経由してヨーロッパに到着した．coffee という語はイタリア語の caffè に由来し，1600 年頃に英語にもたらされた．イタリア語の caffè はトルコ語の kahveh に由来し，kahveh は，アラビア語の qahwah（コーヒー）に由来する．「茶」を表す語には，ヨーロッパと中東の言語において 2 つの主要な変異形がある．1 つはオランダ語の thee に由来し，もう 1 つはポルトガル語の chá に関連している．したがって，英語では tea，フランス語では thé，スペイン語では té，ドイツ語では Tee なのに対して，ロシア語では chai，ペルシャ語では cha，ギリシャ語では tsai，アラビア語では shay，トルコ語では çay である．これらの異なる形は，2 つの経路によって各地域にもたらされた語を用いているためである．オランダ人貿易商は，福建省アモイで主に交流をしたが，ここではビン南語（Min Nan）が話され，「茶」を表す語は te^{55} だった（潮州（Chaozhou）も同様）．[13] ポルトガル人貿易商はマカオ経由で移動したが，マカオでは「茶」を表す広東語は cha だった．また，オランダ貿易商からではなく陸路で「茶」を借用した地域においても，chai などの形が用いられている（Dahl 2013）．ここで議論してきた語はすべて借用語（loanword）である．つまり，語源的には異なる言語にあるが，借用言語に完全に溶け込んでいる語である．食物を表す語が，食物とともに移動することを理解するのはとてもたやすいことである．似たようなシナリオが他の物に対しても当てはまり，世界中へ広まったプロセスを同様の方法で追跡できる．例えば，アラビア語で「本」を意味する kitāb がアフリカ全土に伝わったことは，3 子音の語根 k-t-b を用いる語が他言語に見られることからわかる．例えば，スワヒリ語では kitabu，ハウサ語（チャド語派）では litaafi として定着した．kitāb は東方にも伝わり，トルコ語（チュルク語族）では kitap，ペルシャ語（インド・ヨーロッパ語族）では ketâb，ウルドゥー語（インド・ヨーロッパ語族）では kitāb となった．実際のところ，kitāb は南アジアやインド亜大陸に広く行き渡っている．

　当該文化に存在しない物の名前を借用する場合を除いて，上記以外の借用は，文化の接触の種類，二言語使用の程度，共同体の慣習に依存する．借用の必要性がないにもかかわらず，語が借用された事例 – 借用言語にすでにその物や概念を表す語が存在するにもかかわらず，借用される語 – が多く存在する．Poplack et al.（1988）は，フランス語の会話で使用された英語の単語を収め

---

[13] 訳者注：声調を示す 55 という上付き数字については，本書の第 3 章注 8 を参照．

た大規模コーパスを研究した．それは，カナダのオタワとハルで収集された．この地域は広範囲で積極的に二言語を使用する共同体である．語彙的ギャップ（物や概念を表す名前の欠如）によって借用が動機づけられたと思われる語もあるが，言語的必要性によって借用されたとは言えない語も数多く存在する．例えば，business（ビジネス），smart（利口な），bad luck（不運な），first（最初の），game（試合），party（パーティ）などが該当する．Poplack らの他の重要な成果として，広範囲に二言語が使用されている事例でさえ，会話で用いられた借用語の割合は，総語数の 1% に満たないということが挙げられる．したがって，この場合，借用語を使用することは一般的な慣習ではない．借用の割合はおそらく，言語や共同体によって異なり，借用語に受容的な共同体と，そうではない共同体がある．言語によっては，広範囲に及ぶ形態構造が外来語に適応できない場合もあるので，そのような言語は外来語に良い借用環境を提供していない．それでも借用が生じる場合，最も頻繁に借用されるのは名詞である．これは，名詞は語彙的内容が濃く，動詞や形容詞などと比べて，談話に統合される度合いが低いためであると考えられる（Poplack et al. 1988）．前置詞，代名詞，冠詞，助動詞などのような文法化された語が，借用されることはめったにない（Weinreich 1968, Poplack et al. 1988）．

9.2.3. 借用語適応

（単にその時限りで，母語ではない語を用いる場合と違って，）真の借用語は，は，当該言語の音韻体系，形態体系，統語体系に統合される．音韻的な適応は，母語の音素を非母語の音素の代わりに用いたり，音素配列パターンを変えたり，強勢パターンを調整したりといった形を取る．

借用語を適応させる時に置換された音素は通常，当該言語の音素に可能な限り近似している．例えば，スペイン語の [xunta] が英語では [huntə]（junta（少人数による政府））となるように，軟口蓋摩擦音（velar fricative）に対して /h/ が用いられる．他には，巻き舌の [r] をともなうスペイン語の単語に対して，英語では rodeo（ロデオ）の [ɹoudiou] のように英語特有の /r/ 音になる．時には，音素の置換がもっと過激に行われることもある．例えば，サユラ・ポポルカ語（ミヘ・ソケ語族）が自国語にはない /r/ や /l/ をともなうスペイン語の単語を借用する場合，置換後の音は /n/ であって，スペイン語 cruz（十字架），mula（男）がサユラ・ポポルカ語ではそれぞれ kunuːʃ, muna となる（L. Campbell 1999）．その他の事例では，2 つの母語の音素が借用語にある 1 つの音素と置き換わる．ノルマンフランス語の前舌円唇長母音 [yː] が，中英語期には後母音の [uː]，または二重母音の [ju] のどちらかの音で導入され，後者

は refuse（拒む），pure（純粋な）などの語で見られる．フィンランド語には /f/ がないので，母音間に /f/ が生じると /hv/ という連続に置換された．例えば，スウェーデン語の kaffe がフィンランド語では kahvi（コーヒー），英語の beef（牛肉）がフィンランド語では pihvi となる (L. Campbell 1999)．

　借用言語がドナー言語よりも単純な音素配列構造をしている場合，借用語の音素配列パターンを作り直す必要があることが多い．例えば，日本語は借用語に順応しやすい言語だが，子音連結（consonant cluster）をともなう語は認められない．したがって，英語の単語を借用するとき，母音を挿入することにより，子音連結を回避する．また，/n/ を除いて日本語は子音で終わることができないので，母音を末子音の後に加えなければならない．例えば，英語の strike は sutoraiku（ストライク）として日本語に適応され，printer は purintaa（プリンター）となる．スペイン語の一部の方言では（第3章で議論したように），Pepsi（ペプシ）として綴るべきところを Pecsi と綴るが，これも音素配列論に起因する．しかし，音節末の /p/ が，スペイン語の一部の語にも存在するというのは興味深い．ただし，音節末の /k/ よりも，はるかにまれではある．

　強勢パターンの適応も，借用言語に大いに依存する．英語は語彙強勢（lexical stress）をともなうので，借用語の強勢パターンは，少なくともしばらくの間は維持されるのが普通である．しかし，英語の語彙目録によると，名詞では語頭に強勢を置く傾向がある．そのため，語末に強勢のあるフランス語は，その状態で英語にもたらされるかもしれないが，時間がたつにつれて，強勢は最初の音節に移動する傾向がある．借用語の garage（ガレージ）は，アメリカ英語ではたいてい語末に強勢が置かれるが，イギリス英語では語頭に強勢が置かれる．同様に，フランス語からの借用語 chauffeur（おかかえ運転手）は，語頭または語末のいずれに強勢を置くこともできる．

　強勢ではなく声調を用いる言語もあるが，強勢をともなう言語から借用する際には，強勢のある音節を高声調として再解釈することによって，語を適応する．ヨルバ語（ニジェール・コンゴ語族）では，英語からの借用語で強勢をともなう音節は高声調となり，最後の音節は（強勢がないならば），低声調となる．例えば，paper（紙）は pépà，recorder（レコーダー）は rikódà となる．英語で語末母音に強勢が置かれていれば，ヨルバ語では高声調のあとに低声調を続けることによって適応する．例えば，delay（〜を遅らせる）は dìléè となり，bar（飲み屋）は báà となる (Kenstowicz 2006)．

　音韻同化は，様々な程度で行われる可能性があり，フランス語から英語にもたらされた chauffeur が，強勢位置で異なるように，借用語は発音の点で異なる場合もある．garage は，末子音の発音が異なり，フランス語の摩擦音 [ʒ]

で発音する人もいれば，英語風に変化した破擦音 [dʒ] で発音する人もいる．同様に，niche（壁龕）もフランス語に由来するが，[niʃ] または [nɪtʃ] と発音できる．Poplack et al. (1988) によると，音韻同化の度合いを決定する要因として次の2つが有力である．1つ目は，その語が借用言語で用いられている期間，2つ目はその語の社会への組み込まれ方である．語が社会に組み込まれているということは，コーパスの中で，かなり多くの話者によって使用されているということである．つまり，その借用語が，あらゆる話者よって使われる可能性があるとき，それはその言語の中での日常語となる．

　予想できることではあるが，他の言語から語を借用する話者は，借用される語の形態構造を必ずしも識別できるわけではない．しばしば起こることとして，形態的に複雑な語句が，あたかも単純な語であるかのようにあつかわれることがある．そして，当然ではあるが，借用言語の形態論的体系が新しい語に強制的に適用される．複雑な形式をもつ借用を考えてみよう．アラビア語話者（ムーア族）がスペインの一部を占領していた700年の間，スペイン語はアラビア語から多くの名詞を借用した．そして，定冠詞のついた状態で名詞が借用された事例がたくさんある．例えば，algodón（綿），alcalde（市長），almacén（倉庫），almojada（枕），alcoba（寝室）などは，この時期までさかのぼることができ，語の一部に定冠詞 al を含んでいる．留意すべき点として，英語の cotton（綿）もアラビア語の quṭn に由来するが，定冠詞はともなっていない．これらのスペイン語に借用された名詞はすべて，通常の方法で，つまり，-s または -es を付加することによって，複数形にすることができる．ただし，これに対応するアラビア語の複数形は，全く異なっていたと思われる．さらに注意すべきこととして，スペイン語やフランス語などの言語に借用された名詞は，性を表す屈折辞を付与されなければならない．Poplack et al. (1988) によると，スペイン語とフランス語の両言語に借用された名詞に性を付与する際，きわめて高い一貫性がある．スペイン語では性の付与は主に，名詞がもつ音韻的形態によって決定される．つまり，-a で終わる名詞は，おおむね女性名詞なので，almojada や alcoba は女性名詞に分類される．それに対して，alcalde, algodón, almacén は男性名詞である．アラビア語は中間要素を変化させることによって複数形を形成するので，スペイン語の名詞をアラビア語に適応させる場合のほうが，より複雑なことが起きる．スペイン語の recibo（領収書）はアラビア語に借用され resibo となり，その複数形は ruãseb である．また，スペイン語の vapor（蒸気船）はアラビア語では bãbor となり，その複数形は buãber である (L. Campbell 1999)．

　借用動詞を屈折言語に適応させることもまた，困難をともなう可能性がある

が，大部分の言語は，そのための適応手段をもっている．（しかし，動詞の借用は，名詞の借用と比べると，頻度がはるかに低いことを覚えておく必要がある．）当該言語に動詞を屈折させる多様な手段があるならば，借用語はほとんどの場合，最も生産的なパターンに従うだろう．commence（〜を開始する），continue（〜を継続する），encounter（〜に出会う），refuse（〜を拒む），retain（〜を保有する）などの動詞はノルマンフランス語から中英語にもたらされたが，すべて，規則変化の接尾辞 -ed で屈折をする．言語によっては，借用動詞を屈折可能な形に変えるための特別な接辞がある．例えば，カヌリ語（ナイル・サハラ語族）には，動詞を屈折させるのに 2 通りある．およそ 150 のカヌリ語固有の動詞は，多くの不規則変化をともなうパターンで屈折をする．借用語を含むその他の動詞はすべて，動詞 ŋin（言う）を語幹末尾に付加して屈折する．そして，ŋin 自体は語尾変化をして，時制／相および人称／数の違いを完全に表すことができる．実際のところ，多くの言語で見られる共通の手段は，屈折助動詞を不変化動詞形に付加することである．

スペイン語では，生産的な動詞の活用は，-ar を付加して動詞を形成することであるが，これによって強勢パターンが変化したり，時折，母音交替を引き起こしたりする．そのため，大部分の借用語や名詞から派生した動詞は，-e を追加して -ear で終わることにより，語幹が変化しない状態を保持できる．私が住む地域で話されているメキシコ系スペイン語の話者の間では，英語の動詞 leak（漏れる）は liquear として用いられるようになってきた．さらに，指小辞（diminutive）-ito，-ita を名詞に付加して，スペイン語風にすることができる．例えば，trailer（トレーラー）は treilita と綴る．[14]

借用語の導入によって語彙目録の拡張以外に，借用言語に影響を及ぼすこともある．例えば，新しい音素が借用語の中で使用され，それが借用言語に持ち込まれるかもしれない．また，新しい強勢パターン，新しい音素の分布，さらには，派生形態論さえも持ち込まれるかもしれない．そのような事例は一般的に，二言語使用の度合いが高い状態が長期にわたって続く必要がある．そうでない場合は，変化が最小限にとどまる言語で生じる．例えば，英語の音素 /ʒ/

---

[14] 訳者注：中野ほか（2015: 91）によれば，指小辞は，「小ささや子どもに関連する概念（女性，親愛，軽蔑，近似）を表す接辞」と定義される．

神崎（2013: 16）は，フランス語由来の指小辞 -ette の例として，(i) のような無生物の名詞を挙げている．そして，20 世紀になると，(ii) のように，人間に対しても用いられるようになったことを指摘している．

(i) kitchenette（簡易台所），dinette（小食堂），launderette（コインランドリー）

(ii) suffragette（婦人参政権論者），usherette（女性案内係），majorette（バトンガール）

は，massage（マッサージ），garage（ガレージ），azure（空色），rouge（ルージュ），regime（政治形態），camouflage（カモフラージュ）などのフランス語の単語とともに，英語に持ち込まれた．/ʒ/ がもたらされる前は，英語には sheep（羊）などで見られる無声摩擦音 /ʃ/ はあったが，この類いの有声摩擦音はなかった．ズールー語（バントゥー語群）にある吸着音（click consonant）は，近隣のコイサン諸語に由来すると見られる．また，ヒンディー語のそり舌子音（retroflex consonant）は，ドラヴィダ語族との接触によってもたらされた可能性がある．これらの仮説については，第 11 章でさらに詳しく議論していく．日本語の /p/ は弱化し，/p/ が語頭にあったり，語中で母音が後続したりする場合，摩擦音に変化した．ただし，母音間では重複子音（geminate）として存続した．日本語がヨーロッパの諸言語から語を借用するとき，ポルトガル語からの借用語 pan（パン）などのように，/p/ は語頭で再導入された．/p/ は重複子音としてはもともと存在していたので，この場合，語頭で /p/ が出現するのは最小限の変化だった．

　前節では，文法的形態素が借用されることはめったにないことを述べた．しかし，英語には，ラテン語に由来し，フランス語経由の派生接辞が多く存在する．例えば，pre-, re-, con-, anti- などの接頭辞，-ity, -tion, -al, -ence, -ism などの接尾辞である．これらの接辞は，単独で英語にもたらされたのではなく，当該接辞を含む語が大量に流入されたことによってもたらされた．例えば，president（総裁），remain（依然として〜のままである），contain（〜を含む），antidote（解毒剤），university（大学），nation（国），national（国家の），presence（存在），criticism（批判）などである．これらの接辞の生産性や新しい語への適用が，限られはするものの，ある程度見られるのは，それらが多くの語で生起するので，話者はある程度これらの接辞を理解できるためである．しかしながら，これらの接辞の大部分は，un-, -ness, -ish など，同様の機能を果たすゲルマン系の接辞よりも生産性は落ちる．派生接辞，および語彙変化に与える派生接辞の影響については，9.5 節でさらに述べていく．

9.3. 語はどのようにして意味を変えるのか

　いったん語がある言語に入り込み，当該言語の話者によって使われ始めると，語は意味的に変化することがしばしばある．ここに，興味深い緊張関係が生まれる．それは，言語使用者がお互い理解できるように，語が意味の点で安定的である必要性と，古い語を新しい用法に適応させる傾向および必要性との間で見られる関係である．本節および次節では，文献で特定されている類いの

意味変化について議論していく．本書では，文法化で生じるタイプの意味変化について，すでに，かなり徹底的に考察してきた．本章では，文法化していない個々の語について，文法化と同じタイプの意味変化が多く生じることをみていく．ここでは，コンテクストの影響，メタファーの使用，推論，メトニミーの使用について考察し，さらには，概念の拡張，つまり一般化，そして意味の縮小も検討していく．[15]

語の意味変化を研究するのに2つの方法がある．ただし，その大部分については，一緒にして取り組むべきではある．1つ目の方法は，「ある語彙素 (lexeme)（語）L があるとすると，L の意味は，どのような変化を遂げたのか」を問う．[16] この種の研究は，意味変化論 (semasiology) と呼ばれる．例えば，動詞 starve は，以前は単に「死ぬ」（古英語 steorfan）を意味したが，どのようにして「苦しむ，または餓死する」を意味するようになったのかを問うような場合である．また，スペイン語の caballero は，以前は「騎手」を指したのだが，どのようにして現在では「紳士」を意味するのに用いられるようになったのか問うような場合である．

---

[15] 訳者注：Shibatani (1990: 150-151) は，日本語への借入語における意味変化について，以下を挙げている．

(i) a. Narrowing and specialization（縮小と特殊化）：sutekki（ステッキ）< stick, hitto-endo-ran（ヒットエンドラン）< hit-and run
   b. Semantic extension（意味の拡張）：handoru < handle, rezi（レジ）< cash register
   c. Transfer（変更）：abekku（アベック）< avec, mansyon（マンション）< mansion
   d. Semantic downgrading（意味の悪化）：madamu（マダム）< madam, bosu（ボス）< boss

長野・島田 (2017: 220) は，「メンタル」は以下の例からみるように，「変更」の例であるとして，近年の動向も指摘している．

(ii) あの選手は<u>メンタル</u>が弱くて

[16] 訳者注：『最新英語学・言語学用語辞典』によれば，語彙素は，「一連の屈折形式をもつ抽象的語彙意味の最小単位のことである」と定義される．

この点に関して，以下をみてみよう．

(i) You are working hard, but your sister is working even harder.
   （あなたは一生懸命働いているけれども，お姉さんはもっと一生懸命働いています）

3 番目と9 番目に working が用いられているが，これは同じ語とみなすことができる．それに対して，4番目の hard と最後の harder はどうであろうか．Huddleston and Pullum (2002: 27) は，語をどのように定義するかに依存していると指摘している．つまり，統語的視点に立つと，hard と harder は別の語になり，辞書的な立場に立つと，同じ語になる．そして，後者の場合について，Huddleston and Pullum は，同じ「語彙素」という用語を用いて，「語」と区別している．畠山（編）(2017a) も参照．

語彙項目やその意味の変化を研究する 2 番目の方法は，「ある概念 C, つまり意味 M があるとすると，この意味を表す語彙素に，どのような変化が生じたか」を問うことである．この種の研究は，命名論 (onomasiology) と呼ばれる．このアプローチでは，犬科動物について私たちが語る方法がどのように変化したのかを問うかもしれない．昔の英語の名詞 hound は，イヌという種を表す一般的な語だったが，起源不明の dog に部分的に置き換わった．英語本来の名詞 hound は，現在では特定の犬種を指すのに用いられる．pup や puppy はフランス語から借用されたが，イヌの子を以前は意味していた whelp に取って代わった．以下で見ていくように，語の意味，そして，同じ領域に存在する他の語の意味の両方の側面を考慮に入れる必要がある．

語の意味も 2 つの側面がある．1 つ目は当然のことながら，語の定義―語が表すカテゴリーの決定的な特徴を述べたもの―である．これは，内包 (intension) とも呼ばれる．しかし，これに加えて，意味がどのように変化するのかを理解するには，語がおそらく表すと思われる一連の存在物や概念を考察する必要がある．これらの存在物や概念は，語が表すカテゴリーのメンバーである．これは語の外延 (extension) もしくは意味 (reference) と呼ばれる．

9.3.1. プロトタイプ・カテゴリー

直前の段落で仮定したように，語はカテゴリーを表す．この理由のため，心理学と言語学の両分野で行われているカテゴリーの研究は，語の意味研究に関連している．カテゴリーに関する研究では，人間が形成するカテゴリーにはプロトタイプ構造があることを証明してきた．[17] プロトタイプ構造は，次にあげる 4 つの特徴をともなう（以下は, Rosch and Mervis 1975, Geeraerts 1997 に基づいている）．

    a. プロトタイプ・カテゴリー (prototype categories) は，典型性の度合いを示す．あるカテゴリーにあるすべてのメンバーが，そのカテゴリーを同等に代表しているとは限らない．例えば，「鳥」のカテゴリーでは，「ツバメ」や「コマドリ」のような鳥は典型的なメンバーであるが，「ダチョウ」などは明らかに周辺的なメンバーである．後者に入るメンバーは，飛べないだけでなく，通常の鳥よりも相当に大きいので，周辺的である．この特徴は，カテゴリーの外延や意味に基づいて予測されることに留意する必要がある．

    b. あるカテゴリーに属すメンバーが，他のメンバーとすべての特徴を共有

---

[17] 訳者注：プロトタイプ・カテゴリー」に至った経緯，定義，課題などについては，畠山（編）(2017b: 18-19) に解説がある．

しているとは限らない．すべての関連する特徴をもつ中心的なメンバーがあるかもしれないが，その一方で，ある特徴を欠くメンバーが存在する可能性もある．したがって，空を飛ぶ能力は，「鳥」というカテゴリーがもつ重要な特徴であるが，空を飛ぶことのできない鳥が存在する可能性もある．あるカテゴリーのメンバーになるには，他の何らかのメンバーと特徴を共有しなければならない．その結果，プロトタイプ・カテゴリーは，家族的類似性 (family resemblance) の構造を示している．[18] もっと一般的に言えば，プロトタイプ・カテゴリーの意味構造は，クラスター化され，重複した解釈をともなう放射状に拡がりをもつ集合，つまり連鎖の形をしている．したがって，ハチドリやダチョウが，どういうわけで同じカテゴリーに入っているのかと思うかもしれない．その答えはこうである．ハチドリとダチョウの両方とも，より典型的な鳥であるツバメやコマドリと特徴を共有しているからである．

c. 時々言われることではあるが，プロトタイプ・カテゴリーは，境界が不鮮明になり得る．これは，そのようなカテゴリーは周辺メンバーを含んでいるという事実によるものであり，他のカテゴリーのメンバーと類似している場合もあるかもしれない．クジラは子に授乳するので，ほ乳類であることは知られている．しかし一方で，クジラは多くの点で魚と似ているので－例えば，水中に生息し，ヒレをもつなど－「ほ乳類」というカテゴリーの境界がいくぶん不鮮明になっている．

d. 最後に，プロトタイプ・カテゴリーを規定する特徴に関して，それらは，基準となる属性（必要十分条件）を満たす単一の集合ではあり得ない，ということがある．むしろ，その特徴は，（すべてのメンバーに含まれる必要はないが）多くのメンバーで見られる基準となる属性の集合であり，他のカテゴリーと当該カテゴリーとを必ずしも識別するとは限らない．鳥を見てみると，翼・羽毛・くちばしがあること，空を飛ぶこと，巣を作ることはすべて重要な特徴であるが，これらの特徴のうち一部を欠いていても，依然として鳥に属すメンバーもある．さらに，大きさなど決定的な基準ではないが，メンバーのプロトタイプ性を決定する特徴もある．その結果，ハチドリやダチョウは非典型

---

[18] 訳者注：家族的類似性とは，あるカテゴリーに属すメンバーすべてに当てはまる特徴はないことを意味する．その名が示すとおり，ある1つの家庭を想像してみよう．例えば，父と娘は顔が似ていて，父と母は行動が似ているなどの類似性は見られるかもしれないが，全部の特徴が全員に共通することはない．詳しくは，深田・仲本 (2008) 参照．なお，深田・仲本 (2008) は，family resemblance を「家族的類縁性」と訳しているが，本書では『最新英語学・言語学用語辞典』にならって「家族的類似性」とした．

的な鳥とみなされる．カテゴリーを定義する属性は，複数のカテゴリーのメンバーと，そのメンバーの属性を比較することによって明らかになる．多数のメンバーに当てはまる属性は非常に強化され，一方，ほとんどのメンバーに該当しない属性は弱化される．

9.3.2. 意味変化のメカニズム

　カテゴリーがもつ内包（定義）と外延（メンバー）に関するこのような見解を仮定すると，語はどのように自身の意味を変えるのかについて，理解し始めることができる．以下では，語が意味を変える様々なメカニズムを取りあつかい，プロトタイプの枠組みを用いて，そのメカニズムを議論していく．ここで議論していく史的意味変化に関するメカニズムは，誇張法 (hyperbole)，メタファー (metaphor)，メトニミー (metonymy)，提喩 (synecdoche)，推論 (inference) である．これらは，語どうしが競合し合っているので，命名論的変化をともなう一般化 (generalization) や特殊化 (specialization) へとつながる．非明示的 (non-denotational) 変化も生じる．語は頻繁に生じるコンテクストのおかげで，語彙的および社会的な側面の両方で暗示的意味 (connotation) を帯びる．意味変化は，特定の談話コンテクストで常に生じるが，そのような環境では，ある方向で解釈がされることにコンテクストが一役買っている．

　意味変化が始動するメカニズムの1つに，誇張法がある．誇張法は，当該コンテクストで，読み手／聞き手が予想している以上の強調した意味で語を用いることを言う．この慣習に関して興味深いことは，誇張法はやがて，語がもつ強い意味を漂白することである．これは，語の過剰使用によって文法化の過程の中で，漂白化が起こるのと同じである．現代アメリカ英語における他動詞 grab の用法を例に考えてみよう．OED は grab を，「突然に，かつ躍起になってつかむ，もしくは強奪する．したがって，強欲な，もしくは無節操な方法で，独り占めする」と定義している．これはかなり強い意味である．1930年代までの COHA にある例文は，この意味を反映しているが，この頃から誇張の用法も記録されている．例えば，ダンスのコンテクストでアナウンサーが grab your partners（パートナーを手に入れなさい）と言う．また，1937年頃になると，飲食物と一緒に用いられる例文が現れる．例えば，grab a bite to eat（軽い食事をする），grab some supper（軽い夕食をする），grab some coffee（コーヒーを軽く飲む）などである．これらは，「突然に，躍起になって」や「無節操に」という意味があまりないように見える．1936年には，I got to grab a streetcar and get home（私は路面電車に乗って，帰宅できた）という例文もあるが，こちらも get（得る）以上の意味を表していない．

2012年にまでなると，COCAには，grab が get と大差ない意味で用いられている例文がさらに多く見つかる．以下がその例文である．

(258) Once you have the basics, grab a piece in today's look: all black
(about choosing a men's watch, COCA 2012)
(いったん，あなたが基本的なことを理解したら，Today's Look: All Black の中から一つ手に入れなさい．)

(259) To copy the runway look you see here, grab a hot pink polish spiked with confettilike particles
(ここから見えるモデルの人たちをまねるには，紙吹雪のようなものが入っているショッキングピンクのマニキュア液を手に入れなさい．)
(解釈：To look like a model, get this special nail polish, COCA 2012)
(モデルのように見せるには，この特別なマニキュア液を手に入れなさい)

この2つの例文だけでなく，この時代の grab をともなう例文は命令文で用いられていることが多い．grab には初期から「躍起になって」という意味があるが，get ではなく grab を用いると，この意味のおかげで，命令文に強制力がさらに増す．ご覧のとおり，このように grab を用いると，本来の意味を完全に変える効果が容易に得られるだろう．そのため，単に「躍起になって得る」を意味したり，「得る」のみを意味したりするようになる．

メタファーによって他の領域に進出すると，grab 本来の「物理的につかむこと」という意味からさらに一層かけ離れる．他の領域に進出すると，もとの領域の関係構造が新しい領域に移動する．メタファーは，名詞とともに用いられることが多い．例えば，head（頭）や face（顔）などの身体の一部を表す用語が，人間の身体以外の領域（the face of a clock（時計の文字盤），the head of the class（級長））で用いられるときに見られる．grab は手が物体のところまで伸びて，それをつかもうとする様子を描いているが，このような身体的動作を表す動詞もまた，メタファー的に用いることができる．(260)，(261) の2つの例文を考えてみよう．最初の例文では，つかむ物体は「仕事」であり，これは手の中に握りしめる（grasp）ことはできないし，それをつかみ取る（grab）ことによって仕事を得ることもできない．むしろ，「私は引き受けます」などと言うことで仕事を得ることができる．2番目の例文では，つかむ物体は「（新聞などの）見出し」であるが，これは見出しの中に直接入ることはできず，むしろ，見出しに（受動的に）選ばれるような方法で演じなければならないので，

興味深い.

(260) She'd wanted this job since she'd learned to count. She ought to grab it, rather than wasting her talent by keeping the books for a few locals. (COHA 2009)
(彼女は,計算を身に付けて以来ずっとこの仕事を望んでいた.彼女は,何人かの地元の人のために帳簿をつけて,自分の才能を無駄にするのではなく,この仕事を手に入れるべきである.)

(261) But no, you want to showboat all the time ... you wanna take all the solos and grab up all the headlines. (COHA 2001)
(でも違う,君はいつも派手な演技をしたがっている ... 君はすべての独奏部分を自分のものにして,すべての見出しに大きく取り上げられたいと思っている.)

比喩的拡張（metaphorical extension）によっても,動詞 grab の意味特徴が弱化する効果がある.誇張法やメタファーの場合,話者が新しいコンテクストで語を使うようになると,プロトタイプ・カテゴリーのメンバーとして可能なコンテクストを追加していることになる.新しいメンバーは,初期のメンバーのあらゆる特徴-「躍起になって,突然に,無節操につかむ」など-を共有しているわけではない.上記の2つの例は,「躍起になって」という意味は保持しているように見えるが,それ以外の「突然に,無節操につかむ」という意味は,カテゴリーが発展するにつれて弱化している.

比喩的な意味変化はしばしば,多義性（polysemy）,つまり,1つの語に対して1つ以上の（おそらく,関連しているが）別々の意味や語義を生み出す.[19] 英語の head に関して言えば,複数の意味が共存する.例えば,動物や人間の頭,組織や機関の代表者,ビール表面の泡,コインの表の面にかたどった頭像などである.head が拡張して用いられても,本来の具象的な意味に影響を与えているようには見えない.つまり,head が,人間の頭や動物の頭を指すのに用いられることは,意味が拡張されてもなお,非常にはっきりしている.初

---

[19] 訳者注：小野（2005: 56-57）が指摘するように,「多義性」は「同音異義性」と区別する必要がある.例えば,(i) のペアの bank には意味的な関連性はないので,「同音異義性」とみなすことができる（本書では,「広瀬川」を the Hirose River と表記することとする）.

(i) a. We walked along the bank of the Hirose River.
（私たちは広瀬川の岸沿いを歩いた.）
b. Do you have an account at 77 bank?
（あなたは 77 銀行の口座をもっていますか.）

期の意味が失われている場合，多義性によって語の意味に変化が起きる可能性がある．メタファーによって，ある時，現在の一般的な意味が与えられ，以前の意味が消失してしまった例は，ラテン語の perna（ハム）である．perna はスペイン語では pierna（脚）となったが，「ハム」という意味はもはやない．スペイン語では，jamón が「ハム」を意味する語である．

　ある概念を表す用語が，それと関連した概念に対して用いられるとき，メトニミーが生じる．このプロセスも，多義性につながる．例えば，アメリカ英語の複合語 White House は，ワシントン D.C. にある邸宅－米国大統領が居住し，執務する場所－の名前として使われ始めた．しかしながら，ほどなくして（1830年代には），その他2つの意味でも用いられるようになった．1つ目が大統領の職（He had his eye on the White house（彼は大統領の職を欲しがっていた）），2つ目が政府の行政機関（information from the White House（米国政府からの情報））という意味である．初期から White House には具体的な意味もあるので，この複合語は多義的である．メトニミー的変化には，以前の意味が失われる場合もある．メトニミーが機能するのは，1つの概念的存在物によって，全体の，そしてより複雑な場面が出現し，その大きな全体を表すことができるようになるからである．

　フランス語からの例は，「職場」を表す語 bureau の歴史である．初期の頃は，bureau は，職場のテーブルに敷かれた1枚の目の粗い布（bure）という意味だった．その後，テーブル自体を意味するようになり，そして，テーブルが置かれた部屋を意味するようになった．最終的には，その部屋で行われる活動を意味するようになった．これらの変化は，1つ1つが別々のメトニミー的変化である（Robert 2008）．ラテン語の penna（羽根）は，羽根ペンが文字を書くのに用いられていたので，メトニミーにより「筆記用具」を表すようになった．羽根ペンが用いられなくなっても，「筆記用具」という意味は存続した．

　さらに特殊なタイプのメトニミーは，提喩である．提喩では，ある存在物の一部が存在物全体を表すようになる．例えば，hired hand（使用人）は，実際には一人の人間全体を指すが，（仕事でよく使う身体の部位の）「手」を言うことによって，完全な1人の人間という意味が可能になる．boots on the ground（戦場で実際に戦っている部隊）は，ブーツを履いた兵士とともに用いられるので，この場合，boots と言うだけで十分である．

　メトニミー的な変化とみなされることが多い別のタイプの意味変化は，推論の慣習化（conventionalization of inferences）による変化である．これについては，文法化と関連して，すでに議論した．そこでは，推論が頻繁になされると，語や構文の意味の一部になりうることがわかった．この好例は，接続詞

since である．since は，以前は「そのとき以降に」を意味した．(262) では，since は一時的な意味にもっぱら限られるが，(263) では一時的な意味が因果関係の意味を含意する．つまり，その薬は夢遊病がおさまった原因である．このような推論が頻繁に生じると，それは語の意味の一部となる可能性がある．したがって，(264) の since は「…だから」や「…であるという理由で」という意味であって，時間に関する意味はここにはない．

(262) I think you'll all be surprised to know that since we saw Barbara last, she made an amazing trip to China.　　　　(COCA 1990)
（私たちが最後にバーバラに会った後に，彼女が国へ驚嘆すべき旅行をしたと知ったら，あなたたち全員，驚くだろうと私は思う．）

(263) After 50 years of sleepwalking, he hasn't walked once since he started taking the drug.　　　　(COCA 1990)
（夢遊病が50年続いた後，その薬を飲み始めて以来，彼は睡眠中に1回も歩き回ることはしていない．）

(264) Since the hunters all have CB radios, they can warn each other before he even gets close.　　　　(COCA 1990)
（ハンターたちは全員，CBラジオをもっているので，獲物に近づく前にお互いに注意を促すことができる．）

とても大まかな意味では，このような変化はメトニミー的である．つまり，一時的な意味と因果関係の意味が，コンテクストで関連している場合がある．(263) では since は両方の意味を思い起こさせるが，(264) は因果関係のみである．聞き手は，なぜ話者が自分にこれを言っているのか，いつも推測しようとしているので，推論によって余分な意味が追加される．2つの命題を起きた順番どおりに並べると，聞き手はその2つの命題が単に時間に関してだけでなく，因果的に見ても，関連していると推論するようになる．

　話し手が新しい方法で語を使用するのを好む場合，ここで紹介した類いの変化が生じることが多い．語について，聞き手が自分の知識ベースのある領域を活性化させるのに役立つ道具とみなすことができる．したがって，談話を構成する語を解釈するのに，話し手と聞き手の百科事典的知識（encyclopedic knowledge）（世界に関する知識）が用いられる．[20] 新しい用法は，コンテクスト

---

[20] 訳者注：『最新英語学・言語学用語辞典』によれば，「百科事典的知識」は，「我々がもっている世界に関する知識のこと」と定義される．したがって，「心的辞書（語彙目録）」とは異

の中で現れる．そして，新しい意味が語に付与されるのを可能にしているのは，現実世界と談話のコンテクストである．文やそれより大きい談話に現れる他の語については，聞き手が適切な新しい意味を付与するのに役立つ．語が使用される確立されたコンテクストに加えて，新しいコンテクストが範疇化される．新しい用法がたびたび繰り返されると，当該範疇のメンバーとして確立され，範疇を定義する意味的な特徴に影響を与えるかもしれない．

9.3.3. 非明示的な意味の変化

コンテクストは語を解釈する上で非常に重要なので，非明示的な意味の側面がコンテクストからゆっくりと語に浸透し，語の暗示的意味に影響を与えることもあるかもしれない．本節では，コンテクストでの使われ方によって特定の語や構文に感情が追加される仕組みについて，いくつか事例を挙げて考察する．

はじめに，前節で議論した例－grab を「得る」という意味で用いる用法－を考えてみよう．次の例文では，grab は「得る」という意味の他に，夕食を食べる時間が短いだけでなく，かなり形式張らない夕食という意味ももたらす．加えて，grab を用いることで会話設定がインフォーマルであることも示唆される．

(265) Listen, do you want to go grab some dinner at that little cafe we saw down the street? (COHA 2006)
（ねぇ，通りの向こうのほうに見えたあの小さな喫茶店に，ちょっと夕食を食べに行かない？）

語や構文が，異なる社会階級，年齢層，性のグループに属す人々によって特異的に用いられると，語自体がそのグループと関連するようになり，それが語がもつ感情，つまり暗示的意味の一部となる．

Torres Cacoullos (2011) は，メキシコ系スペイン語の進行形で用いられる2つの異なる動詞の分布を研究し，このうち1つはフォーマルな発話よりも，一般大衆のくだけた発話ではるかに多く用いられることを発見した．スペイン語で進行相を形成するには，動詞の動名詞形（接尾辞 -ndo をともなう）と一緒に用いることができる助動詞がいくつかある．そのような助動詞は，estar（位置している），andar（歩く），venir（来る），ir（行く）である．以下の2つの例文を見てみよう．(266) はメキシコシティにおける教養のある発話，(267)

なることに注意する必要がある．

はより大衆的な言語共同体からの例文である．

(266) Pero　estás　　　　　　　　　　hablando　de
　　　しかし　〜しつつある．二人称直説法現在　話す．現在分詞　〜について
　　　una　forma de　vida, Gordo.
　　　1つの　形式　　〜の 生活　Gordo
　　　（しかし，ゴード，あなたは生活様式について話しています．）

(267) Ando　　buscando　　unas　　tijeras,　porque
　　　〜している　探す．現在分詞　いくつかの　はさみ．複数　なぜなら
　　　se me　　rompió　　una uña.
　　　自分自身の　壊れる/割れる　1つ　爪．単数
　　　（私は，はさみを探しているのよ．だって，爪が割れたから．）

Torres Cacoullos は，メキシコシティで話されているスペイン語を集めた2つの異なるコーパス（教養のある発話と大衆の発話）を比較し，andar＋動名詞は，教養のある発話コーパスよりも，大衆発話コーパスで4倍多く用いられていることを発見した．別の都市（チワワ）で収集したコーパスからは，初等教育や中等教育のみを受けた話者は，大学教育を受けた話者と比べて，3倍多くandarを用いることも発見した．意味論の点から見れば，進行相で用いられているestarとandarは，交換できることが多いが，2者間の選択については社会的に動機づけられる．つまり，進行相andarがもつ意味に加えて，社会的アイデンティティのしるしも追加される．

　言語的コンテクストも，語の暗示的意味に影響を与える可能性がある．動詞causeは，複数の英語大規模コーパスで研究されてきた．そして，causeの目的語が名詞句の時，否定的な何かを明示的に示すことがほとんどであることがわかった．例えば，cause an accident（事故を引き起こす），cause damage（損害を与える），cause a problem（問題を引き起こす），cause cancer（癌を引き起こす）などが該当する（Stubbs 2002）．causeの辞書的定義には，この分布について述べていないが，it caused a resolution of the problem（それが問題の解決をもたらした），cause a celebration（祝いを引き起こす）などは奇妙に聞こえるので，コンテクストによって「意味上の音色（semantic prosody）」と呼ばれるものが「cause＋名詞句構文」に付け加わる．興味深いことに，causeが動詞補部（verbal complement）を取る場合，またはcauseが名詞の場合，そうではないときと比べて中立的な意味に近づく．例えば，cause people to migrate（人々を移住させる），a cause for celebration（祝いの理由）が該当する．cause

の否定的音色の通時的発展に関する研究によると，初期近代英語 (Early Modern English) では，cause は否定的な名詞句と同じくらい，肯定的な名詞句や中立的な名詞句とともに生じたと思われるが，中立的な名詞句が肯定的な名詞句よりもはるかに数が上回っていた．このように中立的な名詞句や否定的な名詞句が cause と結びつく傾向は，長年かけて増加し，現在の状態に至っている (Smith and Nordquist 2012).

　意味の悪化 (pejoration) という用語も意味変化を記述するのに用いられる．これは，語が否定的な暗示的意味を帯び，最終的には語の明示的な意味も変えるような意味変化に対して伝統的に使用される．意味の悪化をもたらす大部分の変化は，メトニミーによって引き起こされるので，これは独立した種類の変化ではなく，むしろ，言語使用のコンテクストによって影響を受ける類の変化かもしれない．例えば，spinster は元来,「糸を紡ぐ人」を意味したが，現在では「年老いた未婚女性」という意味である．villain (悪意をもった人物) は，フランス語の villein (生まれの卑しい田舎者) から借用された．フランス語で文字通り「愛好家」を意味する amateur は，あるトピックに対する愛情に端を発して，それを追求する人を意味するようになった．しかしその一方で，専門家とは異なり，そのトピックに関して能力のない人という関連した意味も帯びる．意味の悪化とは変化の方向が正反対な意味の良化 (amelioration) も見受けられる．ラテン語の caballus は「老いぼれ馬，使役馬」を意味したが，スペイン語では「馬」を表す一般的な語である．つまり，この語は，使用範囲が拡大し，あらゆる馬を指すようになった．これは次節で議論するが，一般化の事例である．

9.3.4. 命名論に関する変化――競合する語

　語がますます多くのコンテクストで使用されることで，その意味が広まると，他の語の意味領域を浸食することがある．語彙的意味の一般化は，意味の特定の特徴が失われるかもしれないという点で，文法的意味の一般化に似ている．私たちは，英語の動詞 grab に関して，初期の一般化の例を見た．一般化を 2 回経験した語もある．例えば，ラテン語の salārium は，sal (塩) に由来し，兵士への塩の割り当てを表した．そして，兵士の賃金全般に一般化され (塩との関連の消失)，最終的には，古フランス語の salaire はあらゆる人の賃金に一般化された (兵士との関連の消失)．salaire は，この「賃金」という意味で英語にもたらされた．ブランド名がある種の製品全般に拡張される時にも，一般化は生じる．この良い例が，コピー機に対して xerox という語を使用することである．ゼロックスは，初期の非常に評判の良かったコピー機のブ

ランド名であるが，他のブランドのコピー機が利用されるようになってからも，ゼロックスという名前が引き続き使用された．しかも，動詞としても用いられるようになった（ゼロックスの著作権管理部からの反対はあったが）．

　語がそれ自体の意味を一般化するとき，当該カテゴリーに含まれるメンバーの数は増加する．つまり，語が拡張される．これが非常に頻繁に起こると，他の語はカテゴリーに含まれるメンバーを失い，その結果，語の定義が縮小される．つまり，意味の縮小は，命名論的変化によってもたらされる場合もある．例えば，OED によると，girl は 15 世紀までは，性別に関係なく子どもや若い人を指したが，そのころまでに，gaye gerles（陽気な少女），pretty gyrle（かわいい少女）などのように女性のみを指すと思われる用例も生じていた．boy という語は 14 世紀に始めて確認されるが，OED によると，生まれの卑しい男性だけでなく，男性の使用人，奴隷，助手，下級従業員も指した．15 世紀までには，男の子や若い男性を指すのにも用いることができるようになり，以下に示す 16 世紀の例文からもわかるように，boy は girl に対応する語となった．

(268)　Whose child is that you beare so tenderly? Is it a boy or girle, I praie ye tell?　　　　(OED) (1594, R. Wilson Coblers Prophesie l. 1080)
　　　（あなたがとても優しく抱いているのは誰の子供ですか．その子供は，男の子ですか，それとも女の子ですか．お願いです．どうか教えてください．）

このように，boy があらゆる若い男性に一般化されたことによって，girl の指示範囲にまで進入してきた．それから 100 年もたたないうちに，boy と girl はペアを成すようになった．

　別の例は，犬の世界に関係する．飼い犬を表すゲルマン語起源の語は，hound である（ドイツ語の Hund（犬）と比べてみるとよい）．dogge（多少異なるつづりも含む）という語が，14 世紀に用いられるようになり，牧羊犬と猟犬の両方を指すようになった．hound は 15 世紀までは犬を表す一般的な語として使用されていた．しかし，dog が広範囲に使用されるようになり，あらゆる種類の犬を網羅するようになった．その結果，hound は初めはずっと猟犬に対して用いられていたのだが，特に，匂いで獲物を追跡する猟犬に限定して用いられるようになった．

　意味の縮小は，語があるコンテクストと密接に関連するようになり，話し手がそのコンテクスト以外で当該の語を使用したがらなくなる場合である．スペイン語の rezar（祈る）は，古スペイン語では，「暗唱する」を意味した．しかし，暗唱することが宗教的なコンテクストで生じることがほとんどなので，

rezar は祈ることと関連するようになった．そして，recitar, narrar など他の動詞が暗唱することの一般的な概念を表すようになった．

9.4. 語彙的意味変化の一般的な傾向

　本書で文法化を議論したとき，意味変化にはきわめてはっきりした方向性があることがわかった．語彙変化では，方向性ははるかに不明瞭である．というのも，おそらく，話し手が語を使用する方法は，とても創造的（時には意識的）であるためである．しかしながら，言語全般に当てはまる明らかな傾向も数多く存在し，それらのうちのいくつかは，文法化の意味変化で見られる傾向と同じである．

　メタファーは一般的に，具体的な領域から抽象的な領域への意味の移動であるので，より具体的な意味からより抽象的な意味への変化をもたらす．例えば，high や low などの空間を表す用語が，感情の状態に対して用いられると，メタファーをともない，その意味はより抽象的なものとなる．私たちはすでに，このような多くの例を指摘してきたけれども，これとは正反対の方向に進む変化もあることを理解することは重要である．例えば，背の低い人に注意を向けながら，「小さい」という意味で shrimp を用いると，具体的な小さな海の生物から，より抽象的な「大きさ」の領域へと移動していると思うかもしれない．しかしながら，shrimp は，中高ドイツ語（Middle High German）で確認されたゲルマン語の動詞 schrimpen（縮む）に由来するので，語源的に見ると正反対の方向の変化である．そして，shrimp は縮んだ生物，つまり小さな生物という意味である．このように，「小さい」という意味はつねに，shrimp の一部にあり，具象的な使用からメタファー的に派生したのではない．

　推論をする際の3つの強力な傾向が，Elizabeth Traugott（1989）によって確認されている．これらの傾向は，文法化と語彙変化の両方で適用される．ここで見られる変化はすべて，話し手の視点と態度から生じるという点で，ますます「主観化（subjectification）」が強まっている例である．以下に，例文とともにこの3つの傾向を示す．[21]

　「傾向 I：外部世界を記述した状況に関わる意味 ＞（評価的，知覚的，認知的な）心理世界を記述した状況に関わる意味」（Traugott 1989: 34）．その一例

---

[21] 訳者注：Traugott の subjectification は，「主観化」と訳されるのに対して，Langacker (1990) の subjectification は，「主体化」と訳される．両者の比較については，畠山（編）(2017b: 36-37) を参照．

は，英語の動詞 felan（触る）で，外部世界の行為を表すが，feel（心的または感情的に感じる）を意味するようになった．別の例は，下劣な人を指す現代英語の名詞 creep だろう．これは，（何かを盗むために）足音を忍ばせて歩くという外部世界の活動から，そのような人の心理的な特徴へと変化している．

「傾向 II：外部世界または心理世界を記述した状況に関わる意味 > テクスト的状況およびメタ言語的状況に関わる意味」(Traugott 1989: 35)．例えば，since（〜の後）が以前に挙げた例で示したように，「〜なので」を意味するようになると，外部の一時的な連続を記述することから，節（clause）と節の間で見られるテクストの（因果）関係を表すことへと移行する．動詞 observe もこの種の変化を経てきた．それは，「知覚する」（心理的状況）という意味から発話行為動詞へと移行し，「〜ということを述べる」を意味することでメタ言語状態をコード化するときに見られる．

「傾向 III：意味は，命題に対する話し手の主観的な信念／態度に基づく傾向がますます高くなる」(Traugott 1989: 35)．その一例が連結詞（connective）の while（〜する時に）である．これは「〜の間中」を意味することもでき，以下に示すように，（傾向 II の結果）2 つの節間の譲歩関係を表すようにもなった．

(269)　We stayed in Paris a little while.
　　　　（私たちは，少しの間パリに滞在した．）

(270)　She slept while Harold worked on his manuscript.
　　　　（ハロルドが原稿を執筆している間中，彼女は寝ていた．）

(271)　While Pam didn't really need any help, she surely appreciated it.
　　　　（パムは実際には助けを必要としなかったけれども，もちろん感謝した．）

傾向 III に関する別の例は，古フランス語 verai（真実）に由来する very の意味変化である．very は，認知的な評価を表す．at the very height of her career（彼女のキャリアのまさに頂点で）などのように，（頂点を表す）スカラー量として very を使用すると，主観的な評価を提供する．強意詞（intensifier）として very を使用した場合も，同じ種類の変化が起きている．

　予想できることではあるが，特定の意味変化の中には，言語間を通して似たパターンを示すものもある．つまり，文法化とまさに同じように，一定の意味素材は似た変化を引き起こす傾向がある．例えば，以前に検討した動詞 grab は，get（得る）により近い意味に変化しつつあり，このように個々の意味変化は他の事例でも見られる．例えば，英語の get は，「力ずくでつかむ，取る」

を意味した印欧祖語 (PIE) の語根 *ghend- に由来する．これは，ラテン語の prehendere（力ずくでつかむ）の語根で見られる．英語の have もまた，印欧基語の *kap-（しっかりとつかむ）に由来する．これは，ラテン語の capere（力ずくでつかむ）においても見られる語根である．ラテン語の habēre（もつ）は，「つかむ」を意味する印欧祖語の語根 *ghab(h)-ē に由来する．意味変化がたどる共通の経路を次のように構築できる．

(272)　しっかりとつかむ，力ずくでつかむ ＞ 得る，獲得する ＞ もつ，所有する

この変化の最終段階は，アメリカ英語の子ども向きで非標準的な got の用法を用いても説明できる．例えば，Magic what people gots in dere bodies (COCA 2002)（彼らの体の中は魔法がかかっていた）のように，have を意味する．

Zalizniak et al. (2012) が指摘した通言語的に成り立つ別の例は，ゴキブリを表すのに外国人（どの外国籍に対して用いるかについては，言語によって異なるが）を指す名詞を使用することである．Zalizniak らは，ロシア語の prusak（プロイセン人），チェコ語の šváb（シュバーベン人），レト・ロマンス語群の sclaf（スラヴ人）を引き合いに出している．これらすべて，それぞれの言語で「ゴキブリ」を意味するのに用いられる．語彙的意味変化が共通してどのような道をたどるのか，という言語横断的な研究は始まったばかりである．おそらく，様々な言語で見られる意味変化のデータが今以上に多くあれば，語彙的意味変化の傾向をさらに特定できるだろう．

9.5. 派生的に関連する形式の変化

語で見られる別の種類の意味変化は，近年研究の注目を集めるようになったものである．これは，派生形態論に従って形成された語が，どのように合成的意味を失い，かつて形成された基本語からどのように変化するのかに関係する．この類いの英語の例は，disease（病気），dislocate（他の場所へ移す），business（ビジネス）などである．形態的に複雑な語が，意味の点で完全に合成的であるとき，語全体の意味はその中に含まれる形態素の意味から予測できる．形態論的に複雑な語は合成的な状態から始まり，徐々にその合成性 (compositionality) を失うので，合成性が欠如される度合いは様々であると考えられる．Langacker (1987) も，語の分析可能性——言語使用者が，当該の語を構成する形態素を識別できる度合い——を検討することを提案している．合成性は欠いているが，依然として分析が可能な語もある．例えば，動詞 dislocate（位置を

変える，脱臼させる）では，dis-（分離する）と locate（〜を置く）はどちらも識別可能であるが，dis- と locate とを足して合わせても，dislocate の現在の意味をもたらさない．それに対して，disease という語は，語源的には dis- と ease から構成されるが，合成的でもなければ，分析可能でもない．

　なぜ，語は合成性を保持したり，失ったりするのだろうか．1つの要因として，派生語の使用頻度がある．以前に述べたように，頻繁に使用されるチャンクは，全体で処理され，そのため，チャンク全体に付与された意味をもつ可能性がある．同じ接辞をともなう語どうしを比較すると，より頻繁に使用される語のほうがおそらく，合成的な意味が減少している．例えば，接頭辞 pre- をともなう英語の単語は，合成性の点で異なる．prediction（予測）や preface（序文）など頻度の高い語は，predestine（前もって運命づける）や predecease（〜より先に死ぬ）など頻度の低い語よりも，合成的な意味がはるかに少ない．音韻的な違いにも留意する必要がある．頻度の高い語で使用される pre- は，頻度の低い語に比べて縮約の度合いが大きい．Hay (2001) は，合成性の消失を決定するのは派生語のトークン頻度 (token frequency) だけでなく，派生語のもととなる語基と比較したときの相対的な頻度であると主張する．例えば，pre-decease は，語基 decease（死亡する）から派生した語である．[22] 派生語によっては語基よりも頻繁に使用されることがある．例えば，inaudible（聞こえない），impatient（我慢できない），immoral（不死の）はそれぞれ，audible（聞こえる），patient（忍耐強い），mortal（死ぬ運命にある）よりも頻度が高い．Hay は，語基よりも頻度の高い派生語は，語基よりも使用されない派生語と比べて合成性が低いと予測する．頻度の低い派生語には，unkind（不親切な），invulnerable（傷つくことのない），immodest（慎みのない）などが該当する．様々な調査によって，Hay はこの一般化が有効であると示している．

　頻度は，意味変化の要因となり得そうだが，それだけで意味変化のすべてを説明することはできない．実際のところ，頻度自体が，意味変化がもたらす結果かもしれない．おそらく，もっと重要な要因は，語基と比較したときの，派生語が使用されるコンテクストである．派生語がそれに対応する語基よりも使用頻度が高い場合，語基が使用されない多くのコンテクストで，おそらく用いられるだろう．そして，このようなコンテクストは，合成性消失の原因となるだろう．語基とその派生語の非公式な調査の結果を見てみよう．これは，語基

---

[22] 訳者注：中野ほか (2015: 380-381) によれば，トークン頻度は，「特定の言語アイテムが同じ形で出現する頻度」と定義される．それに対して，タイプ頻度は，「1つのパターンがどれだけ異なる事例を通して出現するかを表す頻度」と定義される．

と派生語ともに非常によく用いられる dirt と dirty を研究したものである．COCA では，名詞の dirt は 13,844 回，形容詞の dirty は 12,975 回生じる．dirty は分析性がきわめて高く，合成的な場合もあるが，実際のところ，この 2 つの語は，かなり異なるコンテクストで用いられる．dirt は，道路について議論する場合や等位句で生じることが多い．等位句の例として，dirt and dust（ごみや塵），dirt and oil（汚れや油），dirt and grease（汚れや脂），dirt and sawdust（塵やおがくず）などがある．等位句で用いられる場合は，dirt のかなり具体的な意味を表している．形容詞の dirty は，とても異なるコンテクスト，つまり，メタファー的なコンテクストで生じる．例えば，dirty words（下品な言葉），dirty details（汚い詳細），dirty looks（卑劣な顔つき），dirty messages（卑猥なメッセージ），dirty work（面倒な仕事，不正行為），dirty joke（下品な冗談），dirty little secret（決まりの悪い事実），dirty bomb（放射性物質が含まれた爆弾）などである．これらの例はどれも，dirt の例に含まれていた「ごみ」という意味はない．

dirt と dirty よりも頻度が低くて，合成的な 1 つのペア－legible（判読できる）と illegible（判読しがたい）－を見てみよう．これら 2 つの語は，非常に似たコンテクストで使用される．両方とも，handwriting（手書き），letters（手紙），notes（メモ），words（語）などの語とともに用いられる．legible と illegible が似たコンテクストで用いられるので，お互いに意味的に密接に関連した状態が保持され，そのため，illegible は合成的な状態が保たれる．それに対して，dirt と dirty は，使用されるコンテクストが重複していないことが多いため，お互いにさらに隔たりが生まれ，dirty は合成性が薄らいだと考えられる．

これらの例から示唆されることは，合成性の消失につながる意味変化は，すでに議論したメタファー，メトニミーなどと同じメカニズムが関連しているということである．これによって，語基が見られないコンテクストにおいて，派生語が使用されるのが可能になる．語が特定の意味を表し，それが特定のコンテクストで頻繁に使用されると，語とその構成要素となる形態素との明白な関係が失われるきっかけとなったり，関連する語や形態素からますます自律性が高まったりする．

複合語も似たような変化を経て，その結果，合成性や分析性の消失につながることが多い．使用頻度が高かったり，意味変化が起こったりすると，その構成要素となる語を不明瞭にする音韻変化を引き起こすこともある．例えば，現代英語（PDE）の lord（主人）は，古英語（OE）では，hláf（パン）と weard（番人）から構成された hláfweard だった．古英語ではすでに，hláford に弱化することが可能だった．lady（女）は，hlæfdige（loaf（パン）+kneader（こねる

人))という複合語だった．ここに挙げた複合語は，音韻的に縮約し，社会構造が変化するにつれて，その意味も変化した．lady は一般化がかなり進み，現在では単に lord の女性に当たる語である．古英語起源の複合語には，hūswīf (「家」+「女」，つまり，「一家の女主人」) もあるが，これは hussy へと縮約した．はじめに生じた意味変化は，女性全般への一般化で，その後，ふしだらな行動を含意する無礼で，遊び好きの人に対する呼称へと変化した．そして，ふしだらな行動を表す女性のみに意味が縮小されると，意味の悪化がさらに進んだ．

9.6. 古い語，形態素，句に何が生じるのか

　競合する語が用いられるようになってきたために，既存の語が以前ほど頻繁に使用されなくなったとしても，当該言語から必ずしも完全に姿を消すわけではない．むしろ，廃れたな語や語の一部が語彙目録を散らかし，奇妙なほこりっぽい隅で，他の語や定型句の中に閉じ込められた状態で見つかる可能性もある．まれではあるが依然として使用される句に kith and kin (親類縁者) がある．この句は，古い語 kith (cuð (知られた) に由来) が用いられるおおむね唯一の場所である．kith には，古英語では「一族」や「同胞」を表すかなり一般的な用法があったが，現在ではこの句のみで見られる遺物に過ぎない．形態的にみると，複合語は，死語や死語になりつつある語を保存する博物館となる可能性もある．uncouth (礼儀を知らない) と inept (不適当な) に含まれる語幹は，接頭辞のついた状態からの逆成の場合を除いて，接頭辞のない状態では使用されない．[23] 時には，語が古い意味を反映するコンテクストに閉じ込められることもある．例えば，tide はかつて「時」を意味したが，tide が用いられた用法の多くは time に取って代わった．そして，tide は潮の満ち引きを表す場合に限定されるが，ただし，依然として「時」を意味する even-tide (夕暮れ) や Yule-tide (クリスマス) などの語もある．time and tide wait for no man (歳月人を待たず) ということわざでは，tide は一時的な時，つまり，1つの季節ま

---

[23] 訳者注：『最新英語学・言語学用語辞典』によれば，「逆成」は，「既存の派生語などの接辞部分が削除され新たな語が形成されることをいう」と定義される．Huddleston and Pullum (2002) は，逆成の例として以下を挙げている．

　　(i) a.　babysitter > babysit
　　　　b.　television > televise
　　　　c.　uncouth > couth

は，ほんの少しの時間が本来の意味だった．しかしながら，tide の現代的な意味は海の潮の干満を表すが，この意味でもこのことわざはうまく解釈できる．

9.7. 結論

　語彙変化は，新しい語を作るための手法が多様なので，今まで見てきた他の類の変化よりも予測が難しい．さらに，語がいったん当該言語にもたらされると，語が変化しうる過程も多様である．それにもかかわらず，本章では，他の章で取り上げたテーマを多く見てきた．はじめに，文法化で生じる意味変化のメカニズムの中には，メタファー，メトニミー，推論，そして一般化（漂白化）など語の意味変化でも見られるものもある．2番目に，形態統語的変化と同じように，形式間で見られる競合を観察することができる．競合している場合，ある語は，別の語がかつて使用されていたコンテクストを占拠し，やがて，その語を完全に排除したり，重要ではない機能に追いやったりする．3番目に，意味変化では，これから構築される語と意味との関係にとって関係が構築されるには反復されることが必要なので，使用頻度の役割を見てきた．そして，使用頻度の高い用法があると，話し手は使用頻度の低い用法を使って同じ意味を表すための代替手段を探すようになることを見た．最後に，特定の語彙項目の意味と用法を決定する上で，コンテクストがきわめて重要な役割を果たすことを再認識した．

推奨図書

　文法化と語彙化との関係を探求した本としては，以下がある．

Brinton, L. J. and Traugott, E. C., 2005. *Lexicalization and language change*, Cambridge: Cambridge University Press.

広範囲な言語で見られる借用語の事例が量的，質的に申し分なく，語の意味に関する変化の事例も多く取り入れている一般的な教科書としては，以下がある．

Champbell, L., 1999. *Historical linguistics: an introduction*, Cambridge, MA: MIT Press, chapters 3 and 10.

ディスカッション用の問題

1. 新しい語の出所の1つに，普通名詞になる固有名詞がある．mom（ママ）という語は，元来，母親を呼びかけるのに用いられていたので，固有名詞だった．mom を COHA（史的アメリカ英語コーパス）で調べると，普通名詞として用いられている例が数多く見つかるだろう．mom が当該事例で普通名詞として用いられていることを示す文法的特徴を探して，そのリストを作成せよ．
2. オランダ語の winkel の発達における以下の各段階で，どのような種類の変化が生じたか説明せよ（Geeraerts 1997）．

   winkel の意味発達
   1.「角」> 2.「道の曲がり角」3. >「道の曲がり角に位置する建物」 > 4.「道の曲がり角に位置する店」> 5.「店」

3. 英語 feel の発達において，以下の用法は，Traugott の3つの傾向のうちどれが機能しているか考えなさい．なお，feel は古英語では，「触る」を意味した．

   i. Fulbright clapped Socrates on the shoulder. Maybe when he felt the rock-hard muscle of that upper arm he began to realize that he was in over his head. (COHA 2000)
   （フルブライトは，ソクラテスの肩を軽くたたいた．彼がソクラテスの岩みたいに固い上腕筋に触れたとき，全く歯が立たないと気づき始めただろう．）

   ii. Karen reached out her hand to help the woman, whose palm felt hot and slightly swollen. (COHA 1991)
   （カレンは，手を伸ばしてその女性を助けようとした．女性の手のひらはほてっていて，若干，腫れているように感じられた．）

   iii. Drift away. Feel every muscle in your body loosening up and freeing you to relax. (COHA 2002)
   （なにもしないでゆっくりしなさい．あなたの体内のあらゆる筋肉がほぐれて，リラックスするのを感じなさい．）

   iv. I feel bad. I feel like I want to throw up. (COHA 2001)
   （私は体調が悪い．嘔吐したい気分だ．）

   v. No one's calling me. I feel neglected something fierce. (COHA 2001)
   （誰も私に電話してくれない．私は，ひどく無視されていると感じる．）

vi. By the tone of your voice, I feel you don't believe me.

(COHA 2001)

(あなたの声の調子から,あなたが私のことを信じていない<u>という気がする</u>.)

第10章 比較，再建，および類型論

10.1. 言語間の語族関係

これまでに何度も，同系言語（related languages）の形式どうしを変化が起きた証拠として比較してきた．例えば第2章では，摩擦音（fricative）の前の /n/ が前古英語で消失したことに注目し，証拠として，英語の goose とドイツ語の Gans，英語の tooth とドイツ語の Zahn，英語の five とドイツ語の fünf を挙げた．同系言語どうしに違いがあるならば，少なくとも一方の言語に変化が生じたからだという仮定が，この比較の背景となっている．したがって，2つ以上の言語が同系であるということを知る方法があると仮定していることになるが，まさにその通り，これを知る方法は存在する．「比較法（comparative method）」は，2つ以上の言語の単語を調査し，それらが同系であるか否かと，その関係の本質を判定する方法である．

この場合，「関係」とは，語族関係（family relation）を意味しており，これは単に2つの言語が地理的に隣接している地域で話されていることを意味する地域的関係（areal relation）とは異なっている．語族関係というのは，ある1つの言語を話す集団が（たいていは移住によって地理的に）散り散りになり，各グループの話している言語が異なる変化を受けるというよくある偶然から生まれるものである．はじめは，2つの集団は例えばアメリカ英語やイギリス英語のように異なる方言を話していると言われる．なぜならその2つの集団が元に戻って一緒になれば，互いを理解することができるからである．しかし，500〜1000年ほどの時が経てば，十分な変化がどちらの変種においても自然と生じ，その結果2つの別々の言語と認識しなければならなくなるだろう．このシナリオは，ローマ帝国に植民地化された地域で見られる．そういった地域では，はじめは，その地域にもともとあった言語（例えば，ケルト諸語

(Celtic languages) やゲルマン諸語 (Germanic languages)) と一緒に，ラテン語 (Latin) が話されていたが，後にそれらの言語がラテン語によって取って代わられたり，周縁に追いやられたりしてしまった．そうすると，例えばフランス北部で話されていたラテン語は変化して，フランス南部で話されていたラテン語とは異なるものとなった．フランスで話されていたラテン語は劇的に変化し，スペインやイタリアなどで話されていたラテン語とははっきりと区別されるようになり，その結果，ロマンス諸語 (Romance languages) と今日呼ばれる同系言語の集まりが生じるに至った．語族関係は，遺伝的（発生学的）関係 (genetic relations) と呼ばれ，より最近，おそらく，より適切には，系統関係 (genealogical relations) と呼ばれている．

言語間の関係についての研究が始まった18世紀末は，それまでは同系だとは思われていなかった諸言語間の顕著な類似性に言語学者たちが注目し始めた時代であった．特に，Sir William Jones が1786年のアジア協会 (Asiatic Society) での講演において，サンスクリット語 (Sanskrit), ギリシャ語 (Greek), ラテン語に，そしてひょっとするとゴート語 (Gothic), ケルト語 (Celt), イラン語 (Iranian) にも見られる深い類縁性 (affinity) に言及している．

表 10.1：サンスクリット語，ギリシャ語，ラテン語の対応語

サンスクリット語	ギリシャ語	ラテン語
nápāt（子孫）	anepsiōs（いとこ）	nepōs（孫）
bhrátā（兄弟）	phrátēr（一族の人）	frāter（兄弟）
ád-mi（私は食べる）	édomai（私は食べる）	edō（私は食べる）
dáśa（10）	déka（10）	decem（10）

そこでは，先の3つの言語について，動詞の語根や文法の形式における「偶然によって生じたとは思えないほど」(Jones 1788) 強い類縁性が言及されている．彼が言及した類縁性を驚くべきものにしているのは，サンスクリット語が，およそ3000年前に現在のインドで話されていたヒンドゥー諸語 (Hindus) の古代語だった一方，ギリシャ語やラテン語は2000年以上も前に地中海周辺地域で用いられていた古代語であるということである．表10.1は，Jones の著作にある類縁性の実例である．後に学者たちにより，これら3つの言語が，ケルト語，スラヴ語 (Slavic), ゲルマン諸語，ペルシャ語 (Persian) やいくつかの他の語群 (language groups) とともに，すべてある初期言語の子孫であると証明され，その初期言語はインド・ヨーロッパ祖語（印欧祖語，Proto-Indo-European (PIE)) と名付けられた．インド・ヨーロッパ語族の一覧表が本章

の付録に掲載されている.

Jones の発見が刺激となり，インド・ヨーロッパ諸語やインド・ヨーロッパ諸語間の関係性に関する莫大な数の研究へとつながった．この学問は，19 世紀末までに確立した分野である史的比較言語学 (historical-comparative linguistics) の基礎となり，実際，インド・ヨーロッパ諸語や後には世界中の他の諸語に関する史的音韻論や史的文法論についての学問が，欧米諸国で実践されているような 20 世紀の現代言語学の発展につながった．

10.2. 比較法

表 10.1 で例示された類似点は顕著であるが，それ自体で当該言語間の系統関係を証明してはいない．様々な言語の単語と単語の間で偶然の類似性がありうるという事実や，ある言語が別の言語から単語を借用 (borrow) することもあるという事実は，系統関係を判断するためには強い基準を設定する必要があることを意味している．例えば，表 10.2 で挙げられる諸言語における「本」を意味する語を比べた場合，語族関係があるということを推測するかもしれない．

もちろん，これらすべての言語が密接に関係していると考えるのは，たとえ当該言語間で「本」や他の概念に対するよく似た単語があったとしても，間違っているだろう．これらの言語は実際には 5 つの異なる語族に属している．比較法は，インド・ヨーロッパ諸語の研究の中で発展し，世界中の多くの語群に適用されてきたが，これにより，偶然や借用 (borrowing) に起因する類似性を理由に無関係な言語どうしに語族関係を主張するような正当性を欠く仮説を避けられる．

表 10.2：「本」を意味する対応語

アラビア語 (Arabic)	スワヒリ語 (Swahili)	ハウサ語 (Hausa)	ウルドゥー語 (Urdu)	トルコ語 (Turkish)	ペルシャ語 (Persian)
kitāb	kitabu	litaafi	kitāb	kitap	ketâb

比較法は言語変化に関する以下の 2 つの特性に基づいている．1 つは，多くの場合，1 つの言語内で単語はかなり安定的で，長期間消えずに残るということ，もう 1 つは，音変化は語彙的に規則的，すなわち，適切な音声的条件をもつ当該言語のすべての単語に影響を与えるということである．これら 2 つの特性は，同系言語の単語どうしを比較し，それらの音韻的形態がただ類似し

ているだけでなく，比較対象となっている言語の音素（phoneme）間での規則的な対応関係が見いだせるということを意味している．偶然や借用による類似性を排除するのは，この音素間の規則的対応関係なのである．

　比較法を適用する際には，まず比較対象となる言語で同根語（cognate）と推定されるものの可能な限り大きな一覧を構築する．同根語とは，異なる言語にありながら，共通の祖先をもつ単語の対のことである．もちろん，当該言語どうしが同系であるかどうかがまだわからない場合は，比較する同根語は，意味的，音韻的類似性に基づき選択されることになる．意味的類似性に関する問題は，10.2.2 節で詳しく議論するため，さしあたって意味的類似性を直観的な意味で考え（もっとも，ほとんどの研究者はそうしているのだが），そのように進めることとする．

　現時点では，共通の祖先をもつ言語であることが理由で類似している単語と，借入されたことが理由で類似している単語との区別を試みることも重要である．これは，調査の初期段階では必ずしもわかりやすいわけではないが，比較作業が進むにつれて，たいていの場合，借用語（loanword）をつきとめることができる．さらに，多くの研究者は，音表象（sound symbolism）が原因で似ている単語，すなわち，その単語の音がその意味と何らかの関係をもつ，例えば（くしゃみの音を表す）ah-choo のような語を除外する．

　比較法がどのように機能するかを例示するため，すでに同系言語とわかっているもの，ここではロマンス諸語からの事例を用いる．第一段階は，同根語（と推定されるもの）を，特定の音素を共有するものごとに分類する．例えば，表 10.3 では，ロマンス諸語である 4 つの言語から /t/ 音で始まる単語を取り出し，表 10.4 の /d/ 音で始まる語と比較する．これらは，次のような対応関係集合（correspondence set）の形で表示することができる．

(273) 　　It.　Sp.　Pt.　Fr.
　　　a. t-　t-　t-　t-
　　　b. d-　d-　d-　d-

表 10.3：ロマンス諸語に属する 4 つの言語における語頭 /t/ の対応関係集合

イタリア語	スペイン語	ポルトガル語	フランス語	
tanto	tanto	tanto	tant	（それほど）
torre	torre	torre	tour	（塔）
tu	tú	tu	tu	（二人称単数代名詞）

表 10.4：ロマンス諸語に属する 4 つの言語における
語頭 /d/ の対応関係集合

イタリア語	スペイン語	ポルトガル語	フランス語	
duro	duro	duro	dur	（固い）
dama	dama	dama	dama	（女性）
dente	diente	dente	dent	（歯）

(273a) の集合は，祖語における *t が由来となっており，(273b) の集合は，*d が由来となっているということは，明らかなようである．再建された (reconstructed) 音素，または祖音素 (proto-phonemes) は，アステリスクを付して表現される．これは実際に記録に残っている音素ではなく，再建された仮定上の音素であることを示すためである．

しかし，比較作業はこれで終わりというわけではない．*t と *d が音声学上似ているため，それらが祖語において別個の音素であるということを立証する必要がある．これには，共時的に音素分析をするのと同じく，それらの音素が対立をなしているのであって，相補分布にはなっていないことを確かめるという方法をとる．改めて，先ほどの同根語を見てみよう．どちらの集合も，語頭に生じ，母音 /a/, /o/, /e/, /i/ および (diente に見られる) わたり音 (glide) /j/ の前に現れているので，これら 2 つの集合が対立をなしているとかなり確証をもって提案することができ，祖語に関して，2 つの祖音素 *t と *d を提案することができる．

では，より複雑な対応関係集合を検討してみよう．表 10.5 にある単語も /t/ や /d/ を含んでいる．

表 10.5：中間音 /t/, /d/, ∅ に関する対応関係集合

イタリア語	スペイン語	ポルトガル語	フランス語	
lato	lado	lado	côté	（側）
vita	vida	vida	vie	（人生）
ruota	rueda	roda	roue	（車輪）

まず注目すべき点は，「側」を意味するフランス語の単語が同根語であるようには見えないことである．それゆえ，この語は除外すべきである．残った単語で対応関係集合を作ると，以下のようになる．

(274)　　-t-　-d-　-d-　-∅-

第10章 比較，再建，および類型論　　299

　この対応関係集合はもう少し複雑で，いくつかの判断を要する．まず，すでに設定した2つの集合に音声的類似性はあるものの，各言語の音素が互いに異なっているので，これは明らかに別の対応関係集合であるということに注目してほしい．しかし，答えるべき次の疑問は，これが *t や *d とは異なる祖音素を表しているのかどうかということである．これは，共時的に音素分析をする場合と同じく，この対応関係集合がすでに証明した2つと対立するかを見る手法によって判定される．答えは「対立しない」である．この集合は，母音と母音の間で生じるもののみを表しており，それゆえ上記2つの集合とは相補分布の関係にある．

　この集合は，すでに証明した *t と *d といった祖音素のどちらかの変種であることを表しているが，ではどちらの変種だろうか．この問いに答える手段が2つあるが，両方の手段で調査しなければならない．第1に，歯茎閉鎖音 (dental stop) が中間音 (medial) となる別の対応関係集合があるかどうかを判定しなければならないが，これを表10.6として挙げる．第2に，祖音素と実存する形式とを結びつけるのはどんな音変化であるかを考え，そしてもっとも妥当な音変化を予測する分析を選ぶ必要がある．

表10.6：/d/ と ∅ に関する中間音の対応関係集合

イタリア語	スペイン語	ポルトガル語	フランス語	
sudare	sudar	suar	suer	（汗をかく）
crudo	crudo	cru	cru	（生）
nido	nido	ninho[1]	nid [ni]	（巣）
nudo	nudo	nu	nu	（裸）

[1] ポルトガル語の形式は，ni- と指小辞 (diminutive suffix)

表10.6 の同根語の形式は以下の対応関係集合で表される．

(275)　　-d-　-d-　-∅-　-∅-

すなわち，イタリア語で語中に /d/ が生じる位置では，スペイン語でも /d/ が生じ，ポルトガル語とフランス語では∅となる．

　この中間音の対応関係集合は，スペイン語では同じ音が中間音として生じるものの，(274) のものと対立している．対立を証明するのに重要となるのは，少なくとも1つの言語で現れ方が異なるということである．これを確認するために，4つすべての集合を表10.7に再掲する．

表 10.7：比較された 4 つの対応関係集合

集合番号	イタリア語	スペイン語	ポルトガル語	フランス語
(273a)	t-	t-	t-	t-
(273b)	d-	d-	d-	d-
(274)	-t-	-d-	-d-	-∅-
(275)	-d-	-d-	-∅-	-∅-

　（274）と（275）を比較すると，イタリア語とポルトガル語の違いがわかってくる．(275) は，(274) と同じように，(273a) や (273b) と相補分布の関係にある．(274) と (275) の集合が *t や *d といった祖音素にあてがわれると考えるのは道理にかなっているが，どちらの集合がどちらの祖音素に結びつくのだろうか．これを判断するのに有用な情報が 2 つある．まず，イタリア語における /t/ と /d/ との対立が 1 つの集合で見られるということである．このことは，(274) が *t に属し，(275) が *d に属することを示唆している．もう 1 つは，それぞれの対応関係集合を派生するにはどんな音変化が必要かということに関係している．最も単純で最も自然な音変化の再構成が求められているが，この場合の自然さの判定は，第 2 章と第 3 章で説明されたような，世界の諸言語における音変化に関して一般的に知られているものに基づいている．ここで 2 つの異なるシナリオを考えてみよう．

　　a. もし (274) の集合が祖音素 *d に属すると提案するならば，イタリア語では，中間に現れる閉鎖音を無声化するという音変化が考えられる．(275) の集合が *t に属すると考えると，イタリア語やスペイン語では有声化が，ポルトガル語やフランス語では削除が起きたことになる．
　　b. もしイタリア語の証拠に基づいて，(274) の集合が *t に属すると提案するなら，イタリア語では変化がなく，スペイン語とポルトガル語では中間音の有声化が，フランス語では削除が起きたことになる．(275) の集合が *d に属すると考えると，単に，ポルトガル語とフランス語で /d/ が削除されたことになる．

一般的に，中間音の無声化がきわめてまれである一方，中間音の有声化がきわめて広く見られることから，自然さという観点では，(a) のシナリオはあまり妥当ではない．加えて，(a) のシナリオでは，*d よりも *t のほうが多くの削除を受ける必要があるが，一般的には /t/ よりも /d/ のほうが削除される可能性のほうが高い．したがって，(274) の集合は *t に属しており，(275) の集合は *d に属していると結論付けることになる．

ここでの比較法に関する簡単な概論をまとめると，以下のような手順をとった．

a. 音韻的・意味的類似性をもとに4言語の同根語リストを編纂した．
b. それらの同根語を，同じような位置に現れる音声的に類似した音の観点で分類し，集合を作った．
c. 音素の対応関係集合を抽出した．
d. 対立分布や相補分布を探しつつ，音声的に類似した対応関係集合を比較した．
e. (d) に基づいて，祖語に関連する祖音素を提案した．
f. 別の段階として，祖音素の音声的内容を提案した．

伝統的な比較法を用いながら諸言語間の語族関係を証明するためには，比較対象である諸言語に関して非常に多くの数の音素に対して，これらの手順を踏む必要がある．比較対象である諸言語の音の大多数に関して，体系的な対応関係が存在することが明らかである場合にのみ，系統関係が証明されたということができる．次の節では，これらの手順のそれぞれに関して，問題点や作業中に陥りうる落とし穴を指摘しながら，より詳細に論じる．

10.2.1. 同根語集合

どの言語を比較すべきかは，どうしたらわかるのか．たいていの場合，研究者が2言語間の類似性に気づいて，もっと体系的に比較したいと思った時に比較作業に入ることになる．Greenberg (1970) は，いくつかのアフリカ諸語の単語のリストを比較し，いくつかの関係を提案した．そして，それらの関係はのちに当該言語の専門家により比較法を用いて調査された．語族に関する多くの専門家は，言語間の関係についての仮説を立て，これを検証するのに比較法を用いることができる．その仮説がうまく機能すれば，当該言語間での体系的な対応関係を見つけ出すことができるだろう．

どの単語が同根語でありうるかを知ることは，重要な未解決の問題である．何によって単語が音韻的に類似しているとされるかに関しては多くのことがわかっているが，意味的な類似性に関しては，未だ初期段階と言えるほどにしか理解が進んでいない．実際，語の意味変化はかなり予測不可能だと感じている研究者もいる．これは望ましくない事態である．というのも，比較対象である言語どうしの関係が遠いほど，それだけ同根語を見つけることが困難になるからである．言語どうしが長期間離れていれば，それだけ多くの語彙が（借用などにより）置き換わり，多くの意味変化，音韻変化が生じる．そういったもの

すべてによって比較がより困難になっている．そのため，意味変化はワイルドカード（予測不可能なもの）だと研究者が感じるならば，同根語を同定する際に判断を誤る可能性はより高くなる．しかし，そのような変化は複雑である可能性があるものの，同根語を選ぶ際に参照できる強い傾向があることが，より最近の，例えば9章で報告された研究によって，指摘されている．第9章で見たのは，メタファー（隠喩）とメトニミー（換喩）が語の意味変化における強い傾向であり，意味が具体物から抽象概念へと変化する傾向に影響を与えることがよくある．

　語彙における意味変化の経験的研究は，同根と思われる語の意味を立証する手助けとなりうる．音変化について議論した際に見たように，関係づけられていない言語における類似した音変化を同定することで音声学的類似性の概念を定義しやすくなる．そうであるならば，共通の意味変化を同定することで，妥当な意味的類似性を立証しやすくなるだろう．

　そのような研究には，共時的多義性（synchronic polysemy）を使って，変化の共通の道筋を証明するものがあるが，これは，「共時的多義性がここ最近起きた変化を示しており，この変化によってある意味をもつ単語に別の意味が付け加わった」という仮定に基づいている．Croft et al. (2009) は，22の基本的概念を天体現象，自然物質，風景的特徴から取り出し，様々な語族から選んだ81言語の中でそのような概念を表す用語に生じるあらゆる多義性を記録した．その結果から，同じ多義性を示す言語数の集計に基づいて，用語の関係性の程度を示すネットワークが構築された．例えば，「火 (fire)」を表す語は，12言語で「炎 (flame)」を表し，11言語で「たきぎ (firewood)」を表している．そしてそのどちらもメトニミーの実例である．「月 (moon)」は，54言語で「月 (month)」を表すが，「気分 (mood)」を表すのは1言語でのみである．このように特定の意味的関係の蓋然性を厳密に計測し，これを同根と思われる語の選択に適用することができる．このような選択がなされた例の1つは，ドラヴィダ諸語（Dravidian languages）の同根語として提案されたものに関するもので，例えば，「夜 (night)」を表す語が「暗さ (darkness)」を意味したり，「炭 (charcoal)」を意味したりしている．先の81言語の調査では，2つ挙げた多義性のうち，「夜」と「暗さ」が同じ語で表されるような前者の場合は比較的よく見られ，同根語のペアの一例であることを支持するが，「夜」と「炭」が同じ語で表されるような後者の事例は標本とした言語では存在を確認できなかったため，そのような同根語のペアの存在可能性はかなり低くなる．その他の分野，例えば体の一部を表す用語のような分野に関する経験的研究もあり，意味の面で可能性のある同根語を立証するためにそれらを用いることができる．

意味変化についてのもう1つの経験的証拠は，インド・ヨーロッパ諸語の同根語に関して実施された大規模な調査研究から得られる．C. D. Buck が編纂した *A Dictionary of Selected Synonyms in the Principal Indo-European Languages* を見れば，かなり多くのインド・ヨーロッパ諸語の同根語と非同根語が一目でわかる．これらのリストから，ある意味的対応関係についての蓋然性（probability），少なくとも妥当性（plausibility）に関して情報を得ることができる．例えば，Buck は，インド・ヨーロッパ諸語の「夜」を表す語を比較する際に，「夜」を表す語のほとんどがインド・ヨーロッパ祖語のまさに「夜」を意味する *nokt(i) に由来している一方，ヒッタイト語（Hittite）ではこの語根が「夕刻（evening）」や「床に就く（go to bed）」を意味する形式に生じていることに気づいており，同様のことが Croft et al. (2009) の調査でも見られる．「夜」を表すサンスクリット語のある単語は「暗さ」を表すギリシャ語の単語と関係があり，ここでも Croft et al. の発見と同じことを示している．しかしながら，他の言語におけるこの性質の調査は始まったばかりであり，言語比較を促進するためにもっと多くの調査研究が待たれている．

10.2.2. 語彙の置き換え率

少なくとも1つの言語にかつて存在した単語の多くが様々な起源をもつ別の単語によって置き換えられてしまっていると，同根語集合の構築は困難になる可能性がある．語彙の置き換え（lexical replacement）は常に進行しているので，言語間の関係を表す時間的深度（time depth）の数値が大きければ，それだけ当該言語で共有される同根語は少なくなるだろう．[1] この考え方を用い

---

[1] 訳者注：時間的深度（time depth）は，言語の分離時期を推定する数値のことで，後述のスワデシュ・リストに挙げられるような基本語彙の中で比較対象となっている言語どうしがどれだけ同根語を共有しているかの割合や，1000 年ごとに基本語彙がどれだけ保持されるかの割合に基づき，以下の公式によって計算される．なお，同根語の割合を C，基本語彙の保持率を r と置いている．基本語彙の保持率は Swadesh (1950) では 85％，Lees (1953) では 80.5％ とされている．

$$i\,(深度) = \frac{log\ C}{2\ log\ r}$$

小野・中尾（1980）は，1977 年の時点における英語とドイツ語について同根語の割合が 58.5％ であり，基本語彙の保持率を 80.5％ とした上で，上記の数式に基づけば，時間的深度は 1.236 だとしている．この数値を千倍した数だけさかのぼることになるので，英語とドイツ語は西暦 741 年に分離したということになる．基本語彙の保持率は，本文では語彙の置き換え率として説明されているが，後述される通り，この計算方法には基本語彙の保持率ないし語彙の置き換え率に正確な数値を定められないことなど，疑問視される部分も残されている．

て，言語の分離の程度，すなわち分離時期を示す時間的深度を計測するのに，語彙の置き換えが使えるような手法を考案しようとしてきた研究者もいる．言語年代学（glottochronology）の手法は，残存する同根語の数に基づき 2 言語が分離してからの年数を計算する手法を得るために開発された．この手法は，比較法により同系であるとすでに確認された言語に適用するためのものである．なぜなら，比較している単語が本当に同根語であることを知るのは重要だからである．すなわち，英語の have はラテン語の capere と同系なのであって，ラテン語の habere とは同系ではないということがわかるのは，徹底的な比較研究によるものなのだ．

　別の問題は，比較対象となる単語に関係している．なぜなら，他の語よりも置き換わりやすい語があるからである．それゆえ，この手法の開発者の一人である Morris Swadesh は，ある概念や実在物を表し，それに対する語が借用されたり，別の語の意味変化によって容易に置き換わったりする可能性が比較的低い単語のリストを作成した．100 語を収めたものと 200 語を収めたものがある．これらの単語リストに掲載された語は，人間のすべての文化で名づけを必要とするであろう概念や実在物に関するもので，身体部位，自然物質，天文学的特徴や天文学的現象，一般的な動詞的概念に関する語である．人間の経験の基本的な側面を表すという意味において基本的であるということに加え，それら概念は会話内で頻繁に言及される可能性のあるものである．両方の特徴により，そのような概念を表す語が置き換わりにくくなっている．

　2 言語が系統関係上同系であると確認されたならば，スワデシュ・リストにある概念を表す単語を比較し，同根語の数を決定することができる．例えば，仮に英語とオランダ語を比較しているとすれば，bone と been，green と groen，sit と zitten が同根語であり，tree と boom，bad と kwaad，walk と lopen は同根語ではないことに気づくだろう．英語とオランダ語が分離してからどれほど時が経っているかの推定を得るには，当該のリストからいくつ同根語が見つけられるかを知る必要があるが，定数（constant），すなわち語彙の置き換え率（the rate of lexical replacement）も必要である．ここが，言語年代学が困難に直面する部分である．これまで，言語横断的に適用可能な語彙の置き換え率の定数を確立できていない．いくつかの置き換え率が試されてきたが，すでに知られている実態，例えば英語とドイツ語の分離に適用してみると，結果は的外れになる．問題は，単に語彙の置き換えがたくさんの要因によって影響を受けており，それらの要因が時間や場所のすべてにわたって同程度に影響があるわけではないということなのである．それら要因のいくつかは，社会的・文化的変化や人口規模，別言語を話すコミュニティとの接触であ

る．北部ゲルマン言語であるアイスランド語（Icelandic）は，ここ数千年にわたって語彙の置き換えにおいてとても低い割合を見せている．これは，おそらくアイスランド語が遠く離れた島で話されており，この数千年間，安定した文化，人口であったからであろう．英語の単語はノルマン人がブリテン島を占領した時代に，ノルマン・フレンチから多くの語を取り入れたことで，かなり急速に変化した．こういった文化的・社会的要因により，語彙の置き換え率の定数を見いだすことが困難になっており，言語年代学の有用性が限定されている．

10.2.3. 同根語の音韻形式

本節まででロマンス諸語に属する4つの言語について表を用いて比較した際には，正字法の形式（orthographic form）に加え，音声形式（phonetic form）に時折言及しながら，単語を提示してきた．もちろん，ある言語の共時的な状態（synchronic state）を記述するのには，音声形式のほうがより正確に記述できるが，再建の場合には，時に正字法の形式が好まれることがあり，特に書き取られた文字が昔の音声形式あるいは音素形式を表示している場合は，そのように言える．例えば，フランス語の dent については，その正字法の形式を用いたほうが，音声形式 [dã] よりもずっと，他の3言語との類似性が見えやすくなる．もちろん，正字法を用いるという決断は，書き取られた文字が音声形式や音素形式とどのように関連しているかの理解に基づいていなければならないが，分化（divergence）が起きるほとんどの場合，正字法が最初に確立された時には，音素形式が書き取られた文字にそのまま反映されている．そのため，正字法は当該言語の初期の形式を実際に表示している．

また，もし言語にいくつかの方言があるならば，より保守的な方言，あるいは方言の中でも最も保守的な形式に基づいて比較することは理に適っている．同じように，もしある言語の初期段階が実存しているならば，そこから比較に適した形式を得られるかもしれない．例えば，ゲルマン祖語（Proto-Germanic）の再建を目的とした比較の際に，現代英語よりは古英語を，あるいは現代高ドイツ語よりは古高ドイツ語（Old High German）を用いるほうがより理に適っているだろう．

10.2.4. 音変化が規則的ではない場合

上で注目したように，比較法は音変化の規則性に基づいている．もし個々の単語がそれぞれ独立の変化をするならば，系統関係を確認するのに必要とされる体系的な対応関係を見つける手段は全くないだろう．しかし，第2章と第3

章で注目したように,音変化はたいていの場合,語彙全体にわたって規則的であり,そのことによって再建が可能となっている.それにもかかわらず,音変化が語彙全体にわたって規則的ではない,すなわち,音変化がレキシコンの一部分にのみ影響する事例があり,そのような事例によって,比較法の働きが妨害される.

ここに再掲する,表10.6で比較された形式を考えよう.

表10.6:/d/ と ∅ に関する中間音の対応関係集合

イタリア語	スペイン語	ポルトガル語	フランス語	
sudare	sudar	suar	suer	(汗をかく)
crudo	crudo	cru	cru	(生の)
nido	nido	ninho	nid [ni]	(巣)
nudo	nudo	nu	nu	(裸)

スペイン語からの形式は,体系的な対応関係を示すために注意を払って選ばれたものであった.他の同根語は別の対応関係を示し,それは表10.8に示されるような,スペイン語における中間音 /-d/ が消失してしまっているものである.

ここで再掲された表10.6と次の表10.8に見られる2つの対応関係集合を比較してみよう.

表10.8:/d/ と ∅ に関する中間音の対応関係集合

イタリア語	スペイン語	ポルトガル語	フランス語	
credere	creer	-	croire	(信じる)
piede	pie	pé	pied [pje]	(足)
udire	oir	ouvir	ouie ('聞くこと')	(聞く)

(276)　-d-　-d-　-∅-　-∅-

(277)　-d-　∅-　∅-　∅-

表10.8 の形式の表している対応関係集合の性質は他の集合との比較によって判断されなければならない.この集合が,表10.6に示された集合と対立をなしているのか,あるいは相補分布を示しているのかについて,これほど少ない例で答えるのは難しい.ここでは,後に続く前舌母音(front vowel)がスペイン語の /d/ 削除を条件づけているかのように見える.しかしながら,標準的な説明では,スペイン語の中間音 /d/ は,多くの変異を示し,ある事例では削除

され，ある事例では保持されたとされている (Menéndez-Pidal 1968: 130).
ひょっとすると，すべての関連する単語を詳細に研究すれば，なぜ /d/ が，あるものでは削除され，またあるものでは保持されたのかに関する説明が得られるだろう．しかし，言語間の比較による再建を目的とする際には，そのような事例は対立をなす対応関係集合を示し，これが新たな祖音素の設定を意味しているように見えるので，問題となる．したがって，この事例の要点は，比較法が音変化の規則性の仮定に頼っているということ，そして音変化が規則的でなかった時に，分析者にとって多くの障害を生じさせるということである．

10.2.5. 祖音素は抽象的なプレイスホルダーである

比較法によって，対立を示す対応関係集合と相補分布を示す対応関係集合を選び出すので，祖音素がいくつあるのかを知ることができる．しかし，それ自体が単独で祖音素の音声内容について言及するものは何もない．10.2 節で議論された事例では，娘言語（daughter language）間の音素の音声的類似性が *t や *d の存在をはっきりと示唆していたが，音声内容がずっと不明瞭である事例がたくさんある．表 10.9 で示される 4 つのポリネシア諸語（Polynesian languages）における /r/ と /l/ の比較を考えてみよう (Crowley 1997)．

表 10.9：ポリネシア諸語に属する 4 つの言語における /r/ と /l/ を含む同根語

	トンガ語 (Tongan)	サモア語 (Samoan)	ラロトンガ語 (Rarotongan)	ハワイ語 (Hawaiian)	
1	laho	laso	raʔo	laho	（陰嚢）
2	lohu	lou	rou	lou	（果物をとる棒）
3	ŋalu	ŋalu	ŋaru	nalu	（波）
4	kalo	ʔalo	karo	ʔalo	（避ける）
5	oŋo	loŋo	roŋo	lono	（聞く）
6	ua	lua	rua	lua	(2)
7	maa	mala	mara	mala	（発酵した）
8	huu	ulu	uru	komo	（入る）

1-4 の例では，以下の対応関係集合が得られる．

(278)　l　l　r　l

5-8 の例では，以下のものが得られる．

(279)　∅　l　r　l

これら 2 つの集合は，1 つの言語（トンガ語）において対立を示しているので，2 つの別個の対応関係集合であるとみなされなければならない．したがって，2 つの祖音素が設定されなければならない．

これら祖音素の音声内容は，直ちに明白というわけではない．どちらの集合においても，/l/ が優位を占めているからである．適正な解決法は，これらの音声学的違いを再建するもっともな理由がある場合を除き，これらを $*l_1$ と $*l_2$ とすることである．Crowley は，一方の集合はひょっとすると /r/ かもしれない，という考えを考慮しているが，その選択は「かなり恣意的である」と認めている．さらに彼は，/l/ と比べると /r/ のほうが，わずかに消失しやすいので，(279) の集合は $*r$ に由来するもので，トンガ語では消失しており，(278) の集合は $*l$ に由来するもので，ラロトンガ語（Rarotongan）では /r/ になったのかもしれないと述べている．広範にわたるポリネシア諸語に関して，Crowley は，(279) の集合に対する /l/ の反映形 (reflex)（結果）よりも (278) の集合に対するもののほうを多く発見しており，このことによって，(278) に対して $*l$ の存在が，(279) に対して $*r$ の存在が指し示されている．しかしながら，重要な点は，音声内容の再建は，2 つの祖音素間の対立を再建するよりもずっと不確実な根拠に基づいているということである．したがって，この 2 つの作業は，比較法の過程においては 2 つの別個の段階であるということを覚えておくのは重要である．また音声内容の再建は，かなり裏付けのあるものからかなり憶測的なものにまで及びうるということを覚えておくことはきわめて重要である．こういったわけで，どんな音変化が他と比べてより一般的かを考える際に，再建された音変化をデータとして利用することに関してとても注意深くならなければならない．例えば，この事例は，/l/ の /r/ への変化は /r/ の /l/ への変化よりも一般的だとか，/r/ の削除は /l/ の削除よりも一般的だという主張を支持するためには用いることはできないだろう．

10.3. 類型論的証拠──インド・ヨーロッパ祖語の妨げ音

比較法を用いたインド・ヨーロッパ諸語に関する広範にわたる研究により，3 組の閉鎖音に関する再建がもたらされた．この 3 組の閉鎖音が示す対立の証拠は，表 10.10 に示した 4 つのインド・ヨーロッパ諸語の語形から得られる．

表 10.10：4 つの古代インド・ヨーロッパ諸語における語頭位置の 3 種類の閉鎖音（正字法上の c は，/k/）(Trask 2007: 119 を改作したもの)

種類	ギリシャ語	ラテン語	サンスクリット語	古英語	
1	patēr	pater	pitā́	fæder	（父）
	treis	trēs	trayas	þrī	（3）
	(he)-katón	centum	śatám	hund	(100)
2	唇音なし				
	déka	decem	dáśa	téon	(10)
	geúomai	gustus	dʒōs	céosan	(味見する，試験する，選ぶ)
3	phérō	ferō	bharāmı̀	beoru	(私が運ぶ)
	(é-)thēka	fēcī	(a-)dhām	dō	(行う，置く)
	kheúō	fu-n-d-ō	ho-tar	gēotan	(注ぐ)

　表 10.10 が示す 1 つ目の点は，10.2 節で扱ったロマンス諸語よりも関係が遠い言語を比較することは，とても難しいということだ．しかしながら，ここで示された対応関係のすべては他の多くの同根語で見られ，それゆえかなり確かな根拠に基づいてこれらの語の語頭の子音を比べていると言える．1 組目の対応関係集合は以下の通りである．

(280)　p-　p-　p-　f-
　　　t-　t-　t-　þ-
　　　k-　k-　ś-　h-

これらはすべて無声音（voiceless）で，ギリシャ語，ラテン語，サンスクリット語では（前舌母音の前に置かれ，口蓋音化（palatalization）により k- から派生された ś- 以外は）すべて閉鎖音（stop）で，（ゲルマン諸語を代表する）古英語では摩擦音（fricative）であるので，ともに 1 組として分類される．
　2 組目では，懸命に調査されているものの，有声の唇音（labial）に当たる物が欠けている．この組の対応関係集合は以下の通りである．

(281)　d-　d-　d-　t-
　　　g-　g-　dʒ-　k-

この組では，語頭子音は，古英語の場合を除いて有声である．ここでも，サンスクリット語では軟口蓋音（velar）が口蓋音化している．
　3 組目はギリシャ語では無声の帯気音（aspirate）を含み，サンスクリット語では有声の帯気子音（aspirate / murmured consonant），そして古英語では有声

閉鎖音を含んでいる．ラテン語は無声摩擦音を持ち，調音点のわずかな変化もある．

(282)   ph-   f-   bh-   b-
    th-   f-   dh-   d-
    kh-   f-   h-   g-

これら3組の閉鎖音はすべて娘言語で対立していることを考えると，インド・ヨーロッパ祖語に関して3組の対立する祖音素を設定する必要がある．前節で言及したように，それらの音声素性がどのようなものであったかを判断することは別の作業である．前節では，再建作業で必要とされる音変化の自然さを，音声素性がどのようなものであるべきかを判断するのに用いた．この事例においては，初期の研究者が祖音素に対して音声素性を提案したときには，どれほど他言語が変化しているか，あるいは閉鎖音のどのタイプがそれらの言語に含まれていた可能性があるかについて多くが知られていたわけではなかった．そのため，一連の提案された祖音素には，無声音の組，有声音の組，そして有声帯気音の組があったが，これはサンスクリット語の状況に従ったものである（もっともここでは例示してはいないが，両唇軟口蓋音 (labial-velar) の集合である *k^w, *g^w, *gh^w もインド・ヨーロッパ祖語に関して再建することができる）．

(283)   インド・ヨーロッパ祖語における閉鎖音の伝統的再建：
    *p   *t   *k
      *d   *g
   *bh   *dh   *gh

この再建は，19世紀初期以来，多かれ少なかれ受け入れられてきた．今では，世界の言語における子音体系についてより多くのことがわかっているので，そのような子音体系は今日の諸言語では，仮にあるとしても，かなりまれであるという主張を提示している研究者も複数いる．もちろん，6000年前に話されていた言語が今日全く知られていない閉鎖音の体系をもっていたかもしれない，という可能性があるが，ほとんどの歴史言語学者は「再建された言語は現存する言語で見られる特性に従うべきで，もしそうでなければ，再建があまりにも無制限になる」という作業原理 (working principle) を認めている．ここでは，人間言語が最初に発生した 100,000 ～ 150,000 年前に存在したかもしれない言語のことを論じているのではない．それほど昔の言語ならば，おそらく今日見られる特性のすべてをまだ発達させてはいなかっただろうが，今日実

践されている再建はそんなに昔にまでさかのぼるものではないので，ここで再建された言語は現存する言語と同じ特性をもつと仮定するほうが望ましい．

インド・ヨーロッパ祖語における閉鎖音の音声特性に関する議論は，3組目，すなわち有声帯気音の組を他の音声タイプを用いて再解釈する方法について妥当な示唆を見いだしてこなかった．しかしながら，最近では，インド・ヨーロッパ祖語における閉鎖音の再建をより完全な形でやり直すことを提案している研究者もいる．その場合，3組は，無声閉鎖音，無声声門音化（あるいは放出（声門閉鎖を伴う））閉鎖音，有声閉鎖音で構成されると解釈されている．これは(284)で示される通りであるが，Hopper (1973)に基づいている．[2]

(284) 「声門音を用いた(glottalic)」再建
  p t k
   t' k'
  b d g

無声閉鎖音の組は，変化せず残っているが，以前のインド・ヨーロッパ祖語の再建では有声音の組だったものは，ここでは声門音化されている(glottalized)と考えられており，「有声帯気音」として再建されたものは，ここでは単純な有声閉鎖音と考えられている．このような体系は世界の言語でとてもよく見られるものである．Hopperが記しているように，声門音化の組は放出音(ejective)となることもあるし，咽頭を収縮させて発音される(laryngealized)こともある．

Hopperが提示したこの再建を支持する論拠は，相対的に見て強い．第1に，(284)は通言語的によく見られる種類のシステムであり，これは世界の言語に関する後続の調査によって裏付けられている(Maddieson 1984)．第2に，以前の(283)の再建では有声音の組と考えられていた組の中で唇音がまれである，あるいは欠けているという事実が，以前の再建を使ったのでは説明できない．なぜなら，有声音 /b/ がないということはありそうにないからである．しかしながら，放出音がある言語が両唇放出音(labial ejective)を欠くことはよくある(Maddieson 1984)．3つ目の類型論的論拠は2組目(/t'/, /k'/)の分布が制限されていることに関係している．これは，他言語の声門音化された子音のふるまいとかなり似たふるまいである．祖音素のこの組はその他の組よりもかなり

---

[2] 訳者注：無声閉鎖音 = (284) の1行目の音 (/p, t, k/)，無声声門音化閉鎖音 = 2行目の音 (/t', k'/)，有声閉鎖音 = 3行目の音 (/b, d, g/) のことである．以下で，「1組目」「2組目」「3組目」として言及するものは，それぞれ，この3組の音が順に対応している．

まれで，接辞としては決して起こらない．

　この最後の点に関わっているのは，インド・ヨーロッパ祖語の単音節語根の再建である．これは，2組目が生じるのには強い制限がともなうことを示している．すなわち，この組からの子音を2つ含む語根は存在しない，という制限である．伝統的な再建では，2つの単純な有声閉鎖音をもつ語根はない，ということを意味しただろうが，これはかなり珍しい制限である．「声門音を用いた」再建では，その制限は2つの放出音の子音をもつ語根はないということなる．そのような制限は，放出音の子音をもつ他の言語，例えば，ハウサ語 (Hausa)（チャド語派 (Chadic)），マヤ語族ユカテコ語 (Yucatec Mayan)，ケチュア語 (Quechua) で生じる (Hopper 1973)．

　最後に，やや説得力に欠けるが興味深い主張は，多くの研究者がインド・ヨーロッパ諸語の起源を黒海や北コーカサス平野 (Cis-Caucasian Plain) の地域にあるとしていることである．今日この地域で話されているコーカサス諸語 (Caucasian languages) には，声門音化した閉鎖音がある．インド・ヨーロッパ言語である今日のアルメニア語 (Armenian) には，2組目の反映形として声門音化した閉鎖音がある．

　もちろん，再建されたインド・ヨーロッパ諸語の閉鎖音の体系を変えるということは，分岐して生じた娘言語に対して提案されてきた，再建された音変化の過程をも変更することを意味している．これらの変化の詳細は依然として明らかになっていないが，例として，すでに挙げた2つの再建の候補に基づいて，ゲルマン語派の分岐において生じる変化を考えてみよう．

　伝統的な祖音素を考えれば，ゲルマン語派の変化はいわゆる第一次ゲルマン語子音推移 (the First Germanic Consonant Shift)，すなわちグリムの法則 (Grimm's Law) によって特徴づけられる．表10.10で見られるように，閉鎖音の1組目はゲルマン語派では摩擦音に，2組目は無声閉鎖音に，そして3組目は有声閉鎖音（または，ある音環境では摩擦音）になった．それゆえ，(283)の伝統的再建に基づけば，以下のような音の変遷を得ることになるだろう．

(285)　PIE　　　　　　Germanic
　　　p　t　k　＞　f　þ　x (h)
　　　　d　g　＞　　t　k
　　　bh　dh　gh　＞　b　d　g

修正版である，(284) の声門音を用いた再建を踏まえると，ゲルマン語派は以下の変化を経験している．

(286)　PIE　　　　　　　　　Germanic
　　　　p　t　k　　　　＞　　f　þ　x (h)
　　　　t'　k'　　　　　＞　　t　k
　　　　b　d　g　(unchanged)　b　d　g

　このように，第一次ゲルマン語子音推移は単純化されただけでなく，より自然である．無声閉鎖音の摩擦音への変化はどちらのシナリオでも同じである．修正版である声門音を用いた再建における2組目にかかる変化の結果は，伝統的な再建におけるものよりも自然である．なぜなら，声門音を用いた再建では，声門閉鎖音は単に声門音の性質を失い，単純な無声閉鎖音になった一方で，伝統的再建のもとでは，有声閉鎖音が無声音化しなければならず，この変化はかなり珍しい変化であるからである．また，声門音を用いた再建では，3組目の有声閉鎖音は変化していないことになるが，伝統的再建では帯気音としての性質を失っている．

　インド・ヨーロッパ祖語の祖音素に存在する音声素性に対するこれら2つの対立する解決策を比較するためには，より多くの研究が必要である．この節の要点は，類型論的情報—世界の言語について現在わかっていること—が，再建に関してかなり有用である可能性がこんなにもあるということを示すことである．実際，もし再建の目標が，今日話されている言語と同じ特性をもつと我々が仮定する言語を再現することであれば，これは本質的に重要なこととなる．

10.4. 単一言語内のデータに基づく再建

　単一の言語からのデータを使っても再建することは可能である．本書全体を通じて見てきたように，共時的に観察する場合でも，言語にはそれ自体の歴史についての豊富な情報が含まれている．

　ある言語で名詞や動詞に異なる複数の屈折方式があり，それらのうちのいくつかに不規則性や語幹変化（stem change）がより多くある場合，それらがより古い変化型を表していると推測できる．例えば，英語には，過去形を作るのに，動詞や談話状況に応じて以下の手法がある．

　　語幹変化：　break, broke, broken; sing, sang, sung; bite, bit, bitten
　　接尾辞添加：talk, talked; play, played; rub, rubbed
　　迂言過去：　did talk; did break; did bite

どのように形態システムが変化するかについては，多くのことがわかっているので，語幹変化による表現方法が最も古いと確信をもって提案することができる．このことについて2つの証拠がある．第1に，それらがもつ語幹変化や不規則性は発達するのに長い時間がかかる．英語の強変化動詞（strong verb: 語幹変化をもつ動詞）は今日ではかなり判別しづらく不規則であり，それゆえそれらの動詞が長い発達史を経てきたことを示している．これとは対照的に，接尾辞（suffix）が添加されるシステムはかなり規則的で，語幹変化はごく限られた事例でのみ見られる（例：sleep, slept）．第2に，古い構造は主に高頻度の語形に残存している．そのため英語における語幹変化による過去時制の標示は，せいぜい約150個の動詞に限られており，それらはほとんどが高頻度で用いられているものだという事実は，語幹変化によって過去形を作るのがより古いシステムであることを示している．

　文法化においても，初期の発達段階を再建することができる．多くの言語における go を用いた未来表現（*go*-futures）がそうであるように，未来を表す構文が移動動詞に似た形式を含んでいる場合，未来を表す構文の文法化を再建していく際には，その構文が移動に関する構文に由来していると仮定することで進めていく．加えて，競合する構文がある場合には，どちらの発達が先でどちらが後なのかを，それらの形式的特性や意味，それらが用いられるコンテクストを精査することによって判別することができる．例えば，英語には2つの属格構文，すなわち 's 属格と of 属格がある．

(287)　the street's name　vs.　the name of the street

第1に，前者の例では接語が，後者の例では別個の語——前置詞——が見られる．第2に，一方は所有者に後続しているのに対して，もう一方は所有者に先行していることに注目しよう．これらの位置は異なる統語的類型を示しており，そのため，もし当該言語における類型論的変化について何かがわかれば，そのことはどちらの構文がより古いかを特定する手助けになるだろう．第3に，両構文の使われるコンテクストを精査する．所有の最もありふれた種類——親族用語（kinship term）や身体部位（body parts）——に関しては，前者のタイプが優先される．

(288)　John's mother, John's leg　vs.　?the mother of John, ?the leg of John

高頻度のコンテクストはより保守的であり，変化しにくいということから，この優先性も，前置詞を用いた構文よりも接語を用いた構文のほうが古いことを

示している．[3]

　単一言語内での再建のよくあるタイプでは，より古い段階の形式を再建するのに形態システムにおける音交替を用いる．そのような再建は，形態的システム，とりわけ屈折システムが以前は規則的であったが，音変化によって不規則性がもたらされたという仮説に基づいている．この仮説を用いることで，単一言語からのデータをこれらの音変化を再建するのに使うことができる．(289)のラテン語の名詞を考えてみよう．主格単数は語尾が -s となっているが，属格を作るときには，その語尾に現れる子音は -r- である．かつてはその語幹がたった1つの形式をもっていたと仮定し，/s/ や /r/ を含む音変化を再建することができる．

(289)　ラテン語
　　　主格単数　　属格単数
　　　genus　　　generis　　　（家族，類）
　　　opus　　　 operis　　　 （仕事）
　　　flōs　　　　flōris　　　　（花）
　　　corpus　　 corporis　　　（身体）

どの子音がより古い段階の形式のものかという問いに答えるには，ラテン語の別の屈折表を考慮する必要がある．必ず /r/ が現れるものがある．例えば mulier, mulieris（女性）である．これは，(289) に挙げた語幹がもともと /s/ で終わり，ロータシズム（rhotacism）を経たことを示唆しているだろう．[4] これは正しい再建であるが，うまくやり遂げるためには，その言語についてかな

---

[3] 訳者注：6.6節では，音韻変化に関して「使用頻度が高まれば高まるほど，チャンク内の音声的な縮約が進んで，融合が起こる．」という説明があるが，「音韻変化」と「構文変化」では，頻度と変化のしやすさの関係において一致しないことに注意してほしい．構文変化に関して，使用頻度が高い場合にかつての特性を保持しやすい例として，Bybee (2003) は，英語の助動詞を挙げ，現代英語では助動詞に特有とされる性質（例えば，疑問文等における主語との倒置）は，もともと動詞全般に見られる性質であったが，使用頻度が高い助動詞に当たるものにだけ残ったと説明している．

[4] 訳者注：ロータシズム（rhotacism）とは，ある子音が /r/ 音で発音されること．例えば，イギリス北部方言において /t/ 音が期待される箇所で /r/ 音が見られる（shut up [ʃʊɹ ʊp], get off [gɛɹ ɒf]）(Wells 1982; Broadbent 2008)．また，古英語の beon 'be' の過去形は，単数主語である場合，一人称三人称で wæs，二人称で wære の形式をとるが，ゲルマン祖語では前者では /s/ 音，後者では /z/ 音で生じていた．西ゲルマン語に分派した際に /z/ 音の /r/ 音への子音変化があったため，古英語では wæs—wære という異なる子音を含む活用形に至ったとされている（宇賀治 2000）．顫動音化，r 音化とも呼ぶ．

り多くのことを知らなければならない．中間音 /s/ が必ず見られる名詞もいくつかあるが（例：causa「cause（原因）」），それらは重子音（geminate）/ss/ に由来しているものとして認められうるものである (Buck 1993)．

単一言語内での再建の別の興味深い事例は，第4章で論じたマオリ語 (Maori)（ポリネシア諸語 (Polynesian)）の受動形に関するものである．(46) に挙げたデータは，以下に (290) として再掲する．受動形を作るために基体 (base) に添加される接尾辞の書き出しが，いくつかの多様で予測不可能な子音になっているかのように見えるということを思い出すだろう．また，すべてのマオリ語の単語が母音で終わることにも注目しよう．かつては，この体系が完全に規則的だったと考えると，ちょうど動詞ごとに基体が1つだけ，接尾辞の形式も1つだけ見いだせるはずである．この規則性を見いだす唯一の方法は，受動態の接尾辞の書き出しに現れる子音がかつては基体に属していた，すなわち基体が *awhit, *mahuet, *hopuk, *arum であり，接尾辞が -ia だったと提案することである．この事例に関与する音変化によって，すべての末尾子音が削除され，まるで子音が受動態の接尾辞に属しているかのように見えるようになった．このようにして，接尾辞が異なる子音から始まるような受動形の異形態 (allomorph) という不規則性が作り出された．

(290)　マオリ語の受動形

動詞の基体	受動形	
awhi	awhitia	（抱きしめる）
mahue	mahuetia	（出発する）
mea	meatia	（述べる）
hopu	hopukia	（捕まえる）
aru	arumia	（運ぶ）
tohu	tohuŋia	（指摘する）
mau	mauria	（運ぶ）
wero	werohia	（刺す）
fao	faofia	（入れる）

ほかにも同様の事例はあるが，この場合も，言語間の比較により得られるデータを使って，単一言語内のデータを支持することができる．語族関係が遠い言語であるバハサ・インドネシア語 (Bahasa Indonesian) は，動詞の語根が母音で終わるものと子音で終わるものの両方があり，それらのうちのいくつかは受動態の接尾辞の子音と合致する (Crowley 1997)．

最も有名な単一言語内での再建の事例は，この手法をインド・ヨーロッパ祖

語の語彙の語根へと適用したものである．（ここでの説明は Trask 1995 の非常に明晰な発表に基づいている．）19 世紀中の比較法を用いた広範にわたる研究ののち，インド・ヨーロッパ祖語のかなり多くの語根が再建された．インド・ヨーロッパ諸語の多くには，ゲルマン諸語に見られる break, broke や sit, sat のように，アプラウト（母音交替）(ablaut)——文法的意味を伝えるための母音変化——の実例がある．ギリシャ語にも，leip-, -loip- そして -lip- のようないずれも「去る (leave)」を意味する語幹にあるように，アプラウト（母音交替）が見られる．これらの母音変化があるので，インド・ヨーロッパ祖語の語根のほとんどは，母音 *e を用いて再建される．これらの再建された語根における強い傾向は，(291) に見られるような CVC 構造である．（子音は，伝統的再建に従って示されている．）

(291)   *bher- （運ぶ）   *dher- （暗い）
    *ker-   （角）   *mel-   （柔らかい）
    *ped-   （足）   *sed-   （座る）

もう 1 つの可能性のある構造は，i, u, n, r, l によって代表される共鳴音 (resonant) を付け加えた CVC 構造である．

(292)   *melg- （乳）   *kers- （走る）
    *plek- （編む）   *merg- （境界）

また，いくつかの語根には，CVC 構造の前に *s が見られる．

(293)   *spek- （観察する）   *stel- （置く）

これらの語根構造はかなり一般的であるが，いくつかの例外もある．第 1 に，CV や VC 構造のみをもつ語根がある．

(294)   *ed- （食べる）   *es   （ある）
    *sē- （蒔く）   *ghrē- （育てる，緑）

これら語根のアプラウト（母音交替）のパターンに基づくと，それらのうちのほとんどが通常の母音 *e を使っては再建することはできず，その代わりに *a や *o が見られ，この母音はしばしば長母音であると考えられている．

(295)　　*ag-　　（導く）　　　　*ank-　　（曲げる）
　　　　　*stā-　　（立つ）　　　　*snā-　　（泳ぐ）
　　　　　*od-　　（嗅ぐ）　　　　*op-　　（働く）
　　　　　*dō-　　（与える）　　　*gnō-　　（知る）

Saussure は，1879 年，ほんの 21 歳でまだ学生だった頃に，もともとは子音があったが後に削除されてしまったと考えれば，(294) と (295) で示された例外とされたものは，規則的な CVC 型として再建できると提案した．第 2 に，CV 型の語幹に見られる長母音は語根末の子音が削除されて起きた代償延長（主に後の子音が脱落してそのぶん前側の母音が長音になること）(compensatory lengthening) の結果であるとも提案した．[5] 第 3 に，消失以前にあった子音によって語根のもともとの母音 *e が *a や *o に変化したと提案している．このように，単一言語内での再建の目標に従って，彼は語根の完全に規則的な体系，すなわち *CeC（共鳴音が追加された可能性もある），を提案した．消失した子音はある種の共鳴音であるというのが Saussure 独自の提案である．言語間の比較による再建と同様に，祖音素の存在を提案することは 1 つの段階であるが，その音声特徴を決定するのはまた別の段階である．

　その後多くの様々な研究者が言語間の比較に基づいて研究を進め，結果として，すでに消失した 3 つの異なる祖音素があったことが証明されている．今日では，研究者の間ではそれらを「共鳴音」とは呼ばず，「喉頭音 (laryngeal)」と呼んでおり，そのため Saussure の再建は喉音理論 (the Laryngeal Theory) と呼ばれている．しかしながら，これらの子音の音声特徴は依然として不確定である．時にそれらは，近くの母音に影響を全く与えないものとして $*h_1$，母音を *a へと低母音化 (lower) するものとして $*h_2$，そして母音を *o へと円唇化するものとして $*h_3$ とラベル付けされている．したがって，一見すると例外的に見える (294) と (295) の語根のうちのいくつかは，以下のように再建される (Trask 1995)．

(296)　　$*h_1$es-　> *es-　　（ある）　　　$*dheh_1$-　> *dhē-　（置く）
　　　　　$*h_2$eg-　> *ag-　　（導く）　　　$*steh_2$-　> *sta-　（立つ）
　　　　　$*h_3$ed-　> *od-　　（嗅ぐ）　　　$*deh_3$-　> *dō-　（与える）

---

[5] 訳者注：英語の knight は，中英語では [kniçt] のように /ç/ 音が発音されていたが，近代英語に入って /ç/ 音の削除が起こると [kniːt] のように長音化した．なお，その後に起きた大母音推移 (Great Vowel Shift) により，現在の [naɪt] の発音に至ったとされている．

語根の体系の規則化のほかに，これらの再建された子音は様々なインド・ヨーロッパ諸語におけるアプラウト（母音交替）のパターンを説明するのに役立つが，これはここで扱うには複雑すぎるトピックである．

　何年もの間，インド・ヨーロッパ祖語の語根のこの優れた再建はほとんど注目を集めなかったが，以前は知られていなかったあるインド・ヨーロッパ言語の発見がそれを全く変えてしまった．19世紀末に，多くの楔形文字碑文（cuneiform inscriptions）がトルコのBoğazköyで発掘された．これら碑文の言語は，旧約聖書で言及されているアナトリア帝国と関連があるという誤った考えに基づき，「ヒッタイト語 (Hittite)」と呼ばれた．発掘された文書はチェコ人言語学者 Bedřich Hrozný によって解読され，彼は1917年の著作でヒッタイト語がインド・ヨーロッパ語であると論じた．この言語は，その話者がネシャ語 (Nesili) と呼ぶもので，紀元前19世紀から断片的に記録されており，アナトリア半島で紀元前1100年まで話されていた．1927年に Jerzy Kuryłowicz は，いくつかのヒッタイト語の単語が，Saussure が提案した位置に子音をともなうように書かれていたため，Saussure の再建と適合するように見えると指摘した．楔形文字の音節文字表 (syllabary) では，そこで用いられている子音字が軟口蓋摩擦音 (velar fricative) を表すものだった．以下の例を見てみよう．インド・ヨーロッパ祖語の語根 *plā-「平坦 (flat)」は，Saussure の体系では *pleh$_2$- となる．これはヒッタイト語では pal-ḫi-i-išı と記されていて，「広い (broad)」を意味する．また，インド・ヨーロッパ祖語で「骨 (bone)」を表す語である *os- はヒッタイト語では ḫastai として現れる．再建された子音はこうして裏付けられるので，単一言語内での再建という手法の妥当性がしっかりとしていることを示している．

　音声特性については，いわゆる喉頭音子音に関して依然としてかなりの意見の相違がある．ここで *h$_3$ と呼んだ子音によって，先行する母音が後位化および円唇化するので，おそらくこの子音自体がそういった音声素性をもっていた．*h$_1$ と呼んだものは声門閉鎖音なのだと考えている研究者もいるのだが，Lehmann (1952) は，それらはすべて摩擦音だと論じている．ヒッタイト語でさえもこの子音を失ったので，この子音は3つの中でも最も弱かったのだろう．これら子音の音声ステータスに関する考え方として，ほかには，*h$_2$ と *h$_3$ は咽頭音 (pharyngeal) だと示唆するものもある (Beekes 1995)．おそらく我々が全容を知ることは決してないだろう．重要な点は，単一言語内での再建の手法によって，かつては子音が存在していたことが示唆され，そして実際にその理論を支持するような証拠が現れたということである．

10.5. さらなる系統関係に関する提案

ここまで，比較法と単一言語内での再建が系統関係を立証し，多くの語群における再建形を確立するために用いられてきた．インド・ヨーロッパ諸語のほかに，(インド亜大陸で話されている) ドラヴィダ諸語や，(アジア全域で話されている) シナ・チベット (Sino-Tibetan) 諸語，ウラル (Uralic) 諸語，アルタイ (Altaic) 諸語など，ユーラシア大陸の様々な言語が再建されている．再建はアフリカのバンツー諸語 (Bantu languages) に関しても，その地域の他の語群と同様に進められてきた．ポリネシア諸語も，この章で見たように，調査されてきた．南アメリカでは，ケチュア (Quechuan) 諸語が比較され，北アメリカではいくつかの語族が提案されてきた．例えば，アルゴンキン語族 (Algonquian)，アサパスカ語族 (Athapaskan)，カイオワ・タノ語族 (Kiowa-Tanoan)，ユート・アステク語族 (Uto-Aztecan) などである．しかしながら，世界で今も話されているかなり多くの言語に関して，系統関係はわからないままとなっている．わかっている限り語族関係の存在しない言語は多く，それらは孤立語 (isolates) と呼ばれている．バスク語 (Basque) は，最も有名な孤立語の1つである．何千年もの間，いくつかのインド・ヨーロッパ諸語の使用域に囲まれながらも，バスク語は現在までに知られているヨーロッパの言語のどれにも関係していないことを示す構造や語彙をもっている．さらに，世界のいくつかの地域，特にパプアニューギニアや南アメリカでは，まだ分類されていない言語がたくさんある．認定された起源がリスト化された世界の言語包括的な目録はあるが，それらの認定された起源の中には確かな証拠に基づいたものもあれば，はるかに不確実なものもあることを覚えておくのは重要である．

10.5.1. ノストラティック祖語

言語比較におけるさらなる研究が2つの方向性で進められている．すなわち，時間的深度をさらに遡る方向性，つまり再建された語族どうしを関係づける方向性と，これまで起源が確定されていなかった言語を分類する方向性である．1つ目の方向性は，比較法を適用することの自然な結果である．インド・ヨーロッパ祖語の十分な再建形が得られたならば，次にするべきは，この祖語と同系であろう他の祖語を探すことである．1903年にはすでに，Holger Pedrsen によって，インド・ヨーロッパ語族が，インド・ヨーロッパ語族や，(フィンランド語 (Finnish) やハンガリー語 (Hungarian)，エストニア語 (Estonian) を含む) ウラル語族 (Uralic)，(トルコ語 (Turkish) やモンゴル語 (Mongolian) を含む) アルタイ語族 (Altaic)，(セム諸語 (Semitic)，ベルベ

ル語 (Berber)，チャド諸語 (Chadic)，その他の北アフリカの諸言語を含む）アフロ・アジア語族 (Aflo-Asiatic)，そしてカルトヴェリ語 (Kartvelian)（南コーカサス諸語 (South Caucasian)）を含むかなり大きな語族に属する可能性があるという提案がなされた．Pedersen は，「ノストラティック (Nostratic)」という用語をラテン語の nostras（同郷の人 (our country man)）から新たに作り出したが，詳細を徹底的に究明することはなかった．1960年代には，ロシア人言語学者 V. M. Illich-Svitych が Pedersen のノストラティック語族仮説が示唆したように，再建された祖語どうしの比較を始めた．上述の語族から再建された祖語に関する比較法に従い，またもう1つの語族，すなわちドラヴィダ語族を加えながら，数多くのノストラティック祖語の語彙項目が再建された．別のロシア人言語学者 A. Dolgopolsky は，独自に同様の研究プロジェクトを進めていたが，その後再建に協同した．今では，何人かの歴史言語学者がこのプロジェクトに貢献しており，その中には，チュコト・カムチャッカ語族 (Chukotko-Kamchatkan) や，エスキモー・アリュート語族 (Eskimo-Aleut)，シュメール語族 (Sumerian)，またナイル・サハラ語族 (Nilo-Saharan)，ニジェール・コンゴ語族 (Niger-Congo) などのような他語族が語族関係にあるかもしれないと提案する者もいる．

通常の比較再建法が用いられ，(600以上もの) 数多くの語根が，これを説明するのに必要とされる音変化とともに再建されてきた事実があるにもかかわらず，ノストラティック仮説は依然として完全には容認されていない (Salmons and Joseph 1998)．歴史言語学者が新たな提案を受け入れるのにたいていの場合時間がかかるという事実もさることながら，やはり，時間をさかのぼっていくにつれて，音韻的関係も意味的関係もどちらも薄まっていくという事実がある．10.2.2節で述べたように，単語が意味を変化させる可能性について明確に理解していなければ，同根語の同定が単なる推測となる事例も出てくる．また，ある事例で，母音の性質が再建できないとすると，時に子音のみが確実なものとして再建される．どの言語でも限られた数の子音しかないので，別の言語の単語と似た意味をもつ単語にある特定の子音が偶然生じることの蓋然性によって，間違う可能性が増加する．

それでもなお，研究本体は感銘を与えるような，そして興味をかき立てるようなもので，従事する価値が確かにある．再建されたノストラティック祖語の形式のいくつかを見てみよう．ここで用いられる再建形はいくつかの祖語で見られるものである (Kaiser and Shevoroshkin 1988)．

(297) ノストラティック祖語　　**k'olV　　　　（円い）
　　　インド・ヨーロッパ祖語　*kʷel-　　　　（円い、回転する）(cf. 英語の wheel)
　　　アフロ・アジア祖語　　　*k'(w)l　　　　（円い、回転する）
　　　カルトヴェリ祖語　　　　*kʷwer-/kʷal　（円い）
　　　アルタイ祖語　　　　　　*kolV-　　　　（混ぜる、回る）
　　　ウラル祖語　　　　　　　*kola　　　　　（円）
　　　ドラヴィダ祖語　　　　　*ku/ūl-　　　　（円い、旋回する）

これらのような体系的な対応関係をもついくつかの語彙的語幹のほかに、文法的形態素、例えば、疑問代名詞 who や人称代名詞といった語の中にも対応関係が見いだされている．(298) は、いくつかの提案されている同根祖語で、これらも Kaiser and Shevoroshkin (1988) からの事例である．

(298) ノストラティック祖語　　　*k'o または *q'o（誰）
　　　インド・ヨーロッパ祖語　　*kʷo- 誰, *kʷi- (何)（cf. 英語の wh- 語）
　　　アフロ・アジア祖語　　　　*/k'(w)/ および /k(w)/（誰）
　　　アルタイ祖語　　　　　　　*ka-, *xa-, または xo（疑問代名詞）
　　　ウラル祖語　　　　　　　　*ko- または ku-（誰）

一人称単数の人称代名詞はノストラティック祖語では、主格は **mi, 斜格は **minV として再建されている．二人称単数は、主格は **t'i あるいは **si であり、斜格は **t'inV あるいは **sinV である．これらは、見いだされた興味深い対応関係の一端を示すほんの一例である．

　このような再建形は、もし妥当だとすれば、想像をかき立てるような仕方で我々を遠い過去へ引き戻してくれる．我々によるインド・ヨーロッパ祖語の再建結果が代表している言語が実際に話されていたのはいつなのか．その推定時期は、6000 年前から 9000 年前と幅がある．我々がノストラティック祖語に近いと考えている言語は、ある見解によれば肥沃な三日月地帯（Fertile Crescent）で中石器時代の 12,000 年から 20,000 年前に使われていたと考えられている (Renfrew 1991)．これらの祖語がどんな文化と関係していたかについてはいくつかの学説がある．不運なことに、証拠となる書き残された言語がないので、言語とある特定の文明の産物の集合とを結びつけるのは難しい．しかしながら、話者集団の社会的および物質的文化については、それら言語の話者がどんなものに対して語彙をもっていたかを決定することで推測することができる．この研究分野は言語古生物学（linguistic paleontology）と呼ばれている．例えば、インド・ヨーロッパ祖語には「車輪（wheel）」や「乗る（ride）」、運ぶ

(carry)」，「馬 (horse)」を表す語があり，このことは荷馬車が用いられていたことを示している．「鋤で耕すこと (plowing)」や「乳を搾ること (milking)」といった農業用語が，「鶏 (chicken)」ではなく，「牛 (cow)」や「羊 (sheep)」，「ヤギ (goat)」を表す語とともに使われていた (Beekes 1995)．これらの語は，家族関係や宗教を表すものに関して再建された語と同じように，その文化がどのようなものだったかの証拠となる．そのような再建の結果から得られる知識はあるのだが，どんな考古学的遺物がインド・ヨーロッパ諸語の最初期の話者と対応しているのかについては依然として諸説ある．ノストラティック祖語の話者がどんな人々である可能性があるかは，いっそう不確かである．上述した推定年代には非常に幅があり，このことが言語学者によって仮定される祖語の時代や地域を特定することがどれほど困難であるかを強調していることに注意してほしい．

10.5.2. 多面的比較

言語比較へのもう1つのアプローチは，Joseph H. Greenberg により実践され，ある程度の成功を収めている．Greenberg は，世界の言語に精通することに人生を費やし，彼が膨大な数の言語に関するデータを吟味した際に記録した単語や文法的特性をノートいっぱいに書き溜めていた．長い期間をかけて，彼はこのデータを世界の異なる場所における言語間の系統関係に関する問題に取り組むのに用いた．彼の手法では，一度に多くの言語を比較する．彼の考えは，様々な水準の類似性を見つける必要があるということ，そして，どの言語が関係していないかを探り出すことも必要だということである．彼の論ずるところでは，単にある時点での2言語を比べるだけでは，おかしな結果に行き着くかもしれない．なぜなら，例えば，もしスウェーデン語 (Swedish) とシシリア語 (Sicilian) を比較し，それらの言語が同系であると結論付け，その後ノルウェー語 (Norwegian) とプロヴァンス語 (Provençal) を比較し，それらが同系あると発見するとしよう．この時，スウェーデン語とノルウェー語が非常に近い語族関係にあるという重要な項目を含む全体像を完全に見逃がしていることになる．したがって，Greenberg はある地域のすべての言語を比較する．彼は音声の対応関係の立証はしていないが，複数の言語の同根語がどれほど類似しているように見えるかに応じて言語をグループ分けしている．彼はこのことが比較法を適用するのに必要な前段階だとみなしている．そもそも，どの言語を比較すべきかを，他の方法で知ることができるかと言えば，それはできないのである．

基本語彙のリスト（スワデシュ・リストで見られるようなもの）を使って，

彼は音韻的ならびに意味的類似性に基づいて同根語と思われるものを集めている。[6] 意味的類似性を確立するために，彼は別の言語，例えば英語の翻訳等価語句 (translation equivalent) を用いている．そして，その比較対象の言語における，例えば「太陽 (sun)」を表す単語は何なのかを調べていった．また，彼は広く実証された一段階の意味変化，例えば，「太陽 (sun)」＞「日 (day)」のようなものを用いており，他の意味的関係がより不明瞭なものを避けている．音韻的類似性に関しては，広く実証された音変化に頼っている．どちらの場合でも，仮定されているのは，言語変化というものは言語横断的にかなり類似しているというものである．このことが，Greenberg が自身のほかの研究において立証しようとした理論の核心部分である（10.6 節を参照）．比較法が，本章の前半部で詳述したように，音変化の普遍性を仮定しておらず，むしろどんなタイプの音変化も規則的であることを仮定しているということに注目してほしい．

意味的ならびに音韻的に類似した語のリストを仮定し，Greenberg は量的アプローチを適用して，どの言語が最も多くの同根語を共有しているかを数えている．また，見つかった類似点に対して定量化方式（weighting system）を適用し，音表象が理由で似ている可能性のある語の重要度は低いとみなし，またもちろん，借用が原因で似ている可能性のある語は分析対象から除外している．語彙的対応関係のほかに，Greenberg は形態的および形態音素的類似点に重きを置いている．もし2言語に同様の異形態交替，例えばゴート語 (Gothic) の -bindan, -band, -bundun, -bundans と古英語の bindan, band, bundun, bunden（束縛する）のようなものがあるならば，これらは重要だとみなされる．英語の good, better, best とドイツ語の gut, besser, beste のようなかなり不規則で補充的な（suppletive）関係でさえも，かなり重要である．なぜなら，ここまでですでに見たように，そのような高頻度で用いられる屈折形は非常に保守的である傾向があり，当該言語の初期段階を表しているからである．その他の形態的規準には，Greenberg がオーストロアジア諸語 (Austroasiatic languages) に関して論じているように，系統関係の強い指標と

---

[6] 訳者注：スワデシュ・リストとは，10.2.2 節でも言及されたように，Moris Swadesh が編纂した基本語彙の一覧で，原則，普遍的で文化に依存しない単語を収録している．例えば，人称代名詞，疑問代名詞，「黒」や「白」といった色，「塩」や「卵」といった食材，「手」や「足」といった身体部位を表す単語などがある．言語間で比較を行う際，スワデシュ・リスト内の単語で同根である語が各言語にどれほど残っているかによって言語間の系統関係を証明したり，系統関係があるとされた場合には各言語が分岐した年代を推定したりする．

して，通言語的に珍しい形態的過程，例えば接中辞の挿入（infixation）のようなものの存在がある．代名詞のような文法的形態素における同じ形態素の組み合わせや類似性もまた，語族関係の強い指標とみなされている．

　この手法を用いて，Greenberg はアフリカの諸言語の分類を提案した（Greenberg 1970）．アフリカの諸言語の専門家によって特定の系統関係が調査されてきたが，その際に，この分類は概ね有効であった．対照的に，アメリカの諸言語に関する 1987 年の彼の分類は，強い抗議を受けた（Greenberg 1987）．この分類は，彼がアメリンド大語族（Amerind）と呼ぶ巨大な語族の存在を提案するもので，その分布はカナダから南アメリカの先端にまで至る．この語族はエスキモー・アリュート語（Eskimo-Aleut）とナ・デネ語（Na-dené）以外のすべてのアメリカ原住民の言語（Native American languages）を含んでいる．なお，エスキモー・アリュート語はアメリカ大陸の北端区域で，ナ・デネ語はアラスカとカナダ及び，アメリカ南西部で話されている言語である．彼の分類は，人口移動がおそらく以下のような順序で行われたということを反映している．すなわち，北端のエスキモー・アリュート人がベーリング海峡を越えてアジアからやってきたのは一番最近で，ナ・デネ人は彼らより以前にその土地に移住していた．Greenberg が同系であると論じている他のすべての民族は，この 2 つの民族よりずっと早くに到着していた．

　Greenberg が提案したアメリンド大語族というかなり大きな語族は激しい抗議の対象となった．それは，彼が言語間の比較による再建ではなく多面的比較を用いたことや，その当時のアメリカ研究者全般が言語の分類に対してかなり保守的なアプローチを好む風潮があったことに起因していた（Croft 2005）．初期の研究では，1929 年に Sapir によって書かれたブリタニカ百科事典（Encyclopedia Britannica）の記事にある通り，北アメリカおよび中央アメリカに対して系統関係の中での上位の（大きな）グループ分けが提案されていた．しかし，Greenberg が *Language in the Americas* を出版した 1980 年代までには，研究者たちは密接な同系性をもつ個々の言語，すなわち系統関係の中で下位層を占める言語の分類をすることから始めて，徐々に上位グループを明らかにしていくような研究を進めていくべきだと考えるようになっていた．この研究プログラムに従事していた人々は，Greenberg の 2 大陸にまたがる巨大な語族という，かなり野心的な提案に対して強硬に反応した．すでに述べたとおり，彼が伝統的な比較法から逸脱していたことを理由に反対する意見もあったが，これらに対して Greenberg はうまく答えている（Croft 2005 の要約も参照のこと）．また別の反対意見は，ノストラティック語族についての研究に向けられたものと同様のもの，すなわち，遠い関係性は偶然の類似点とは区別できない

かもしれない，というものだった．Greenberg の仮説を徹底的に究明するのは，これらの言語の専門家次第である．彼が提案したような一連の仮説は，その後の研究に刺激を与え，実りある研究へとつながっていくものであれば，価値があるのだ，と Greenberg は考えていた．

Language in the Americas を出版してすぐに，人間の遺伝子の研究者たちは現地人に関する同様のグループ分けを，遺伝的特徴を使って見つけようとし始めた．そのような分類のいくつかは，アメリカ大陸への移民に3つの波があったという考えを支持しているように見える．南アメリカからカナダ及びアラスカに至るまでのアメリカの先住民族のゲノムを使ったある最近の研究もまた，3回の移住を支持する議論を展開している (Reich et al. 2012)．この研究は，人口の大多数は，Greenberg の主張するアメリンド大語族に対応する，ある単一の祖先をもつことを示している．他の2グループ—エスキモー・アリュートとナ・デネ—は，お互いはっきりと異なっているものの，より早く移住してきた民族と遺伝子をいくらか共有している．これは，人々が互いに接触することからして予測される通りのことである．

一般的に，人間のゲノムプロファイルと言語学の起源は同系性に関して同じような結果を示すが，これは予想される通りのことだろう．というのも，ある民族グループが地球上で住む場所を変えると，その民族は自らの遺伝子だけではなく言語をももち出すという事実があるからである．このような遺伝子と言語を相関させるというたいへん興味深い試みにもかかわらず，研究が進んでいくにつれて，別個の遺伝子研究により互いに矛盾する結果が明らかになり，全体像はより複雑になってきている．加えて，ある話者のコミュニティが新たな言語に切り替えた—その話者たちが継承言語 (heritage language) を放棄して，近隣のコミュニティの言語を受け入れた—ならば，彼らの遺伝物質と言語の関係は失われるだろう．

10.6. 通時的類型論

Joseph Greenberg は世界の多くの言語の間にある類似性を見つけようと研究しながら，言語が，互いに同系であってもなくても，全く同じように変化すると確信をもつようになっていた．この仮説によって，同系であるなしにかかわらず，様々な言語からのデータ（時に共時的データだけ）に基づいて広範囲にわたる変化の経路をつなぎ合わせることができる．Greenberg は多くの研究でこのアプローチを用いた．彼の研究成果の1つに，評論 *How Does a Language Acquire Gender Marker?* がある．この評論で，彼は名詞類標識 (noun class marker)の指示詞からの発達史をたどり，それらがどのように性（gender）の標識となり，一般化された名詞標識あるいは名詞のほんの一部となって，レキシコンから次第に姿を消していったかを示した（Greenberg 1978b）．このアプローチは，「通時的類型論（diachronic typology）」と呼ばれるものであるが，これは，本書の様々な章で提示されている．例えば，第2章では，表2.5で，いくつかの言語からのデータによって展開された無性閉鎖音の子音弱化（lenition）の発達の経路を提示している．例えば第7章で見たような文法化の経路も，異なる言語における変化に基づいて構築されている．そして時に，その経路の各段階について，それを代表する異なる言語群が存在するということもある．[7] 広範な有史時代をもつ言語だけが，変化史の全容を例示できる．そういったわけで，ほとんどの事例において，異なる言語が示すような文法化の経路の一部分を比べることではじめて，その全体像を構築することができるのである．

　通時的類型論によって，我々は，頻繁に見られる変化を記述するだけでなく，それらの変化を説明したり，言語どうしがどのように似ているのか，あるいは異なっているかを説明したりする手法を得られる．変化のメカニズム──例えば，生産の自動化や意味の一般化──がどのように言語変化において繰り返し起こるのかを見てきた．これらのメカニズムを使えば，なぜある特定の通言語的なパターンを得られるのかを説明できる．例えば，もし能格-絶対格システム（ergative-absolutive system）における名詞項がゼロ標示であるなら，それは絶対格であろうし，能格であれば顕在的標示をもつ．8.2.3節での議論でそうなる理由を見た．そこでは，能格構文が，動作主が顕在的標示をもつような受動構文から発達したことを観察した．実際，受動構文で，動作主が現れた場合，それは何らかの方法で顕在的に標示されないといけない．一方で，絶対格項は，以前の主語項から発達したため，ゼロ標示である傾向がある．同様に，主格-対格言語では，対格が顕在的標示をもち，主格はゼロ標示であることがより一般的である．なぜなら対格標示は与格のような斜格標識から発達するからである．

---

[7] 訳者注：例えば，第7章の(150)のような文法化の経路が確立しているのに対応して，その3段階のそれぞれの特徴を共時的に示す言語群が少なくとも1つはあるということである．実際，英語の動詞 finish や come は動詞本来の意味しか表さないが，アトチン語（Atchin）（オーストロネシア語族）の come に相当する動詞は既然相（anterior）までを表すことができ，エウェ語のダホメ方言の finish に相当する動詞は単純過去を表す助動詞として使える，といった共時的変異が存在する．

10.7. 結論

　本章では，言語変化が通言語的比較と相互作用する様々な方法があるということ，また，比較を様々な目的で用いることができるということを見てきた．ここで強調してきたのは，言語の系統関係を断定する目的のための比較や仮説上の初期言語の再建のための比較であり，それはこの種の比較が歴史言語学の基礎だからである．この種の比較に関して見たのは，これまで多くの進歩があったが，語族関係をつきとめるのには依然として多くのことが残されているということである．世界のある地域における個々の言語の間の関係に関してでさえ同様である．この章ではまた，言語学者が，祖語を比較したり多面的比較を行ったりして，より遠い語族関係をつきとめることを目的として，彼らの研究方略を推し進めようとしていることを見てきた．そのような試みは考古学や人類遺伝学と協力することで初めて，断片的な情報をつなぎ合わせて，人間の種が地球上の各地域にどのように居住するようになったかについての全体像を理解することができる．

ディスカッション用の問題

1. 不完全な語彙拡散（lexical diffusion）は言語間の比較による再建の成功にどのような帰結をもたらすか．高頻度で用いられる句に見られるものの ような「特別な縮約」についてはどうか．
2. 形態論は，再建においてどのような役割を果たすか．
3. 英語の現在形／過去形の対で明確に弁別的であるものに関して，簡単な単一言語内での再建に挑戦せよ．例えば，think/thought, bring/brought, teach/taught, catch/caught. ここでの目標は，規則的な音変化によって両方の形式を得ることができる動詞の語幹を見つけることだろう．gh の綴りが無声軟口蓋摩擦音を表していたことに留意してほしい．また，他の単語も考慮し，それら英語の動詞の初期の形式を見つけてもよい．母音変化の原因が他の動詞に見られるパターンに求められる可能性がある．
4. 言語学者はノストラティック語族のような上位語族の研究に取り組むべきだろうか，それとも現行の方略はこの研究を価値あるものとするにはあまりに不確実だろうか．

推薦図書

言語間の比較による再建の手法についてのより詳細に説明している歴史言語学についての教科書がある．以下のものをおすすめする．

Millar, R. McC., 2007. Trask's historical linguistics, 2nd edition, London: Hodder Arnold, Chapter 8.

おもしろく読めるインド・ヨーロッパ語族，言語，社会文化的コンテクストについての書籍としては，以下のものがある．

Beekes, R. S. P., 1995. Comparative Indo-European linguistics: an introduction, Amsterdam: John Benjamins.

異なる視点からのノストラティック語族仮説の評価に関しては，以下のものがある．

Salmons, J. C. and Joseph, B. D., 1998. Nostratic: sifting the evidence, Amsterdam and Philadelphia: John Benjamins.

ウェブサイト The Tower of Babel Project には，ノストラティック語族のようなこれまでに提案された大語族が相互に影響しあう関係を表した地図が掲載されている．starling.rinet.ru からアクセスできる．

付録：インド・ヨーロッパ語族に属する主な語派や言語

インド・イラン語派 (Indo-Iranian) に属すのは，中東とインドの様々な場所で話される言語である．イラン語群のほうにはペルシャ語（またはファールシ語 (Farsi)），パシュトー語 (Pashto)，クルド語 (Kurdish) といった言語が含まれる．これらは，古代語であるアヴェスタ語 (Avestan) や古代ペルシャ語 (Old Persian) を起源にもつ言語である．インド・アーリア語群のほうは大規模で，ヒンドゥー語，ウルドゥー語 (Urdu)，パンジャーブ語 (Punjabi)，グジャラート語 (Gujarati)，ネパール語 (Nepali) などがあり，その他数え切れないほど多くのインドの言語，例えば古代語であるサンスクリット語も含まれている．

ヒッタイト語 (Hittite) は，「死語 (extinct language)」で，紀元前 1900 年から紀元前 1100 年にアナトリアにいた民族が話していた．

- **ギリシャ語 (Greek)** には，古代語の変種と現代語の方言の両方が含まれる．

- **イタリック語派 (Italic)** の言語としては，ラテン語やロマンス諸語（イタリア語，スペイン語，フランス語，ポルトガル語，ルーマニア語）がある．また，ラテン語と並行してイタリアで話されていた言語もこれに含まれる．例としては，オスク語 (Oscan) やウンブリア語 (Umbrian) がある．

- **ゲルマン語派 (Germanic)** の最初期のものとして確認できるのは，死語であるゴート語 (Gothic) で，多くのテキストが残されている．ゴート語は東ゲルマン語群を代表している．そして，オランダ語，英語，ドイツ語，フリジア語 (Frisian) は西ゲルマン語群，アイスランド語やスカンジナビア諸語は北ゲルマン語群を代表している．

- **スラヴ語派 (Slavic)** には，南スラヴ語群を代表する古代語である古代教会スラヴ語 (Old Church Slavonic) が属しており，9世紀の記録が残されている．南スラヴ語群に属するその他の言語には，スロヴェニア語 (Slovenian)，セルビア語 (Serbian)，クロアチア語 (Croatian)，マケドニア語 (Macedonian)，ブルガリア語 (Bulgarian) がある．西スラヴ語群に属するいくつかの言語を挙げるならば，ポーランド語 (Polish)，チェコ語 (Czech)，スロヴァキア語 (Slovak) がある．また，主な東スラヴ語群の言語としては，ロシア語やベラルーシ語 (Belarusian)，ウクライナ語 (Ukrainian) がある．

- **バルト語派 (Baltic)** には，ラトビア語 (Latvian) とリトアニア語 (Lithuanian)，そして死語である古プロシア語 (Old Prussian) が属している．これらの言語はスラヴ語派の言語と密接に関係している．

- **ケルト語派 (Celtic)** は，かつてヨーロッパで広範囲で用いられていたが，ロマンス諸語やゲルマン諸語の拡大により取って代わられた．今でも話されているケルト語派の言語には，ウェールズ語，ブルトン語 (Breton)，アイルランド語（またはゲール語 (Gaelic)），そしてスコットランド・ゲール語 (Scottish Gaelic) である．コーンウォール語 (Cornish) やマン島語 (Manx) は絶滅の危機に瀕していたが，現在では復活しつつある．古アイルランド語は700年に書かれた文書が残っている．

- **アルバニア語 (Albanian)** は，これ自体でインド・ヨーロッパ語族の一語派を構成している．

- **アルメニア語 (Armenian)** も，近縁の言語をもたないインド・ヨーロッパ語

族の一語派を構成している．この言語には，独自のアルファベットがある．これは 15 世紀に作られたものであり，その当時に書かれたテキストが現存している．

トカラ語派 (Tocharian) は 2 つの死語からなる．6 世紀から 8 世紀のテキストに記録が残されており，12 世紀初期に中国北西部のタリム盆地で発見された．これらテキストの解読により，2 つの系統関係をもつ言語がインド・ヨーロッパ語族に分類されるものだと判明した．

第11章 言語変化はなぜ起こるのか
―― 内的要因と外的要因

　この最終章では，言語変化の起源（sources）や理由（causes）として考えられるものについて見ていく．もちろん，この本は一貫して変化が起こる理由を論じてきたのだが，本章ではこの問題をより直接的あるいは一般的な形で取りあげる．大筋としては，言語に内在する要因と，他言語の影響を主とした外的な要因とを，対比して検討する．その意味において，11.1 節の言語変化の内的起源についてのセクションと，11.2 節や 11.3 節の言語間の接触の状況についてのセクションは，対比的な内容となっている．まず 11.1 節では，通時的変化の問題を扱ういくつかの理論的アプローチを概観する．特に 11.1.2 節では「自然（性）理論（Naturalness Theory）」を，そして 11.1.3 節では「生成理論（Generative Theory）」を取りあげる．11.1.4 節では，子供の言語が言語変化の1つの要因になりうるかどうかについて簡単に考察する．そして言語接触について論じる節（11.2 節，11.3 節）のあと，11.4 節において，言語は「複雑適応系（complex adaptive system）」であり，話し手，聞き手，そして文脈に内在する動的要因が変化を作り出すという説を検討する．

11.1. 内的起源――言語使用

　本節ではまず前章までで示してきたアプローチを概観し，異なるタイプの言語変化の中に見られる共通のメカニズムや一般的なパターンをまとめる．ここで取り上げるアプローチは，変化を生み出し普及させる上で言語使用が重要な役割を担っているとし，その点で「用法基盤理論（使用基盤理論）（usage-based theory）」と一致する．そのため我々はこのアプローチを用法基盤アプローチ（the usage-based approach）と呼ぶ．次に他の提案にも目を向ける．

特に，言語構造はより自然，つまり有標ではない方向に変化するという自然（性）理論に基づく提案を取り上げる．そして最後に生成的なアプローチ（the generative approach）を検討する．このアプローチでは言語変化は言語習得の過程で起こると仮定されている．

11.1.1. 用法基盤アプローチ

これまでの章では音変化（sound change），類推変化（analogical change），文法化（grammaticalization），統語的変化（syntactic change），そして語彙変化（lexical change）について見てきており，その中に大まかな方向性（broad directionality）を示す一般的な変化のパターンを確認することができたが，それは言語変化が理由もなく変化するわけではないということを強く示唆している．パターンを確認することの目的は，コミュニケーションの現場（communicative event）で働く言語変化の認知的メカニズムに焦点を当てることであった．なぜなら認知的メカニズムは変化の方向性を決定するだけではなく，変化の「理由（なぜ）」と「方法（どのように）」も示すからだ．言語変化に対する説明が妥当かどうかは，変化を説明するメカニズムがあるかどうかに大いに依存すると私は考えている．

以下は，これまでの章で議論した個々のメカニズムのリストである．これらのメカニズムは領域横断的に適用される．つまり言語だけでなく，人間の処理や認知といった他の領域にも適用されるものだ．ここまでの章でも強調したように，これらは言語が使用されるときに働くメカニズムである．

1. **産出の自動化**：調音による産出は神経運動（neuromotor process）をともなうプロセスであるため，動作が繰り返されることで高度に習慣化された結果，縮約（reduction）やタイミング修正（発音のしやすさなどの理由で音挿入などの際にタイミングが変わること，つまり retiming）が起こりうる．産出の自動化というのは規則的に見られるパターンであり，音変化の主な要因である．より散発的に見られるのは，高い頻度で生起する要素に起こる縮約であるが，これも要素がチャンク（chunk）ごとに文法化する際の重要なプロセスである．しかし，産出の自動化自体は音変化の理論ではない．タイミング修正や縮約の向かう方向を詳述しなければ，妥当性の高い音変化の理論とは言えないのだ．その詳述というのは，調音運動がどう組織化して音節や語を形成するかだけではなく，調音運動間の相互調整に関する知見にも基づくものである．

2. **意味を，形式と直接的に関連づける傾向**：形態論では，この傾向があることによって，音変化によって形成された交替に対しても形態論的な機能が付与されうる．より高次にチャンク化された「統語的構文（syntactic construc-

tions)」レベルでは，特定の語の組み合わせが，語用論的文脈によって決定づけられ特定の意味を表すようになる（下記「推論による意味変化 (semantic change by inference)」を参照）．

3. **少数派パターンから多数派パターンへの交替**：「タイプ頻度 (type frequency)」の高いパターンが，タイプ頻度の低いパターンに取って代わる傾向にある（ただし，特定の事例が高い「トークン頻度 (token frequency)」を示す場合を除く）．パターンの生産性は音素配列の変化 (phonotactic change) にはっきりと現れるが，そこでは少数派のパターンがより高頻度のパターンに取って代わられている．形態論においては，タイプ頻度の高い「規則的 (regular)」なパターンが少数派のパターンに取って代わる．そして，統語的構文においても，生産性が高くなった新しいパターンが古いパターンに取って代わる．これらのプロセスに作用しているのはタイプ頻度への反応という認知的メカニズムである．つまり，異なる項目で同じパターンを使用することがパターンを強化し，容易に拡張が可能で新しい項目に適用できるような一般的なカテゴリーを作り上げるのである．

4. **高頻度の項目に見られる，変化への抵抗**：生産的なパターンが拡張するのと同時に，高頻度で使われることで特定の項目の「心的表象 (mental representation)」が強化され，その項目が変化を免れることがある．これは形態論的変化に見られるもので，高頻度で生起する不規則的な項目は変化しない傾向にある．また，この現象は統語的構文間の競合においても観察される．その場合には，古い構文が，特定の項目が生起する場合や特定の文脈の中では生き残る例が見られる．

5. **チャンク形成 (chunking)**：どのレベルの構造においても，要素の連鎖が繰り返し起こることによって「認知的表象 (cognitive representation)」においてチャンクが形成される（訳注：chunk formation とも呼ばれる）．チャンクはひとまとまりで記憶され，アクセスされる．語，句，そして構文のレベルで，チャンクは使用される文脈に基づいて意味を与えられる．

6. **意味の一般化 (semantic generalization)**：文法化や語彙変化においては，意味の一般化の例が多く見られる．意味の一般化が起こると，語や構文の意味が一般化されて特殊な意味素性が失われるため，その語や構文がより多くの文脈で生起するようになる．一般化は必ずしも単独で作用するものではなく，むしろ「メタファー (metaphor)」や「推論 (inference)」といったほかの意味変化のメカニズムの結果として起こりうる．

7. **推論による意味変化**：語，句，そして構文が使われる文脈を考えてみると，言語使用者はしばしば，話し手が言ったことから得られた意味に肉づけ

し，推論を行う．同じ推論が繰り返されると，それは語，句，そして構文の意味の一部となりうる．推論の中には，より起こりやすい推論もある．人間とは，他人の意図が何なのか，何が何を引き起こしたのか，話し手が何を真と考えているのかを知りたがる生き物のようである．

　これらが，様々な領域に見られる変化の大まかな方向性を決定するメカニズムである．音変化はめったに動作を加えたり拡張したりしないが，その理由は，その背後にあるメカニズムが神経運動の効率化に基づくものだからである．形態論レベルの緩やかな並列的構造は，チャンク形成に向かう傾向によって，より強固な統語的構文となる．チャンク形成の反対であるチャンク解除は時々起こるものではあるが（民間語源（folk etymology）など），[1] 決して変化の方向性として主流のものではない．語の意味は特殊化することもあるが，それは通常，競合する語がより一般的になってほかの語の意味的な縄張りの一部を乗っ取ることによって起こる．

　すべてのタイプの変化に共通する別の一般的傾向は，変化が徐々に起こるということである．変化の段階は，革新的な形式と保守的な形式の間に見られるばらつきによって特徴づけられる．

11.1.2. 自然（性）理論と「優先法」

　前に述べたとおり，なぜ言語が変化するかを理解するために，多くのアプローチが提案されてきた．広く受け入れられているのは，言語変化はより「自然」または「無標」になるように変化するという説だ．この自然（性）理論（Naturalness Theory）は，音節構造との関係（Vennemann 1988），さらには，形態論や形態音韻論との関係（Dressler et al. 1987; Dressler 2003）の中で発展してきた．自然（性）理論では，類型論，子どもの言語，そして言語変化に関する知見をもとに，これまで提唱されてきた「選好（preference）」——例えば形態論においては類像性や透明性が志向される傾向，また音韻論においては音節の最後に弱形分節（weak segment）が起こりやすい傾向など——に基づく「自然性」の度合いに応じて言語現象が順位づけられる．Dressler (2003) は，自然（性）理論から以下の2つの通時的予測を引用している．

　第1に，ある現象が所与のパラメータにおいて自然であればあるほど，その現象は変化しにくい．注意してほしいのは，異なるパラメータが相互に矛盾する可能性があることだ．すなわち，母音の間にある摩擦音の有声化（例 loaf / loaves）といった音韻的に自然な変化が，1つの名詞に2つの異形態（al-

---

[1] 訳者注：民間語源については，本書5.9節を参照．

lomorph）が存在するという，形態論的には自然さを欠く状況を作り出すことがある．

第2に，もし変化に2つの選択肢があり，X→Yという変化のほうがY→Xという変化よりもパラメータZにおいて自然だとしたら，より自然な変化のほうが，その反対のものよりも起こりやすい．繰り返しになるが，ある1つのパラメータ上の変化が異なるパラメータ上では自然さを欠く現象を生み出す可能性があるため，言語は完全に自然な状態に発達するということはない．むしろ変化は「局所的な改良（local improvement）」のみを作り出す．

例えばDressler（2003）は，複数形のoaf-sはloav-esより「類像的（iconic）」であるとしている．その理由は，oaf-sの場合は意味の2つの単位（名詞＋複数形）が形式上の単位と対応しているが，loavesの場合は対応していないからだ．そうなると予測されるのは，loafsへの変化（かつてのroovesがroofsに取って代わられたのと同様の変化）のほうが，oafsがoavesに代わる変化より自然であるということだ．この予測が妥当である確率はとても高い．にもかかわらず，5.3節で見たように，非常に高頻度で使われる項目に関しては「規則化（regularization）」を期待できない．例えば，am, is, are, was, wereのような非常に頻度の高い補充法の形式（suppletive form)[2]は「自然である」と考えられる．なぜなら，それによって言語使用者は，連結することが必要な2つの形式ではなく，1つの形式にアクセスすれば済むからである．もちろん，自然（性）理論の範疇においても，類像性や透明性のパラメータとも相互に関わり合っているトークン頻度のパラメータを付け加えることにより，この状況は処理できる．

競合するパラメータという考え方は言語変化を説明するために必要と思われるが（11.4節参照），自然（性）理論を実践する際に問題となるのは，それらが目的論的（teleological）であることだ．目的論的な説明は，まるで言語が一定の結果状態に到達しようとしているかのように，言語変化の最終形や結果に指向する．このため，論法に一定の循環性が見られる．つまり，私たちは多くの言語に透明性の高い形態が存在すること，そしておそらく子供たちがそうした形態を容易に習得することを知っているために，言語が形態をより透明性が高いものに変化させようとしていると想定しがちなのだ．ここに抜け落ちているのは，メカニズムである．この理論は「どのように（how）」言語変化が起こるかを述べていない．実は，自然（性）理論において述べられている選好の多くは，目的論を回避するための言い換えが可能であると思われる．例えば，第5

---

[2] 訳注：補充法の詳細については，本書5.8節を参照．

章でも言及したように，rooves から roofs への変化を説明するには，規則的複数形構文がそのタイプ頻度の高さによって記憶の中で強化された状態にあることを強調し，話者が複数形へのアクセスが難しい場合に規則的構文を利用する傾向があることを指摘すればよい．一方，これに相当するような，規則形である oafs の代わりに oaves を作り出すメカニズムは存在しない．

　前出の例において，目的論的な説明はメカニズムを挙げておらず，言語使用者や彼らの頭にある認知的構造をも含んでいないことに注意してほしい．目的論における循環性は，結果のみを挙げるのではなく，何らかの結果を提供するような特定の変化のメカニズムを挙げることによって回避できる．

　別の関連する問題が，競合するパラメータを特定する際に生じる．音節構造の「優先法（preference law）」の提案において，Vennemann (1988: 1-2) は，理論の妥当性を検証する方法を次のように説明している．

> ある優先法が妥当かどうかは次のように検証できる．言語システムにおける変化はすべて，局所的な改良，つまり，ある特定のパラメータに関する改良である．例えば，音節構造の変化はすべて，何らかの優先法によって定義づけられる音節構造の改良である．変化が音節構造を悪化させる場合，それは音節構造の変化ではなく，つまり音節構造によって動機づけられた変化ではなく，音節構造に偶然影響を与えたに過ぎない他のパラメータに基づく変化である．

Vennemann は，こうした方法で選好理論（preference theory）を検証できると述べているが，実は，多数のパラメータが無限に存在するために，この理論の誤りは決して立証できない．もし，ある変化があるパラメータにおける局所的改良を生み出していない場合，それはそのパラメータにおける選好の反証ではなく，単に異なるパラメータの存在を示しているだけだ．例えば，英語話者が potato という語の最初の母音を発音しない場合など，母音削除は時として非選好的な音節構造を生み出すが，母音削除を動機づけているのは音節構造ではなく「短さへの選好」であると Vennemann は言う．

　この批判は Vennemann が提案する音節構造傾向への反証にはならないが，優先法に基づく理論の，言語の通時的変化に対する説明的な価値に，疑問を投げかけるものである．Vennemann 自身も，優先法は言語横断的な研究に基づく観察であるから，最終的には優先法自体が音声研究によって説明されなければならないと述べている．このように彼は優先法を，最終的な説明ではなく「通時性と通言語性が相互にどう関係しているか」に関する提案として捉えている．

11.1.3. 言語変化の生成理論

　構造主義や生成文法の言語理論は，言語の中の異なる部門や領域—音韻論，形態論，統語論，意味論—をそれぞれ独立のものとみなし，大人の文法を，小さな変化しか起こらない閉じた体系と考える．したがって，文法に変化が起こるのは子供が文法を初めて構築するときだけであり，その変化は，大人の文法をまだもっていない子供が，限定的と思われるデータと生得的に備わった普遍的パラメータ (universal parameter)[3] に基づいて大人の文法構造を推測しなければならないために起こるとされる．Andersen (1973) は変化の起こり方のモデルを提案しており，そこでは Peirce (1965) が提唱した推論の一種である「仮説的推論 (abductive reasoning)」を主要な習得のメカニズムと考えている．[4] このモデルにおいて，大人は文法1 (Grammar 1) と呼びうる文法を構築しており，この文法を使って当該言語における発話を産出するが，その発話は自身の文法を構築しようとしている子供が構築の根拠として利用するものである．さらに，（この理論における）子供は，自身が構築する文法を決定づけるような，文法の生得的な普遍的特性 (universals) を利用している．文法1に基づく大人の発話は，必ずしも文法の構築に必要なすべての証拠を与えるわけではないため，おそらく子供は大人の発話と生得的な普遍的特性に基づいて，わずかに異なる文法2 (Grammar 2) を構築する．文法2の産出の大部分は文法1の産出に似ているだろうが，いくつか相違もある可能性があり，それらの相違が言語における変化を表している．この種の変化は帰納的推論にも演繹的推論にも基づかないため，仮説形成による変化 (abductive change) と呼ばれる．

---

　[3] 訳者注：前節の「パラメータ」は条件や要因といった一般的意味で用いられているが，ここでの「パラメータ」（または「媒介変項/媒介変数」）は生成文法の理論を背景とした用語であり，個別言語の間に見られる相違を特徴づける変数を指すと考えられる．普遍文法には普遍的な原理 (principle) が含まれるが，「普遍的原理によって決定される言語事象の中には，普遍的原理に基づくにもかかわらず表面上異なった姿で現れるものもある．そのような，普遍的原理に基づくにもかかわらず表面上異なりうるものを1つにまとめ，言語間に見られる相違の幅を複数の選択肢によって定めたものをパラメータと言う」（原口ほか 2016: 339）とされ，言語習得中の幼児はパラメータの値を個別言語の資料に基づいて決定していくとされる．

　[4] 訳者注：帰納的推論は「ある仮説や命題などを補強し，その真たる価値を高める」にとどまり，演繹的推論は「仮説や命題の必然的な結果を導き出す」だけという見方もある．それに対して仮説的推論は，「われわれが「結果」を有意味で合理的なものとして把握するために，文脈を参照しながらある「規則」を適用し，おそらくこうであろうと説明するための仮説を自ら組み立てる「主体的，創造的」な推論プロセスと言われる．辻 (2013) のアブダクション／仮説推論 (abduction) の項を参照．

推論の種類を示すのにしばしば用いられる，次の3つの命題を考えてみよう．

(299) 法則 (The Law)（人間は皆死ぬ）
事象 (The Case)（ソクラテスは人間だ）
結果 (The Result)（ソクラテスは死ぬ）

演繹的推論では「法則」を「事象」に適用し，「結果」を決める（例えば，「人間は皆死ぬ」「ソクラテスは人間である」「ゆえにソクラテスは死ぬ」）．この種の推論では，もし法則と事象が真であれば，結果もまた真であるはずである．別の方向性は，「結果」と「事象」を観察して「法則」を導き出す，帰納的推論である（「ソクラテスは死ぬ」「ソクラテスは人間だ」「ゆえに人間は皆死ぬ」）．この種の推論は，観察する事象と結果の事例が十分でないと，誤りにつながる可能性がある．3種類目の推論は仮説的な推論で，「法則」が「結果」に当てはめられて「事象」が推論される（「人間は皆死ぬ」「ソクラテスは死ぬ」「ゆえにソクラテスは人間だ」）．この種の推論も誤りにつながる可能性がある—ソクラテスは人間ではなくほかの種類の生き物かもしれない．

　この種の推論（「推測」かもしれない）には弱点があるにもかかわらず，Peirce, Andersen ほか多くの研究者が，人間は共通してこの種の推論を使っていると考えている．以下で示すのは，学習者が文法を構築するのにそれをどう適用するかである．[5] 結果は学習者が触れている言語データ，法則は人間に備わった生得的な普遍的能力である．事象は文法である．学習者が触れている言語データの曖昧性や不完全性によるところが大きいが，それらのデータを産出している文法の性質に関する学習者の推測は，実際の大人の文法とは異なるものであろう．

　Anderson が文法的変化に関するこの理論を提唱する前でさえ，生成文法家は言語変化が第一言語習得の過程で起こることを提案していた (Halle 1962)．この提案の根拠は，大人が子供ほど言語学習を得意としないことだ．このことから，言語獲得装置 (Language Acquisition Device) は幼児の中でのみ作動するとされた．子供は利用可能なデータから文法を構築できるが，大人は自身の文法を微調整することしかできない．先に述べたように，生成文法の別の特性は，文法（特に統語論）を意味，語用論，あるいは言語使用から影響を受けることのない閉じた個別の体系であると考えることだ．事実，統語論は「自律的 (autonomous)」であると考えられており，それは，ほかの部門（意味論，語

---

[5] 訳者注: ここでの学習者 (learner) は，第一言語を習得しようとしている子供を意味する．

用論)からも言語使用からも統語論が独立していることを意味する.文法の抽象的知識である「言語能力 (competence)」と文法の産出である「言語運用 (performance)」の間には区別がある.生成文法家にとって関心があるのは前者であり,言語運用は,興味の対象にならない,誤りや非流暢性に満ちたものと考えられている.では,これらの想定が生成文法の枠組みにおける言語変化の考え方にどう影響しているか見てみよう.

生成理論の中で統語的変化を初めて包括的に扱った Lightfoot (1979) は,その中でも特に,英語の法助動詞 (modal auxiliary) の発達を論じている.そこでの問題は,法助動詞 (will, shall, can, may, must, would, should, could, might) が古英語では(すでにいくつかの特異な点はもっていたが)動詞のようにふるまっていたのに,現代英語では法助動詞としてふるまうという事実だ.生成文法において動詞と法助動詞は大きく異なる文法範疇であり,一方が他方に変化することは大きな統語的変化だ.生成文法は動詞と助動詞の間に段階的な範疇を設けないために,言語変化は,一世代の言語学習者による再分析 (reanalysis) として文法の中で突然起こったに違いないと考えられている.[6]

---

[6] 監訳者注:ここでは「生成文法は動詞と助動詞の間に段階的な範疇を設けない」とされているが,生成文法の立場の研究においても段階的な範疇を提案している研究は見られる.Cardinalletti and Giusti (2001) は,動詞でも助動詞でもない中間的な統語範疇として「半動詞 (semi-lexical verb)」を提案しており,Cinque (2006) は節内に,アスペクトやモダリティ(法性)に関する20以上の機能範疇を提案している.仮に Roberts and Roussou (2003) に従い,上方再分析 (upward reanalysis) の際に,このうちのいくつかでも動詞から助動詞に文法化する際の途中段階の機能範疇として機能すると仮定できるならば,動詞から助動詞への文法化は,「言語変化は,一世代の言語学習者による再分析 (reanalysis) として」起こったと仮定する必要はないことになる.実際,Lightfoot and Westergaard (2007: 411) は,言語変化の途上で言語獲得が行われる際のプロセスについて,以下のように主張している.

(i) If parameters and cues are of a smaller scale than has previously been thought, then one will not say, for example, that a V2 language changes into a non-V2 language from one generation to the next, [...] On the other hand, it is also not necessary to argue that change is always gradual, spanning several hundred years. On our view, change may affect one (micro-)cue at a time, a series of smaller scale bumps, giving the impression that there is gradual change over centuries.

彼らの主張は,1回に起こる統語変化は小さな手掛かり (micro-cue) の変化(ミクロパラメータ (microparameter) の値の変化 (Kayne 2000),と言ってもよい)であるが,その小変化の積み重ねにより,あたかも大規模な変化が漸進的に起こったかのように見えるという事実を生成統語論の枠組みでも説明できる,と主張するものである.Snyder (2017) は,この考え方を使って,英語が V2 言語から動詞繰り上げを起こさない言語へと漸進的に変化した過程につ

本書では，この法助動詞の発達およびそれに関連した変化を，第6章の文法化の概念を扱う中で議論した（6.2節で will，6.8節と6.9節で can）．そこでは，特定の形態統語的変化と意味的変化が使用頻度の増加と関連していることを示した．総じて第6・7章では文法化を，形式と意味と使用に影響を与える相互に関連した変化の集合体として論じた．それとは対照的に，生成文法的な考え方では，主たる言語変化とは特定の動詞が助動詞になる再分析のことを指し，それ以外は，この変化が起こるきっかけとなった独自の発達，またはこの変化の結果として扱われる．

Lightfoot は，再分析に先立っていくつかの変化が起こったことを指摘している．ここですべてを取り上げることはしないが，3つだけ挙げよう．第1に，法助動詞の前身である動詞（Lightfoot はそれらを「前法助動詞（pre-modals）」と呼ぶ）は直接目的語を取らなくなる．次の例は，古英語の 'can' に当たる cunnen が直接目的語をともなっている例である．

(300) Ge　　　dweliað and　　ne　　cunnon halige gewritu.
　　　あなたたち　道を誤る　そして　否定　　知る　　聖なる　書
　　　（あなたたちは思い違いをしており，聖書を知らない．）　（マタイ福音書22章）

第2に，Lightfoot は過去形における「不透明性の増大（increased opacity）」を挙げている．ここで彼が意味しているのは，現代の will/would, shall/should, may/might, can/could の形式に見られるように，現在形と過去形の区別が時制の違いを示しているわけではないということだ．Lightfoot は，これら2つの変化はお互いに関係はないと主張する．Plank (1984) は，それへの反論として，どちらの変化も意味に基盤をもつと主張している．前法助動詞は，特定の意味をもつとき（can の場合は「知る（know）」という意味のとき）に直接目的語をともない，その意味を失うともはや直接目的語をともなって生起することがなくなって，その過去形が再解釈を許す．

Lightfoot の説明で再分析につながるとされる第3の変化は，不定詞の標識としての to の発達であり，それは異なる意味の異なる構文へと拡張しながら段階的に起こったものである．しかし，to は前法助動詞をともなう用法には拡張していない．私はこの理由を，前法助動詞が to をともなわない構文の中ですでに確立され非常に高頻度で使われたことによって，変化をまぬがれたの

いての「小さな手掛かり」分析を提案している．また，日本語の属格主語構文が過去120年程度の間に徐々に衰退しつつある漸進的な統語変化についての同様の分析は，新国・和田・小川 (2017) を参照．（小川）

ではないかと考える．前法助動詞の頻度が高かったことは，それらの意味的・語用論的用法に関係している．このように，ここで取り上げた3つの変化は独立した偶然の発達ではなく，前法助動詞の文法化という視点からみるとすべて当然の結果として起こるものである．

さらに Lightfoot は，16世紀にいささか突然に，一世代で文法が再分析され前法助動詞が法助動詞となり，語彙的動詞から切り離された類（class）を構成するようになったと述べている．ここからまた，いくつかの変化が起こっている．第1に，古前法助動詞（old pre-modal）は，OED から引用した以下の1520年の例には見られた不定詞としての生起が不可能になる．

(301) Dyscrecion to canne kepe peace on all partyes.
　　　思慮深さ　不定詞　知る　保つ　平和　の上に　すべての　当事者
　　　（全当事者の平和を守る方法を知る思慮深さ）

第2に，-ing 形が喪失する（1512年，Lightfoot 1979: 110 からの例）:[7]

(302) the potential mode signifyeth a thing
　　　定冠詞　可能の　ムード　意味する．三人称単数　不定冠詞　もの
　　　as mayying or owing
　　　として　しうるもの．現在分詞　または　すべきもの．現在分詞
　　　to be done
　　　不定詞　コピュラ　する．過去分詞
　　　（可能性を表すムードの場合，ことを起こりうるもの，あるいは，起こるべきものと捉えます）

第3に，前法助動詞がほかの前法助動詞と共起できなくなる（1532年，Lightfoot 1979: 110 からの例）:

(303) I fear that the emperor will depart thence,
　　　私.主格　恐れる　補文標識　定冠詞　皇帝　未来　出発する　そこから
　　　before my letters shall may come unto your grace's hands
　　　の前に　私の　手紙　未来　可能　来る　に　陛下　手
　　　（私の手紙が陛下の手元に届くであろうよりも前に，皇帝がそこから出発する

---

[7] 訳者注：Bybee の原著244頁には1513と記されているが *Oxford English Dictionary* (OED) ならびに原著の引用元である Lightfoot (1979: 110) には c. 1512 とある．T. Linacre 著 *Progymnasmata Grammatices Vulgaria* からの例である（OED）．

第 11 章　言語変化はなぜ起こるのか　　　　　　　　　　343

ことを案じる）

第 4 に，have + en 構文の中に前法助動詞が生起しなくなる（1528 年，Lightfoot 1979: 110 からの例）：

(304)　if　　　 wee　　　had　　　 mought conuenient come togyther,
　　　もし 我々.主格 過去完了 可能　 都合よく　 来る　一緒に
　　　ye　　　woulde　　　rather　have　chosin　to
　　　あなた 未来助動詞.過去 むしろ 完了　選ぶ　不定詞
　　　have harde my　minde of　mine owne mouthe.[8]
　　　完了 聞く 私の 意思　から 私　自身　口
　　　（もしも我々が都合良く一緒に来られたなら，あなたは私自身の口から私の意思を聞こうとしたことでしょう．）

　Lightfoot の考え方では，これらの変化は純粋に統語的なものである．つまり，ひとたびこれらの形式が新しい文法カテゴリーに割り当てられると，それらはもはや不定詞，動名詞，分詞として使用できなくなる．
　しかし，Plank が指摘するように，これらの変化は突然起こったのではない．むしろ，前法助動詞の非定形（non-finite form）は，古英語以来ずっと，ほとんど生起することのない形式である．また，変化はすべての前法助動詞に同時に起こるわけではない．その理由は，直接目的語を取る能力の喪失といった変化が，単に統語的な変化ではなく前法助動詞の語彙的意味の喪失，つまりは主動詞としての使用と関わっているからである．実は，Lightfoot の言う再分析もまた段階的に，前法助動詞ごとに異なる速度で起こるものである．これらの特徴はすべて，文法化に典型的に見られるものである．形態統語的・意味的な変化は，特定の構文における使用頻度の増加，および別の構文における使用頻度の減少をともないうるが，それらはすべて関連しあっている．統語的変化を，分布や意味といった他の変化から分離しようとすると，変化の大部分が説明されないままの断片的な記述になってしまう．
　Roberts and Roussou (2003) は，生成文法の枠組みから言語変化に対してより新しい説明を与える中で，文法化をより明確に扱っている．彼らは論点の 1 つとして文法化の方向性の問題を取りあげている．なぜなら，純粋に統語的な変化には，極小主義（minimalism）に基づく彼らの理論から予測される内在

---

　[8] 訳者注：例文 (304) の my は Bybee の原著 244 頁 (304) では y となっているが，正しくは Lightfoot (1979: 110 (iv)) にあるとおり my（私の）である．

的方向性が存在しないということを認識しているからである．彼らは，言語内である変化が起こったとすると，文法はその言語の学習者による再分析によって単純化されると提案している．例えば，動詞から法助動詞への変化は，法助動詞が節の「機能範疇構造 (functional structure)」の一部となるにつれ，もともと2つの節だったものが1つの節になることで，より単純な構造を作り出すとしている．

Roberts and Roussou は統語的変化のきっかけや原因も探っており，彼らが調査した事例では，形態論的な対比の消滅がしばしば変化のきっかけとなることを提案している．英語の前法助動詞から法助動詞への変化に関する彼らの提案は，Lightfoot の提案とは異なっている．Roberts and Roussou は，この変化のきっかけは不定詞接尾辞 (infinitive suffix) が（音韻縮約によって）消失したことであるとしている．古英語，そして時として中英語においても，不定詞は -n で終わっていた．nat can we seen '見ることができない'（ここでは see に付いている -n が不定詞の標識）の中でそうであるように，Roberts and Roussou は，不定詞が -n で終わることが言語学習者にとって前法助動詞と不定詞がそれぞれ異なる節にあることを示す指標になっていたと主張する．そしてひとたび接尾辞が削除されると学習者は法要素を機能範疇 (functional category) に割り当て，こうした語の連鎖に対して単一節であるという解釈を与えたのであろうと言う．前法助動詞の意味の漂白化 (semantic bleaching)（6.2節，6.8節，6.9節，6.11節における will と can の議論を参照）に関しては，Roberts and Roussou は，前法助動詞が機能範疇に割り当てられたときに起こると提案している（下記参照）．

統語的再分析のきっかけとなる別の例として，未来形活用 (future paradigm) を形成する際に不定詞に付加されるロマンス諸語の助動詞 haber の「接辞化 (affixation)」の例を考えてみよう．6.3節のスペイン語の例で説明したようにその接辞化は段階的に起こっており，最初に不定詞の後ろの助動詞の位置が固定され，それから不定詞と助動詞の間に入りうる項目，特に接語代名詞 (clitic pronoun) が割って入るようになる．私たちは次の例に示されるような可変的段階に注目した——この例において助動詞（三人称単数の未来形 -ará）は，最初の動詞の接辞として生起している (diesm-ará) 一方，2番目の生起例 (ha) では主動詞 (dar) から離れている．

(305) diesmará   vuestro   pan y vuestro   vino.
      10分の1税を取る.未来 あなた方の パン と あなた方の ぶどう酒

```
       y    dar   lo    ha    a  sus  vasallos       (Mejia, 15世紀)
       そして 与える それを だろう に 彼の 召使い
```
(彼（＝王）はあなた方のパンとぶどう酒を10分の1税として取って，召使いに分け与えるだろう）[9]

Roberts and Roussou は，不定詞と助動詞の間にある接語代名詞（例（305）における lo）によって接辞化としての再分析が妨げられたのではないかと提案している．これらの接語代名詞が当該の位置に生起しなくなったことで，接辞化が進んだ可能性があると言う．

　これらの自律的統語論の説明によると，統語的変化はいくつかの段階を経て起こるとしても常に突然のものであり，統語論の外で起こる変化によって引き起こされる．学習者は，動詞か助動詞（機能範疇）か，助動詞か接辞かなどと，個別の選択肢の中から選択をするだけに限られる．このアプローチにとっては，進行中の変化や残存している文書の中での言語変化の現れ方が，1つの問題点である．例えば（305）においては，未来形を表す文法的形態素（future gram）が最初の動詞では接尾辞（-ará）として書かれているが，2つ目の動詞ではそうではない．つまり言語変化は徐々に起こり多数の変種が見られるという特徴があるように思われる．また上述のとおり，生成文法的な説明では，文法化の際に連れ立って起こると思われる意味論，語用論，音韻論，形態統語論上の一連の変化の中から，1つをきっかけ・原因として選択し，別の変化を再分析として選択せざるを得ない．一連のすべての変化を，相互に関連しあい一緒に起こるまとまりとは考えないのである．

　さらに，原因やきっかけがはっきりしない事例もある．6.8節で私たちは，西アフリカの言語で「言う」（'to say'）を意味する動詞から補文標識が発達した事例について論じた．次の（エウェ語からの）例における文法的形態素（gram）の bé は，「言う」という動詞 be（'to say'）に由来する．

```
(306)  me-gblɔ      bé me-wɔ-e
       一人称単数-言う と 一人称単数-する-それ
```

---

[9] 訳者注：旧約聖書のサムエル記上8章15節に該当する．（ちなみに共同訳聖書実行委員会（1987, 1988）『聖書　新共同訳』では「また，あなたたちの穀物とぶどうの十分の一を徴収し，重臣や家臣に分け与える．」と書かれている．）diesmará は現代スペイン語のつづりでは diezmará となる．数詞の diez (10) から diezmo（「10分の1税」中世の教会に収められた収穫の1割に当たる税）が派生し，diezmar（10分の1税として取る）という動詞として用いられている．

　　　　（私は，自分がそれをやったと言った）

　Roberts and Roussou は類似の事例を挙げ，それを再分析として扱っているが，その例では，彼らは原因・きっかけを特定化できない．しかし本書の第6・7章で示したような説明方法をとるなら，文法化が始まるきっかけを特定することは不要となる．むしろ，使用のパターンが認知的表象（文法）と相互に影響し合うことで生起する文脈が拡大し，繰り返し使われるうちに音声縮約（phonetic reduction），意味の漂白化（semantic bleaching），構造の定着化（entrenchment），文脈からの推論（inference from context）その他多くの変化が引き起こされ，それらすべてが文法化のプロセスを前進させると考えることができる．

　Roberts and Roussou によって挙げられた問題すべてをここで議論することはできないが，私が最後に述べたいのは，文法化における意味変化の扱いについてである．Roberts and Roussou は，意味の漂白化を，文法の中で特定の語彙項目が機能的地位を割り当てられたときに起こる変化として捉え，ある形式が実際の文脈の中で使われるうちに少しずつ起こる変化とは考えない．彼らが想定するのは，文法の中に普遍的（生得的）な機能範疇が表示されていること，そして文法化の過程で，語彙項目は語彙的意味を希薄化させて論理的内容（logical content）だけ維持しながら，そうした機能範疇の一部に組み込まれるということだ．文法化の途上にある構文の，使用文脈において見せる特定の用例が，その意味解釈にも影響を与え，最終的に意味的・語用論的な変化を引き起こすとした文法化研究の説明と，Roberts and Roussou らの説明を比べてみてほしい．

　一般に，多くの機能言語学者や認知言語学者が通時性・共時性の説明に生成文法的な観点を採用しない理由は，生成文法的な枠組みでは統語論に特権的な地位が与えられているからだ．その中には，統語論が言語のほかの側面から自律的であるという主張も含まれる．本書の中で検討した例が示すのは，多くの要因が共に作用し，長い時間の経過の中で，言語における形態統語的構造を形作ってきたことである．言語変化への生成文法的なアプローチに対する我々の議論が示しているのは，個々人の文法観や，言語使用の具体事例と文法観との関係の捉え方が，文法変化に関する提案を大きく左右するということだ．生成文法的な伝統においては，文法は非常に抽象的で，使用に直接反映されるとは限らないが学習者が選ばなくてはならない特定の選択肢のセット（動詞か助動詞か，接語か接辞か）から構成される．その代替案である「用法基盤（usage-based）」の考え方は，言語使用に見られる多くの段階性やバリエーションに言

語使用者が対処しうると考えるものだ．つまり，それぞれの構文や文法的形態素が，経験から学習可能な（音韻的，形態統語的，語用論的，意味論的な）特性をもっており，それらの特性は時間の経過を経て変わりうる．そして言語使用者の文法は，その使用者がそれまで言語を通して経験してきたことの認知的表象である (Bybee 2006, 2010)．

11.1.4. 変化の場としての言語習得対言語使用[10]

前節で私たちは，言語変化や再分析が第一言語習得の過程で起こるという主張を概観した．Andersen の仮説的推論による変化のモデルは，それがどのように起こりうるかを詳細に説明している．しかし，本書を通して，言語使用上の要因——使用のパターン，構文の頻度や珍しさ，文脈からの推論などを含む——が，言語変化を引き起こす重要な要因として挙げられてきた．子供が言語を変化させるという考えはどこから来ており，それはどのくらい起こりうることなのだろうか．

生成理論家の想定では，人間は幼少期から文法を習得・構築しており，たとえ成長するにつれて経験が変化していっても文法はひとたび構築されれば大きな変化を被りえない (Halle 1962)．多くの研究がある中で，影響力のある言語学者 Roman Jakobson は，子供が自身の言語（特に音韻論）を習得するときに経験する局面が，普遍的な選好をある程度映し出していることに注目した (Jakobson 1942)．例えば，子供はしばしば CV 音節，つまり 1 個の子音音素と 1 個の母音音素からなる音節のみの発話から産出を始めるが，CV 音節はすべての言語にある．子供はその後，世界の言語における生起頻度を反映する形で，徐々により複合的な（あるいは有標な）構造を作るようになる．ある世代の子供がもし特定の複合的構造を学びそびれたら，それによって言語が単純化する．言語変化とは単純化であると考えている人にとって，言語習得の過程は，変化が起こる場として妥当性の高いものである．

本書でこの考え方を採用していないのは，それが無数の問題点を含んでいるためである (Croft 2000; Bybee 2010; 6.6 節)．第 1 に，言語習得の順序も子供に

---

[10] 訳者注：原文の language acquisition の訳語として使われる「言語習得」と「言語獲得」の違いについては様々な見解があるが，例えば白井 (2008: x-xi) には以下の記述がある：「日本語では，第一言語には言語獲得，第二言語には言語習得という用語が使われることが多いのですが，実際もとの英語の用語は language acquisition で，同じなのです．「獲得」というのは「苦労して手に入れる」，という意味があるので，どちらかといえば，逆になるべきでしょう」．

よる産出の特徴も，言語の通時的変化を映し出していない．[11] 例えば子供の音韻体系の中では，調音部位による子音調和など，大人のそれには決して見られない処理が起こることがある．また，子供は発達の比較的後期にならないと適切な推論のしかたを学習できないため，推論による言語変化といったある種の語用論的変化は，子供に原因を求めることができない (Slobin 1997)．第2に，子供は自身が経験した言語の中から用法のパターンやバリエーションを習得するのは非常に得意である．そのため，彼らが初期段階でどのような単純化を行っていたとしても，それは彼らの周囲で使われている（大人の）言語に見られるパターンに取って代わられる (Roberts 1997; Díaz-Campos 2004; Chevrot et al. 2000)．第3に，子供は自身の文法を周りの大人に強いる社会的立場にない．影響が及ぶ方向性は一般にその逆であり，幼少の子供のほうが仲間や年長者の言語に順応する．Labov (1982) が指摘しているように，変化を引き起こす話者で最も年少なのは幼児でなく思春期の若者 (adolescent) や思春期前の子供 (pre-adolescent) である．しかしこれらの話者の間でさえ，新しい用法は通常，語彙的なものに見られる．最後に，もし変化が言語習得の過程で起こり，ある世代のあらゆる子供が自身の文法を再分析するならば，突然の変化の事例が見つかりそうなものだが，私たちが見たどの証拠も，言語変化が漸進的であることをはっきりと示している．

　これらの理由から，言語変化の起源を探るために幼少の子供に特化して研究することは全く生産的ではなかった．むしろ使用パターンに見られるバリエーションと変化の研究，言語変化の促進・停滞において頻度が担う役割の検証，[12] 意味的変化を形式的変化に関連づけること，テクストの中で変化がある文脈から別の文脈へどう移行するかに関する研究などが，言語変化を理解するのにより良い手段を提供してきたのである．こうした理由から，本書では用法基盤アプローチが採用されている．本章の最後の節で，またこの議論に戻ることとしよう．

---

[11] 監訳者注：最新の生成文法研究では異なる提案も出されているため，以下にその趣旨を説明しておく．Cournane (2017) では，生成文法理論の立場から，言語習得の順序（単純な構造→複雑な構造）が言語の通時的変化の順序（複雑な構造→単純な構造）と一致していないという事実が「子供が言語を変化させる」という考えに対する反証とはなり得ないという主旨の再反論がなされている．

[12] 監訳者注：頻度変化が言語獲得に，ひいては言語変化に及ぼす影響について，生成文法理論の立場から，これを支持する主張を行っている論考としては，Lightfoot (1979, 1991, 1999, 2018)，Rinke and Elsig (2010)，Snyder (2017)，Ogawa (2018) などがある．一方で，頻度変化を言語変化の直接の要因ではないとする生成文法理論の立場には，Kroch (2001) がある．（小川）

11.2. 外的要因——言語接触

本書では一貫して，革新と変化を起こす主体である言語使用者に焦点を当てた議論を行ってきた．そして，言語使用者への入力元となるのは1つの言語だと想定してきた．しかし，今日の世界，そしておそらく過去の世界でも，多くの共同体で話者は2つ以上の言語を用いる．そのため，多くの言語使用者は彼らの生活環境の中で2つ以上の言語に触れている．言語変化の理論に対しては，共同体における二言語使用 (bilingual)（または多言語使用 (multilingual)）の話者の存在が，彼らの使う言語のどちらか一方に変化を起こしうるのかという問いがある．本書がすでに論じた語彙借用は，最小限の言語接触，つまり限られた状況で少人数の話者間で言語接触が起こる場合において，比較的簡単に起こっていた．さらには，言語のより構造的な特性，例えば言語の音声学／音韻論・形態論・統語論における特性なども借用されうるのかという問いもある．言語学者たちはこの問いに数々の答えを提示してきたので，この節では，そのうちのいくつかを概観する．

言語接触が，語彙項目を借用するという以上の言語変化を引き起こすには，二言語使用が広く行きわたっている必要がある．二言語使用の環境は非常に多様で，話者が多数派の言語に移るとき（移民の集団が共同体へ入るときなど）に起こる一時的な言語接触の事例もあれば，長期的な二言語併用の共同体（多くの場所でフランス語と英語が併用されているカナダの例など）の事例もある．それとは別の社会的要因として，しばしば一方の言語が多数派，他方の言語が少数派の話者によって使われ，それぞれの話者グループの社会的地位には違いが見られるという場合もある．また，二言語使用の度合いは話者によっても異なる．つまり，どちらの言語も流暢に使う話者がいる一方で，ほぼ一方の言語だけを使う話者もいる．

研究者の多くは，言語接触による変化の事例を，それを引き起こす主体 (agent) に応じて2つに分類している．1つは「借用 (borrowing)」と呼ばれるもので，母語話者が他言語の要素を母語に組み込むことで起こる変化である．借用は，例えば語彙の借用 (lexical loan) を説明しうる．もう一方は基層語からの干渉 (substratum interference) と呼ばれるもので，話者の母語が，その話者が使う他言語の音韻や文法に影響を与える変化である．

基層語からの干渉についての言及は，不可解と思われる言語変化や，地理的に隣接した言語の類似性の説明の中に見られることが多い．実際のところ，かつて歴史言語学者は，ほかにはっきりした説明が見当たらないときの最後の手段として基層語からの干渉を使っていた．基層語がもはや話されていない場合

や，それが特定すらできていないときにもそのような報告が行われたのである！そのため，ある変化が言語接触によるものであると確定するためには，しっかりとした基準をもつことが重要である．基層語からの干渉で起こった可能性がある変化の大半は，これまでの章における議論から明らかになった一般的な方向性に従っている．そのため，しばしば内的プロセスに基づく説明と外的影響に基づく説明の両方が可能なものである．言語接触が変化を引き起こす範囲を適切に把握するために必要なのは，接触によって引き起こされた可能性のある変化，つまり，接触由来の変化（contact-induced change）について，十分な記述が証拠として存在する状況（例えば現在進行中の変化の事例のように）の中で研究することである．

　研究者たちは，変化に対する1つの説明として言語接触をもち出す場合に満たすべき基準を定めている．以下にいくつかの基準を示す（Thomason 2001, Poplack and Levey 2010 に基づく）．

　1. Poplack and Levey (2010) は，接触による変化が起こったとされてきたいくつかの事例では，常にバリエーションが存在していただけで，変化は起こっていないと指摘している．例えば，カナダ・フランス語はしばしば，英語との接触によって接続法（subjunctive）を失いつつあると考えられている．実際，ムード（mood）の区別を表すのに接続法が使われることはめったにないが，これは，フランス語のほとんどの変種に当てはまることである．このようなことから，言語干渉によって生じたとされる特徴が，接触以前には存在していなかったことを証明することが重要である．

　2. 変化が起こったときに二言語使用の環境が広く存在していたことを立証しなければならない．非常に近接した地域で，複数の言語が，それぞれの話者が二言語使用者になることなく，用いられることもありうる．そのため地理的な近接だけでは十分な基準とは言えない．Heine and Kuteva (2005) をはじめとした多くの研究は，言語接触の範囲や性質に関する情報をもたずに，または提供せずに，言語が（緊密に）接触した状態にあったと主張する．こうした主張が，言語の接触が言語変化を引き起こすという論を脆弱化させている．

　3. 関与している二言語の言語体系を比較し，干渉する側の言語（the source language）が，その言語からの干渉によってもう一方の言語に生じたとされる特徴をもっていることを立証しなければならない．2つの言語が類型論的に似ている場合に言語接触による文法変化が起こるとする研究者もいるため（Thomason and Kaufman 1988 を参照），干渉による変化というものが可能であることの立証は重要である．

　4. ある変化について，内的要因による可能な説明を考え，外的な影響がな

くてもその変化が起こりえたかを検討しなければならない．例えば Pennsylvania 州（米国）で話されているドイツ語では，動詞 geh（行く）を使って直近の未来を表す形式が発達している．周囲で話されている多数派言語の英語にも go を用いた未来形（go-future）が存在しているため，これは借用の事例と考えられるかもしれない．しかし，Burridge (1995) や Heine and Kuteva (2005) が述べているように，go を用いて未来を表す形式は世界の言語において非常に一般的であるため，これは単に言語の内的な要因による発達かもしれない．

5. 2つの言語の構文を比較し，それらが実際に同じ属性をもっているかどうかを判定しなければならない．例えば Poplack and Levey は，英語の影響と考えられてきたカナダ・フランス語の「前置詞残留 (preposition stranding)」について論じている．次の例を考えてみてほしい．

(307) Comme le gars que je sors avec,
　　　のように その 男 関係代名詞 私 付き合う と共に
　　　lui il parle — bien il est français.
　　　彼 彼 話す — まあ 彼 コピュラ フランス人
　　　（私が付き合っている人みたいに，彼は話すんだ．まあ，フランス人だし．）

この発話における前置詞 avec の「残留」は，英語に見られる特徴と考えられている．しかし，より詳細な研究によって明らかにされたのは，モノリンガル (monolingual) の（または非接触の）フランス語でも，文脈によっては前置詞が目的語をともなうことなく生起することが可能であるということだ．これは，まさに (307) の例に見られるような，前置詞が残留した用法ということになる．Poplack and Levey は，カナダ・フランス語におけるこのタイプの構文の使用は英語の前置詞残留よりもフランス語の他の変種における使われ方に類似していることを示し，英語の影響であるという考えに疑問を投げかけている．

6. 最後に，多くの研究者が述べているように接触によってもたらされた変化は二言語使用者である個人の中で起こるものであり，どのタイプの変化に対しても，妥当な認知的メカニズムが立証されなくてはならない．

厳密な基準に従い注意深く行われた研究によって，私たちは接触由来の変化が起こったかどうか判定しやすくなる．Sankoff (2002) は，接触由来の変化であると想定された変化に対し，慎重に社会言語学的分析を行った．その結果として，干渉によって音韻的変化は起こるものの，「形態論と統語論は明らかに接触の影響を最も受けにくい言語構造の領域であり，この統計的な一般化

は，いくつかの例外的な事例によって無効になるものではない」という結論を出している．Sankoff は，形態統語論に起因するとされた接触由来の変化が，より正確には，語用論または意味論の領域に起因すると主張している．以下ではまず音韻的変化について検討し，その後，文法変化と語用論・意味論の領域の議論に戻ろう．

11.2.1. 接触による音韻的変化

　上述したとおり，話者が自発的に新しい語や句を彼らの言語に取り入れる借用 (borrowing) と，話者が無意識に母語の言語的習慣をほかの言語へ当てはめる干渉 (interference) とを区別することは有用だ．第 9 章で私たちは語彙的借用について論じ，借用語には多かれ少なかれ，借用する側の言語 (borrowing language) の音韻が適用される可能性があることを指摘した．換言すると，話者の熟達度によって，借用語はそれが由来する言語での発音に似せて発音されることもあればそうでないこともありうる．話者が借用した言語 (the language of the loan) に熟達していた場合には，語とともにその音素も借用する可能性がある．例えば，フランス語由来の beige（ベージュ色）や rouge（口紅）といった英単語に含まれる /ʒ/ という音素は，こうした借用語を介して英語に入ってきた．また，音素の分布も，借用語を通して変化する可能性がある．中英語における [v] は，/f/ の母音間の異音としてのみ存在していたが，vase（花瓶）や vacation（休暇）のようなフランス語の借用語により，/v/ が音素として確立した．/sf/ という子音連結 (consonant cluster) は英語本来のものではなく，sphere（球）や sphinx（スフィンクス）などの借用語を通してこの言語に辿りついたものだ．

　「音韻論的干渉 (phonological interference)」(転移 (transfer) や強制 (imposition) と呼ばれることもある) という現象は，大人が母語ではない言語を話した結果として起こる．私たちが皆，実際の経験から知っているように，ほとんどの第二言語の話者には「アクセント (accent)」，すなわち，第二言語の発音に現れる母語の音韻論的な制約や習慣がある．人々がある場所から別の場所へ移住するとき，大人は新しい言語を学ぶことを強いられ，彼らが話していた母語の音韻論的な習慣が，新しい言語の産出のしかたに影響を与える．多くの場合，そうした干渉は一時的なものである．なぜなら，移民たちの子供は移住先の新しい言語を母語の 1 つとして学ぶため，その共同体の言語は変化しないからだ．そうした状況はアメリカでしばしば見られるものであり，そこでは，新しい移民がその土地の言語をアクセントのある状態で話すものの，彼らの子供は完全に同化し，両親の母語を話しもしないことがある．

第 11 章 言語変化はなぜ起こるのか

しかしある状況では，音韻論的干渉が数世代にわたって維持され，1つの言語や方言の慣習的な音韻論的特徴に影響を及ぼすことがある．その音声上の特徴は，大いに韻律的（rhythmic）あるいは音調的（intonational）なこともあれば，大規模な音韻論的特色が生き残る場合もある．例えば，ヨーロッパ人によって植民地化された場所で話されている，非常に特殊な状況にあるヨーロッパ言語は，音韻論的な干渉が起こりうる条件を満たしている．インドでは一世紀の間英語が話され，イギリスがそれを公用語とし，現在もその状況が続いている．英語は教育の媒介言語の1つだ．インドや周辺の国で英語を使っている人々のほとんどが，母語として別の言語を使っている．英語の話され方は非常に多様だが，特定の音韻論的傾向は広く行きわたっている．韻律や音調はイギリス英語ともアメリカ英語とも異なり，強勢が置かれる音節はそこまで長音化せず，強勢が置かれない音節の縮約もそこまで見られない．母音の [ɔː] と [ɑː] は通常は統合され，二重母音の [ou] と [eɪ] は単母音の [oː] と [eː] として産出される．歯茎子音（alveolar consonant）は，そり舌子音（retroflexed consonant）に取って代わられる傾向があり，いくつかの子音の対立（consonant contrast）が見られない（Trudgrill and Hannah 1994）．これらの音韻論的特徴は，インドの母語の影響である可能性が非常に高い．

語彙借用と第一言語の音韻からの干渉という，2とおりの接触のしかただけが音韻論に影響を及ぼしうるとすると，ある地域に見られる音韻論的特徴の中には，接触の結果生じたものではないと思われるものもある．現在，私たちは世界の多数の言語に関する情報をもっているため，言語の構造的特徴の分布のパターンを明らかにすることが可能である．そうした特徴が地理的領域内に集まっているところに，言語学的な領域を提案しうる．しかし，ある地理的領域に音韻論的特徴のまとまりが見られることと，それが言語接触ではなく偶然によって起こった可能性とを，比較検討する必要がある．例えば，世界の言語における前舌円唇母音（front rounded vowel）の発生に関する Crothers (1975) の調査によって，その母音が特定の地域にまとまって起こっているらしいことが示された．もちろん，そうしたまとまりが偶然起こりうるかを算出することは難しい．しかし，お互いに関係性のない（または遠縁の）語族間で前舌円唇母音が起こっている地域である北ヨーロッパにおいては，言語接触に基づく説明はむしろ説得力をもたないことがわかる．ここで問題となっている語族——ゲルマン諸語，フィン諸語（Finnic），ロマンス諸語——はすべて，非常に異なっていて全く別個と思われる方法で前舌円唇母音を獲得している．ゲルマン

諸語において，前舌円唇母音は，ウムラウト（母音変異）の結果として，[13] あるいは後続音節に含まれる硬口蓋わたり音 (palatal glide) によって調整された，強勢を置かれた母音の前舌化 (fronting) の結果として生じている．フィンランド語および関連諸語では，前舌円唇母音は母音調和体系 (vowel harmony system) によって生じている．フランス語においては，後舌高母音 (high back vowel) である [u] が，古フランス語における無条件の変化の中で [y] に前舌化した．それはおそらく，後舌円唇母音 (back rounded vowels) の前舌化というイギリスとアメリカのいくつかの英語の方言内で進行中の変化に似ている．これらの変化に，それぞれ完全に異なるメカニズムがあることを考えると，前舌円唇母音が言語接触によって伝わっていくという主張はきわめて妥当性が低い．地図上で互いに隣り合っている言語がいくつかの属性を共有しているというだけでは，言語接触がこれらの共通性の源であるとは言えないのである．

11.2.2. 文法的変化

　長期的に二言語を使用している共同体 (bilingual community) に見られる接触由来の変化に関しては，多くの研究がある．その中で Silva-Corvalán は，California 州の Los Angeles において，二言語使用の共同体の中で英語が優勢であることに起因するスペイン語の形態統語の変化事例を調査した．英語話者がやってくる以前は，その土地ではスペイン語が話されていたのだが，現在までの一世紀かそれ以上にわたって，英語が支配的な言語となっている．スペイン語話者は英語に移行しているが，スペイン語話者の継続的な流入により，その共同体は二言語使用のままになっている．この共同体での会話を特徴づけているのは，ほかの多くの二言語使用の共同体と同様，話者が話すときに言語の間を行ったり来たりする「コードスイッチング (code-switching)」が習慣的に見られることである．一般的には，コードスイッチングが行われることで，「スパングリッシュ (Spanglish)」のような何らかの1つに収束した言語が生まれると考えられている．[14] しかし，Silva-Corvalán (2008) は，こうした共

---

　[13] 訳者注：ウムラウト（母音変異）は，「アクセントのある母音 a, o, u, および ou, uo のような u を含む二重母音が，次の音節にある i(j) または u の影響でその長音を口蓋化または唇音化した現象」(亀井ほか 1988-1996 第6巻：111).
　[14] 訳者注：スパングリッシュは，Los Angeles だけに見られるものではない．興味のある人は Stavans (2003) などの書籍や Brooks (2004) などの映画を通してスパングリッシュに触れてほしい．

同体の中で用いられたスペイン語を広く分析した上で，収束は起こっていないと結論づけた．むしろ，各言語はそれぞれの構造的特徴を保持しているのである．一見変化したように見える事例に対して，彼女は，「1つの言語から別の言語への特徴の転移は，統語ではなく，語彙と語用論に影響を与える」(2008: 214-215) と結論づけており，これはロサンゼルス・スペイン語に与える英語の影響や，他の言語接触の状況を考える際にも当てはまる．

Silva-Corvalán は，ロサンゼルス・スペイン語の文法変化としてありうるものを3つ挙げている．

1. **構文交替に見られる生起頻度の変化**とは，Silva-Corvalán によると，使用における何らかの語用論的制約の喪失と考えられる．以下の例において，スペイン語母語話者にとっては，(308b) のように主語を動詞の後ろに置くのが一般的であろう．これはスペイン語で提示構文（presentative construction）とされるもので，新たに導入される名詞句は動詞の後ろに生起する．それに対し，Silva-Corvalán は，ロサンゼルス・スペイン語の話者は (308a) のほうを使う傾向があることを発見した．彼女はこれを，VS 語順（動詞・主語という語順）が語用論的な条件を失ったことに起因するとしている．

(308) a. （アメリカ生まれ二言語使用者）[15]
Estaban peleando y entonces la policía llegó.
（彼らは）戦っていた そして その時 冠詞 警察 到着した
（彼らが喧嘩をしていて，その時に警察がやって来た）

b. （一般的なスペイン語話者）
Estaban peleando y entonces llegó la policía.
（彼らは）戦っていた そして その時 到着した 冠詞 警察
（彼らが喧嘩をしていて，その時に警察がやって来た）

---

[15] 訳者注：スペイン出身の翻訳研究者 Alberto Millán Martin 氏によると，一般的なスペイン語では (308a) の後半部のニュアンスは「… そして，警察はその時に到着した」，そして (308b) のほうは「… そして，その時に警察がやって来た」といった和訳ができる．スペイン語における主語と動詞の倒置用法と日本語の文における「主格名詞＋が」の用法との対照研究として，野田 (1994) を参照．
一般的なスペイン語では (308a) の SV 語順は，S が主題としてすでに会話で言及されている場合や，常識的に S が予測できそうなときなどに使えると言う．たとえば警察はすでに彼らを搜していて，彼らが喧嘩をしていたその時に（ようやく）警察は到着したという場合や，常識的にいかにも警察が来そうな状況で警察は到着したという場合などである．ただ，ここで到着したのが警察ではなくて，意外な者（一般常識で予想できない者）だった場合には，SV 構文を使うと少し違和感があるだろうとのことである．

2. **機能語の語彙的借用**は一般に，接続詞 (conjunction)，従属接続詞 (subordinator)，または前置詞 (preposition) に見られる．これらは，統語的な調整を必要とすることなく借用されうる．機能語の借用の別の例としては，中英語の北部方言での事例がある．一般に，英語の三人称代名詞の they, them, their は，ブリテン諸島 (the northern British Isles) に移住したスカンジナビアの移民 (Scandinavian immigrants) から借用されたと考えられている．なぜなら，過去から代々受け継がれてきた英語の三人称複数は，すべて /h/ で始まるからだ．代名詞の借用はそれ以上の統語的変化を起こすものではない．またこれほど高頻度の項目が他言語から置き換わったことが稀であるという点を除けば，語彙的借用とも見分けがつかない．

3. **語彙的・統語的な翻訳借用 (calques) の創造**も見られる．翻訳借用とは，他言語から対応表現を翻訳する際に作られる表現である．Silva-Corvalán は，もともと話されていた言語内のある要素が，もう一方の言語内の要素と同一視されることで，使われる文脈が変化する事例を発見した．例えば英語では，副詞・不変化詞の back が，call back（呼び返す）や go back（戻る）のような特定の動詞と一緒に使われる．しかし，スペイン語のモノリンガル話者が，スペイン語の atrás（後ろに）をそれらに相当する用法で使うことはない．しかし，カリフォルニアの，そして実際にはアメリカ南西部でより広域に話されているスペイン語では，ir p'atrás（戻る）や llamar p'atrás（呼び戻す）(p' は〜のための，〜のほうへを意味する前置詞の para の縮約) という表現が見られる．さらに別の事例としては，スペイン語の cómo ('how'「どのようにして」) が拡張し，より英語に近い形で使われる用法が見られる．スペイン語の cómo は，ある状況のあり方を問うときに使われる．

(309) a. ¿Cómo te gusta el café?
どういう あなたにとって 好みである 冠詞 コーヒー
（コーヒーはどういうのがお好みですか．）
b. Me gusta cargado.
私にとって 好みである 濃い
（私は濃いのが好きです．）

しかし，Silva-Corvalán が現在の Los Angeles の二言語使用者から見つけたのは，(310) のように，cómo が状況の程度を尋ねるために使われる事例だ．

(310) a. Y tu carro que compraste,
そして あなたの 車 関係詞 買った

¿cómo te gusta?
どのくらい あなたにとって 好みである
(直訳：そしてあなたが買った車は，どのくらいあなたにとって好ましいか)
(そしてあなたが買った車のこと，どのくらい好きなの？)

b. Mi carro me encanta.
私の 車 私を 魅了する
(自分の車は大好きだ.)

一般的なスペイン語では, (310a) の質問は，単に ¿te gusta? (それが好きですか) となるであろう.

こうした文脈で英語のスペイン語に対する統語的な影響を徹底的に調べた上で，Silva-Corvalán (2008: 221) は，これら 2 つの言語の間には長期的な接触，および，接触が起きた共同体での拡張的なコードスイッチングがあるにも関わらず，その文法は 1 つに収束することなく分かれたままであると結論づけている．意味に基づく変化はいくつか起こっているだろうし，語用論的制約がなくなることによって使用頻度が変化している事例もあるだろう．しかし，彼女が発見した借用事例の中に，受け入れ先言語 (recipient language) の統語にまで影響を及ぼしているものは見られなかった．実際，影響を受けた側の言語 (affected language) の構造により，起こりうる変化は限られるのだ．受け入れ先言語は，外的要因によって変化することに強い抵抗を見せる．これを示すさらなる証拠は，外来語としての地位を確立した借用語が，受け入れ先言語の形態，統語，そしてしばしば音韻に完全に統合されるという事実だ.

他言語との接触によって誘発されたと考えられている別のタイプの変化には，Heine and Kuteva (2005) によって提唱された，「文法的複製 (grammatical replication)」または「構造的借用 (structural borrowing)」と呼ばれるものがある．このプロセスは，音韻的形式に借用が見られないことから翻訳借用のプロセス (calquing process) に基づいていると言われている．Heine and Kuteva によると，語彙統語的 (lexico-syntactic) な翻訳借用は，接触によって言語内に新しい文法範疇を生み出すことで，文法化のプロセスの中に組み込まれうる．彼らは一例として，スラヴ語派の言語である東ドイツの上ソルブ語 (Upper Sorbian) の例を示している (Heine and Kuteva 2008 を参照)．上ソルブ語は千年の間ドイツ語と接触したことで，定冠詞を発達させた．上ソルブ語において，性が標示された指示詞 tóne, tene, tane (「これ」主格・単数) が，定冠詞の tón, te, ta へと文法化している．もちろん，この文法化の経路は様々な言語において一般的に見られるものであるが，多くのスラヴ語派の言語には定

冠詞がない．Heine and Kuteva は，この発達が「定冠詞 + 名詞」構文の文法的複製を通して起こったと提案した．ドイツ語との接触を通して指示詞の使用パターンに生じた革新が，それらの生起文脈の拡大，そして，それに続く冠詞への文法化につながったと言うのである．Heine and Kuteva は，上ソルブ語の定冠詞がドイツ語の定冠詞と同じように使われるわけではないことを注記しているものの，この発達が接触によるものであると提案している．

Heine and Kuteva は，隣接した言語にある文法範疇が，文法化を通して，それをもっていなかった言語にも現れる事例を多く引用している．彼らは，この現象が起こる厳密なメカニズムを明らかにするには，より多くの研究が必要であることも認めている．そうした変化を研究する最善の方法は，コーパスに記録された，二言語話者が使う実際の言語事例を研究するという，社会言語学的な方法を用いることだ．Heine and Kuteva が引用している事例においては，二言語使用の性質および程度に関する証拠資料を入手できない．そのため，文法的複製と考えられる事例を多く記述できたとしても，そのプロセスを明らかにするためには，進行中の変化に関する，より詳細な研究が必要となる．彼らが研究している事例は，通言語的に広く観察される文法化の経路を含んでいるがゆえに，記述された変化が，他の言語との接触がなくても起こりえたかどうかを示すことは難しい．

いろいろな意味で，言語接触によって起こる文法変化の性質および程度に関し，結論はまだ出ていない．今まで接触由来の言語変化に関してはたくさんの主張がされてきたが，緊密な接触状況（例えばロサンゼルス・スペイン語や，カナダ・フランス語（Poplack and Levey 2010）などで慎重に研究されてきた事例）において，接触由来の変化があまりにも少ないことは注目に値するだろう．実は，二言語使用または多言語使用の共同体が世界中に多数存在することを考えると，収束が実際に起こっていたとしたら，それを示す証拠はもっと多く存在するはずである．しかし私たちが目にするのは収束の事例ではなく，言語が外国語由来の要素を組み込んだときでさえ元の構造を保持しているさまだ．つまり，言語は新しい要素に適応するために変化するのではなく，外国語由来の要素を自身の言語に適合させるのだ．

11.3. ピジン言語とクリオール言語

極端な社会歴史的な状況の中，多言語が使われている環境に存在する資源から新しい言語が作られてきた．それがピジン言語（pidgin languages）であり，さらにクリオール言語（creole languages）（訳注：クレオール言語とも呼ばれる）

へと発展する可能性をもつものである．ピジン言語は複数の異なる言語の話者たちが意思疎通をしなければならない状況下で発達するものであり，この目的のために導入される言語は，大多数の話者にとって母語ではない．こうした言語は，多数の集団が貿易のために集まる状況や，異なる言語を話す奴隷や契約労働者がプランテーションに集められた場合などに発達してきた．ピジン言語では，1つの言語——多くの場合プランテーションで使われていたヨーロッパの言語——の語彙が，その場のどの言語にも直接は由来していないような単純化（pared-down）された文法構造の中で使用される．ピジンに単語の多くを供給している言語は「語彙供給言語（lexifier language）」と呼ばれ，また，「上層言語（superstrate language）」と言われることもある．ピジン化のプロセスに関係した話者の母語は「基層（substrate）」と呼ばれる．ピジン言語が使われ続け，多くの社会的状況にその使用が拡大すると，その体系は慣習化（conventionalize）され，やがてそれを母語とする話者が出てくることがある．その段階でその言語はクレオール言語とみなされる．アジア，太平洋，アフリカ，カリブ海がヨーロッパによって植民地化された時期に，多くのピジン言語とクレオール言語が英語，スペイン語，ポルトガル語，そしてフランス語に基づいて作られた．アラビア語，バンツー諸語（Bantu），ヒンディー語，インドネシア語，ほか非ヨーロッパの言語に基づくピジン語，クレオール語もある．次の節では，ピジン言語とクレオール言語が発達していく各段階の概要を述べる．説明においては，英語を基盤としたピジンから現在はクレオールとしてパプア・ニューギニア（Papua New Guinea）の公用語の1つとなったトク・ピシン（Tok Pisin）の例を主に取り上げる．

11.3.1. 初期ピジン

　ピジン言語が作られるときに最初に起こる変化は，単純化である．話者は基となる言語（source language）を母語話者のように完璧には使えないため，そうした不完全な伝達過程で，当該言語がもつ多くの特徴が失われる．[16] また，その言語は限られた状況の中でのみ使われる可能性がある．この段階は初期ピジンと名づけられており，Mühlhäusler（1986）からの引用である，下記に示すような特徴をもつ．例としては，太平洋北西部のアメリカ先住民によって使われたチヌーク・ジャーゴン（Chinook Jargon）や，パプア・ニューギニアおよび周辺の島々で用いられた初期のトク・ピシンが挙げられる．

---

[16] 訳者注：ここでの「基となる言語（source language）」とは，語彙供給言語（上層言語）のこと（亀井ほか 1988-1996 第3巻および第6巻のピジン・クレオール諸語の説明を参照）．

初期ピジン (early pidgin) には母語話者がおらず，(貿易のためやプランテーションにおいてなど) 使用文脈がきわめて限定的であり，結果として非常に限られた語彙しかもたない．語順は可変的で，どのような語順で話されるのかについての意見もまちまちである．また，しばしば指摘されるのは，遅くゆったりとしたテンポで話されるということだ．文法と音韻は単純化され，屈折形態論 (inflectional morphology) と語形成は存在しない．以下に示すのはトク・ピシンの例である．語彙素 (lexeme) の元となっているのは英語であり，英語の綴りではない語の場合は文字の発音は IPA（国際音声記号）に従う．

初期ピジンの特徴は，第1に，音韻が単純化される．子音連結はなく，摩擦音 (fricative) と破擦音 (affricate) が閉鎖音 (stop) になるか，または破擦音が摩擦音になり，典型的には母音体系に5つの母音しかない．

(311) 初期のトク・ピシン
 pelet 'plate' (皿), tarausis 'trousers' (ズボン),
 pis 'fish' (魚), tesen 'station' (駅), sos 'church' (教会)

(Mühlhäusler 1986)

第2に，質問，命令，陳述のすべてに同じ語順が使われる．

(312) トク・ピシン (SVO) とその意味
 yu klinim pis
 'You are cleaning the fish.' (あなたは魚を洗っている)
 yu klinim pis
 'Are you cleaning the fish?' (あなたは魚を洗っていますか)
 yu klinim pis
 'Clean the fish.' (魚を洗ってください)

第3に，時間に関する情報が副詞によって表される．

(313) a. Mi stap long Fiji wan faiv yia pipo.
 'I was in Fiji fifteen years ago.' (私は15年前，フィジーにいました．)
 b. Brata bilong mi baimbai dai.[17]
 'My brother will die.' (私の兄は死ぬだろう．)

---

[17] 訳者注：原文ではこの例文に下線が引かれていないが，baimbai が by and by (まもなく，やがて) に由来して未来の意味を表すようになった副詞である．baimbai に関するより詳しい説明は 11.3.3 節を参照．

(ニューカレドニア（New Caledonia）1880; トク・ピジンの先駆的言語であるサモア・プランテーション・ピジン英語（Samoan Plantation Pidgin English）; Mühlhäusler 1986; Romaine 1995)

第4に，次の例のとおり，明示的な代名詞なしに多くの発話がなされる．また，代名詞の代わりに固有名詞や名詞が使われる．

(314) Now got plenty money; no good work
'Now I have lots of money so I do not need to work.'
（今，私は多くのお金をもっているから，働く必要がない）

(初期トク・ピジン，1840)

代名詞は使用される形式にかなりの多様性があり，'I' は me, my, I として，'we' は us, we, me, my, I として生起する．単数形か複数形かを示す一貫した標示は見られない．

第5に，新しい語を作る際には回りくどい表現が用いられることが多い．中国ピジン英語（Chinese Pidgin English）には big fellow quack quack makee go in water（ガーガー言いながら水に入っていく大きなやつ：「ガチョウ」の意）という例，ビーチラマール語（Beach-la-Mar）には coconut belong him grass not stop（彼のココナッツの実には毛がない：「彼ははげている」の意）という例がある（ビーチラマール語はバヌアツ共和国（Vanuatu）のクリオールであるビスラマ語（Bislama）を生んだ初期ピジンであり，その起源はトク・ピジンのそれと非常によく似ている）．[18]

11.3.2. 安定したピジン

こうした単純な始まりから，言語がより多く幅広い状況で使われるようになるにつれ，安定的なピジン（stable pidgin）が発達しうる．ピジンは使用を通してより慣習化され，語彙が拡張する．

第1に，語順が安定し，多くのピジンが SVO の語順に落ち着く．次の例は，ケニア・ピジン・スワヒリ語（Kenya Pidgin Swahili）が標準スワヒリ語（Standard Swahili）の形態素をどのように再配置して，SVO の語順を生み出したのかを示している．

---

[18] 訳者注：亀井ほか（1988-1996）第3巻では「ビスラマ語」の項目に「Bislama, 英 Beach-la-Mar」と併記されているが，ここでは Bislama と Beach-la-Mar を区別するため，Beach-la-Mar を「ビーチラマール語」と記載した．

(315) 標準スワヒリ語： ni- tu- m-piga
　　　　　　　　　　私-未来-彼-叩く
　　　　　　　　　　（私は彼を叩くだろう）
　　　ケニア・ピジン・スワヒリ語： mimi no-　　　piga yeye
　　　　　　　　　　　　　　　　　私　不定過去-叩く　彼
　　　　　　　　　　　　　　　　　（私は彼を叩く）

第2に，次のサモア・プランテーション・ピジン英語の例（Mühlhäusler 1986）が示しているように，代名詞が定着する．複数標識である ol（< all）の導入に注意してほしい．

(316)　　　　　　　主語　　　　　　　　　目的語
　　　　　　　単数　　複数　　　　　単数　　　　複数
　　一人称　mi　　　mi ol　　　　 (bilong) mi　 (bilong) as
　　二人称　yu　　　yu ol　　　　 (bilong) yu　 (bilong) yu ol
　　三人称　em, him, hi　emol, himol　(bilong) em　(bilong) dem

初期のトク・ピシンもまた，代名詞の体系の中で，複数形の標識 pela（< fellow）を文法的要素として発達させている．

(317)　　　　　　　単数　　複数
　　一人称　　mi　　　mi-pela
　　二人称　　yu　　　yu-pela
　　三人称　　em　　　em ol

第3に，節の関係は接続詞によって直接的に表されるのではなく，関係性を推論しうるような単純な並置（juxtaposition）によって表される．例えば次の初期トク・ピシンの例のように，英語では if によって伝えられる条件の意味を，連結（concatenation）によって表すことができる．

(318) patrol no longwe, very good, patrol longwe tumas, no very good
　　　'If the patrol is not far away, that's good, if the patrol is far away that's bad.'
　　　（もし巡回者が遠くにいなければ，それはよいが，もし巡回者が遠くにいたら，それはよくない）

使役関係は，次の例のように迂言的に示される．

(319)　yu mekim sam wara i boil
　　　　'Bring some water to a boil.'
　　　　（水を煮沸状態にもっていきなさい）

また，関係詞節の標識はなく，次に示すとおり，語が一緒に配列されることで相対的関係が推測される．

(320)　a.　people stop along Sydney go look see picture
　　　　　　'People who visit Sydney go look at the picture.'
　　　　　　（シドニーを訪れる人々は，その絵を見に行く．）
　　　　b.　that pigeon he been sing out my name, I plant him
　　　　　　'I killed the guy who ratted on me.'
　　　　　　（私のことを裏切った男，彼を私は殺した．）

11.3.3. 拡大ピジン

　ピジンは発達過程のどの時点であっても，それを子供たちが母語として使い始めたときにクリオールとなりうる．しかし，たとえまだクリオール化していない段階でもピジンは拡大を続け，より広い文脈で使われるようになり，それが語彙目録（lexicon）の増加につながる．人々がその言語をより多く使うようになるにつれて産出が自動化し，より速いテンポで話されるようになることで，音韻縮約も起こる．同様に，文法化，および，談話上のパターンが構文になっていく統語化（syntacticizing）を通して，文法も発展していく．また，いくつか語形成の接辞も発達し始める．次のような例について考えてみてほしい．

　Romaine (1988) は，トク・ピシンを使う子供たちの発話の中に，音韻縮約によって子音連結が作り出されることを報告している．

(321)　bilong　　>　blo　　　前置詞
　　　　yutupela　>　yutra　　二人称複数（2nd plural）
　　　　mitupela　>　mitla　　一人称双数（1st dual）

語彙は，この段階ではもはや回りくどい表現によってではなく，複合（compounding）や接辞化（affixation）によって増えていく．

(322)　複合語：　waitgras　　'grey hair'（白髪）
　　　　　　　　　lesman　　　'lazy man'（怠け者）
　　　　　　　　　meksave　　'to inform'（知らせる）

接尾辞： boilim　　　'boil, 他動詞'（沸かす）
　　　　 bagarapim　'mess up, 他動詞'（散らかす）
　　　　 droim　　　'draw, 他動詞'（描く）

接辞の発達は，以下のトク・ピシンの例に見られるように段階的に起こるものである。トク・ピシンは，おそらく三人称単数の目的格の代名詞 him から使役接辞を発達させた (Mühlhäusler 1986)。

(323) a. -im が状態的自動詞を他動詞に変える（1930年代半ば）：
　　　　slip 'to sleep'（寝る）　　slipim 'to make lie down'（横にならせる）
　　　　orait 'all right'（上手くいく）　oraitim 'to mend, repair'（修理する，直す）
　　　　pinis 'finished'（終了した）　pinisim 'to finish'（終わらせる）
　　b. -im が形容詞を動詞に変えるのに使われる（1930年代半ば以降間もなく）：
　　　　bikim 'to make big, enlarge'（大きくする，拡大する）
　　　　kolim 'to make cool'（冷やす）
　　　　sotim 'to shorten'（短くする）
　　　　switim 'to make feel pleasant'（楽しくさせる）
　　　　truim 'to make come true'（実現させる）
　　　　raunim 'to make round'（丸くする）
　　　　stretim 'to straighten'（真っすぐにする）
　　c. 非状態動詞に付いた -im が使役形を作るのに使われる（1960年代初期から）：
　　　　noisim　　　'to make noise'（音を立てる）
　　　　sanapim　　'to make stand up'（立たせる）
　　　　pundaunim　'to make fall down'（落とす）
　　　　wokabautim 'to make walk'（歩かせる）
　　　　pairapim　　'to make belch'（噴出させる）
　　　　gohetim　　 'to make advance'（前進させる）
　　d. 他動詞に付いた -im が使役形を作るのに使われる（1973年）：
　　　　dokta i dringim sikman
　　　　'The doctor makes the patient drink.'
　　　　（医者が患者に飲ませる）

すべての言語と同様に，トク・ピシンでもテンスやアスペクト（相）の標識への文法化が見られる。それは，語彙的な項目や句が主動詞と一緒に1つの

第 11 章　言語変化はなぜ起こるのか

構文内で使われることによって起こる．トク・ピシンには，副詞句「まもなく (by and by)」がまず意図の標識になり，その後，未来を表す標識になった例がある．その副詞句は，Romaine (1995) から引用した以下の例のとおり，音韻的に縮約して bai になり，動詞の前の位置に固定して置かれるようになる．

(324)　baimbai mi go
　　　　'By and by I go.'（まもなく私は行く）
　　　　bai mi go
　　　　'I'll go.'（私は行くつもりだ）
　　　　mi bai go
　　　　'I'll go.'（私は行くだろう）

次の例のように，動詞 pinis「終わる (finish)」は既然相 (anterior) または終止相 (completive) の標識になる．

(325)　tupela i pren pinis
　　　　'The two are real friends.'
　　　　（その二人は本当の友達だ）
　　　　em i go maket pinis
　　　　'She has just gone to the market.'
　　　　（彼女はちょうど市場へ行ったところだ）

接続詞および補文標識は文法化によっても発達し，それが従属節の拡張的な使用を可能にした．以下のトク・ピシンの例に見られるように，前置詞の long (belong に由来) は前置詞の機能 (to, of, for) の大部分を表せるまでに一般化し，そして目的節を導入して，さらには補文標識として機能するところまで拡張した．

(326)　long (< belong) 前置詞 'to, of, for'
　　　a.　Yupela i go antap long ples.　前置詞
　　　　　'You (pl.) go up to the village.'
　　　　　（あなたたちは村へ行く．）
　　　b.　No gat stori long tokim yu.　目的
　　　　　'I don't have stories to tell you.'
　　　　　（私には，あなたに話すための話はない．）
　　　c.　Ol i no save long ol i mekem singsing.　補文標識
　　　　　'They did not know that they had performed a festival.'

(彼らは，彼らが祭りを執り行ったことを知らなかった．)

(327) olsem (< all the same) は接続詞「このように (thus)」になり，その後，一般化して補文節を導入するようになる．
    a. Elizabeth i tok <u>olsem</u> "Yumi mas kisim ol samting pastaim".
       'Elizabeth spoke thus: "We must get some things first."'
       (エリザベスはこのように話した：「私たちはまず，何かを得ないといけません．」)
    b. Na yupela i no save <u>olsem</u> em i matmat?
       'And you (pl.) didn't know that it was a cemetery?'
       (そして，あなたたちは，それが共同墓地であると知らなかったのか．)

(328) 動詞 se (< say) が補文標識になる (6.8 節と比べてみてほしい)．
    a. Em i tok i <u>se</u> "Mi laik kam."
       'He said: "I want to come."'
       (彼は言った：「私は来たい．」)
    b. Em i tok <u>se</u> em i laik kam.
       'He said that he'd like to come.'
       (彼は来たいと言った．)
    c. Mi harem <u>se</u> papa plong yu i sik.
       'I heard that your father was sick.'
       (私はあなたのお父さんが病気だと聞いた．)
       (トク・ピシンと関連のある，ビスラマ語)

この段階にまで発達したピジン言語 (expanded pidgin) には，幅広い状況で使用されるに足る，すべての要素がそろっている．

11.3.4. クリオール言語

ここまでの議論で，使用領域を多くの社会的状況へと広げ，拡大された語彙をもち文法化し始めたピジン言語が，より普通の方法で発達した言語と類似しはじめることを示した．一般にピジン言語は，この段階，そしてしばしばもっと早い段階において，ある話者たちの第一言語として使われることがありうる．共通言語がピジンである家庭において，子供はその言語を「母語 (mother tongue)」として育つ．この段階で言語学者は当該言語をクリオール言語と名づけ，ピジン言語から発達したものであっても，その言語が母語話者をもつようになっていることを示す．

言語学者によってクリオール言語が多く記述されるようになるにつれ，それらはいくつかの共通した特徴をもつことが明らかになってきた．例えば，多くのクリオール言語は SVO の語順をもつ．[19] 何人かの研究者は，ピジン言語およびクリオール言語が非常に似たテンスやアスペクトの標識を発達させていることを指摘している (Bickerton 1975)．Givón (1982) はこの仮説を検証し，非クリオールの言語（例えば前期聖書ヘブライ語 (Early Biblical Hebrew)）も同じテンスやアスペクトのカテゴリーを多くもっていることを示した．実際に，テンス，アスペクト，モダリティ（法性）に関して「クリオールのプロトタイプ」として提案されたもの，例えば進行相 (progressive) または習慣相 (habitual)，未来形（しばしば'go'から由来），のちに完了形となる既然相などへの文法化は，第7章で見たようにすべての言語に共通して見られる．これらの文法範疇がクリオール言語でも創発するという事実については，そうした文法範疇が生得的であり，言語と共に進化した人間の「バイオプログラム (bioprogram)」に属することを示す証拠として考える学者もいる (Bickerton 1975, 1981)．[20] この理論では，子供たちがピジン言語を習得するとき，そしてそれによって言語がクリオール言語に変わるときに，生得的普遍性の表出としてテンスやアスペクトの文法範疇が創造されると考えられている．この理論の問題点は，これらの概念を表す標識の文法化が，言語がまだピジンの段階で始まるということだ．ピジンがより多くの状況で，より多くの人々によって使われるようになるにつれて，これらの文法範疇が出現するようである．Romaine (1995) によるトク・ピシンの baimbai の研究では，この文法要素が bai へと縮約されて動詞の前に生起することが，文法化を示しているとされる．大規模なデータベースを用いて Romaine は，トク・ピシンの母語話者と第二言語話者の間で，動詞の前に前置された bai の使用頻度に違いがないことを示した．この発見は，ピジンからクリオールへの発達は段階的に起こること，そして，文法範疇はその言語が母語として習得されていなくとも発達しうることを示している．

　クリオール言語同士が文法的な面で類似しているのは，それらが（ピジン言

---

[19] 監訳者注：世界の1377言語の基本語順を調べた Dryer (2011) によれば，このうち，最も多いのは SOV 言語で 565 言語 (41%)，SVO 言語は 488 言語 (35.4%) であったほか，基本語順なしの言語も 189 言語 (13.7%) あったという．このことからすると，クリオール言語の基本語順が SVO に偏っているという事実は興味深い．（小川）

[20] 訳者注：Bickerton は，子どもの言語やクリオール言語には入力となった言語では説明できない構造が出てくることから，それを発現させる生得的に備わっている能力，つまりバイオプログラムがあるという仮説を提案した（大津ほか 1998: 181）．

語として) まず非常に単純化され, それから文法化のプロセスが起こったためである. 我々が知るとおり, 文法化の過程はあらゆる言語で非常に似通っているため, クリオールにおいてまず最初に創発する文法範疇が, すべての言語に非常によく見られる文法範疇であっても不思議はない. 今もなお, クリオールが他と区別可能な「型 (type)」を示す言語であるかどうかについては論争がある. McWhorter (1998) は, クリオールを非クリオールの (ピシン言語から発達していないという意味で「通常の (regular)」) 言語と区別する3つの特徴を示している.

1. 屈折接辞化 (inflectional affixation) がほとんど, あるいはまったくない
2. 単音節語を語彙的に区別したり統語構造をコード化したりするために声調 (tone) を用いることが, ほとんど, あるいはまったくない
3. 意味的に規則的な派生接辞化 (derivational affixation) がなされる

最初の2点の特徴は, もし語彙供給言語に存在していたとしたら, ピジン化の過程で非常に高い確率で失われていく特徴である. 前述のとおり, ほとんどの屈折 (inflection) は失われ, 中国語 (Chinese) やベトナム語 (Vietnamese) のような言語に見られる種類の声調も保持されない. 派生を介して形成された語も, ピジンの最初の語彙の中には含まれない. それに加え, McWhorter は, 最初に挙げた2つの言語的特徴は発達に非常に長い時間を要すると述べている. つまり, 接辞化へつながる文法化は長い時間が掛かるプロセスであり, 3.6.1節でみたとおり, ベトナム語にあるような単音節語における声調の発達もまた, 非常に長い時間を必要とするプロセスである. 3点目の特徴に関しても, 9.5節で見たとおり, 派生語の非合成的な意味が発達するためにはある程度の時間と実際の文脈で使用されることが必要となる. もちろん現在は, 屈折も語彙的声調ももたない非クリオール言語が多く存在するため, これらの特徴はクリオール言語を認定するのに最小限の役割しか果たさない. しかし, すべての言語に (ほんの少しの接辞化しか起きていない言語でも) ある種の派生形態論 (derivational morphology) があり, 少なくとも派生語のいくつかは, 英語の awful や disease のように意味的に合成的ではないと考えるのが (検証はされていないかもしれないが) 妥当であろう.[21]

---

[21] 訳者注: 例に挙げられている awful (ひどい) は awe (恐怖, 恐れ) + -ful (〜で満ちた, 〜の性質をもつ), disease (病気) は dis- (否定の接頭辞) + ease (何かを行う機会, 手段, または能力) という成り立ちである (*Oxford English Dictionary* 参照). このように, 構成要素

このように，McWhorter が認定したクリオール言語の特徴は，どれもクリオール言語を作り上げた社会歴史的な条件を反映している．つまり，語彙供給言語の特徴の多くはピジン言語に引き継がれておらず，また引き継がれた特徴の多くも未だ発達の機会がない．McWhorter (2001) はクリオール言語を「通常の (regular)」言語と比較し，クリオール言語には，複雑な音素目録，性体系 (gender system) や数量類別詞 (numeral classifier) などの名詞分類に特化した形態論的体系，さらには複雑な形態音素の交替などが見られないことを指摘している．繰り返しになるが，複合子音 (complex consonant)（破擦音など，二次素性 (secondary feature) をもつ子音）や形態論的体系につながる変化も，発達に時間がかかると言われている．

ピジン化の過程で，屈折，性範疇 (gender category)，数量類別詞，複合子音，母音や声調の体系などが失われる．その理由はおそらく，それらが少なくともピジン言語が使用される状況では，コミュニケーションを行うために厳密な意味では必要ないからである．ここで生じる疑問は，話し手が聞き手に言いたいことを伝える目的で使われていないのだとしたら，一体なぜ言語はそうした「お荷物」をもっているのかということだ．私たちは，コミュニケーションをとるときに用いられる認知プロセスが話者の発話や聞き手の解釈に影響するのにともなって，言語の複雑性がどれほど発達したかを見てきた．それでも，子供たちが彼らの文化で用いられている言語を細かい点まで知らなくても問題なくコミュニケーションがとれるのに，なぜ労も惜しまず細部まで言語を習得するのかと問うことはできる．私の考えでは，通常の条件において子供たちは単にコミュニケーションをとるために言語を学習しているのではなく，どのようにある文化の中で一人前の人間になるかを学習しているのである．彼らは，顔の表情，ジェスチャー，その他の身のこなしを自分の文化の中で見つけては取り入れていくのだ．ある文化の中で大人になるためには，言語のもつ複雑な面の多くもまた，取り入れられているはずである．言語は社会文化的なアイデンティティにとって不可欠な要素であり，それが複雑な性範疇や形態音素の交替を習得することを意味するのなら，それらも習得されるのだ！

ピジン言語とクリオール言語は，言語が（少なくとも最初は）非常に少ない入力から作られていくという珍しい過程を見せてくれる点で，魅力に溢れるものだ．ここでは，言語使用と文法の創発との相互作用を見ることができた．つまり，当該言語が使われる状況の数や種類が拡大するにつれて，話者が流暢になっていき，多くの構造が自動化されるようになり，音韻論的なプロセスや文

の意味を見ると，現在の単語全体の意味が完全に合成的であるとは言えない．

法化のプロセスが展開し始めて言語構造を作り出す．ここまで見てきたとおり，ピジン言語やクリオール言語に適用されるプロセスやメカニズムは，他の言語に認められるものと何ら変わりはない．最初と最後の段階だけでなく，変化していくメカニズムに焦点を当てることにより，言語を動的なシステム，つまり可変的で常に変わり続け，そして固定的ではなく創発的な文法をもつ体系として捉えることが可能となる．その意味で，言語はほかの複雑適応系と似ている．

11.4. 複雑適応系としての言語

　複雑適応系 (complex adaptive system) や自己組織化したシステム (self-organizing system) には基本計画 (master plan) がなく，そのシステムの中で作用する主体が，似た目的をもち，似たメカニズムに依存することによってのみ，構造が発展していく．John Holland (1995) は，New York 市のような大都市は複雑適応系であると述べている．それらの都市は，中央計画は最小限でありながら，住民が必要とするすべての物質，生産物，そしてサービスを提供している．例えば，屋台，総菜屋，パン屋，スーパーマーケット，レストランなど，食べ物を手に入れるために利用可能な場を考えてみよう．そうした場は常に豊富に存在しているが，食べ物が入手可能であることを保証する中央計画があるわけではない．物質は都市の中に入っては出て行き，レストランもできてはなくなっていく．これに限らず多くの点で，都市は多様で変化に富むものであるにもかかわらず，短期的，長期的な一貫性を保持している．このシステムは徐々に発展し，同じような行動を続ける「主体」（食べ物を必要とし，また，食べ物を供給する人々）によって維持される．客は規則的にお腹を空かせ，供給者は常に収入を必要としているため，この関係は幸福な共存と言える．システムの中では変化も起こる．例えば，寿司の人気が高まると寿司のレストランがより多く開店し，代わりに何店舗かのピザ屋は閉店してしまうかもしれない．しかし，大きな混乱（例：巨大なハリケーン）がない限り，システムは非常に一貫した形で動き続ける．

　複数の要素が相互に関連しあうこの巨大なシステムを作ることを，特定の誰かが意図したわけではない．このシステムはむしろ，異なる目的（食べたり生計を立てたりといった目的）に基づいて人々が行動した結果が蓄積したものと言える．別のもっと単純な例として Keller (1994) が挙げているのは，ストリート・アーティストを見るために客が集まるときに何が起こるかという例だ．客達は，（四角形や台形ではなく）円形を作る．誰も「さあ，円を作りま

しょう」とは言わないが，個々人が見るのにちょうどいい場所に立っていき，その結果の集合が円形なのである．Keller はこれを「見えざる手（invisible hand）」による行動と呼んでいる．

　研究者の多くは，（調音器官から社会的認知に至るまでの）人間の言語能力の特徴に基づき，言語もまた複雑適応系と見なすことができると認識している．Lindblom et al. (1984) は，類型論的な現象——世界の言語における子音と母音の分布——を，特定の産出や知覚の選好から創発するものとして明示的にモデル化した最初の研究の1つだ．Hopper (1987) は「創発文法（emergent grammar）」について書いているが，ここでも文法が固定的なものではなく変化するものとされ，使用のパターンが文法に「なる」システムが暗黙的に示されている．さらに，複雑適応系を音韻論に適用した事例が Cooper (1999) や Boer (2000)，共同体での変化の広がりに適用した事例が Blythe and Croft (2012) である．複雑系理論（complexity theory）に明示的に言及しているわけではないものの，Hawkins (2004) の運用と文法の対応仮説（Performance-Grammar Correspondence Hypothesis）は文法構造が言語使用から創発していることを提案している．この仮説は次のように述べている．

　　文法は，運用上好まれる度合いに比例して，統語的な構造を慣習化させている．このことは，コーパスに見られる選択のパターンや，心理言語学の実験における処理の容易さによって証明されている．

このように，言語を複雑適応系と考えることへの関心は高まっているように思われる．

　こうした様々な研究や，各章を通して本書で暗黙に仮定してきたモデルをまとめると，重要なのは次の点であろう．言語を変化させようとしている人は誰もおらず，言語使用者はただ，コミュニケーションをとろうとしているだけであって，そのためにあらゆる手段を自由自在に使っているのだ．彼らは人間であるがゆえに，その認知や，社会的な意識や，目的も関わってくる．それらが言語使用者間で共有されていることで，同じような認知的・社会的プロセスが全言語の発話事態（usage event）で起こる．産出の圧力，語彙的・文法的な記憶へのアクセス，それらの記憶の生産的使用，そして意思伝達に必要な含意や推論などに影響を受けた発話事態が，共同体の中で蓄積されていく．その蓄積が，話者や状況を横断した強力な型（パターン）を作り上げる．正のフィードバック・ループの中で，これらの型は言語使用者の認知や記憶の表象に影響を与え，それが未来の発話事態にも影響を及ぼす．このように，言語は常に変化しつつも，大局的にはいつも同じであり続ける．

推薦図書

ピジン・クリオール言語について：

Holm, J., 2000. *An introduction to pidgins and creole*, Cambridge: Cambridge University Press.

複雑適応系システムの一般的入門書：

Holland, J. H., 1995. *Hidden order: how adaptation builds complexity*, Cambridge, MA: Perseus Books.

ディスカッション用の問題

1. 大人は，どのような種類の言語変化を引き起こしやすいのだろうか．新しい語，句，構文への適応や，発音における変化について考えてみよう．
2. 自分自身の第二言語の使用経験，あるいは2言語以上の言語を使う話者について調べた内容に基づき，どのような環境であれば2言語以上を使う大人の言語使用から本格的な言語変化が起こりうるか考えてみよう．
3. 海の波のような，動的なシステムについて考えてみよう．もし波が常に変化しているのだとしたら，私たちは波を見たとき，どうやってそれに気づくことができるのだろうか．どのようにして波は，変化を続けながらも常に同じままであり続けるのだろうか．

国際音声記号（2005年改訂）

子音（肺気流）

	両唇音	唇歯音	歯音	歯茎音	後部歯茎音	そり舌音	硬口蓋音	軟口蓋音	口蓋垂音	咽頭音	声門音
破裂音	p b			t d		ʈ ɖ	c ɟ	k ɡ	q ɢ		ʔ
鼻音	m	ɱ		n		ɳ	ɲ	ŋ	ɴ		
ふるえ音	B			r					R		
たたき音あるいははじき音				ɾ		ɽ					
摩擦音	ɸ β	f v	θ ð	s z	ʃ ʒ	ʂ ʐ	ç ʝ	x ɣ	χ ʁ	ħ ʕ	h ɦ
側面摩擦音				ɬ ɮ							
接近音		ʋ		ɹ		ɻ	j	ɰ			
側面接近音				l		ɭ	ʎ	ʟ			

記号が対になっている場合，右側の記号は有声子音である．網かけの部分は調音不能と考えられる．

子音（非肺気流）

吸着音		有声入破音		放出音	
ʘ	両唇音	ɓ	両唇音	"	例：
ǀ	歯音	ɗ	歯(茎)音	p"	両唇音
ǃ	(後部)歯茎音	ʄ	硬口蓋音	t"	歯(茎)音
ǂ	硬口蓋歯茎音	ɠ	軟口蓋音	k"	軟口蓋音
ǁ	歯茎側面音	ʛ	口蓋垂音	s"	歯茎摩擦音

母音

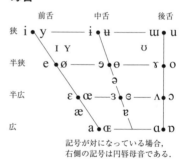

記号が対になっている場合，右側の記号は円唇母音である．

その他の記号

- ʍ 無声両唇軟口蓋摩擦音
- w 有声両唇軟口蓋接近音
- ɥ 有声両唇硬口蓋接近音
- H 無声咽頭蓋摩擦音
- ʕ 有声咽頭蓋摩擦音
- ʡ 咽頭蓋破裂音
- ɕ ʑ 歯茎硬口蓋摩擦音（有声・無声）
- ɺ 歯茎側面はじき音
- ɧ 同時に発したʃとx

必要とあれば，破擦音と二重調音は二記号を連結線で結ぶことでも表し得る　k͡p　t͡s

補助記号 (記号が下寄りの場合、補助記号はその上に置いてもよい：例) ŋ̊

無声	n̥ d̥	息もれ声	b̤ a̤	歯音	t̪ d̪
有声	s̬ t̬	きしみ声	b̰ a̰	舌尖音	t̺ d̺
帯気音	tʰ dʰ	舌唇声	t̼ d̼	舌端音	t̻ d̻
強めの円唇	ɔ̹	円唇化	tʷ dʷ	鼻音	ẽ
弱めの円唇	ɔ̜	硬口蓋化	tʲ dʲ	鼻腔開放	dⁿ
前寄り	u̟	軟口蓋化	tˠ dˠ	側面開放	dˡ
後ろ寄り	e̠	咽頭化	tˤ dˤ	無開放	d̚
中舌寄り	ë	軟口蓋化あるいは咽頭化	ɫ		
中段・中舌寄り	ě	上寄り	e̝	(ɹ̩ = 有声歯茎摩擦音)
音節主音	n̩	下寄り	e̞	(β̞ = 有声両唇接近音)
音節副音	e̯	舌根前進	e̘		
R音性	ɚ aɚ	舌根後退	e̙		

超文節要素

ˈ	第1強勢	
ˌ	第2強勢	ˌfoʊnəˈtɪʃən
ː	長	eː
ˑ	半長	eˑ
˘	超短	ĕ
|	小さな切れ目(韻脚)	
‖	大きな切れ目(イントネーション)	
.	音節の切れ目	ɹi.ækt
‿	連結(切れ目なし)	

音調と語アクセント

平板

e̋	または ˥	超高
é	˦	高
ē	˧	中
è	˨	低
ȅ	˩	超低
↓	ダウンステップ	
↑	アップステップ	

曲線

ě	または ˩˥	上昇
ê	˥˩	下降
e᷄	˦˥	高上昇
e᷅	˨˩	低上昇
e᷈	˧˦˧	昇降
↗	全体的上昇	
↘	全体的下降	

用語解説

アプラウト（ablaut）：印欧祖語から引き継がれている母音交替であり，現代英語にも rise, rose; sing, sang, sung の変化形として生き残っている．

絶対格（absolutive case）：自動詞主語，あるいは，他動詞目的語を指定する格標示で，能格と対照をなしている．

対格（accusative case）：他動詞目的語を指定する格標示．

接置詞（adposition）：前置詞，および，後置詞を包括する用語．

異形態（allomorph）：形態素の変異形．

異音（allophone）：音素の変異形で，通常，生起位置の音声環境に条件付けられている．

交替（alternation）：一形態素が2つ以上の変異形あるいは異形態をもつ事例．

類推的拡張（analogical extension）：別の語ですでに使用されているパターンを使って交替をもつ新語を作ることにより，以前は交替がなかったパラダイムにまで交替が見られるようになっていく現象．

類推的水平化（analogical leveling）：交替形のない規則変化のパラダイムで新語を作り出し，当該のパラダイムに従来あった交替形に取って代わること．

類推（analogy）：ある言語で，既に使用されている形式との類似性に基づき，言語形態を作り変えること．

分析的（analytic）：文法的形態素が互いに自立した語として現れやすい形態表現．

分析可能性（analyzability）：当該言語の使用者にはその部分部分が識別可能であるような複合的形式．

antepenultimate syllable：語尾から三番目の音節．

既然相（anterior）：動詞の示す状況が現在と関連をもつ過去のある時点を示す文法的形態素，あるいは，構文のこと．「完了形（perfect）」と言われる場合もある．

逆行同化（anticipatory assimilation）：続く調音運動の準備として早めに生じるため，実際に調音が生じるよりも前の分節に影響をおよぼす調音運動．調音運動のタイミングのずれを表す。リタイミング（retiming）とも呼ばれる．

アスペクト（aspect）：動詞の屈折カテゴリーのことで，動詞語幹が表す状況の時間的輪郭を分け隔てるもの．「相」とも訳される（訳者加筆）．数ある中でも，完了相（perfective）／未完了相（imperfective），進行相（progressive），習慣

相（habitual），終止相（completive），[1] あるいは反復相（iterative）が一般的なアスペクトとして区別されている．

同化（assimilation）：ある分節の音が隣接する分節の音と同じようになる音変化．こうした音変化は，ある調音運動（gesture）が別の調音運動と重なり合う場合のように，調音運動のタイミングを再編成するとも説明できる．

非完結的（atelic）：walk（歩く）のように動作の完結点が想起できない動詞の行為のこと．

自律性（autonomy）：複合体が，それを成す構成素から独立すること．分析可能性や合成性を失うことと関係している．

助動詞（auxiliary verb）：動詞に似た要素で，動詞句を補部として伴う場合にのみ生起する．文法化がある程度進むと，語彙的特性を幾分失う場合もある．

漂白化（bleaching）：意味変化の1つで，意味の素性が失われること．

借用（borrowing）：別の言語との接触により，語や他の要素，場合によっては構造までもが当該言語に取り入れられること．

翻訳借用（calque）：別の言語の対応表現を逐語訳することによって造られた表現．

リタイミングの繰り越し（carry over retiming）：調音運動が続く文節へと拡張されること．保持同化（perseverative assimilation），あるいは進行同化（progressive assimilation）とも呼ばれる．

連鎖推移（chain shift）：「最小連鎖推移とは2つの音素の位置の変化であり，1つの音素の位置が変わり，そこへもう1つの音素が入り混むこと」（Labov 1994: 118）．「拡張連鎖推移とは（中略）最小連鎖推移の組み合わせであり，最小連鎖推移によってもたらされた要素が，別の最小連鎖推移の残された要素と入れ替わること」（Labov 1994: 119）．

チャンク（chunk）：複数の語の連続使用が頻度を増し，記憶の助けになるひな形となり，そして，処理上のユニットになること．構文形成の基盤．

閉じたクラス（closed class）：新しいメンバーを簡単には加えられない部類．名詞や動詞という開いたクラス（open class），あるいは語彙的クラスと対比をなす．

コードスイッチング（code-switching）：同一話者が2つ（あるいはそれ以上の）言語を用いること．一続きの会話で確認することができるが，時には1つの節や発話単位に現れることもある．

---

[1] 訳者注：荒木（1999）にしたがい「終止相（completive）」と訳出した．しかし，分析対象言語や理論的背景に応じて訳出が異なる可能性や，用語そのものが異なる可能性もある．例えば，「終結相（terminative）」，「終動相（egressive）」，「結果相（effective）」などと言われる場合もある（ibid.:103）．

同根語 (**cognates**)：異なる言語ではあるが共通の祖先をもつ語のペアのことで，英語の beam（長い角材）とドイツ語の Baum（木）が一例である．

補文標識 (**complementizer**)：従属節を導入あるいは標示する文法的形態素のことで，動詞の項（argument）として機能する．

合成性 (**compositionality**)：全体の意味が部分の意味から予測される通りに導き出せる複合体について成り立つ特徴．

複合 (**compounding**)：2 つの語を組み合わせて新語を造ること．

構文 (**construction**)：形式と意味の対応のことであり，どのレベルにも見受けられる．形態統語レベルでは，いくつかの固定要素といくつかのスキーマ的位置付けにより慣習化されたパターンを指す．

クレオール言語 (**creole languages**)：ピジン語から発達した言語で，子どもがピジン語を母語として習得するとこのように呼び名が変わる．

非口腔音化 (**debuccalization**)：口腔内の調音が消失することで引き起こされる音変化．

脱範疇化 (**decategorialization**)：文法化の途上で起こる変化で，名詞や動詞が語彙的特性を消失して文法的形態素になる変化を指す．

短子音化 (**degemination**)：重子音（長子音）が短くなり，短子音と同じ持続時間になる変化．

直示語, 話者基準語 (**deictic**)：発話時の状況に基づく意味で，発話状況が変わるにつれて指示も変わってしまう語あるいは文法的形態素．話者が変わるごとに指示対象も変わる現代英語の人称代名詞 I や you が例として挙げられる．

境界表示強勢 (**demarcative stress**)：語頭あるいは語末から数えた特定の場所に置かれる強勢．

指示代名詞 (**demonstrative pronoun**)：話し手あるいは聞き手との位置関係（近称や遠称）によって指示対象を表すひと揃いの代名詞．

談話標識 (**discourse marker**)：発話あるいはその一部が談話の中でどのように解釈されるかについて，語用論的情報を提供してくれる表現．

異化 (**dissimilation**)：ある分節の音が隣接する別の分節の音との類似性を減らすことによって起こる音変化．

下がり調子 (**downdrift**)：アフリカ諸語において，低い声調に続く高い声調のピッチが，発話の際に先行する高い声調よりも低くなる傾向のこと．

階段式下降 (**downstep**)：下がり調子によって引き下げられる高い声調が，先行する低い声調が削除されている場合にも低いままでにとどまること．この結果，高い声調と声調の段階の下がった高い声調の連続となり，時として，中声調 (mid-tone) とみなされることもある．

引き上げ連鎖 (**drag chain**)：ある音素が変化する際に，その音素の元の位置が空

白となり，別の音素がその位置で使用されるという連鎖推移．[2]

ドリフト（drift）：一定方向へ進む長期にわたる変化のこと．[3]

認識的モダリティ（epistemic modality）：命題が主張される際に，話者がどれほどその命題を確信しているかを示すモダリティ（法性）のこと．

能格（ergative）：他動詞の動作主に限定される格標示．

語源学（etymology）：語の歴史を研究する学問分野のこと．

子音添加（excrescent consonant）：連続する音の中に挿入されたことがはっきりと分かる子音のこと．通常，調音運動のリタイミングによって引き起こされる現象．

外的変化（external change）：言語構造そのものではなく，それとは無関係な要因によって引き起こされる変化．

家族的類似性（family resemblance）：あるカテゴリーの中で，ある成員が，すべてではないがいくつかの特徴を他の成員と共有していること．つまり，類似性を基に相互に関係し合っている状態．[4]

民間語源（folk etymology）：語の構成素を誤った手順で分析することを意味し，語源的には存在していない解釈が生まれてしまう．

強化（fortition）：調音運動の大きさと持続時間が増大することで起こる音変化．

重子音化（gemination）：子音の調音時間が増す変化で，同じ分節音が連続して生起するもの．[5]

系統関係（genealogical relation）：共通の祖語から派生したことを基準とし，二つあるいはそれ以上の言語の関係を示すもの．かつては「遺伝的（発生学的）関係（"genetic" relation）」と呼ばれていた．

文法素（gram）：「文法的形態素（grammatical morpheme）」の略式．

文法的形態素（grammatical morpheme）：閉じたクラスの成員を意味する形態素．略式形は gram で示される．

文法化（grammaticalization）：構文の中で用いられる語彙あるいは句が，文法的意味と形式をもつようになるプロセス．

文法化（grammaticization）：「文法化（grammaticalization）」の別称．

誇張（法）（hyperbole）：比喩的表現の一種で，意味が強調されるもの．現代英語の例として scared to death（死ぬほど怖がっている）がある．

---

[2] 訳者注：「押し上げ連鎖（push chain）とともに，大母音推移の際に起こったとされる2つの仮説のうちの1つ．

[3] 「偏流，駆流」とも訳される．

[4] 訳者注：二文目の定義は辻（2013: 37）に基づく加筆である．

[5] 訳者注：後半の定義はラディフォギッド（1999: 350）に基づいている．

未完了相 (**imperfective aspect**)：動詞の示す状況が，参照時の段階で，あるいは，一定期間にわたって進行中とみなされることを表す文法的形態素あるいは構文（構造）．

不定冠詞 (**indefinite article**)：それがつく名詞の指示対象が当該の談話文脈の中で新情報であることを表す名詞修飾語．

推論 (**inference**)：はっきりと言われていないが，聞き手は（話し手の）発話から推し量ることができる意味のこと．頻繁に起こる含意や推論は，その表現の意味の一部になり，場合によっては古い意味と入れ替わる．例えば，英語のsince は「〜の後，〜以来」から「〜なので」を意味するようになった．

干渉 (**interference**)：話し手の母語言語が，同時に使用している別の言語の音韻体系や文法に影響を与えること．「基層語からの干渉 (substratum interference)」と呼ばれることもある．

内的変化 (**internal change**)：言語構造に内在する要因によって引き起こされる変化．

イントネーション (**intonation**)：発話に含まれる特定の語や形態素から独立して，発話全体に対して生じるピッチ変化のパターンのこと．

言語接触 (**language contact**)：同一話者が2つあるいはそれ以上の言語を用いる状況のことで，その状況に起因する変化も指す．

子音弱化 (**lenition**)：子音を発する調音運動の大きさ (magnitude) と持続時間が減少することで起こる音変化．音声的弱化 (reduction) の項も参照．

水平化 (**leveling**)：交替形を除外するように，形態論上の形式を作り替えること．「類推的水平化 (analogical leveling)」とも呼ばれる．

語彙拡散 (**lexical diffusion**)：語彙目録 (lexicon) を通して言語変化が進行する様子．

語彙強勢 (**lexical stress**)：予測される位置に生じない強勢のこと．語と語を区別するために使われる．[6]

借用語 (**loanword**)：ある言語から移入され，別の言語に統合され受け入れられた語．

ME (**Middle English**)：中英語．

メタファー・隠喩 (**metaphor**)：ある領域における関係構造が，その関係構造を変えることなく別の領域に移される比喩的表現（例：face of a clock（時計の

---

[6] 訳者注：ラディフォギッド (1999: 299-300) によると，変動的語強勢 (variable word stress) を持つ英語やドイツ語，固定語強勢 (fixed word stress) を持つチェコ語，ポーランド語，スワヒリ語，そして，固定句強勢 (fixed phrase stress) を持つフランス語などに分けることができる．しかし，これらの区分に当てはまらない言語もたくさんあるという．

正面)).

メトニミー・換喩 (metonymy)：ある概念に対する用語が，それと関連する別の概念を表すために用いられる比喩的表現（例：White House が政府の行政支部を表す場合).

形態化 (morphologization)：音変化によって作り出された交替形が，音声学によって条件づけされる状態から，形態論と関連をもつものに移行すること．

形態論的音韻，形態音韻論 (morphophonology)：形態論的，または語彙的な範疇によって条件づけられた音韻論的交替の現象，または，その研究．

青年文法学派仮説 (Neogrammarian Hypothesis)：すべての音変化は規則的であり，ある言語のすべての語に影響を与えるという仮説．

主格 (Nominative case)：他動詞と自動詞の両方の主語に対して付与される格．

OE：古英語 (Old English).

斜格 (oblique case)：主格 (nominative) 以外の格に対する総称．対格 (accusative)，与格 (dative)，具格 (instrumental) など．[7]

命名論 (onomasiology)：どのような語が特定の意味を表すか，また，これが時間を経てどのように変化するかに関する研究．[8]

パラダイム (paradigm)：同じ語幹 (stem) を共有し，屈折変化で関連づけられた形式の集合．

文法化の経路 (path of grammaticalization)：文法化において起こる意味変化の軌跡 (trajectory).

penultimate syllable：語尾から 2 番目の音節．

完了形 (perfect)：anterior の項を参照．

完了相 (perfective aspect)：動詞によって表される状況が完結しているとみなされていることを示す文法的形態素または構文．ひと連なりの過去の出来事を語るときにしばしば用いられる．

保持同化 (perseverative assimilation)：carry over retiming の項を参照．

人称代名詞 (personal pronouns)：話し手，聞き手，その他の人称を区別する一組の代名詞群．

PDE：現代英語．

音素配列 (phonotactic sequences)：ある言語における可能な子音と母音の連続．

---

[7] 訳者注：これは，特に古典ギリシア語やラテン語の文法における定義．生成文法では，oblique case（斜格）は，主格，対格，与格以外のすべての格のことを指す．

[8] 訳者注：例えば，日本語で「方法」という意味を記号化する場合，「手」，「道」，「手段」などの存在が確認できる（斎藤・田口・西村 2015: 218）．意味変化論 (semasiology) と相補的な関係にある．

ピジン言語（pidgin languages）：複数の言語の話者がコミュニケーションを取らなければならないが共通の言語をもたない場合に，自然発生的に発達する言語．

音韻化（phonologization）：かつては普遍的パターンから予測可能であった音声素性が，言語固有の異音（allophone）を生み出すか，音素の上で対照的になることによって，ある言語の音韻論の一部となる変化のこと．

多義性（polysemy）：語，句，または構文が複数の異なる意味をもつこと．

後置詞（postposition）：名詞句の後ろに置かれる，関係概念を表す文法素（gram）のことで，名詞句の前に置かれる前置詞（preposition）に対応する．

前置詞（preposition）：名詞句とともに構文を作る，関係概念を表す文法素のことで，名詞句の前に生じる．

生産性（productivity）：あるパターンないしは構文が新しい項目に適用される傾向．

進行相（progressive aspect）：動詞によって表される状況が参照時（reference time）において進行中であることを表すアスペクト．

命題（proposition）：節によって表される意味内容．

押し上げ連鎖（push chain）：ある音素が変化して別の音素の位置に入り込み，場所を奪われた音素も逃げるように別の位置へ移動するという連鎖推移（chain shift）の1つ．[9]

再建（reconstruction）：関連のある言語の中で，あるいは，それらの言語をまたいで，共時的な形式を比較することで，その言語の昔の段階や，それらの言語の祖先に関する仮説を提示する過程．

音声的弱化（reduction）：調音運動の大きさや持続時間が縮減する音声学的変化．

規則化（regularization）：かつては不規則だった（屈折の）形態が，整然とした規則や構文によって屈折するようになる変化．

結果相・結果構文（resultative）：動詞によって表される状況が，結果状態をともなう過去の行為として見られるような文法範疇または構文．

ロータシズム（rhotacism）：/s/ または /z/ の音が /r/ の音色をともなった音に変化すること．

rhotic：音の中の /r/ の音色を表現すること．

根源的可能性（root possibility）：内的能力や，社会的条件などの外的条件を含む，何かを可能とするような一般的な条件が存在するということ．It is possible to ...（〜することが可能である）と言い替え可能．

---

[9] 訳者注：「引き上げ連鎖（drag chain）」とともに，大母音推移の際に起こったとされる2つの仮説のうちの1つ．

連声（**sandhi**）：2つの語が連続して使われるときに起きる交替．
スキーマ的（**schematic**）：ある構文の中にある位置ないしはスロットが，かなりの数の語彙項目がそこに生じることを可能にするということ．[10]
意味変化論（**semasiology**）：語の意味と，それらが時間の経過の中でどのように変化するかについての研究．
連動詞構文（**serial verb constructions**）：いくつかの言語で見られる，2つ以上の定形動詞が，接続のための不変化詞を用いずに節の中で結合されることを可能にする構文．
強勢アクセント（**stress accent**）：ピッチ，強さ，持続時間の結合によって表現される特別な卓越性をもった，1語につき1つの音節．
主観化（**subjectification**）：意味が話者の信念の中により強く位置づけられてゆく方向の意味論的・語用論的変化．
基層語からの干渉（**substratum interference**）：interference の項を参照．
補充法（**suppletion**）：同じパラダイムの中の語源的に異なる起源から来た語幹を使うことによって作り出された，屈折パラダイムの中の不規則性．例えば，英語の go と went など．純粋に共時的に見ると，この用語が使用されるパラダイムは，当該形式同士があまりに異なるため，1つの基底形式から派生されたと考えることが妥当だと思えないようなものである．
シネクドキー・提喩（**synechdoche**）：ある部分に対する用語がその全体に対して使われる，またはその逆方向の発話の比喩．例として，wheel（車輪）を car の意味で使う場合など．[11]
総合的（**synthetic**）：語が複数の屈折接辞をもつタイプの言語を指す．
完結的（**telic**）：動詞が表す活動が自然な終着点をもつような語彙的アスペクト．例として，throw（投げる）など．[12]
テンス・時制（**tense**）：動詞の屈折範疇の1つで，その動詞が表す状況を発話時や，別の特定可能な参照時と比較できる時間軸上の点に置くもの．

---

[10] 訳者注：スキーマとは詳細を省いた抽象構造のことであり，プロトタイプとその類似例から共通点を抽出した上位カテゴリーとも言える．

[11] 訳者注：ただし，メトニミーとシネクドキーは連続的な部分もある．分かりやすい解説として高橋(2010: 第7章)を参考にしてほしい．

[12] 訳者注：ただし，語彙的アスペクトについては，純粋に動詞のみが決定するものではなく，動詞の目的語，方向を表す修飾語句，結果句，また，動詞の主語の限界性（delimitedness）によって総合的に決定されるとする考え方が，Tenny (1994) 以降の事象意味論（event semantics）では共通認識となっている．例えば，eat an apple (in a minute) は完結的な動詞句だが，eat apples (for an hour) は非完結的であり，The carpenter built a house (in a week) は完結的な節だが，Carpenters built a house (for a month) は非完結的な節である．

トークン頻度（**token frequency**）：ある項目（例えば，音素，語，構文）が本文（running text）に生じる回数を数え上げたもの．

声調言語（**tone language**）：語彙的相違や形態的相違を表すのにピッチが使われる言語．

声調拡散（**tone spreading**）：声調が1つの音節から次の音節へと広がっていくような持ち越し（carry over），または保持的な（perseverative）変化．

声調の発生（**tonogenesis**）：対照的な声調（contrastive tones）が，かつてそれを持たなかった言語に生じるようになる過程．

タイプ頻度（**type frequency**）：あるパターンに生じる異なる語彙項目の数．例えば，ある構文の解放スロットに現れる語彙項目の数，あるいは，特定の音素または音素配列をもつ語の数など．

上昇わたり二重母音（**upgliding diphthong**）：最後の部分が最初の部分よりも舌の位置が高くなるような二重母音．

ゼロ転換（**zero conversion**）：語のクラスの変化（例えば，名詞から動詞・形容詞への変化，またはその逆）が派生接辞の追加を伴わないもの

引用文献

Aelaar, W. F. H., 2004. *The languages of the Andes*, Cambridge: Cambridge University Press.

Allen, C., 1995. *Case marking and reanalysis: grammatical relations from Old to Early Modern English*, Oxford: Oxford University Press.

Allen, W. S., 1951. A study in the analysis of Hindi sentence-structure. *Acta Linguistica*, 6, pp. 68-86.

Andersen, H., 1973. Abductive and deductive change. *Language*, 49(4), pp. 765-793.

Anderson, S. R., 1977. The mechanisms by which languages become ergative. In C. Li (ed.) *Mechanisms of syntactic change*, Austin: University of Texas Press, pp. 317-363.

Anglade, J., 1921. *Grammaire de l'ancien provençal*, Paris: Klincksieck.

Ashby, W. J., 1981. The loss of the negative particle ne in French. *Language*, 57(3), pp. 674-687.

Ball, D., 2007. On ergativity and accusativity in Proto-Polynesian and Proto-Central Pacific. *Oceanic Linguistics* 46(1), pp. 128-153.

Barðdal, J., 2007. The semantic and lexical range of the ditransitive construction in the history of (North) Germanic. *Functions of Language*, 14(1), pp. 9-30.

Bateman, N., 2010. The change from labial to palatal as glide hardening. *Linguistic Typology*, 14(2/3), pp. 167-211.

Beekes, R. S. P., 1995. *Comparative Indo-European linguistics: an introduction*, Amsterdam: John Benjamins.

Benveniste, É., 1968. Mutations of linguistic categories. In W.P. Lehmann and Y. Malkiel (eds.) *Directions for historical linguistics*, Austin and London: University of Texas Press, pp. 83-94.

Bergem, D. Van, 1995. *Acoustic and lexical vowel reduction*, Amsterdam: IFOTT.

Berman, R., 1985. The acquisition of Hebrew. In D. Slobin (ed.) *Crosslinguistic study of language acquisition*, Hillsdale, NJ: Lawrence Erlbaum, pp. 255-371.

Bickerton, D., 1975. *Dynamics of a creole system*, Cambridge: Cambridge University Press.

Bickerton, D., 1981. *Roots of language*, Ann Arbor: Karoma.

Bisang, W., 2004. Grammaticalization without coevolution of form and meaning: the case of tense-aspect-modality in East and mainland Southeast Asia. In W. Bisang, N. Himmelmann, and B Wiemer (eds.) *What makes grammaticalization? A look from its fringes and its components*, Berlin: Mouton de Gruyter, pp. 109-138.

Blevins, J., 2004. *Evolutionary phonology: the emergence of sound patterns*, Cambridge: Cambridge University Press.
Blevins, J. and Garrett, A., 1998. The origins of consonant-vowel metathesis. *Language*, 74(3), pp. 508-556.
Bloomfield, L., 1933. *Language*, Chicago: Chicago University Press.
Blythe, R. and Croft, W., 2012. S-curves and the mechanisms of propagation in language change. *Language*, 88, pp. 269-304.
Boer, B. De, 2000. Self-organization in vowel systems. *Journal of Phonetics*, 28(4), pp. 441-465.
Bolinger, D., 1978. Intonation across languages. In J.H. Greenberg, C.A. Ferguson, and E. A. Moravcsik (eds.) *Universals of human language*, Vol. 2 *Phonology*, Stanford: Stanford University Press, pp. 471-524.
Brinton, L. J. and Traugott, E. C., 2005. *Lexicalization and language change*, Cambridge: Cambridge University Press.
Browman, C. and Goldstein, L., 1986. Towards an articulatory phonology. *Phonology Yearbook*, 3, pp. 219-252.
Browman, C. and Goldstein, L., 1995. Gestural syllable position effects in American English. In F. Bell-Berti and L. J. Raphael (eds.) *Producing speech: contemporary issues*, Woodbury, NY: American Institute of Physics, pp. 19-34.
Brown, E. L., 2006. Velarization of labial, coda stops in Spanish: a frequency account. *Revista de lingüística teórica y aplicada*, 44(2), pp. 47-56.
Brown, E. L. and Raymond, W. D., 2012. How discourse context shapes the lexicon: explaining the distribution of Spanish f-/ h-words. *Diachronica*, 92(2), pp. 139-161.
Brown, G., 1972. Phonological rules and dialect variation: A study of the phonology of Lumasaaba, Cambridge: Cambridge University Press.
Buck, C. D., 1933. *Comparative grammar of Greek and Latin*, Chicago: University of Chicago Press.
Burridge, K., 1995. Evidence for grammaticalization in Pennsylvania German. In H. Andersen (ed.) *Historical linguistics* 1993, Amsterdam and Philadelphia: John Benjamins, pp. 59-75.
Bybee, J., 1985. *Morphology: a study of the relation between meaning and form*, Philadelphia: John Benjamins.
Bybee, J., 2000a. Lexicalization of sound change and alternating environments. In M. Broe and J. Pierrehumbert (eds.) *Papers in laboratory phonology*, Vol. 5 Acquisition and the lexicon, Cambridge: Cambridge University Press, pp. 250-268.
Bybee, J., 2000b. The phonology of the lexicon: evidence from lexical diffusion. In M. Barlow and S. Kemmer (eds.) *Usage-based models of language*, Stanford: CSLI Publications, pp. 65-85.
Bybee, J., 2001. *Phonology and language use*, Cambridge: Cambridge University

Press.

Bybee, J., 2002. Word frequency and context of use in the lexical diffusion of phonetically-conditioned sound change. *Language Variation and Change*, 14, pp. 261-290.

Bybee, J., 2003. Mechanisms of change in grammaticalization: the role of frequency. In B. D. Joseph and R. D. Janda (eds.) *The handbook of historical linguistics*. Oxford: Blackwell.

Bybee, J., 2006. From usage to grammar: the mind's response to repetition. *Language*, 82, pp. 711-733.

Bybee, J., 2010. *Language, usage and cognition*, Cambridge: Cambridge University Press.

Bybee, J. and Brewer, M. A., 1980. Explanation in morphophonemics: changes in Provençal and Spanish preterite forms. *Lingua*, 52, pp. 201-242.

Bybee, J., Chakraborti, P., Jung, D., and Scheibman, J., 1998. Prosody and segmental effect: some paths of evolution for word stress. *Studies in Language*, 22(2), pp. 267-314.

Bybee, J. and Dahl, Ö., 1989. The creation of tense and aspect systems in the languages of the world. *Studies in Language*, 13(1), pp. 51-103.

Bybee, J. and Moder, C. L., 1983. Morphological classes as natural categories. *Language*, 59, pp. 251-270.

Bybee, J. and Pagliuca, W., 1987. The evolution of future meaning. In A. Giacalone Ramat, O. Carruba, and G. Bernini (eds.) *Papers from the 7th International Conference on Historical Linguistics*, Amsterdam and Philadelphia: John Benjamins, pp. 109-122.

Bybee, J., Pagliuca, W., and Perkins, R. D., 1991. Back to the future. In E.C. Traugott and B. Heine (eds.) *Approaches to grammaticalization*, Vol. 2. Amsterdam and Philadelphia: John Benjamins, pp. 17-58.

Bybee, J., Perkins, R. D., and Pagliuca, W., 1994. *The evolution of grammar: tense, aspect and modality in the languages of the world*, Chicago: University of Chicago Press.

Bybee, J. and Slobin, D. I., 1982. Rules and schemas in the development and use of the English past. *Language*, 58, pp. 265-289.

Campbell, A., 1959. *Old English Grammar*, Oxford: Oxford University Press.

Campbell, L., 1999. *Historical linguistics: an introduction*, Cambridge, MA: MIT Press.

Capell, A. and Layard, J., 1980. *Materials in Atchin, Malekula: grammar, vocabulary and texts*, Canberra: Australian National University.

Chevrot, J.-P., Beaud, L., and Varga, R., 2000. Developmental data on a French sociolinguistic variable: post-consonantal word-final /R/. *Language Variation and Change*, 12, pp. 295-319.

Chung, S., 1977. On the gradual nature of syntactic change. In C.N. Li (ed.) *Mechanisms of syntactic change*, Austin: University of Texas Press, pp. 3-55.

Coates, J., 1983. *The semantics of the modal auxiliary*, London: Croom Helm.

Colleman, T. and De Clerk, B., 2011. Constructional semantics on the move: on semantic specialization in the English double object construction. *Cognitive Linguistics*, 22(1), pp. 183-209.

Company Company, C., 2002. Grammaticalization and category weakness. In G. Diewald and I. Fischer (eds.) *New reflections on grammaticalization*, Amsterdam and Philadelphia: John Benjamins, pp. 201-215.

Company Company, C., 2006. Subjectification of verbs into discourse markers: semantic-pragmatic change only? In B. Cornillie and N. Delbecque (eds.) *Topics in subjectification and modalization*, Amsterdam: John Benjamins, pp. 97-121.

Comrie, B., 1976. *Aspect*, Cambridge: Cambridge University Press.

Cooper, D. L., 1999. *Linguistic attractors: the cognitive dynamics of language acquisition and change*, Amsterdam: John Benjamins.

Cristófaro-Silva, T. and Oliveira Guimarães, D., 2006. Patterns of lenition in Brazilian Portuguese. In C. Féry, R. van de Vijer, and F. Kügler (eds.) *Variation and Gradience in Phonetics and Phonology*, Berlin and New York: Mouton de Gruyter, Vol. 1, pp. 25-35.

Croft, W., 2000. *Explaining language change*, Harlow, England: Longman Linguistic Library.

Croft, W., 2005. Preface. In W. Croft (ed.), *Genetic linguistics: essays on theory and method by Joseph H. Greenberg*, Oxford: Oxford University Press, pp. 35-64.

Croft, W., Beckner, C., Sutton, L., Wilkins, J., Bhattacharya, T., and Hruschka, D., 2009. Quantifying semantic shift for reconstructing language families. Poster Presented at the Annual Meeting of the Linguistic Society of America.

Crothers, J., 1975. Areal features and natural phonology: the case of front rounded vowels. *Proceedings of the Second Annual Conference of the Berkeley Linguistic Society*, 2, pp.124-136.

Crowley, T., 1997. *An introduction to historical linguistics*, 3rd edition, Oxford: Oxford University Press.

Cyffer, N., 1998. *A sketch of Kanuri*, Cologne: Rüdiger Köppe Verlag.

Dahl, Ö., 1985. *Tense and aspect systems*, Oxford: Basil Blackwell.

Dahl, Ö., 2013. Tea. In M.S. Dryer and M. Haspelmath (eds.) *The world atlas of language structures online*. Leipzig: Max Planck Institute for Evolutionary Anthropology. (Available online at http://wals.info/chapter/138, accessed on 26 September 2014.)

Díaz-Campos, M., 2004. Acquisition of sociolinguistic variables in Spanish: Do children acquire individual lexical forms or variable rules? In T. Face (ed.) *Laboratory approaches to Spanish phonology*, Berlin: Mouton de Gruyter, pp. 221-236.

Dobson, E. J., 1957. *English pronunciation 1500-1700*, Oxford: Clarendon Press.
Dressler, W. U., 2003. Naturalness and morphological change. In B. D. Joseph and R. D. Janda (eds.) *The handbook of historical linguistics*, Oxford: Basil Blackwell, pp. 461-471.
Dressler, W. U., Mayerthaler, W., and Würzel, W., 1987. *Leitmotifs in natural morphology*, Amsterdam: John Benjamins.
Dryer, M., 1988. Object-verb order and adjective-noun order: dispelling a myth. *Lingua*, 74, pp. 185-217.
Erman, B. and Warren, B., 2000. The Idiom Principle and the Open Choice Principle. *Text*, 20, pp. 29-62.
Fairbanks, G. H. and Stevick, E. W. 1958. *Spoken East Armenian*, New York: American Council of Learned Societies.
Fidelholtz, J., 1975. Word frequency and vowel reduction in English. *Chicago Linguistics Society*, 11, pp. 200-213.
Foley, J., 1977. *Foundations of theoretical phonology*, Cambridge: Cambridge University Press.
Foulkes, P. and Docherty, G., 2006. The social life of phonetics and phonology. *Journal of Phonetics*, 34(4), pp. 409-438.
Garrett, A., 1990. The origin of NP split ergativity. *Language* 66(2), pp. 261-296.
Geeraerts, D., 1997. *Diachronic prototype semantics: a contribution to historical lexicology*, Oxford: Clarendon Press.
Givón, T., 1971. Historical syntax and synchronic morphology: an archaeologist's field trip. *Chicago Linguistics Society*, 7, pp. 394-415.
Givón, T., 1975. Serial verbs and syntactic change. In C. N. Li (ed.) *Word order and word order change*, Austin: University of Texas Press, pp. 47-112.
Givón, T., 1976. Topic, pronoun and grammatical agreement. In C. N Li (ed.) *Subject and topic*, New York: Academic Press, pp. 149-188.
Givón, T., 1979. *On understanding grammar*, New York: Academic Press.
Givón, T., 1982. Tense-aspect-modality: the creole prototype and beyond. In P. J. Hopper (ed.) *Tense-aspect: between semantics and pragmatics*, Amsterdam: John Benjamins, pp. 115-163.
Givón, T., 1984. *Syntax: a functional-typological introduction*, Amsterdam: John Benjamins.
Goldberg, A., 1995. *Constructions: a construction grammar approach to argument structure*, Chicago: University of Chicago Press.
Goldberg, A., 2006. *Constructions at work: the nature of generalization in language*, Oxford: Oxford University Press.
Görlach, M., 1991. *Introduction to Early Modern English*, Cambridge: Cambridge University Press.
Greenberg, J., 1963. Some universals of grammar with particular reference to the or-

der of meaningful elements. In J. H. Greenberg (ed.) *Universals of language*. Cambridge: MIT Press, pp. 73-113.

Greenberg, J., 1966. *Language universals: with special reference to feature hierarchies*, The Hague: Mouton.

Greenberg, J., 1970. *The languges of Africa*, Bloomington, IN: Indiana University Press.

Greenberg, J., 1978a. Diachrony, synchrony and language universals. In J. H. Greenberg, C. A. Ferguson, and E. A. Moravcsik (eds.) *Universals of human language*, Vol. 1 *Method and theory*. Stanford: Stanford University Press, pp. 61-92.

Greenberg, J., 1978b. How do languages acquire gender markers? In J. H. Greenberg, C. A. Ferguson, and E. A. Moravcsik (eds.) *Universals of human language*, Vol. 3. Stanford: Stanford University Press, pp. 47-82.

Greenberg, J., 1987. *Language in the Americas*, Stanford: Stanford University Press.

Guion, S. G., 1998. The role of perception in the sound change of velar palatalization. *Phonetica*, 55, pp. 18-52.

Guy, G., 1980. Variation in the group and the individual: the case of final stop deletion. In W. Labov (ed.) *Locating language in time and space*, New York: Academic Press, 1-36.

Haiman, J., 1994. Ritualization and the development of language. In W. Pagliuca (ed.) *Perspectives on grammaticalization*, Amsterdam: John Benjamins, pp. 3-28.

Hajek, J., 1997. *Universals of sound change in nasalization*, Oxford and Boston: Blackwell.

Hale, K., 1973. Deep-surface canonical disparities in relation to analogy and change: an Australian example. In T. Sebeok (ed.) *Current trends in linguistics, 11: diachronic, areal and typological linguistics*, The Hague: Mouton, pp. 401-458.

Halle, M., 1962. Phonology in generative grammar. *Word*, 18, pp. 54-72.

Harlow, R., 2007. *Māori: a linguistic introduction*, Cambridge: Cambridge University Press.

Harris, A. C. and Campbell, L., 1995. *Historical syntax in cross-linguistic perspective*, Cambridge: Cambridge University Press.

Hawkins, J. A., 1979. Implicational universals as predictors of word order change. *Language*, 55(3), pp. 618-648.

Hawkins, J. A., 2004. *Efficiency and complexity in grammars*, Oxford: Oxford University Press.

Hay, J., 2001. Lexical frequency in morphology: is everything relative? *Linguistics*, 39 (6), pp. 1041-1070.

Hayes, L., 1992. Vietic and Viet-Muong: a new subgrouping in Mon-Khmer. *Mon Khmer Studies*, 21, pp. 211-228.

Heine, B., Claudi, U., and Hünnemeyer, F., 1991a. From cognition to grammar: evidence from African languages. In E. Traugott and B. Heine (eds.) *Approaches to grammaticalization*, Amsterdam and Philadelphia: John Benjamins, pp. 149-187.

Heine, B., Claudi, U., and Hünnemeyer, F., 1991b. *Grammaticalization: a conceptual framework*, Chicago: University of Chicago Press.

Heine, B. and Kuteva, T., 2002. *World lexicon of grammaticalization*, Cambridge: Cambridge University Press.

Heine, B. and Kuteva, T., 2005. *Language contact and grammatical change*, Cambridge: Cambridge University Press.

Heine, B. and Kuteva, T., 2008. Constraints on contact-induced linguistic change. *Journal of Language Contact*, 2 (Thema 2), pp. 57-90.

Heine, B. and Reh, M., 1984. *Grammaticalization and reanalysis in African languages*, Hamburg: Helmut Buske Verlag.

Heine, B. and Song, K.-A., 2011. On the grammaticalization of personal pronouns. *Journal of Linguistics*, 47(3), pp. 587-630.

Henderson, J., 1996. *Phonology and grammar of Yele, Papua New Guinea*, Canberra: Australian National University.

Hock, H. H., 1986. *Principle of historical linguistics*, Berlin: Mouton de Gruyter.

Hock, H. H., 2003. Analogical change. In B. D. Joseph and R. D. Janda (eds.) *The handbook of historical linguistics*, Oxford: Oxford University Press, pp. 441-460.

Hockett, C. F., 1958. *A course in modern linguistics*, New York: MacMillan.

Hoffman, C., 1963. *A grammar of the Margi language*, London: Oxford University Press.

Holland, J. H., 1995. *Hidden order: how adaptation builds complexity*, Cambridge, MA: Perseus Books.

Honeybone, P., 2001. Lenition inhibition in Liverpool English. *English Language and Linguistics*, 5(2), pp. 213-249.

Hopper, P. J., 1973. Glottalized and murmured occlusives in Indo-European. *Glossa*, 7(2), pp. 141-166.

Hopper, P. J., 1987. Emergent grammar. *Berkeley Linguistics Society*, 13, pp. 139-157.

Hopper, P. J., 1991. On some principles of grammaticization. In E.C. Traugott and B. Heine (eds.) *Approaches to grammaticalization*, Vol. 1. Amsterdam: John Benjamins, pp. 17-35.

Hopper, P. J., 1994. Phonogenesis. In W. Pagliuca (ed.) *Perspectives on grammaticalization*, Amsterdam: John Benjamins, pp. 29-45.

Hopper, P. J. and Traugott, E., 1993. *Grammaticalization*, 1st edition, Cambridge: Cambridge University Press.

Huback, A. P., 2011. Irregular plurals in Brazilian Portuguese: an exemplar model approach. *Language variation and change*, 23(2), pp. 245-256.

Hume, E., 2004. The indeterminacy/attestation model of metathesis. *Language*, 80(2), pp. 203-237.

Hyman, L., 1975. *Phonology: theory and analysis*, New York: Holt, Rinehart and

Winston.
Hyman, L., 1977. On the nature of linguistic stress. In L. M. Hyman (ed.) *Studies in stress and accent.* Southern California Occasional Papers in Linguistics, Los Angeles: University of Southern California, pp. 37-82.
Hyman, L., 2007. Universals of tone rules: 30 years later. In T. Riad and C. Gussenhoven (eds.) *Tones and tunes: studies in word and sentence prosody*, Berlin: Mouton de Gruyter, pp. 1-34.
Hyman, L., 2011. Tone: Is it different? In J. Goldsmith, J. Riggle, and A. C. L. Yu (eds.) *The handbook of phonological theory*, Oxford: Blackwell Publishers, pp. 197-239.
Hyman, L. and Moxley, J., 1996. The morpheme in phonological change: velar palatalization in Bantu. *Diachronica*, 13, pp. 259-282.
Hyman, L. and Tadadjeu, M., 1976. Floating tones in Mbam-Nkam. In L. M. Hyman (ed.) *Studies in Bantu tonology*, Southern California Occasional Papers in Linguistics, Los Angeles: University of Southern California, pp. 57-111.
Israel, M., 1996. The way constructions grow. In A.E. Goldberg (ed.) *Conceptual structure, discourse and language*, Stanford: CSLI Publications, pp. 217-230.
Jakobson, R., 1939. Signe zéro. In *Roman Jakobson, Selected Writings*, The Hague: Mouton, pp. 211-219.
Jakobson, R., 1942. Child language, aphasia, and language universals, The Hague: Mouton.
Jespersen, O., 1942. *A modern English grammar on historical principles, Part VI: Morphology*, London: George Allen and Unwin.
Jones, S. W., 1788. Third anniversary discourse, on the Hindus. *Asiatic Researches*, 1 (422).
Kaiser, M. and Shevoroshkin, V., 1988. Nostratic. *Annual Review of Anthropology*, 17, pp. 309-329.
Keating, P., Cho, T., Fougeron, C., and Hsu, C.-S., 2003. Domain-initial articulatory strengthening in four languages. In J. Local, R. Ogden, and R. Temple (eds.) *Phonetic interpretation*, Papers in Laboratory Phonology 6, Cambridge: Cambridge University Press, pp. 143-161.
Keller, R., 1994. *On language change: the invisible hand in language*, London and New York: Routledge.
Kenstowicz, M., 2006. Tone loans: the adaptation of English loans into Yoruba. In John Mugane (ed.) *Selected proceedings of the 35th Annual Conference on African Linguistics*, Somerville, MA: Cascadila Proceedings Project, pp. 136-146.
Kent, R., 1945. *The sounds of Latin*, Baltimore, MD: The Linguistic Society of America.
Krishnamurti, B., 2003. *The Dravidian languages*, Cambridge: Cambridge University Press.

Kuryłowicz, J., 1947. La nature des procès dits analogiques. *Acta Linguistica*, 5, pp. 17-34.

Labov, W., 1972. *Sociolinguistic patterns*, Philadelphia: University of Pennsylvania Press.

Labov, W., 1981. Resolving the neogrammarian controversy. *Language*, 57, pp. 267-308.

Labov, W., 1982. Building on empirical foundations. In W. P. Lehmann and Y. Malkiel (eds.) *Perspective on historical linguistics*, Amsterdam: John Benjamins, pp. 17-92.

Labov, W., 1994. *Principles of linguistic change*, Vol. 1 *Internal factors*, Oxford: Basil Blackwell.

Labov, W., 2001. *Principles of linguistic change*, Vol. 2 *Social factors*, Oxford: Blackwell Publishers.

Labov, W., 2010. *Principles of linguistic change: cognitive and cultural factors*, Chichester: Wiley-Blackwell.

Labov, W., Ash, S., and Boberg, C., 2006. *The atlas of North American English*, Berlin: Mouton de Gruyter.

Lakoff, R., 1972. Another look at drift. In R. Stockwell and R. S. K. Macaulay (eds.) *Linguistic change and generative theory*, Bloomington: Indiana University Press, pp. 172-198.

Lancelot, C. and Arnould, A., 1660. *Grammaire générale et raisonnée*, Paris: Pierre le Petit.

Langacker, R., 1987. *Foundations of cognitive grammar*, Stanford: Stanford University Press.

Lehmann, C., 1982. *Thoughts on grammaticalization: a programmatic sketch*, Cologne: Universität zu Köln, Institut für Sprachwissenschaft.

Lehmann, W., 1952. *Proto-Indo-European phonology*, Austin: University of Texas Press and Linguistic Society of America.

Labov, W., 1973. A structural principle of language and its implications. *Language*, 49, pp. 47-66.

Lehmann, W. P., 1992. *Historical linguistics: an introduction*, 3rd edition, London and New York: Routledge.

Li, C. N. and Thompson, S. A., 1981. *Mandarin Chinese: a functional reference grammar*, Los Angeles: University of California Press.

Lichtenberk, F., 1991. On the gradualness of grammaticalization. In E. C. Traugott and B. Heine (eds.) *Approaches to grammaticalization*, Vol. 1, Amsterdam: John Benjamins, pp. 37-80.

Lightfoot, D., 1979. *Principles of diachronic syntax*, Cambridge: Cambridge University Press.

Liljencrants, J. and Lindblom, B., 1972. Numerical simulation of vowel quality sys-

tems: the role of perceptual contrast. *Language*, 48, pp. 839-862.
Lindblom, B., MacNeilage, P., and Studdert-Kennedy, M., 1984. Self-organizing processes and the explanation of phonological universals. In B. Butterworth, B. Comrie, and Ö. Dahl (eds.) *Explanations for language universals*, New York: Mouton, pp. 181-203.
Lord, C., 1976. Evidence for syntactic reanalysis: from verb to complementizer in Kwa. In S. B. Steever, C. A. Walker, and S. S. Mufwene (eds.) *Papers from the parasession on diachronic syntax*, Chicago: Chicago Linguistics Society, pp. 179-191.
Lord, C., 1993. *Historical change in serial verb constructions*, Amsterdam and Philadelphia: John Benjamins.
MacWhinney, B., 1978. *The acquisition of morphophonology*, Monographs of the Society for Research in Child Development, 174, Vol. 43, nos. 1-2, Chicago: The University of Chicago Press.
Maddieson, I., 1984. *Patterns of sounds. With a chapter contributed by Sandra Ferrari Disner*, Cambridge: Cambridge University Press.
Mańczak, W., 1958. Tendances générales des changements analogiques. *Lingua*, 7, pp. 298-325, 387-420.
Marchese, L., 1986. *Tense/aspect and the development of auxiliaries in Kru languages*, Arlington, TX: Summer Institute of Linguistics.
Martinet, A., 1952. Function, structure and sound change. *Word*, 8, pp. 1-32.
Mattoso Camara, J., Jr., 1972. *The Portuguese language*, Chicago: University of Chicago Press.
McWhorter, J. H., 1998. Identifying the creole prototype: vindicating a typological class. *Language*, 74(4), pp. 788-818.
McWhorter, J. H., 2001. The world's simplest grammars are creole grammars. *Linguistic Typology*, 5(2/3), pp. 125-166.
Meillet, P., 1912. L'évolution des formes grammaticales. *Scientia (Rivista di Scienza)*, 6(vol. 12), pp.130-148.
Menéndez-Pidal, R., 1968. *Manual de gramática histórica española*, Madrid: Espasa-Calpe.
Moore, S. and Knott, T. A., 1968. *The elements of Old English*, 10th edition, Ann Arbor: The George Wahr Publishing Co.
Moore, S. and Marckwardt, A. H., 1951. *Historical outlines of English sounds and inflections*, Ann Arbor: George Wahr Publishing Co.
Morin, Y.-C. and Kaye, J. D., 1982. The syntactic bases for French liaison. *Journal of Linguistics*, 18, pp. 291-330.
Mossé, F., 1952. *A handbook of Middle English. Translated by James A. Walker*, Baltimore, MD: The Johns Hopkins Press.
Mowrey, R. and Pagliuca, W., 1995. The reductive character of articulatory evolution.

Rivista di Linguistica, 7(1), pp. 37-124.

Mühlhäusler, P., 1986. *Pidgin and creole linguistics*, Oxford and New York: Basil Blackwell.

Murray, R. W., 1982. Consonant developments in Pali. *Folia linguistica historica*, 3, pp. 163-184.

Murray, R. W. and Vennemann, T., 1983. Sound change and syllable structure in Germanic phonology. *Language*, 59(3), pp. 514-528.

Neu, H., 1980. Ranking of constraints on /t,d/ deletion in American English: a statistical analysis. In W. Labov (ed.) *Locating language in time and space*, New York: Academic Press, pp. 37-54.

Newman, P., 1974. *The Kanakuru language*, Leeds: Institute of Modern English Studies, University of Leeds in association with The West African Linguistic Society.

Newman, P., 2000. *The Hausa language: an encyclopedic reference grammar*, New Haven and London: Yale University Press.

Noël, D., 2007. Diachronic construction grammar and grammaticalization theory. *Functions of Language*, 14(2), pp. 177-202.

Nyrop, K. R., 1914. *Grammaire historique de la langue française*, Copenhagen.

Ogura, M., Wang, W. S.-Y., and Cavalli-Sforza, L. L., 1991. The development of Middle English *i* in England: a study in dynamic dialectology. In P. Eckert (ed.) *New ways of analyzing sound change*, New York: Academic Press, pp. 63-106.

Ohala, J. J., 2003. Phonetics and historical phonology. In B. Joseph and R. Janda (eds.) *Handbook of historical linguistics*, Oxford: Blackwell Publishers, pp. 669-686.

O Siadhail, M., 1980. *Learning Irish*, Dublin: Dublin Institute for Advanced Studies.

Otsuka, Y., 2011. Neither accusative nor ergative: an alternative analysis of case in Eastern Polynesian. In C. Moyse-Faurie and J. Sabel (eds.) *Topics in Oceanic morphosyntax*, Berlin: Mouton de Gruyter, pp. 289-318.

Page, B. R., 1999. The Germanic Verscharfung and prosodic change. *Diachronica*, 16(2), pp. 297-334.

Patterson, J. L., 1992. *The development of sociolinguistic phonological variation patterns for (ing) in young children*, Dissertation, University of New Mexico.

Pawley, A. and Hodgetts Syder, F., 1983. Two puzzles for linguistic theory: nativelike selection and nativelike fluency. In J. C. Richards and R. W. Schmidt (eds.) *Language and communication*, London: Longmans, pp. 191-226.

Peirce, C. S., 1965. *Collected papers, ed. by Charles Hartshorn and Paul Weiss*, Cambridge, MA: Harvard University Press, Belknap.

Penny, R., 2002. *A history of the Spanish language*, 2nd edition, Cambridge: Cambridge University Press.

Perkins, R. D., 1989. Statistical techniques for determining language sample size. *Studies in Language*, 13(2), pp. 293-315.

Petré, P. and Cuyckens, H., 2009. Constructional change in Old and Middle English copular constructions and its impact on the lexicon. *Folia linguistica historica*, 30, pp. 311-365.

Phillips, B. S., 2006. *Word frequency and lexical diffusion*, New York: Palgrave.

Plank, F., 1984. The modals story retold. *Studies in Language*, 8(3), pp. 305-364.

Poplack, S., 2011. Grammaticalization and linguistic variation. In H. Narrog and B. Heine (eds.) *The Oxford handbook of grammaticalization*, Oxford: Oxford University Press, pp. 209-224.

Poplack, S. and Levey, S., 2010. Contact-induced grammatical change: a cautionary tale. In P. Auer and J. E. Schmidt (eds.) *Language and space: an international handbook of linguistic variation*. Berlin: Mouton de Gruyter, pp. 391-419.

Poplack, S., Sankoff, D., and Miller, C., 1988. The social correlates and linguistic processes of lexical borrowing and assimilation. *Linguistics*, 26, pp. 47-104.

Poppe, N. N., 1960. *Buriat grammar*, The Hague: Mouton.

Rand, M. K., Hikosaka, O., Miyachi, S., Lu, X., and Miyashita, K., 1998. Characteristics of a long-term procedural skill in the monkey. *Experimental Brain Research*, 118, pp. 293-297.

Raymond, W. D. and Brown, E. L., 2012. Are effects of word frequency effects of context of use? An analysis of initial fricative reduction in Spanish. In S. Th. Gries and D. S. Divjak (eds.) *Frequency effects in language*, Vol. 2 *Learning and processing*, Berlin: Mouton de Gruyter, pp. 35-52.

Recasens, D., 1999. Lingual coarticulation. In W. J. Hardcastle and N. Hewlett (eds.) *Coarticulation: theory, data and techniques*, Cambridge: Cambridge University Press, pp. 80-104.

Reich, D. et al., 2012. Reconstructing Native American population history. *Nature*, 488, pp. 370-374.

Renfrew, C., 1991. Before Babel: speculations on the origins of linguistic diversity. *Cambridge Archaeological Journal*, 1(1), pp. 3-23.

Rhodes, B. J., Bullock, D., Verwey, W. B., Averbeck, B. B., and Page, M. P. A., 2004. Learning and production of movement sequences: behavioral, neurophysiological, and modeling perspectives. *Human Movement Science*, 23, pp. 699-746.

Riddle, E. M., 1985. A historical perspective on the productivity of the suffixes *-ness* and *-ity*. In J. Fisiak (ed.) *Historical semantics, historical word-formation*, Trends in Linguistics, Studies and Monographs, The Hague: Mouton, pp. 435-461.

Robert, S., 2008. Words and their meanings. In M. Vanhove (ed.) *From polysemy to semantic change*, Studies in Language Companion Series, Amsterdam and Philadelphia: John Benjamins, pp. 55-92.

Roberts, I. and Roussou, A., 2003. *Syntactic change: a minimalist approach to grammaticalization*, Cambridge: Cambridge University Press.

Roberts, J., 1997. Acquisition of variable rules: a study of (t/d) deletion in preschool

children. *Journal of Child Language*, 24, pp. 351-372.
Romaine, S., 1988. *Pidgin and creole languages*, London: Longman Linguistic Library.
Romaine, S., 1995. The grammaticalization of irrealis in Tok Pisin. In J. Bybee and S. Fleischmann (eds.) *Modality in grammar and discourse*, Amsterdam: John Benjamins, pp. 389-427.
Rosch, E. and Mervis, C., 1975. Family resemblances: studies in the internal structure of categories. *Cognitive Psychology*, 8, pp. 382-439.
Rudes, B. A., 1980. On the nature of verbal suppletion. *Linguistics*, 18(7/8), pp. 665-676.
Ruhlen, M., 1978. Nasal vowels. In J. H. Greenberg, C. A. Ferguson, and E. A. Moravcsik (eds.) *Universals of human language*, Vol. 2 *Phonology*, Stanford: Stanford University Press, pp. 203-241.
Salmons, J. C. and Joseph, B. D., 1998. *Nostratic: sifting the evidence*, Amsterdam and Philadelphia: John Benjamins.
Samarin, W., 1967. *A grammar of Sango*, The Hague: Mouton.
Sankoff, G., 2002. Linguistic outcomes of language contact. In J. K. Chambers, P. Trudgill, and N. Shilling-Estes (eds.) *The handbook of language variation and change*, Oxford: Blackwell Publishers, pp. 638-668.
Sapir, E., 1921. *Language: an introduction to the study of speech*, New York: Harcourt, Brace.
Schachter, P. and Fromkin, V., 1968. A phonology of Akan: Akuapem, Asante and Fante. *UCLA Working Papers in Phonetics*, 9.
Schwenter, S. A. and Torres Cacoullos, R., 2008. Defaults and indeterminacy in temporal grammaticalization: the 'perfect' road to perfective. *Language Variation and Change*, 20(1), pp. 1-39.
Ségéral, P. and Scheer, T., 2008. Positional factors in lenition and fortition. In J. B. de Carvalho, T. Scheer, and P. Ségéral (eds.) *Lenition and fortition*, Studies in Generative Grammar, Berlin and New York: Mouton de Gruyter, pp. 131-172.
Seoane, E., 2006. Information structure and word order change: the passive as an information-rearranging strategy in the history of English. In A. van Kemenade and B. Los (eds.) *The handbook of the history of English*, Oxford: Basil Blackwell, pp. 360-391.
Silva-Corvalán, C., 2008. The limits of convergence in contact. *Journal of Language Contact*, 2 (Thema 2), pp. 213-224.
Slobin, D. I., 1997. The origins of grammaticizable notions: beyond the individual mind. In D. I. Slobin (ed.) *The cross-linguistic study of language acquisition*, Mahwah, NJ: Lawrence Erlbaum, pp. 1-39.
Smith, K. A. and Nordquist, D., 2012. A critical and historical investigation into semantic prosody. *Journal of Historical Pragmatics*, 13(2), pp. 291-312.

Smoczynska, M., 1985. The acquisition of Polish. In D. Slobin (ed.) *Crosslinguistic study of language acquisition*, Hillsdale, NJ: Erlbaum, pp. 595-686.
Spagnolo, L. M., 1933. *Bari grammar*, Verona: Missioni Africane.
Stahlke, H., 1970. Serial verbs. *Studies in African Languages*, 1(1), pp. 60-99.
Stebbins, J. R., 2010. *Usage frequency and articulatory reduction in Vietnamese tonogenesis*, Dissertation, University of Colorado.
Stubbs, M., 2002. *Words and phrases: corpus studies of lexical semantics*, Oxford: Blackwell Publishers.
Sturtevant, E. H., 1947. *An introduction to linguistic science*, New Haven: Yale University Press.
Suwilai Premsritat, 2004. Register complex and tonogenesis in Khmu dialects. *Mon Khmer Studies*, 34, pp. 1-17.
Svorou, S., 1994. *The grammar of space*, Amsterdam: John Benjamins.
Tao, L., 2006. Classifier loss and frozen tone in spoken Beijing Mandarin: the yiþge phono-syntactic conspiracy. *Linguistics*, 44(1), pp. 91-133.
Terrell, T., 1977. Constraints on the aspiration and deletion of final /s/ in Cuban and Puerto Rican Spanish. *The Bilingual Review*, 4, pp. 35-51.
Thomason, S. G., 2001. *Language contact: an introduction*, Washington, DC: Georgetown University Press.
Thomason, S. G. and Kaufman, T., 1988. *Language contact, creolization, and genetic linguistics*, Berkeley and Los Angeles: University of California Press.
Thurgood, G., 2002. Vietnamese and tonogenesis: revising the model and the analysis. *Diachronica*, 19(2), pp. 333-363.
Thurgood, G., 2007. Tonogenesis revisited: revising the model and the analysis. In J. G. Harris, S. Burusphat, and J. E. Harris (eds.) *Studies in Tai and southeast Asian linguistics*, Bangkok: Ek Phim Thai, pp. 263-291.
Thurneysen, R., 1956. *A grammar of Old Irish*, trans. D. A. Binchy and O. Bergin, Dublin: The Dublin Institute for Advanced Studies.
Tiersma, P., 1982. Local and general markedness. *Language*, 58, pp. 832-849.
Timberlake, A., 1978. Uniform and alternating environments in phonological change. *Folia Slavica*, 2, pp. 312-328.
Torres Cacoullos, R., 2000. *Grammaticization, synchronic variation, and language contact: a study of Spanish progressive -ndo constructions*, Amsterdam and Philadelphia: John Benjamins.
Torres Cacoullos, R., 2001. From lexical to grammatical to social meaning. *Language in Society*, 30, pp. 443-478.
Tranel, B., 1981. *Concreteness in generative phonology: evidence from French*, Berkeley: University of California Press.
Trask, R. L., 1995. *Historical linguistics*, London: Arnold Van Bergem.
Traugott, E. C., 1972. *A history of English syntax*, New York: Holt, Rinehart and Win-

ston.

Traugott, E. C., 1989. On the rise of epistemic meaning: an example of subjectification in semantic change. *Language*, 65, pp. 31-55.

Traugott, E. C. and Dasher, R. B., 2002. *Regularity in semantic change*, Cambridge: Cambridge University Press.

Travis, C. E. and Silveira, A., 2009. The role of frequency in first-person plural variation in Brazilian Portuguese: *nós* vs. *a gente*. *Studies in Hispanic and Lusophone Linguistics*, 2(2), pp.347-376.

Trousdale, G., 2008. Words and constructions in grammaticalization: the end of the English impersonal construction. In Susan M. Fitzmaurice and Donka Minkova (eds.) *Studies in the History of the English Language*, Berlin and New York: Mouton de Gruyter, pp. 301-326.

Trudgill, P. and Hannah, J., 1994. *International English: a guide to the varieties of standard English*, New York and London: Edward Arnold.

Underhill, R., 1976. *Turkish grammar*, Cambridge: Cambridge University Press.

Vafaeian, G., 2010. *Breaking paradigms: a typological study of nominal and adjectival suppletion*, Stockholm: University of Stockholm.

Vennemann, T., 1972. Rule inversion. *Lingua*, 29, pp. 209-242.

Vennemann, T., 1975. An explanation of drift. In C.N. Li (ed.) *Word order and word order change*, Austin: University of Texas Press, pp. 269-305.

Vennemann, T., 1988. *Preference laws for syllable structure and the explanation of sound change*, Berlin: Mouton de Gruyter.

Veselinova, L., 2003. *Suppletion in verb paradigms: bits and pieces of a puzzle*, Stockholm: Stockholm University.

Watkins, C., 1962. *Indo-European origins of the Celtic verb I: the sigmatic aorist*, Dublin: The Dublin Institute for Advanced Studies.

Weinreich, U., 1968. *Languages in contact: findings and problems*, The Hague: Mouton.

Welmers, W. E., 1973. *African language structures*, Berkeley and Los Angeles: University of California Press.

Wiedenhof, J., 1995. *Meaning and syntax in spoken Mandarin*, Leiden: Cnws Publications.

Wilbur, T. H., 1977. Introduction. In T. H. Wilbur (ed.) *The Lautgesetz-controversy: a documentation (1885-86)*, Amsterdam: John Benjamins, pp. 9-91.

Wilson, D. V., 2009. From 'remaining' to 'becoming' in Spanish: the role of prefabs in the development of the construction quedar(se) þ ADJECTIVE. In R. Corrigan, E. Moravcsik, H. Ouali, and K. Wheatley (eds.) *Formulaic language*, Typological studies in language, Amsterdam: John Benjamins, pp. 273-295.

Zalizniak, A. A., Bulakh, M., Ganenkov, D., Gruntov, I., Maisak, T., and, Maxim, R., 2012. The catalog of semantic shifts as a database for lexical semantic typology.

Linguistics, 50(3), pp. 633-669.

Zendejas, E. H., 1995. *Palabras, estratos y representaciones: temas de fonología léxica en zoque*, Mexico City: Colegio de Mexico.

監訳者解説

　本訳書は Joan Bybee 氏（以下 Bybee とし敬称略）の最新の著書 *Language Change* (Cambridge University Press, 2015) の全訳である．監訳者あとがきに記されているとおり，多種多様な研究背景を持つメンバーの複眼的な見方が功を奏し，単なる翻訳作業を超えた良い入門書になったと感じている．
　作業途中の 2017 年暮れ頃，監訳者（柴﨑，以下監訳者）なりに Bybee の主要研究のリストアップと簡単な解説が概ね出来上がっていた．そうした折，Bybee の下で研鑽を重ねた研究者による論文集が刊行予定との知らせを，紀伊國屋書店の「洋書刊行案内」を通して知り得た．編者は K. Aaron Smith と Dawn Nordquist で，ともに Bybee の下で学位取得を終えて現在活躍中の研究者である（Smith 氏は 2003 年，Nordquist 氏は 2006 年に学位取得）．刊行予定のチラシから内容を確認してみると，どうやら Introduction のところでは，2005 年 1 月のアメリカ言語学会会長演説（Presidential Address）(Bybee 2005 を参照）に近いものを含む Bybee の研究総括になりそうであることが推測できた．2018 年 3 月の同論集到着後，直ちに Smith and Nordquist (2018) を確認してみた．高弟のまとめた Bybee の主要業績と解説は，監訳者のまとめたものよりも簡潔にして要を得たものであるのは言うに及ばないであろう．そこで，本監訳者解説では Smith and Nordquist (2018) の内容に触れつつ，そこでは取り上げられていない Bybee の研究および関連分野での位置付けなどを紹介する．本訳書を手に取る大学院生や若手研究者にとって，やや手広に研究史を知ることも大切だと思うからである．
　Bybee は 1945 年 2 月 11 日ルイジアナ州ニューオーリンズに生まれ，本監訳者解説を執筆している 2019 年 2 月現在で 74 歳である．現在でも精力的に論文を執筆し（e.g. Bybee 2017；Bybee et al. 2016)，世界各地で基調講演や招待講演をこなしている（2019 年 7 月にはスイスのヌーシャテル大学 (Neuchâtel) で開催の「ICAME 第 40 回大会」で招待講演を行う予定）．ニューメキシコ大学のホームページには，最新のものではないものの彼女の公式の履歴書（curriculum vitae, CV）が掲載されており参考になる (http://www.unm.edu/~jbybee/page6.html)．テキサス大学オースティン校にて B.A.（学士，スペイン語と英語，1966 年），サン・ディエゴ州立大学にて M.A.（修士，言語学，1970 年），カリフォルニア大学ロサンゼルス校にて Ph.D.（博士，言語学，

1973 年）を取得している．大学院在籍直後から，広範な学問領域での研究業績（e.g. 生成音韻論，言語習得，形態論（とりわけ Network Model），文法化，認知言語学，用法基盤言語学），多数の博士号取得者の輩出，学界への貢献（e.g. 2004 年アメリカ言語学会会長，同学会執行部 2003–2006 年）などを経て，現在ニューメキシコ大学名誉教授である．Bybee の研究に，スペイン語や英語史に関するデータが多いのは，彼女が学部時代に心血を注いだ名残なのであろう．

　監訳者が Bybee と直接話をすることができたのは，2001 年の「アメリカ言語学会夏期集中講座（LSA Summer Institute, カリフォルニア大学サンタ・バーバラ校（UCSB））」，2003 年の「第 16 回国際歴史言語学会（ICHL16, デンマーク・コペンハーゲン大学）」，2006 年の「HDLS7（ニューメキシコ大学）」などを含め片手で足りるほどである．しかし，どこの馬の骨とも分からない駆け出しのアジア人の質問に対して，時間を割き，建設的にコメントを頂けたことは大変印象的であった．

　Bybee は 1980 年代初頭までは姓が Hooper であり，1970 年代に Sandra A. Thompson との共同研究を残している．2000 年代初頭だったと思うが，Thompson が監訳者に，「残念ながら Joan（Bybee）は私の学生ではなかった」と語っていた．多くの著名な研究者を輩出してきた Thompson が，冗談とも思えない表情で打ち明けたことを今でも鮮明に覚えている．Sandra A. Thompson と言えば誰もが認める世界屈指の研究者であり，2017 年の国際語用論学会（IPrA, Belfast）では「IPrA's John J. GUMPERZ LIFE-TIME ACHIEVEMENT AWARD」の栄えある第 1 回目の受賞者に選ばれている．そんな彼女も惜しむほどに快進撃を続ける Bybee の紹介は容易ではないが，以下に，監訳者の思いがあまり前面に出ないように冷静に解説を試みる．なお，監訳者解説での引用文献は，訳者および監訳者解説引用文献にすべて含めてある．

1. ことばの変化はいか様にか

　様々な事象に興味を抱く際，とりわけことばの変化を目の当たりにする際に，毎回のように脳裏を霞めるのがことばの変化に対する古今の見解である．紙幅の都合で一例だけ紹介したい．

　　(1) 『徒然草』第 22 段（小川 2015: 34, 286）
　　　　何事も，古き世のみぞ慕はしき．今様は無下にいやしくこそなりゆく

めれ．（略）文の詞などぞ，昔の反古どもはいみじき．ただ言ふ言葉も，くちをしうこそなりもてゆくなれ．いにしへは，「車もたげよ」「火かかげよ」とこそ言ひしを，今様の人は，「もてあげよ」「かきあげよ」と言ふ．（略）くちをしとぞ古き人は仰せられし．
（何事につけても昔の世ばかりが慕わしい．現代風はむやみに下品になっていくようである．（略）手紙の言葉などでも，昔の反古類に書いてあるのはみごとなものである．しかしふだん日常に交わす話し言葉は，次第に嘆かわしいものになっていくようである．昔は，「車もたげよ（車の轅を持ち上げよ）」「火かかげよ（灯心を掻き上げよ）」と言っていたのに，現代の人は，「もてあげよ」「かきあげよ」と言う．（略）これらは実に嘆かわしいとある古老がおっしゃった．）

　古い時代の良さを思い，ことばの変化を受け入れ切れていない内容である．『枕草子』の「ふと心劣りとかするものは」章段にも近い思いが記されている．
　文化庁の実施する「国語に関する世論調査（2017年度）」によると，官庁資料などでよく使われているカタカナ言葉の一部は，世間一般に必ずしも理解されていない実態が報告されている．例えば，「インバウンド（訪日外国人旅行者）」の正答率は25.5％で，「コンソーシアム（共同事業体）」は16.2％に止まっていた（文化庁文化部国語課2018）．現代でも，新しい表現が生まれる早さよりも，それらを受け入れる気持ちの準備により多くの時間がかかるようである．
　英語史の場合にも近いものがあり，ヒッチングズ（2014）とShea（2014）は「正しい英語を巡っての論争史」を軽妙な語り口で紹介している．ジョン・ドライデン（John Dryden）は17世紀の偉大な桂冠詩人であり，「自分の英語の純粋さを，いかに滑らかにラテン語に翻訳できるかという点から自己採点する」習慣を持っていた（ヒッチングズ2014: 57）．有名な例として，文を前置詞で終わらせない（pied-piping, 随伴, e.g. To whom did he talk yesterday?）という文構成を心掛けていた．ところが，ドライデン自身の著作『劇詩論（*Essay of Dramatic Poesy*, 初版1668年）』の中に前置詞で終わる表現（preposition stranding, 前置詞残留, e.g. Whom did he talk to yesterday?）のあることに気づき，ドライデンは同書再版（1684年）ではすべてを修正したほどであった（Shea 2014: 99；ヒッチングズ2014: 58）．桂冠詩人や王立協会の「英語改善委員会」の委員でもあったドライデンの影響力は強く，彼の考えは18世紀の文法家にも引き継がれ，18世紀末には前置詞で終わる表現が重大な誤りと判断されることとなった（Shea 2014: 100-106）．一方で，実際の言語使用は規範には必ずしも従ってはいないことも報告されている（Yáñez-Bouza 2015）．

さらに，文体に対する見解も無視できない．大学1年時に読んだ以下の本には過去と現在のことばの類似性が指摘されていた．

(2) When we examine the syntax of Old English prose, we find that in many ways it resembles the spoken English rather than the written English of the present day." (Brook 1973: 115)
（古英語散文の統語構造を調べてみると，いろいろな意味で，現代英語の書きことばというよりは，むしろ話しことばと共通点の多いことがわかる．）

こうした見解をひとつひとつ精査することも興味深いだろう．しかし，留意しておきたいことは，「ことばは変化する」ものであり，時として，その構造的（あるいは意味・用法的）特徴が長期間にわたって保たれることもあるという点である．

特定の理論や仮説が一体どこまで一般化できるか否かは別として，身近に感じ取れることばの実態に迫るとはどういうことなのだろうか．Croft (2003) が「言語は変化しない．人が言語を変化させるのだ (language don't change; people change language)」といみじくも述べているが (289頁)，この表現では人が意識的にことばを変化させているともとれる．しかし，人は無意識のうちに言語を使用し人知れず変化させているのではないだろうか（ヘラー＝ローゼン 2018；Bybee 2001: 60-62；小松 1999）．その意味で，本書タイトルの訳出『言語はどのように変化するのか』に，こうした言語変化の非意図性が汲み取れる工夫が施されていることを感じ取って頂ければ幸いである．

本書で Bybee が依拠する「用法基盤理論」には，考えるためのヒントが豊富な実例とともに用意されている．既に特定の分野では広く受容されている理論でもあり（以下に見る第二言語習得研究など），優れた解説書や書評も刊行されている (e.g. Phillips 2016；兼安・岩崎 2017；遠峯 2017；中山・大谷 [近刊])．そこで，本監訳者解説では，用法基盤理論の重要な点を取り上げつつ，可能な範囲で，既刊（あるいは近刊）の論考を補う形で説明を試みたい．なお，第8章の訳者注で引用した参考文献との重複は極力避けた点を付しておく．

2. 用法基盤理論 (Usage-Based Theory)

用法基盤理論（使用基盤理論）の定義として以下のものがある．

(3) 用法基盤理論
言語を現実の使用から切り離された静的な規則の体系として見ずに，

具体的な発話の場における使用に本質的な重要性を認める言語モデルの総称 (坪井 2013: 361).

つまり，具体的なコンテクストにおける言語の使用実態を考察する研究手法であり，そこでは言語変化も同様に考察対象になっている (Bybee 2013). 言うまでもなく，用法基盤理論を初めて提唱したのは Langacker (1987) である (46頁，494頁など). その後，言語の使用実態に基づいて人間の言語能力の解明に取り組む研究者に新たな息吹を与えられ，様々な方面でその可能性が開花している．Langacker (2000) 自身も「動的使用依拠モデル (A dynamic usage-based model)」としてより詳細な見解を提案しており，そこでは Bybee (1985) や Bybee and Slobin (1982) などへも新たに言及がある．近年のものでは López-Couso (2017) が秀逸である．

ここでは Kemmer and Barlow (2000) を参照し，用法基盤理論の9つの側面を見ておこう．

(4) a. An intimate relationship between linguistic structure and instances of language use
   （言語構造と言語の使用実態とが深く結びつくこと）
 b. A recognition of the importance of frequency
   （頻度の重要さを認識すること）
 c. A view that comprehension and production are integral to the linguistic system
   （理解とその産出は言語システムに不可欠であるという見解）
 d. A focus on the role of learning and experience in language acquisition
   （言語習得では学習と経験という役割に意識を向けること）
 e. Recognition of representations as emergent rather than fixed
   （表出とは固定したものではなく創発的であると認識すること）
 f. Attention to the importance of usage data in theory construction and description
   （理論構築と記述には実例が重視されることに留意すること）
 g. Attention to the intimate relationship between usage, synchronic variation, and diachronic change
   （(慣)用法，共時的変異，および通時的変化の深い結びつきに留意すること）
 h. Awareness of the interconnectedness of linguistic system with other non-linguistic cognitive systems
   （言語システムと非言語的認知システムの相関性を自覚すること）

i. Appreciation of the crucial role of context in the operation of the linguistic system
（言語システムが正しく作動するにはコンテクストが不可欠な役割を担うと認識すること）

(Kemmer and Barlow 2000: viii-xxii)

Kemmer and Barlow (2000) によると，用法基盤理論という名の下の研究には，上述の考え方が多かれ少なかれ共有されているという．第二言語習得などを中心とする定型表現研究でも，研究の進むべき方向と取り上げるべき課題として (4) が紹介されている (Wood 2015: 168-169)．Wood (2015) を含め，こうした研究の多くが，必ずしも談話機能言語学や認知言語学を拠り所としていない点も興味深い（第 3 節を参照）．

Smith and Nordquist (2018: xvii) という Bybee の二人の高弟が紹介するように，Bybee は大学院時代から現在に至るまで一貫して言語使用に基づく研究を続けていた．実例主義を貫いた Bybee 流の共時的・通時的あるいは言語習得研究から，言語の使用実態が様々に報告されている．例えば，統語論と意味論の境界を区別せず，場合によっては拭い去ることもあり，語彙と文法（統語）を分け隔てることをしないなど (Wood 2015: 168)，実際の言語使用における語の連鎖性（連続性, sequentiality）が言語変化にとって重要であることが強調されている（例えば本書第 4.7.2 節や Shibasaki (2018a) など）．

以下では，本書で取り上げられていない Bybee (2002) の重要な仮説「線状融合仮説 (Linear Fusion Hypothesis, 試訳)」を事例とともに紹介する．つまり，連鎖性は言語の基本を成すもので，チャンク形成（chunking）や構成素間の再分析（reanalysis）も連鎖性から現れるという事実観察に基づく仮説である．頻繁に共起する表現が結合して構成素になりうるからである（109 頁）．この事実は，意外な語の連鎖がコロケーションとして認識されていることからも支持できる（コロケーションについては第 3 節を参照）．

2.1. Nordquist (2018)

Nordquist (2018) は，以下の下線部に見られる刷新表現（innovation）に注目している．なお，(5) は look up about の初出と見なされている（226 頁）．

(5)　… I need to look up about ghost possessing people. We all know that older students like to tease the younger ones. I mean, Flint does that all the time.

(September, 1991, part of an internet forum; Nordquist 2018: 226)

（私は，幽霊に取りつかれている人について調べる必要がある．年上の学生は年下の学生をからかいたがるものだし．と言うのも，Flint はのべつ幕なしそればかりだから．）

Nordquist によると，look up about は「グーグルで調べる，ググる (to google)」と概ね同義で使用されているという．大規模コーパスの COCA (Corpus of Contemporary American English) には，小説，雑誌，新聞，学術記事，話しことばのレジスターが確認できる．しかし，COCA で検索してみると僅か 5 例しか拾うことができず，そのうちいずれもが「グーグルで調べる」のような「句前置詞動詞 (phrasal-prepositional verb)」という「多語動詞 (multi-word verb)」用法ではないようである (226 頁)．同僚のアメリカ人数名 (30 代～50 代) に聞いてみたところ，皆 look up about に違和感を覚え，「グーグルで調べる」という意味を伝えた場合でも躊躇の色は隠せていなかった．今後，定型表現化される可能性があるかも知れない程の段階と感じられた．実際，Nordquist のデータの大半は (5) のようにインターネット上からのものである (241 頁)．辞書に登録済みの多語動詞の一例として find out about (～に関する事実に気付く) があるが，look up about は（おそらく本原稿執筆段階でも）辞書にはまだ登録されていない．

ところが，2000 年代後半から使用頻度が劇的に増え，以下のような再分析があったのではないかと Nordquist は推測している．再分析 (7) は例文 (6) に基づいている．

(6) Why do you want the numbers in F anyway? It does not relate to anything else, as any comparisons or information you try to look up about about the temperatures you experience will all be in C.

(December, 2001; Nordquist 2018: 241)

（一体どうして F の数字にこだわるの？ どれとも関係ないと思うよ．というのも，実体験する気候について君が広く調べている比較や情報はすべて C にあるのだから．）

(7) Head NP$_i$ [RELATIVE CLAUSE: NP look up ___$_i$] [about NP]EXTRA-POSED PP
information [you try to look up about] [about the temperatures you experience]

(Nordquist 2018: 242)

もともと，look up という句動詞と外置された (extraposed) 前置詞句 about NP とが徐々にチャンク化され，多語動詞化されたと Nordquist は提案してい

る．そしてチャンク化した1つの動詞として機能し始めると，前置詞(句)が付加される場合もあり，その例が (6) だと述べている．もちろん，刷新表現であるため更なるデータと近未来の使用実態を知るべく継続調査が必要ではある．しかし，find out about や face up to などの表現が存在すること，あるいは，the fact is (that) という語用論標識がチャンク化して the fact is is (that) という表現が派生した事実を考えると（柴﨑 2015），さらなる検討に値すると思われる．Bybee and Moder (2017) の分析する beg the question 構文も興味深い関連事例と言える．

なお，第5章監訳者注5 (124頁) で，COCA の総語数が原著準備段階時と本訳出時で異なるとの補足があった．このように，定期的に資料が加えられ（場合によっては間違いなども訂正されるなどを経て）データ量を増していくコーパスは「モニター・コーパス (monitor corpora)」と呼ばれている (McEnery et al. 2006: 67)．その意味で，教育研究目的で使用する場合にはアクセス日を明示することが適切と思われるが，必ずしもそうではない場合が世界的に散見している．

2.2. Bybee and Scheibman (1999)

アメリカ英語における助動詞 do と否定辞 not の縮約形 don't に関する研究である．縮約の度合いに深い関係を持つのが生起頻度であり，とりわけ，don't に先行する一人称単数形代名詞 I と後続する know, think という高頻度で生起する組み合わせの場合に，縮約の度合いも高いという相関関係が提示されている．Bybee and Scheibman (1999) は Bybee (2007) の第14章に再掲されているため，以下に示す該当頁は Bybee (2007) のもので統一してある．

重要な考察結果を2点紹介する．まず，I don't know という最も使用頻度の高い組み合わせの場合，don't の母音縮約が最も著しく，[ə] や [əö] と発音されている．もちろん，「閉鎖音 + o ([dõt], [dõn], [dõ])」，「弾音 + o ([rõt], [rõ], [r̃õ])」，「弾音 + ə ([rəö], [r̃əö])」も確認されているが，I と共起する場合と know と共起する場合に，母音が最も縮約された [ə] や [əö] が見られるという (297-299頁)．関連事例として (8) も紹介され，こうした動詞に縮約を促す特性があるわけではなく，高い使用頻度に基づくチャンク化がその理由と考えられている．

(8) I don't think, I don't have (to), I don't want, I don't care
(Bybee 2007: 299)

微に入り細を穿つこうした手法は，理論の極度な抽象化を避け，言語変異を認

める Hooper (1976) を思い起こさせる．さらに，現在では語用論標識 (pragmatic marker) と呼ばれる (8) のような表現を，述語の叙実性 (factive vs. non-factive) と断定性 (assertive vs. non-assertive) という観点から論じる Hooper (1975) とも関係している．例えば，「補文前置 (complement preposing)」が可能なのは断定的述語の場合に限定され，以下の (9) の補文前置は (9a) から (9b) を派生するとされる．

(9) a. I think the wizard will deny your request.
（その魔術師は君の要望を拒絶すると私は思います．）
b. The wizard will deny your request, I think.
（その魔術師は君の要望を拒絶しそうですね．）

(Hooper 1975: 94)

もちろん，現在の研究では再検討が必要ではあるが (e.g. Brinton 2017)，大規模コーパスなどが一般的ではない時代に，こうした事実を鋭く論じていた点は，後の用法基盤的分析を想起するに十分である．「否定辞繰り上げ (negative raising)」も論じられている (Hooper 1975: 105-106)．

もう一つの重要な観察結果は，I don't know という高い頻度で使用される表現が，自律的な単位として記憶されていることである（以下の第3節も参照）．つまり，I don't know, I don't mean, I don't feel などの表現はどれも頻繁に用いられるもので，伝統的な構成素構造として「主語」と「動詞（句）」へ分けることができない点である（306頁）．もちろん，代名詞は主要部である動詞に接辞化される場合も言語類型論的に不思議ではない（309頁）．（その意味では，2.1節で触れた the fact is という名詞主語を伴うチャンク化は再考に値するであろう．）

手元にある *Language Files* 第8版 (Department of Linguistics, The Ohio State University, 2001) を見て確認してみよう．構成素テスト (constituency test) に関する6.1節では，説明と練習問題を含めて，主語と動詞(句)は主要な分岐点であり，「主語-動詞(句)」が構成素として認められてはいない．使用頻度とチャンク化により，構成素テストが適用できない事例を説明付ける「線状融合仮説」の妥当性を裏付けている (Bybee 2007: chap 15 も参照)．本訳書の第2章から第5章にも関連する事例が含まれているので改めて目を通してもらいたい．

関連事例として，文法化研究で頻繁に指摘される「一語化 (univerbation)」があり，第7章でも（例えば7.4.2節）人称詞の派生が取り上げられている．追加事例として，イタリア語の non so che (分からない (I don't know)) が一

語化されて nonsoche になり，「説明しがたい何か (something which is difficult to explain)」という意味と機能を担う例もある (Blank 2001: 1602). 金田一 (1999: 11) は，奄美・沖縄地方の名詞と助詞の融合に触れている．例えば，名詞「天」はティンと発音するようだが，「天は」と助詞が後接すると「ティノー」となり，「天も」の場合はティヌンとなるようだ．母方言話者が名詞と助詞を分ける意識を持っているかどうかは分からないが，膠着語的な機能というよりは格変化する一語と思えなくもない．言語の使用実態に基づく用法基盤理論は，これら以外にも様々な事例と関係していると思える (Bybee and Moder 2017).

本節の最後に次の点を添えておきたい．言語の連鎖性やチャンク化による構文化という見方，および，歴史的に近い意味の語が同じ構文に使用されるようになるという見解は，Harris (1954) の「似た文脈に現れる単語どうしは，似た意味を持つ傾向にある」という分布仮説に近いと思われる（実は Bybee (1985) での主張と重なるものである）．なお，人工知能研究でも Harris の研究が取り上げられることもある (川添・花松 2017: 197, 267).

さらに重要と思われる点は，「談話分析 (discourse analysis)」という用語自体も Harris (1951) あたりから知られるようになったという事実である (vii, 9ff; 野間 2018: 註 33 頁, 109). 実際，編者の留学先であったカリフォルニア大学サンタ・バーバラ校 (UCSB) で，John W. Du Bois 氏の授業を受講した際にも，会話中に現れるチャンク化や連鎖性の考察の際に，Harris の著書へも言及があり，関連資料として読む機会があった．何らかの縁で本書を紐解く学部生や大学院生は，視野を広く持つことで，異なる理論が無意味に排他的扱いにならぬよう気を付けてみるのも良いかもしれない．

3. 言語習得と定型表現研究

子どもの言語習得上の「プレハブ表現 (prefabricated expression)」の重要性については，Clark (1974) の先駆的研究がある (8.3.1 節および訳者注 9 も参照). 広く知られた研究である Wong-Fillmore (1976) では，6 歳児の英語第二言語学習者が学習途上で定型表現を効果的に使用する実態も示されている．Moon (1997) はイディオム，プレハブ表現，チャンクなどを緩くひとまとめにしてその特徴を示し (44 頁), 門田 (2018) も表 1 として再掲している (96-97 頁). 門田は，細かな用語や専門的な分類をひとまず脇に置き，言語学習上，効果的と判断できる表現群として表 1 を紹介している．なお，門田 (2018) や Moon (1997) をはじめ，本節で触れる多くの研究は応用言語学に位置づけられる研

究であり，認知言語学や談話機能言語学と必ずしも強い関連性があるわけではない（その点は井上 (2018) も同様）．以下，フォーミュラを「定型表現」とする．

表1：フォーミュラ（定型表現）の種類 (Moon 1997: 44；門田 2018: 97 に再掲)

種類	内容
複合語 (compounds)	freeze-dry, Prime Minister, long-haired など
句動詞 (phrasal verbs)	go, come, take, put などの動詞と up, out, off, in, down などの機能語からなるもの
イディオム (idioms)	kick the bucket, rain cats and dogs, spill the beans など
固定フレーズ (fixed phrases)	of course, at least, in fact, by far, good morning, how do you do など，上の3つに入らないもの．dry as a bone のような直喩や It never rains but it pours のようなことわざも含む
プレハブ (prehabs)	the thing/fact/point is, that reminds me, I'm a great believer in … のような決まり文句

　この表から読み取れることを2点挙げてみる．1つは，ひとまとまりの定型表現の語数が6語以内に収まる長さであること，もう1つは，そうした定型表現の長さ（語数）が Chafe (1994) の指摘するイントネーション・ユニット (intonation unit) の長さである概ね6語以内（2〜5語とも）と一致する点である．つまり一呼吸で発せられる思考の単位が，定型表現の長さと一致していることが分かる．さらに，Miller (1956) の指摘した，一度に記憶できる長さにも制約がかかる（7語）という有名な研究とも一致する点は偶然とは思えない．人工知能研究との関連で，野村 (2016) も Miller (1956) へ言及している点は興味深い (64-65 頁)．

　定型表現研究史の中では，その包括的な基準設定が言語習得研究の中で進められてきた点も無視できない．本書でも取り上げられている（第2章など）プロゾディ（韻律）との関係に注目した Peters (1977) も思い起こされる．Lin (2018) でも紹介されているように，定型表現に特徴的なプロゾディに注目し，子どもの言語使用にもその存在を認めて定型表現を特定する手掛かりとしたのは Peters が初めてである．その後，子どもの定型表現認定のために9つの基準を設けた Hickey (1993) にも音声的な基準が含まれており，音韻的基準のみで定型表現が特定できるとする Plunkett (1990) もある (Lin 2018: 17)．いずれにしても，音の特徴に注目している (Wray (2002), MacKenzie et al. (2018), López-Couso (2017) も参考になる)．

成長とともに，子どもの発話が当該言語の大人の発話に変化してゆくことも本書 5.10 節などで示されている．Bybee の用いた広範なデータでは，言語変化の起因となるのは子どもの言語ではなく大人の言語であることが示されていたが，一方で，子どもの言語を変化の起因とする報告もある (Cournane 2016)．試みに CHILDES のデータを見ると，例えば，gonna の発話時期が going to よりも遅い子供と，ほぼ同時期に両表現の発話が確認できる子供がおり，(親からのインプット量も含めて) 個人差を認めねばならない．Bybee (2015) が domain-general を推奨し (11.1.1 節)，Cournane (2016) が domain-specific を唱える (24 頁) 点も無視できない．

ここでは Butterfield (2008) の例で考えてみたい．例えば，ブログに適しているものを blogtastic と命名したり，驚いて息を呑むようなことを gaspworthy と述べたとしても，英語母語話者は問題なく理解できるという (14 頁)．しかし，こうした刷新表現がいつ創発するのかや，表現として確立するか否かは誰も予測できない (同上)．仮に，こうした刷新表現の 1 つを，子供とも大人とも言い切れない 20 歳ほどの英語母語話者が発し，後に辞書に登録されるまでに一般化したとすると，どう扱うべきであろうか．答えは簡単ではないはずだ．類推や頻度が言語変化に有効であることは本書で十分に示されているが，複雑な現象すべての説明が可能かどうかは，我々の世代に託された課題とも言える．第二言語習得研究において用法基盤モデルが注目され，Bybee の研究も広く受け入れられている事実からも，より広範なデータを分析し，子どもの発話の変化を具に見直してみる価値は十分にあると思われる．

本小節を締めくくるにあたって，大人の発話中に使用されるコロケーションの割合も示しておきたい．堀 (2011) は，コロケーションは「語と語の間における，語彙，意味，文法等に関する習慣的な共起関係を言う」(15 頁) と定義し，ヒラリー・クリントン氏のインタビューの抜粋 (15) を用いて，コロケーションの割合を検討している．

(10)　And then finally, we will hear from a young woman who knows exactly what's at stake. Deanne is 13. She lived in a foster home for seven years before moving into a group home in Topeka, Kansas.
("Adoption is a new beginning" East Room of the White House", November 13, 1995; 堀 2011: 18)
(そして最後に，危機に瀕しているものが何かを正確に知っている若い女性から話を伺います．ディアンは 13 歳です．児童養護施設で 7 年間過ごしたのち，カンザス州のトピーカにあるグループホームに移りました．)

堀 (2011) が様々な角度から分析した結果，全体で 37 語の発話中に 22 語（約 60%）のコロケーションが確認できたとしている．一方で，使用頻度から見た場合，どこからを該当事例として認めるかも容易ではなく，実際，原著（Bybee 2015: 40）でも「今のところ，何が高頻度で何が低頻度かを決める方法がわかっていない」と冷静な姿勢を示している（堀 2011: 18-24 も参照）．いずれにせよ，こうした大人の発話を耳にして子どもは言語を習得し，おそらく，監訳者のように英語を外国語として学習する者も，門田 (2018) の指摘するように効率良く慣用法を蓄積してゆくのであろう．8.3.2 節の二重目的語構文と定型性に関する議論も参照されたい．

4. 通時的変化と共時的変異

　鈴木他 (2017) は Bybee の研究も分かり易く解説している貴重な論集であり，全編を通して「話しことば」における言語特徴が丁寧に紹介されている．実例主義に徹する研究手法は Bybee のそれと重なる部分が少なくない．一方で，他の研究では行き過ぎた意見も散見される．例えば，澤田 (2016) は「統語融合文は WL〔書きことば；柴﨑・注〕の文法論では許されない構造」(166 頁) と明記しており，読み方次第では「刷新表現は話しことばから」とも解釈できてしまう可能性がある．しかし，柴﨑 (2017) や Shibasaki (2018b) で言語事実を提示したように，必ずしもそうではなく，書きことばによる影響も十分に考えられる．

　では，「書きことば」あるいは会話以外のレジスターでは，ことばの特徴的な用法や変化はどうなっているのかという素直な興味も湧いてくる．Bybee の研究が重要なのは，徹底した実例主義に基づく研究スタイルだけではなく，必ずしも話しことばに研究手法を限定していない点である．本書にも通時的考察が多分に含まれており，共時的変異と通時的変化が包括的に紹介されている．

4.1. 文献資料と通時的変化

　日本語についても関連事例は豊富に存在し，Bybee も本訳書でその 1 つを取り上げている (2.5.3 節)．いわゆる「唇音退化」(非唇音化 (delabialization) とも) である．今では広く知られるところとなったが，ごく簡単に補足しておく．

(11) 母には二度あひたれども父には一度もあはず

(1516 年頃「後奈良院御撰何曽」; 福島 1973: 26)

このなぞの解は「くちびる（唇）」である．福島 (1973) によれば，「ハハ（母）は，軽唇音で発音するから二度あうが，チチ（父）は，唇が一度もあわないとして，この「なぞ」を正解した」と述べている (26-27 頁注 4)．つまり，後奈良院の時代では，「ハハ（母）」の「ハ」の音は「軽唇音（両唇摩擦音 (ɸ)）」であったため，その発音の際に上下の唇が二度触れあうことになる ([ɸaɸa])．ところが，「チチ（父）」の場合には，歯茎閉鎖音 (t) あるいは硬口蓋閉鎖音 (c) のいずれだとしても (cf. Frellesvig 2010: 305)，その発音の際に上下の唇が触れあうことはない．福島 (1973) によれば，このなぞを解いた人物として『広辞苑』の生みの親である新村出氏が紹介されている（新村 (1971) に論考が再掲されている）．このなぞは，後奈良院の時代よりさらに一世紀近く遡ることが実証されており，過去の音を再現する意味でも大変重要なことがわかる．言い換えれば，文献資料を駆使して，過去の話しことばの実態を解明することは不可能ではないのである．

　Bybee が「無声両唇閉鎖音 /p/ は弱化して完全に消失する傾向がある」(2.5.3 節) として複数の言語を紹介している．系統発生的に異なる言語間で近い変化が確認できることは，過去の記録が使用実態を可能な形で反映しているからである．哲学者のヘラー＝ローゼン (2018) が，鋭く新鮮な切り口で言語の在り方を実証的に分析しており，とりわけ同書第 4 章は本解説とも重なる点が多い．鈴木 (1985) や山口 (2002) からも過去のことばの再現を実感することができる点を付記しておく．

　歴史言語学と聞くと，遠い過去の文献資料に基づく言語研究や，文献以前の (prehistoric) 言語研究を想起する人が少なくないかもしれない．しかし，直近の過去も，現在も，近未来も歴史の 1 つと考えると，現在では話者の存在しない時代の言語の研究も，100 歳を超える母語話者や母方言話者の存在する言語の研究と関連付けられないとは言えない．さらに，現在までの言語変化を実証的に提示できていると，近未来の言語変化も程度の差こそあれ予測不可能ではないかもしれない．

4.2. フィールドワークによる再建と共時的変異

　印欧語には豊富な歴史的資料が存在するのでよいが，古い資料の存在しない言語は研究に支障が生じるのではないか，そんな思いを抱く初学者がいたとしても不思議ではない．ところが，残された文献資料を基に特定の音形を再建する（つまり，祖形，祖音素や反映形を考案する）研究へも応用が可能な場合がある．私事ではあるが，史的文献資料の限られた非印欧語族の歴史言語学の手法を学ぶために，フィールド言語学と言語類型論の盛んな UCSB での学位取

得を監訳者が選んだ理由はここにある．ここでは有名な Bloomfield の研究を表2に紹介しておこう（Bloomfield 1925, 1928; Campbell 1999 に再掲あり）．PCA = Proto-Central Algonquin.

表2：中央アルゴンキン語族の音対応 (Campbell 1999: 126-127)

	フォックス語 (Fox)	オジブワ語 (Ojibwa)	平原クリー語 (Plains Cree)	メノミニ語 (Menomini)	中央アルゴンキン祖語 (PCA)
1.	hk	sk	sk	čk	*čk
2.	ʃk	ʃk	sk	sk	*ʃk
3.	hk	hk	sk	hk	*xk
4.	hk	hk	hk	hk	*hk
5.	ʃk	ʃk	hk	hk	*çk

　アルゴンキン語族の各言語の音形を基に，中央アルゴンキン祖語（PCA）の祖形が考案されている．第1から第4セットまでは，再建された祖形と同形あるいは近似の音形が存在しているが，第5セットで Bloomfield が推定した音形は各言語の音形から必ずしも推定しきれない祖形であった．本書4.7節で「青年文法学派仮説（Neogrammarian Hypothesis）」が紹介されており，そこの骨子は「音韻規則に例外なし」というものであった．しかし Bloomfield は，音変化が規則的であるという前提に立つとアルゴンキン語族間の音対応は説明付けられないため，異なる祖形を推定して説明を試みたのである．後に，湿原クリー語（Swampy Cree）の発見により，第5セットの基となる htk 形の存在が確認され，Bloomfield の再建の妥当性が裏付けられたわけである．

　比較言語学の方法論を文献資料のない言語へと応用する Bloomfield の研究は，文献資料のない広範な言語の系統発生や音素形態素の再建が十分行えることを世に示しており，歴史言語学での大きな成果であり続けている．第8章訳者注7で紹介した Kikusawa (2002) は，Bloomfield に比肩する成果を中央太平洋祖語（Proto Central Pacific）において実証した貴重な研究である．再建については本書第10章も参照してほしい．

5. 訳出作業を終えて

　Bybee (2015) の訳出作業を通し，監訳者は Bybee 本人の守備範囲の広さと研究者としての信念を改めて思い起こした．第1節で言及した LSA 2001 後の数年間，文法化研究の第一人者である Elizabeth Closs Traugott は，諸事

情であまり国際会議などへ出向かなくなった感があった．その間，「第16回国際歴史言語学会（ICHL16, 2003）」などでは，Bybee が文法化に関する基調講演や招待講演をこなしていたことも思い起こされる．

　本解説冒頭でも述べたが，本訳出作業は様々な意見交換や工夫を経て，実りある成果になったと思っている．訳出者の背景が必ずしも統一されていない（e.g. 生成文法と談話機能言語学）点も一翼を担っていると思う．過去を振り返ってみても，Darnell et al. (1998a, b) のような対話は確認でき，近年でも Ledgeway and Roberts (2017) の内容は，学派を超えた論考が愉しめる内容である．確かに，ニアミスあるいは衝突することも時には避けられないであろう（e.g. *Language* 81.1 所収の語法と文法に関する論考や *Language* 92.1 所収の Evans (2014) に関する数編の書評論文）．しかし，学問の発展に寄与する研究者は，折に触れて（非公式な場合も含めて）対話を重ねているのである．さらに興味深いのは言語学ジャーナル *Lingua* である．20世紀末頃からであろうか，形式言語学寄りの内容がかつての機能言語学寄りに戻るような機運があり，現在では中立的な印象を受ける．

　何よりも，本訳出作業が，これから研究を始める若手や，すでに研究途上に身を置く研究者の卵を孵化させるための試みであった点は看過されたくない．つまり，Bybee の世代の研究蓄積を，その子，孫の世代に当たる本プロジェクトメンバーが，さらに次の世代にその貴重な研究概要を「誤解のないように」補足して送り届ける，文献解題にも近い内容に仕上がっているものと監訳者は願っている．同じ監訳者という立場に在りながら異なる研究背景を有し，建設的な意見交換を重ねてくれた小川芳樹氏へも感謝している．

　草稿の段階で準備ができてはいたものの，紙幅の都合で取り上げられなかったテーマも少なくない．使用頻度に関して，Bybee 流の研究とコロストラクションに関する解説や（e.g. 長谷部 2018），Bybee (1985) と日本語研究の在り方（e.g. 上原・熊代 2007，柴﨑 2011，菅原 2018）などは直ぐに想起できるであろう．編集上の都合とは言え，その点は是非ご理解頂ければと願う．

　研究は日進月歩である．知り合いの物理学者は，インターネット上のジャーナルに次々と新規論文が発表されるため，夜も落ち落ち眠れないと漏らしているが，表情は実に明るく快活である．言語研究はそこまで早くはないと願うが，この訳書が刊行後しばらくの間は，少しでも学習者に役立つものであることを願って止まない．

2019年2月吉日
柴﨑礼士郎

監訳者あとがき

　西洋における自然科学の本格的な発展は 17 世紀からだといわれているが，大学に理工系学部が定着したのは 19 世紀になってからである．「科学者」を意味する scientist という語も，リービッヒの実験研究教育が軌道に乗った 1830 年代に英国で生まれた比較的新しいことばで，しかも，当初は，「自然科学ばかりに夢中になっている人」「科学オタク」という皮肉の意味合いを含んだことばであったという（以上，隠岐さや香『文系と理系はなぜ分かれたのか』（星海社新書，2018 年）より，要約）．
　これに対して，「言語学者／複数の言語を操る人」を意味する linguist という英語は，『新約聖書』の英訳が初めて刊行された 1580 年代にはすでに複数の書物に登場する．実際，「言語の科学」としての言語学は，それよりはるか昔，科学の領域での人間の活動の記録が残るのと同じくらいの古い歴史を持つと言われる．古くは，紀元前 4 世紀のインドにパーニニというサンスクリット文法学者が活躍したことが知られている．紀元前 350 年頃に活躍したアリストテレスも，その著作『オルガノン』や『形而上学』の中で言語の本質についての重要な記述をいくつも残している．近現代だけに限っても，言語学の系譜には数多くの著名な言語学者が名を連ねる．近代言語学の父とも称され，1960 年代以降の構造主義に影響を与えたフェルディナン・ド・ソシュール．20 世紀半ばにヒトに固有の生得的な言語知識の解明を目指す生成文法理論を提唱し，認知科学全般に波及する第一次認知革命を引き起こした理論言語学者ノーム・チョムスキー．言語に固有の生得的能力はないとの立場を取る認知言語学者ロナルド・ラネカーなど，歴史に名を残す言語学者とその言語理論の系譜を辿れば，おそらく，それだけで 1 冊の本には収まらないだけの大著になるだろう．
　さて，そのように古くから研究されてきた人間のことば（自然言語）であるが，どの時代の言語学者にもその事実が明らかであった自然言語の特徴の 1 つに，「言語は変化する」というものがある．世界には，4 千とも 8 千ともいわれる多様な言語があるとされるが，これらの言語の多様性は，個々の言語が，集団移住や占領・侵略や文化・芸術の伝播などの社会的活動の影響で互いに接触したり，逆に，分断された環境で言語に内在する特質のせいで独自の変化を遂げた結果，長い年月をかけて生じてきたものであり，インド・ヨーロッ

パ言語の多くについては，その起源をさかのぼる「再建（reconstruction）」の成果も蓄積されてきている．実際，現在使われている1つ1つの言語を取り出してみても，有史以来の長い年月の中で大きく形を変えてきたことは，日本人ならば，『源氏物語』の日本語と現代の日本語を比較しただけでもすぐに気づくであろう．日本を代表する言語学者の一人である金田一京助も，その著書『日本語の変遷』（講談社学術文庫, 1976年）の中で，「絶えざる流動の姿こそ言語というものの天真の相である．ちょうど，流れるとも見えない大川の面を見るようなのが言語の永遠の姿である」（p. 77）と述べている．先述の生成文法や認知言語学の領域でも，当初は，研究者自身の母語である英語の文法や語法の記述がその中心を占めたものの，その理論が深化し，その研究分野で活動する研究者が増えるにつれて，自然言語の普遍性の追求と並んで，世界の言語の多様性や，言語変化の現象をも扱える理論へと発展してきた．「変化する」という言語の本質を捉えたいという言語学者の飽くなき願望の結果だと考えれば，それは当然の成り行きでもあろう．

そのような流れの中で，歴史言語学と言語類型論の研究者による研究成果が増えるにつれて，近年，言語変化や言語間変異の研究に対する関心は，ますます高まっている．そして，そのような言語の変化と変異の本質を学ぶ研究者と学生のための画期的な入門書として，2015年，認知言語学，機能言語学，および用法基盤言語学の分野で活躍する Joan Bybee によって，Cambridge Textbook Series から *Language Change* が刊行された．『言語はどのように変化するのか』と題する本書は，その全訳である．本書を読めば，言語がなぜ変化するか，どのように変化するかについての実例が，世界中の数多くの言語の中から例示され，かつ，その変化や変異の理由として現在の歴史言語学の中で理解されていることのほとんどすべてが詳細に解説されていることがわかるだろう．言語の本質である「変化」の側面についてある程度知っている言語学者であっても，これから言語学の基礎を学ぼうとする学生であっても，そこに記述されている言語データの豊富さと議論の緻密さ，さらには著者の（特に音韻論に関する）博識，まだ普及版が登場して10年にもならない言語コーパスを活用して言語変化・変異の実例を示そうとする情熱に圧倒されるにちがいない．

上記の意味での原著の有用性は疑いのないことであるので，この翻訳書では，その優れた点を1つも損なうことのない訳出に努めたことは言うまでもないが，本書の刊行に至る経緯や本書の内容は，異例ずくめであるので，その点について軽く触れておきたい．まず，本書の編集代表である小川（以下，「私」と一人称で記す）は，原著者がその研究基盤を置く認知言語学・機能言語学とは

対立関係にあるとされる生成文法の研究者である．しかし，私は，2013年2月から，その本務校である東北大学大学院情報科学研究科に，『言語変化・変異研究ユニット』を設置している．この研究ユニットは，生成文法統語論の研究者だけでなく，形態論，意味論，歴史言語学，社会言語学，心理学，言語獲得，方言研究，国語学，自然言語処理など，多岐にわたる言語学の領域で研究している研究者が，言語の共時的変異や通時的変化の特徴を，コーパスと理論言語学の知見を通して解明するために情報共有と意見交換を行うことを目的として設立された学際的なユニットである．そして，この研究ユニットの最初の論文集『コーパスからわかる言語変化・変異と言語理論』を2016年秋に開拓社から刊行していただいたことを契機として，*Language Change* の翻訳も，開拓社の川田賢氏からお声かけいただいた．それは，私が，日本英語学会第34回全国大会の大会運営委員長として，大会初日（2016年11月12日）夜の懇親会の会場で司会進行をしている席上でのことであった．たいへん有り難いご提案であり，同書の内容には興味もあり，研究ユニットを主宰している立場からしても断るべき理由はない．しかし，当然ながら，生成統語論のことにはある程度詳しい私も，一人で本書を全訳できるほどに認知言語学にも機能言語学にも音韻論にも詳しくはないし，研究科の執行部メンバーとしても忙殺されており時間的余裕もない．しかも，研究ユニットのメンバーにも，機能言語学の専門家や音韻論の専門家は少ない．断ることもできるという穏やかなお誘いなのだが，さあ，どうしようか，と一瞬あたりを見回したときに，研究ユニットのメンバーの一人であり，機能言語学の研究者でもある（共編者の）柴﨑氏が目に入った．すかさず彼を呼び込み，川田氏と3人でしばらく立ち話をしているうちに，柴﨑氏から機能言語学または音韻論に精通している研究者を数名紹介していただけることになり，「それでは，やってみましょうか」ということで，翌日には方向性がほぼ定まった．研究ユニットのメンバーの中から歴史言語学または史的統語論に関する業績がある方々にも私から声かけし，趣旨に賛同し参画を申し出て下さった方6名と，柴﨑氏からご紹介いただいた3名，および，その指導学生の方3名を含む計14名で，本書を分担翻訳することが決まった，というわけである．

　このような経緯で成立した翻訳書であるので，訳者リストをご覧いただければおわかりのように，各章の担当者は，その専門分野が，統語論，言語類型論，歴史社会言語学，形態論，談話分析，歴史意味論，言語習得，語用論，認知言語学などと，実に多岐にわたっている．しかし，原著の内容も，タイトルが示すほど単純ではなく，その音韻変化，類推変化，文法化，統語変化，語彙的変化，内的・外的要因による変化など，言語変化が起きる，あるいは起きや

すい理由や環境を包括的に論じているだけでなく，言語再建の手法についての解説も含まれ，同程度に多岐に及んでいる．このため，各担当者には，できるだけその専門に近い章を選んでいただき，原著の内容を原文に忠実に訳すだけでなく，その内容に関して，専門的見地から補足すべきこと，または，異論があれば自由に訳者注に書き込んでいたくようにお願いした．また，各担当者には，自分自身の担当章とは別の1章の訳出原稿をお読みいただき，訳者とは異なる視点から，訳者に対してコメントをしていただいた．結果として，各章の訳出は，仮に誤りがあるとしても限りなく少ないものとなっているはずであり，また，各章に書き込まれた訳者注は，訳出担当者とチェック担当者の専門性と個性が遺憾なく発揮されたものとなっているはずである．また，編者2名は訳書全体に目を通し，編者の視点から追加すべき訳者注がある場合には，各章の担当者にその旨追記を依頼し，了承を得たものについてはそれを加筆した．特に，第11章で原著者が生成文法に基づく言語変化・文法化の理論についての批判を展開している箇所については，頷ける部分もあるが，生成文法の最近の理論的展開を踏まえていない古い内容も含まれていたので（これは，冒頭で述べた言語学の長い歴史と言語理論の多様性を踏まえれば，一人の人間にカバーできる範囲には自ずと限界があるので，ある意味，当然のことである），訳出担当者とは別に，私が監訳者注を追記した上で，私を文責とする旨の断りを入れた箇所もある．

　専門用語の訳語や言語名のカタカタ表記の選定に当たっては，共編者の柴﨑氏とともに各種言語学事典に当たり，用語訳語対応表を作成した上で各担当者に配布し，最大限の統一を行った．また，各章でその用語が最初に登場する箇所には，訳語の右隣に括弧で言語を併記することとした．それでも，1つの用語が文脈上どちらの意味で使われているとも解釈できるもの（reduction など）や，定訳が存在しないためにカタカナ表記にせざるをえない用語（rule telescoping など）なども数例残ったが，それらには訳者注をつけて内容を説明するなどしてある．また，原著で古い時代の英語の例文か，現代の英語以外の言語が示されている箇所については，原著では必ずしもグロスが付いていない場合でも，初学者にも読みやすいよう，グロスを付けるように心がけた．ただし，英語以外の言語の古い時代の用例については，さすがに，正確なグロス付けが保証できないために，これを省いて原著者が記した例文の英訳を日本語に置き換えただけの箇所もある．また，固有名詞のカタカナ表記については，複数の表記法があり1つに定まっていないものも多いため，敢えて原著のままの表記を残した．また，日本語文の表現は，できるだけ現代の若い世代でもなじみのある表現や表記法になるように努めた．このような工夫を行うことで，

原著の単なる翻訳だけでは著者の意図が伝わりにくい箇所も，比較的読みやすく，また，理解しやすくなっているのではないかと思われる．

　また，索引については，原著の索引項目に対応する訳語や訳書の中で掲載されている頁を拾うのではなく，訳書を読んで理解する上で重要と思われる訳語のリストを作り，そのリスト内の項目が訳書の中で掲載されている頁を拾ってある．特に，言語と語族の索引については，原著で抽出されていた150以上の項目の中から，言語学の文献に頻繁に登場する70弱の言語だけを厳選した．このため，原著の索引と訳書の索引は，対応していない部分が多いが，ご理解いただきたい．

　さらに，本書の内容を踏まえて，機能言語学の専門家である柴﨑氏が，類書では取り上げられることの少ない用法基盤理論の展開と，Bybeeの諸研究との関係性について丁寧な解説を書いてくださっているので，原著者の視点に近い立ち位置から，より深く言語変化・変異の問題を理解したい方は，そちらもぜひお読みいただきたい．

　最後に，このたび，原著の翻訳にご協力いただいた13名の研究者の方々，私と共に翻訳書の編集に尽力していただいた柴﨑礼士郎氏，および，言語変化の事実とその研究史を総括するような壮大な入門書の日本語訳の刊行という貴重な機会を与えてくださり，編集や校閲の際にも細部まで緻密に点検してくださった開拓社の川田賢氏に，改めて感謝を申し上げたい．

　　　　　　　　　　　　　　　　（文責）監訳者代表　　小川芳樹

訳者注および監訳者解説引用文献

Aikhenvald, A. Y. and Dixon, R. M. W. (eds.), 2006. *Serial verb constructions: a cross-linguitic typology*, Oxford: Oxford University Press.

秋元実治, 2014.『増補　文法化とイディオム化』東京：ひつじ書房.

アンソニー・デイヴィッド・W., 2018.『馬車・車輪・言語㊤——文明はどこで誕生したのか』, 東京：筑摩書房.（東郷えりか訳）[原書：David W. Anthony, *The horse, the wheel, and language*, Princeton UP, 2007.]

荒木一雄（編）, 1999.『英語学用語事典』東京：三省堂.

Arnovick, Leslie K., 1999. *Diachronic pragmatics: seven case studies in English illocutionary development*, Amsterdam / Philadelphia: John Benjamins.

Baker, M. C. and Stewart, O. T., n.d. A serial verb construction without constructions. ms., Rutgers University. <http://www.rci.rutgers.edu/~mabaker/CSVC2.pdf>

Bately, J. (ed.), 1980. *The Old English Orosius*, London: Oxford University Press.

Bauer, L., 2006. Splinters. In K. Brown (ed.) *Encyclopedia of language & linguistics*, Vol. 12, Amsterdam: Elsevier, pp. 77-78.

Bauer, L., Lieber, R., and Plag, I., 2013. *The Oxford reference guide to English morphology*, Oxford: Oxford University Press.

Benson, L. D. (gen. ed.), 1987. *The Riverside Chaucer*, Boston, Mass: Houghton Mifflin.

Blank, A., 2001. Pathways of lexicalization. In M. Haspelmath, E. König, W. Oesterreicher, and Raible, W. (eds.), *Language typology and language universals*, vol. II, Berlin: Walter de Gruyter, pp. 1596-1608.

Blevins, J., 2004. *Evolutionary phonology: the emergence of sound patterns*, Cambridge: Cambridge University Press.

Blevins, J., 2006. New perspectives on English sound patterns: "natural" and "unnatural" in evolutionary phonology. *Journal of English Linguistics,* 34(1), pp. 6–25.

Bloomfield, L., 1925. On the sound system of Central Algonquian. *Language*, 1, pp. 130-156.

Bloomfield, L., 1928. A note on sound-change. *Language*, 4, pp. 99-100.

Brinton, L. J., 2017. *The evolution of pragmatic markers in English: pathways of change*. Cambridge: Cambridge University Press.

Broadbent, J. M., 2008. *t*-to-*r* in West Yorkshire English. *English Language and Linguistics*, 12, pp. 141-168.

Brook, G. L., 1973. *A history of the English language*, revised edition. Tokyo: Nan'un-do. (Edited with notes by Kōtarō Ishibashi and Kunio Nakashima)

Brooks, J. L. (Director), 2004. *Spanglish* [Film], Los Angeles: Gracie Films.
文化庁文化部国語課, 2018.「平成 29 年度「国語に関する世論調査」の結果について」(http://www.bunka.go.jp/koho_hodo_oshirase/hodohappyo/1409468.html)
Butterfield, J., 2008. *Damp squid: the English language laid bare*, Oxford: Oxford University Press.
Bybee, J., 1985. *Morphology: a study of the relation between meaning and form*. Amsterdam: John Benjamins.
Bybee, J., 2001. *Phonology and language change*. Cambridge: Cambridge University Press.
Bybee, J., 2002. Sequentiality as the basis of constituent structure. In T. Givón and Malle, B. (eds.), *The evolution of language out of pre-language*, Amsterdam: John Benjamins, pp. 107-132.
Bybee, J., 2003. Mechanisms of change in grammaticization: the role of frequency. In B. D. Joseph and Janda, R. D. (eds.) *The handbook of historical linguistics*, Oxford: Blackwell.
Bybee, J. 2005. The impact of usage in representation: grammar is usage and usage is grammar. Presidential address, Jewett ABCDE, Saturday, 8 January, 2005. (www.linguisticsociety.org/sites/default/files/Bybee%20Presidential%20Address%20-%202005.pdf)
Bybee, J., 2007. *Frequency of use and the organization of language*. Oxford: Oxford University Press.
Bybee, J., 2013. Usage-based theory and exemplar representations of constructions. In T. Hoffman and Trousdale, G. (eds.), *The Oxford handbook of construction grammar*, Oxford: Oxford University Press, pp. 49-69.
Bybee, J., 2017. Grammatical and lexical factors in sound change: a usage-based approach. *Language Variation and Change*, 29, pp. 273-300.
Bybee, J., and Moder, C. L., 2017. Chunking and change in compositionality in context. In M. Hundt, Mollin, S., and Pfenninger, S. E. (eds.), *The changing English language: psycholinguistic perspectives*, Cambridge: Cambridge University Press, pp. 148-170.
Bybee, J. L., Perkins, R. D., and Pagliuca, W., 1994. *The evolution of grammar: tense, aspect and modality in the languages of the world*, Chicago: University of Chicago Press.
Bybee, J., and Scheibman, J., 1999. The effect of usage on degree of constituency: the reduction of *don't* in American English. *Linguistics* 37, pp. 575-596.
Bybee, J., and Slobin, D. I., 1982. Rules and schemas in the development and use of the English past tense. *Language*, 58, pp. 265-289.
Bybee, J., File-Muriel, R. J., and Ricardo Napoleão, de S., 2016. Special reduction: a usage-based approach. *Language and Cognition*, 6, pp. 421-446.
Campbell, L., 1999. *Historical linguistics: an introduction*, first ed. Cambridge, Mass.:

MIT Press.
Cardinalletti, A. and Giusti, G., 2001. "Semi-lexical" motion verbs in Romance and Germanic. In N. Corver and H. van Riemsdijk (eds.), *Semi-lexical categories: the function of content words and the content of function words*, Berlin: Mouton de Gruyter, pp. 371-414.
Chafe, W., 1994. *Discourse, consciousness, and time: the flow and displacement of concise expression in speaking and writing*. Chicago: University of Chicago Press.
Chomsky, N., 1993. A minimalist program for linguistic theory. In K. Hale and S. J. Keyser (eds.), *The view from building 20: essays in linguistics in honor of Sylvain Bromberger*, Cambridge, MA: MIT Press, pp. 1-52.
Cinque, G., 2006. *Restructuring and functional heads: the cartography of syntactic structures* 4, New York: Oxford University Press.
Clark, R., 1974. Performing without competence. *Journal of Child Language*, 1, pp. 1-10.
Comrie, B., 1988. Topics, grammaticalized topics, and subjects. *Proceedings of the fourteenth annual meeting of the Berkeley Linguistics Society*, pp. 265-279.
Cournane, A., 2016. On how to link child functional omission to upward reanalysis. *Toronto Working Papers in Linguistics*.
Cournane, A., 2017. In defence of the child innovator. In É. Mathieu and Truswell, R. (eds.), *Micro-change and macro-change in diachronic syntax*, Oxford: Oxford University Press, pp. 10-24.
Croft, W., 2003. *Typology and universals*, second ed. Cambridge: Cambridge University Press.
Crowley, T. and Bowern, C., 2010. *An introduction to historical linguistics*, fourth ed., Oxford: Oxford University Press.
Curzan, A., 2017. Periodization in the history of the English language. In L. J. Brinton, and Bergs, A. (eds.) *The history of English: historical outlines from sound to text*, Berlin: Mouton de Gruyter, pp. 8-35.
中条省平, 2018.『世界一簡単なフランス語の本』東京：幻冬舎.
Darnell, M., Moravcsik, E., Newmeyer, F., Noonan, M., and Wheatly, K. (eds.), 1998a. *Functionalism and formalism in linguistics, volume I: general papers*. Amsterdam: John Benjamins.
Darnell, M., Moravcsik, E., Newmeyer, F., Noonan, M., and Wheatly, K. (eds.), 1998b. *Functionalism and formalism in linguistics, volume II: case studies*. Amsterdam: John Benjamins.
Department of Linguistics, The Ohio State University, 2001. *Language files*, eighth ed. Columbus: The Ohio State University Press.
Dixon, R. M. W., 1994. *Ergativity*, Cambridge: Cambridge University Press.（柳沢民雄・石田修一（訳）『能格性』研究社, 東京, 2018.）

Don, J., 2014. *Morphological theory and the morphology of English*, Edinburgh: Edinburgh University Press.

Dryer, M. S., 2011. Order of subject, object and verb. In M. S. Dryer and Haspelmath, M. (eds.), *The world atlas of language structures online,* Munich: Max Planck Digital Library.

eLALME. LALME を見よ.

Evans, V., 2014. *The language myth: why language is not an instinct.* Cambridge: Cambridge University Press.

Fábregas, A. and Scalise, S., 2012. *Morphology: from data to theories*, Edinburgh: Edinburgh University Press.

Foley, W. A., 1976. *Comparative syntax in Austronesian*, Ph.D. dissertation, University of California at Berkeley.

Frellesvig, B., 2010. *A history of the Japanese language*. Cambridge: Cambridge University Press.

深田智・仲本康一郎, 2008.『概念化と意味の正解』(認知言語学のフロンティア3) 東京：研究社.

福島邦道, 1973.『国語学要論』東京：笠間書院.

Giegerich, H., 2009. Compounding and lexicalism, R. Lieber and P. Štekauer (eds.) *The Oxford handbook of compounding*, Oxford: Oxford University Press, pp. 178-200.

ゴールドバーグ, アデレ E. 著, 河上誓作・早瀬尚子・谷口一美・堀田優子 (訳), 2001.『構文文法論——英語構文への認知的アプローチ——』東京：研究社.［原書：Goldberg, A. E., 1995. *Constructions: a construction grammar approach to argument structure*, Chicago: University of Chicago Press.]

Green, G. M., 1972. Some observations of the syntax and semantics of instrumental verbs. *Chicago Linguistic Society*, 8, pp. 83-97.

Hagège, C., 2010. *Adpositons*, Oxford: Oxford University Press.

原口庄輔・中村捷・金子義明 (編), 2016.『〈増補版〉チョムスキー理論辞典』東京：研究社.

Harris, Z., 1951. *Structural linguistics*. Chicago: Phoenix Books.

Harris, Z., 1954. Distributional structure. *Word* 10, pp. 146-162.

長谷部陽一郎, 2018.「コーパスを利用することで認知言語学にとって何がわかるだろうか？」高橋英光・野村益寛・森雄一 (編)『認知言語学とは何か？ あの先生に聞いてみよう』東京：くろしお出版, pp. 135-154.

橋本功, 2005.『英語史入門』東京：慶応義塾大学出版会.

Haspelmath, M. and König, E. (eds.), 1995. *Converbs in cross-linguistic perspective: structure and meaning of adverbial verb forms—adverbial participles, gerunds—*, Berlin and New York: Mouton de Gruyter.

畠山雄二 (編), 2017a.『英文法と統語論の概観』東京：開拓社.

畠山雄二 (編), 2017b.『最新理論言語学用語辞典』東京：朝倉書店.

Heine, B., Claudi, U., and Hünnemeyer, F., 1991. *Grammaticalization: a conceptual framework*, Chicago: University of Chicago Press.
Heine, B. and Kuteva, T., 2005. *Language contact and grammatical change*, Cambridge: Cambridge University Press.
Hickey, T., 1993. Identifying formulas in first language acquisition. *Journal of Child Language*, 20, pp. 27-41.
ヘラー＝ローゼン，ダニエル，関口亮子（訳），2018.『エコラリアス——言語の忘却について』東京：みすず書房．
Hindley, A., Langley, F. W. and Levy, B. J. (eds.), 2000. *Old French-English dictionary*, Cambridge: Cambridge University Press.
ヒッチングズ，ヘンリー，田中京子（訳），2014.『英語化する世界，世界化する英語』東京：みすず書房．(Henry Hitchings (2011) *The language wars: a history of proper English*. New York: Farrar, Straus and Giroux.)
Hohepa, P. W., 1969. The accusative-to-ergative drift in Polynesian languages. *Journal of the Polynesian Society*, 78, pp. 297-329.
Honeybone, P., 2001. Lenition inhibition in Liverpool English. *English Language and Linguistics*, 5, pp. 213-249.
Hooper, J. B., 1975. On assertive predicates. In J. B. Kimball (ed.), *Syntax and semantics* IV, New York: Academic Press, pp. 91-124.
Hooper, J. B., 1976. *An introduction to natural generative phonology*. New York: Academic Press.
堀正広，2011.『例題で学ぶ英語コロケーション』東京：研究社．
Huddleston, R. and Pullum, G. K., 2002, *The Cambridge grammar of the English language*, Cambridge, Cambridge University Press.
井上亜依，2018.『英語定型表現研究の体系化を目指して——形態論・意味論・音響音声学の視点から——』東京：研究社．
井上ひさし，1980.『私家版日本語文法』東京：新潮文庫．
Iwata, S., 2008. *Locative alternation: a lexical-constructional approach*, Amsterdam: John Benjamins.
Jespersen, O., 1909. *A modern English grammar on historical principles*, part I: *sound and spellings*, London: George Allen and Unwin.
門田修平，2018.『外国語を話せるようになるしくみ』東京：サイエンス・アイ新書．
亀井孝・河野六郎・千野栄一（編著），1988-1996.『言語学大辞典』（全6巻）東京：三省堂．
兼安路子・岩崎勝一，2017.「コラム用法基盤文法（Usage-based Grammar）」鈴木亮子・秦かおり・横森大輔（編）『話しことばへのアプローチ——創発的・学際的談話研究への新たなる挑戦——』東京：ひつじ書房，pp. 100-102.
神崎高明，2013.「英語の女性接尾辞」『関西学院大学社会学部紀要』116, pp. 15-25.
Kastovsky, D., 2009. Typological changes in derivational morphology. In A.v. Kemenade and Los, B. (eds.) *The handbook of the history of English*, Oxford:

Blackwell Publishers, pp.151-173.

川添愛（著），花松あゆみ（絵），2017.『働きたくないイタチと言葉がわかるロボット：人口知能から考える「人と言葉」』東京：朝日出版社．

Kayne, R. S., 2000. Microparametric syntax: some introductory remarks. In R. S. Kayne (ed.), *Parameters and universals*, New York: Oxford University Press, pp. 3-9.

Kemmer, S. 1993. *The middle voice*, Amsterdam: John Benjamins.

Kemmer, S., and Barlow, M., 2000. Introduction: a usage-based conception of language. In M. Barlow and Kemmer, S. (eds.), *Usage-based models of language*. Stanford, CA: CSLI Publications, pp. vii-xxviii.

Kenstowicz, M., and Kisseberth, C., 1977. *Topics in phonological theory*, New York: Acadmic Press.

Kikusawa, R., 2002. *Proto Central Pacific ergativity: its reconstruction and development in the Fijian, Rotuman and Polynesian languages*, Canberra: Pacific Linguistics.

金田一京助，1976.『日本語の変遷』東京：講談社学術文庫．

金田一春彦，1999.「方言を語る」日本放送協会（編）『CD-ROM 版全国方言資料全十二巻付属資料』東京：日本放送出版協会．

小松英雄，1999.『日本語はなぜ変化するのか』東京：笠間書院．

Krapp, G. P. (ed.), 1932. *The Vercelli Book*, Cambridge: Columbia University Press.

Kroch, A. S., 2001. Syntactic change. In M. Baltin and Collins, C. (eds.), *The handbook of contemporary syntactic theory*, Dordrecht: Blackwell, pp. 699-729.

Krug, M., 2012. Early modern English: the great vowel shift. In A. Bergs and Brinton, L. J. (eds.), *English historical linguistics: an international handbook, Vol. I*, Berlin: Mouton de Gruyter, pp. 756-776.

共同訳聖書実行委員会，1987, 1988.『聖書　新共同訳』東京：日本聖書協会．

ラディフォギッド，ピーター，1999.『音声学概説』東京：大修館書店．（竹林滋・牧野武彦 共訳）［原典：Ladefoged, Peter, 1993. *A course in phonetics*, third edition, Harcourt Brace College Publishers, Fort Worth.］

LALME=McIntosh, A., Samuels, M. L., Benskin, M. et al. (eds.), 1986. *A linguistic atlas of late mediaeval English*, Aberdeen: Aberdeen University Press. eLALME 参照．<http://www.lel.ed.ac.uk/ihd/elalme/elalme.html>

Langacker, R., 1990. Subjectification. *Cognitive linguistics*, 1, pp. 5-38.

Langacker, R. W., 1987. *Foundations of cognitive grammar, vol. 1: theoretical prerequisites*, Stanford: Stanford University Press.

Langacker, R. W., 2000. A dynamic usage-based model. In M. Barlow and Kemmer, S. (eds.), *Usage based models of language*, Stanford: CSLI Publications, pp. 1-63.（坪井栄治郎（訳）「動的使用依拠モデル」坂原茂（編）『認知言語学の発展』東京：ひつじ書房，pp. 61-143.）

Langacker, R., 2008. *Cognitive grammar: a basic introduction*, Oxford: Oxford Uni-

versity Press.
Ledgeway, A., and Roberts, I. (eds), 2017. *The Cambridge handbook of historical syntax*, Cambridge: Cambridge University Press.
Lees, R. B., 1953. The basis of glottochronology. *Language*, 29, pp. 113-127.
Lees, R. B., 1960. *The grammar of English nominalizations*, Blooomington and Mouton, The Hague: Indiana University Press (reissued 1963, 5th printing 1968).
Lightfoot, D., 1979. *Principles of diachronic syntax*, Cambridge: Cambridge University Press.
Lightfoot, D., 1991. *How to set parameters: arguments from language change*, Cambridge, MA: MIT Press.
Lightfoot, D., 1999. *The development of language: acquisition, change, and evolution*, Malden, MA: Blackwell.
Lightfoot, D., 2018. Nothing in syntax makes sense except in the light of change. In Á. J. Gallego and Martin, R. (eds.), *Language, syntax, and the natural sciences*, Cambridge: Cambridge University Press, pp. 224-240.
Lightfoot, D. and Westergaard, M., 2007. Language acquisition and language change: inter-relationships, *Language and linguistic compass*, 1(5), pp. 396-415.
Lin, P., 2018. *The prosody of formulaic sequences: A corpus and discourse approach*, London: Bloomsbury.
Liuzza, R. M. (ed.), 1994. *The Old English version of the Gospels*, vol. 1, London: Oxford University Press.
López-Couso, M. J., 2017. Transferring insights from child language acquisition to diachronic change (and vice versa). In M. Hundt, Mollin, S., and Pfenninger, S. E. (eds.), *The changing English language: psycholinguistic perspectives*, Cambridge: Cambridge University Press, pp. 332-347.
Lord, C., 1993. *Historical change in serial verb constructions*, Amsterdam: John Benjamins.
MacKenzie, I., and Kayman, M. A., 2018. *Formulaicity and creativity in language and literature*, London: Routledge. (Originally in the *European Journal of English Studies*, volume 20, issue 1, Apr. 2016)
Marchand, H., 1969. *The categories and types of Present-Day English word formation: a synchronic-diachronic approach*, second edition, Munich: Beck.
松平千秋・国原吉之助, 1972.『新ラテン文法』南江堂, 東京.
Matsumoto, Y., 1998. Semantic change in the grammaticalization of verbs into postpositions in Japanese. In T. Ohori (ed.), *Studies in Japanese grammaticalization: cognitive and discourse perspectives*, Tokyo: Kurosio Publishers, pp. 25-60.
McEnery, T., Xiao, R., and Tono, Y., 2006. *Corpus based language studies: an advanced resource book*, London: Routledge.
Miller, G. A., 1956. The magical number seven, plus or minus two: some limits on our capacity for processing information. *Psychological Review*, 63 (2), pp. 81-97.

Miyagawa, S., 1986. Restructuring in Japanese. In T. Imai and M. Saito (eds.) *Issues in Japanese linguistics*, Dordrecht: Foris, pp. 273-300..

宮川創, 2014.「重複語の有契性：言語類型論の視点から」『日本認知言語学会論文集』14, pp. 490-496.

Moon, R., 1997. Vocabulary connections: multi-word items in English. In N. Schmitt and McCarthy, M. (eds.), *Vocabulary: description, acquisition and pedagogy*, Cambridge: Cambridge University Press, pp. 40-63.

長野明子, 2007.「複合動詞の派生法と屈折」『英語青年』10月号, pp. 23-26.

Nagano, A., 2008. *Conversion and back-formation in English*, Tokyo: Kaitakusha.

長野明子・島田雅晴, 2017.「言語接触と対照言語研究──「マイカー」という「自分」表現について──」廣瀬幸生，島田雅晴，和田尚明，金谷優，長野明子（編）『三層モデルでみえてくる言語の機能としくみ』（開拓社叢書28），東京：開拓社, pp. 217-259.

中野弘三・服部義弘・小野隆啓・西原哲雄（監修），2015.『最新英語学・言語学用語事典』東京：開拓社.

中尾俊夫, 1972.『英語史 II』（英語学体系第9巻）東京：大修館書店.

中尾俊夫・寺島廸子, 1988.『図説英語史入門』東京：大修館書店.

中山俊秀・大谷直輝（編著），近刊.『認知言語学と談話機能言語学の接点』東京：ひつじ書房.

Napoli, D. J., 1981. Semantic interpretation vs. lexical governance: clitic climbing in Italian. *Language*, 57, pp. 841-887.

日本語学会（編），2018.『日本語学大辞典』東京：東京堂出版.

新村出, 1971.「波行軽唇音沿革考」新村出『新村出全集第4巻言語研究篇』東京：筑摩書房.

新国佳祐・和田裕一・小川芳樹, 2017.「容認性の世代間差が示す言語変化の様相：主格属格交替の場合」『認知科学』, 第24巻3号, pp. 395-409. <https://www.jstage.jst.go.jp/article/jcss/24/3/24_395/_article/-char/ja/>

西江雅之, 2012.『新「ことば」の課外授業』東京：白水社.

野田尚史, 1994.「日本語とスペイン語の無題文」『日本語とスペイン語 (1)』東京：国立国語研究所, pp. 83-103. <http://doi.org/10.15084/00001351>

野間秀樹, 2018.『言語存在論』東京：東京大学出版会.

野村直之, 2016.『人工知能が変える仕事の未来』東京：日本経済新聞出版社.

Nordquist, D., 2018. *Look up about*: usage-based processes of lexicalization. In K. A. Smith and Nordquist, D. (eds.), *Functionalist and usage-based approaches to the study of language: in honor of Joan L. Bybee*, Amsterdam: John Benjamins, pp. 225-245.

Nurse, D., Rose, S., and Hewson, J., n.d. *Tense and aspect in Niger-Congo*. <http://www.africamuseum.be/sites/default/files/media/docs/research/publications/rmca/online/documents-social-sciences-humanities/tense-aspect-niger-congo.pdf>

小川剛生, 2015.『新版徒然草』東京：角川ソフィア文庫.

Ogawa, Y., 2018. Diachronic syntactic change and language acquisition: a view from nominative/genitive conversion in Japanese. *Interdisciplinary Information Sciences*, 24(2), pp. 1-89.
OED: *Oxford English Dictionary*, second ed., CD-ROM Version 4. [Oxford English Dictionary online. <http://www.oed.com>]
大石強, 1988.『形態論』(現代英語学シリーズ 4) 東京：開拓社.
小野尚之, 2005.『生成語彙意味論』(日英語対照研究シリーズ 9) 東京：くろしお出版.
小野尚之, 2015.「構文的重複語形成―「女の子女の子した女」をめぐって―」由本陽子・小野尚之 (編)『語彙意味論の新たな可能性を探って』東京：開拓社, pp. 463-489.
小野茂・中尾俊夫, 1980.『英語学大系 8　英語史 I』東京：大修館書店.
大津由紀雄・坂本勉・乾敏郎・西光義弘・岡田伸夫, 1998.『言語科学と関連領域』東京：岩波書店.
Penzl, H., 1994. Periodization in language history: Early Modern English and the other periods. In D. Kastovsky (ed.), *Studies in Early Modern English*, Berlin: Mouton de Gruyter, pp. 261-268.
ペレラ柴田奈津子, 2015.『子どもの第二言語習得プロセス―プレハブ言語から創造言語へ―』東京：彩流社.
Peters, A. M., 1977. Language learning strategies: does the whole equal the sum of the parts? *Language*, 53 (3), pp. 560-573.
Phillips, B. E., 2016. Review: *Language change*. By Joan Bybee. (Cambridge textbooks in linguistics) Cambridge: Cambridge University Press, 2015. *Language*, 92 (3), pp. 724-727.
Plunkett, K., 1990. The segmentation problem in early language acquisition. *Center for Research in Language Newsletter*, 5.1.
Rappaport Hovav, M. and Levin, B., 2008. The English dative alternation: the case for verb sensitivity. *Journal of Linguistics*, 44, pp. 129-167.
Rinke, E. and Elsig, M., 2010. Quantitative evidence and diachronic syntax. *Lingua* 120, pp. 2557-2568.
Roberts, I., and Roussou, A., 2003. *Syntactic change: a minimalist approach to grammaticalization*, Cambridge: Cambridge University Press.
斎藤純男・田口義久・西村義樹 (編), 2015.『明解言語学辞典』東京：三省堂.
澤田茂保, 2016.『ことばの実際 1――話しことばの構造』東京：研究社.
Schmidt, A., 1985. *Young people's Dyirbal: an example of language death from Australia*, Cambridge: Cambridge University Press.
Shea, A., 2014. *Bad English: a history of linguistic aggravation*, New York: Perigee.
柴崎礼士郎, 2006.「人称代名詞と項構造―談話頻度からみた文法カテゴリー―」青木三郎 (編)『平成 15 年～18 年度科学研究費補助金基盤研究 (B) 研究　研究論集 談話と文法の接点―諸外国語と日本語の対照的記述に関する方法論的研究―』pp. 25-45. 筑波大学.
柴﨑礼士郎, 2011.「述部後要素としての人称詞と間主観的談話機能――2 人称詞「あなた」

の通方言的・通言語的考察」武黒麻紀子（編）『言語の間主観性――認知・文化の多様な姿を探る』東京：早稲田大学出版部，pp. 87-118.

柴﨑礼士郎, 2015.「現代アメリカ英語の二重コピュラ構文――再分析，構文拡張，談話構造の観点から――」秋元実治・青木博文・前田満（編）『日英語の文法化と構文化』東京：ひつじ書房，pp. 147-180.

柴﨑礼士郎, 2017.「アメリカ英語における破格構文――節の周辺部に注目して――」天野みどり・早瀬尚子（編）『構文の意味と拡がり』東京：くろしお出版，pp. 201-221.

Shibasaki, R., 2018a. Chapter 11: Sequentiality and the emergence of new constructions: *that's the bottom line is (that)* in American English. In H. Cuyckens, H. De Smet, L. Heyvaert, and C. Maekelberghe (eds.), *Explorations in English historical syntax*, Amsterdam: John Benjamins, pp. 283-306.

Shibasaki, R., 2018b. From the inside to the outside of the sentence: forming a larger discourse unit with *jijitsu* 'fact' in Japanese. In S. Hancil, Breban, T., and Lozano, J. Vicente (eds.), *New trends on grammaticalization and language change*, Amsterdam: John Benjamins, pp. 333-360.

Shibatani, M., 1990. *The languages of Japan*, Cambridge: Cambridge University Press.

白井恭弘, 2008.『外国語学習の科学――第二言語習得論とは何か――』東京：岩波書店.

Smith, K. A., and Nordquist, D., 2018. Introduction. In K. A. Smith and Nordquist, D. (eds.), *Functionalist and usage-based approaches to the study of language in honor of Joan L. Bybee*, Amsterdam: John Benjamins, pp. xv-xxvi.

Snyder, W., 2001. On the nature of syntactic variation: evidence from complex predicates and complex word-formation. *Language*, 77, pp. 324-343.

Snyder, W., 2017. On the child's role in syntactic change. In G. Sengupta, S. Sircar, M. G. Raman, and R. Balusu (eds.), *Perspectives on the architecture and acquisition of syntax: essays in honor of R. Amritavalli*, Dordrecht: Springer, pp. 235-242.

Stavans, I., 2003. *Spanglish: the making of a new American language*, New York: Rayo.

菅原崇, 2018.「認知言語学名著解題⑦ *Morphology: a study of the relation between meaning and form* by Joan Bybee, Amsterdam and Philadelphia, 1985, xii＋235pp.」高橋英光・野村益寛・森雄一（編）『認知言語学とは何か？ あの先生に聞いてみよう』東京：くろしお出版，pp. 155-156.

鈴木棠三（編），1985.『中世のなぞなぞ集』東京：岩波文庫.

鈴木亮子・秦かおり・横森大輔（編），2017.『話しことばへのアプローチ――創発的・学際的談話研究への新たなる挑戦――』東京：ひつじ書房.

鈴木孝夫, 1973.『ことばと文化』東京：岩波新書.

Swadesh, M., 1950. Salish internal relationships. *International Journal of American Linguistics*, 16, pp. 157-167.

高橋英光, 2010.『言葉のしくみ――認知言語学のはなし――』北海道大学出版会，札幌.

Tenny, C., 1994. *Aspectual roles and the syntax-semantics interface*, Dordrecht: Kluwer.
寺澤芳雄・川崎潔（編），1993.『英語史総合年表――英語史・英語学史・英米文学史・外面史――』東京：研究社.
遠峯伸一郎, 2017.「書評 Joan Bybee (2015) *Language Change*」『近代英語研究』第33号，近代英語協会, pp. 103-109.
Traugott, E. C., 1972. *A history of English syntax: a transformational approach to the history of English sentence structure*, New York: Holt, Rinehart and Winston.
坪井栄治郎, 2013.「（動的）用法［使用］基盤モデル（(dynamic) usage-based model)」辻幸夫（編）『新編認知言語学キーワード事典』東京：研究社.
辻幸夫（編), 2013.『新編 認知言語学キーワード事典』東京：研究社.
上原聡・熊代文子, 2007.『音韻・形態のメカニズム』東京：研究社.
宇賀治正朋, 2000.『現代の英語学シリーズ8 英語史』東京：開拓社.
Wang, W. S-Y., 1968. Vowel features, paired variables, and the English vowel shift. *Language,* 44, pp. 695–708.
Wells, J. C., 1982. *Accents of English*, Vol. 2 *The British Isles*, Cambridge: Cambridge University Press.
Williams, J. M., 1975. *Origins of the English language: a social and linguistic history*, New York: Free Press.
Wolfe, P. M., 1972. *Linguistic change and the great vowel shift in English*, Berkeley: University of California Press.
Wong-Fillmore, L., 1976. *The second time around: cognitive and social strategies in second language acquisition*, Doctoral dissertation, Stanford University.
Wood, D., 2015. *Fundamentals of formulaic language: an introduction*, London: Bloomsbury.
Wray, A., 2002. *Formulaic language and the lexicon*, Cambridge: Cambridge University Press.
山口仲美, 2002.『犬は「びよ」と鳴いていた――日本語は擬音語・擬態語が面白い』東京：光文社新書.
Yáñez-Bouza, N., 2015. *Grammar, rhetoric and usage in English: preposition placement 1500-1900*, Cambridge: Cambridge University Press.
米倉綽, 2015.『歴史的にみた英語の語形成』（言語・文化選書54）東京：開拓社.
吉村公宏, 1995.『認知意味論の方法――経験と動機の言語学――』東京：人文書院.
湯川恭敏, 1989.「スワヒリ語」亀井孝・河野六郎・千野栄一（編著),『言語学大辞典 第2巻世界言語編（中)』pp. 381-384, 東京：三省堂.

索　引

1. 日本語は五十音順に並べてある．英語（などで始まるもの）はアルファベット順で，最後に一括してある．
2. 数字は頁数を示し，n は脚注を表す．

[あ行]

アイスランド語（Icelandic）　240-241, 305, 330
アイルランド語（Irish）　330
アスペクト（相，aspect）　189, 223, 227, 227n
アブラウト（母音交替）（ablaut）　128, 317
アメリカ英語（American English）　106
アメリカ先住民の言語（Native American languages, native languages of the Americas）　19, 266
アラビア語（Arabic）　266-267
アルバニア語（Albanian）　330
アンシェヌマン（enchaînement）　102
暗示的意味（connotation）　276
異音（allophone）　65, 105
異化（dissimilation）　88-90
息漏れ声（breathy）　82, 83
イギリス英語（British English）　12
異形態（allomorphs）　97, 101-105, 142
一方向性（unidirectionality）　→「文法化の一方向性」を参照
一般化（generalization）　172, 179
異分析（metanalysis）　146
意味の良化（amelioration）　283

意味の悪化（pejoreation）　283
印欧祖語　→「インド・ヨーロッパ祖語（印欧祖語，Proto-Indo European）」を参照
印欧語族（Indo-European）　18
インド・イラン語派（Indo-Iranian languages）　330
インド・ヨーロッパ祖語（印欧祖語，Proto-Indo-European）　128, 224n, 252, 284, 295, 320
咽頭化（pharyngealization）　90
イントネーション（intonation）　77-79, 86
インドネシア語（Indonesian）　206
韻律（prosody）　76, 77
受取人（recipient）　237-241, 237n
英国容認発音（British Received Pronunciation）　76
エウェ語（Ewe）　172-173
遠称指示詞（distal demonstrative）　207
オーストラリア英語（Australian English）　12
オーストロネシア語族（Austronesian）　327n
押し上げ連鎖（push chain）　69, 70
音位転換（metathesis）　90-92
音韻化（phonologization）　63, 64, 83-84

音韻縮約 (phonological reduction)　55-56, 83, 157
音韻同化 (phonological adaptation)　269
音韻論的干渉 (phonological interference)　352
音声縮約 (phonetic reduction)　113, 157n, 162
オンセット (頭子音, onset)　82
音素 (phoneme)　64-67, 296
　音素配列 (phonotactic pattern)　92. 93
　音素目録 (phoneme inventory)　64, 65
音調曲線 (contour)　→「声調曲線 (contour)」に同じ
音表象 (sound symbolism)　297
音変化 (sound change)　22

[か行]

外延 (extension)　274
開音節 (open syllable)　70, 71, 78
階段式下降 (downstep)　86
外的連声 (external sandhi)　102
核音節のある形式 (tonic form)　207
核音節のない形式 (atonic form)　207
核母音 (nucleus)　72, 74
下降調 (falling tone)　83, 87
過去現在動詞 (preterit-present verb)　171n, 175
過剰一般化 (overgeneralization)　123
仮説的推論 (abductive reasoning)　338, 338n
家族的類似性 (family resemblance)　275
仮定法 (subjunctive)　203 (→「接続法 (subjunctive)」も参照)
カテゴリー横断の調和 (Cross-Category Harmony)　248
カテゴリー拡張 (category expansion)　220

慣習化 (conventionalization)　219, 232-234, 258, 279
　慣習化された構文 (conventionalized construction)　220
慣習性 (conventionality)　8
社会的慣習 (convention)　14
完了 (perfect)
　完了形 (perfect)　5, 168-170
　完了相 (perfective)　189, 236-237
　現在完了構文 (present perfect construction)　5
聞き手 (addressee)　241, 255
きしみ声 (creaky)　82, 83
既然 (相) (anterior)　5, 191-195, 227
基層 (substrate)　359
基層語からの干渉 (substratum interference)　349
規則化 (regularization)　123
規則の逆転 (rule inversion)　104-106
基底形 (base form)　99-100
逆成 (back formation)　148, 265
吸着音 (click consonant)　272
強意語 (intensifier)　204
強化 (fortition)　56
境界表示強勢 (demarcative stress)　77, 78
競合 (competition)　236, 239, 242, 258
強勢アクセント (stress accent)　76-81
強制 (imposition)　352
強変化動詞 (strong verbs)　128
曲線声調 (contour tone)　81
ギリシャ語 (Greek)　76, 89, 206, 267, 295, 330
空間メタファー (spatial metaphor)　183
屈折 (inflection)　79
屈折語 (inflectional languages)　137, 143
クリオール (creole)　366-370
形態化 (morphologization)　98-100,

104-109
形態的類推（morphological analogy）120
形態統語的（morphosyntactic）291
継承言語（heritage language）326
軽調（neutral tone）87
ケチュア（諸）語（Quechua languages）13, 69n, 77, 89
結果構文（resultative construction）5, 5n, 191
結果相（resultative）191
結合関係（associative relation）104
結合構文（associative construction）85, 103
ゲノムプロファイル（genome profile）326
ケルト語派（Celtic languages）330
ゲルマン諸語（Germanic languages, Germanic）2, 8, 28, 59, 80, 128, 241-242, 284-285, 312, 330
ゲルマン祖語（Proto-Germanic）128
言語古生物学（linguistic paleontology）322
言語習得（言語獲得）（language acquisition）339, 347, 347n, 348
言語的刷新（innovation）3, 405-412
言語年代学（glottochronology）304
現代ヘブライ語（Modern Hebrew）91, 92
ゴート語（Gothic）295, 330
コードスイッチング（code-switching）354
語彙拡散（lexical diffusion）51, 76, 94
語彙供給言語（lexifier language）359
語彙強勢（lexical stress）78, 80
語彙形態素（lexical morpheme）153, 166
語彙項目（lexical items）120
語彙素（lexeme）273

語彙の置き換え（lexical replacement）303-304
口音の母音（oral vowel）18
口蓋化（palatalization）26-32, 106-108, 115-117
口蓋帆（velum）64
高下降ピッチ（high falling pitch）77
硬口蓋化（palatalization）66, 90
硬口蓋摩擦音（palatal fricative）66
硬口蓋わたり音（palatal glide）90
考古学（archeology）19
後舌母音（back vowel）66, 68, 73, 75
交替（alternation）96-98, 100-103, 122
後置詞（postposition）246, 250-252
膠着語（agglutinative languages）143
高中位母音（higher mid vowel）70
喉頭音（laryngeal）82
喉頭化（laryngealization）89
構文（construction）219
構文化（constructionalization）231, 236
高平坦調（high level tone）86, 87
高母音（high vowel）67-70, 75
古英語（Old English）80, 96-97, 154, 168, 174, 191, 215, 229n, 238, 242, 244-245, 244n, 253-257, 253n, 256n, 289-290, 309
語幹（stem）263
語基（base）288-289
呼気段落（breath group）86
古高ドイツ語（Old High German）37, 59, 101, 113, 305
ゴシック語（Gothic）206
語順（word order）220-221, 227, 245-259, 245n, 250n
古スペイン語（Old Spanish）160-161
固定（entrench）170
古ノルド語（Old Norse）10, 107, 240-241
古フランス語（Old French）6, 8, 167,

266
語末第二音節強勢 (penultimate stress) 77
孤立語 (isolating language, isolates) 77, 166, 320
コロケーション (collocation) 232, 234
根源的可能性 (root possibility) 175, 180, 200

[さ行]

再建 (reconstruction) 1, 224n, 227
最小対 (minimal pair) 65. 66
再分析 (reanalysis) 101, 146, 177-178, 222, 225, 257
再構造化 (restructuring) 9n
下がり調子 (downdrift) 86
サモア語 (Samoan) 307
　サモア・プランテーション・ピジン (Samoan Plantation Pidgin) 362
サンスクリット語 (Sanskrit) 89, 102, 206, 266, 309-310, 330
サンディー (sandhi) 102
子音弱化 (lenition) 70, 93, 94, 108-109
子音添加 (excrescent consonants) 57
子音連結 (consonant cluster) 269
歯間摩擦音 (interdental fricative) →「歯摩擦音 (dental fricative)」と同じ
時間的深度 (time depth) 14, 303
指示代名詞 (demonstrative pronoun) 255-257, 377
指小形・指小辞 (diminutive (suffix)) 66, 109, 271, 299
自然(性)理論 (Naturalness Theory) 335
自然線状化の原理 (Principle of Natural Serialization) 248
シナ・チベット語族 (Sino-Tibetan) 18
弱変化動詞 (weak verbs) 128

借用(語) (borrowing) 2, 100, 104-105, 127, 130, 266-274, 296, 349, 356
借用語 (loanword) 267-272, 297
弱化 (reduction) 14, 36, 104, 108, 110-111, 114, 119
習慣化 (habituation) 187
修飾要素 (modifier) 246-248
重層化 (layering) 236-237, 242
主観化 (subjectification) 214, 285
縮約 (reduction) 23, 55-56, 113
主題 (topic) 221-222, 221n, 245
　主題化 (topicalization) 221-222, 225, 253
　主題性 (topicality) 255
受動構文 (passive construction) 219, 222, 225, 227, 228-231, 227, 228n, 231n, 253, 255, 256-257
主要部 (head) 246-248, 250n, 251, 257
主要部末尾型 (head-final) 251
シュワ (あいまい母音, schwa) 12, 80, 87, 102, 163, 165
順行再音節化 (forward resyllabication) 102
準生産性 (semi-productivity) 140
条件付け環境 (conditioning environment) 64, 65, 89, 94
小辞 (不変化詞, particle) 198n
上層言語 (superstrate language) 359
省略 (clipping) 265
書記素 (grapheme) 70
助動詞 (auxiliary) 6, 153, 340
所有格 (possessive) 10, 97, 105
唇音化 (labialization) 90
唇音退化 (非唇音化, delabialization) 412
推論 (inference) 181, 187
スウェーデン語 (Swedish) 269
スキーマ (schema)
　スキーマ化 (schematization) 236, 258

スキーマ的 (schematic)　219, 236, 244n
スパングリッシュ (Spanglish)　354, 354n
スペイン語 (Spanish)　5, 78, 88, 93, 106-108, 116-117, 160, 162-164, 195-196, 212-213, 232, 234, 236, 257-258, 266-271, 297-300, 330
スラヴ語派 (Slavic)　199, 206, 295, 330, 357
スワデシュ・リスト (Swadesh list)　304, 323-324n
スワヒリ語 (Swahili)　77, 183-184, 249, 250n, 264, 296, 379n
声調 (tone)　103-104
生産性 (productivity)　127
生成理論 (Generative Theory)　338-347
声調拡張 (tone spreading)　84
声調曲線 (contour)　76, 81, 84-86
声調言語 (tone language)　81-87
声調発生論 (tonogenesis)　81-84
青年文法学派仮説 (Neogrammarian Hypothesis)　109-110, 117-119
声門化 (glottalization)　89
声門閉鎖音 (glottal stop)　5, 83
接語代名詞 (clitic pronoun)　102
接触由来の変化 (contact-induced change)　350
接続法 (subjunctive)　8 (→「仮定法 (subjunctive)」も参照)
絶対格 (absolutive)　225, 229
接置詞 (adposition)　208, 223, 223n, 250-251, 257, 258
接頭辞 (prefix)　166, 222, 246, 249, 252
接尾辞 (suffix)　166
ゼロ転換 (zero conversion)　265
ゼロ派生 (zero derivation)　265n (→「転換 (conversion)」も参照)
ゼロ標示形式 (zero-marked form)　134

セム語族 (Semitic)　18
前法助動詞 (pre-modals)　341-344
選好理論 (preference theory)　337
線状融合仮説 (Linear Fusion Hypothesis)　405, 408
前舌母音 (front vowel)　→「ま行」を参照
前置詞残留 (preposition stranding)　351
前置詞構文 (prepositional construction)　220, 237-241, 245
挿入 (insertion)　56
挿入母音 (epenthetic vowel)　58
創発文法 (emergent grammar)　371
阻害音 (obstruent)　89
粗擦性舌頂音 (strident coronal)　91, 92
属格構文 (genitive construction)　250, 259
そり舌子音 (retroflex consonant)　272

[た行]

対応関係集合 (correspondence set)　297
対格 (accusative)　225, 227, 230, 238, 242-243
　対格言語 (accusative language)　228-230
　対格構文 (accusative construction)　226, 230
　対格システム (accusative system)　227, 228n, 231n
　対格配列構造 (accusative alignment)　227
帯気音 (aspirate)　90, 90n
帯気音化 (aspiration)　89
代償延長 (compensatory lengthening)　318
タイプ頻度 (type frequency)　92, 93, 127, 139, 170, 234, 241, 258, 288n, 383
大母音推移 (the Great Vowel Shift)

索　引

67-71, 98, 122
タイポロジー（類型論, typology）　220, 231n, 245, 246
高い声調（high tone）　81, 82, 84-86
多義性（polysemy）　278-279
脱帯気化（de-aspiration）　89
脱落（deletion）　105-108, 110-114
段位声調（level tone）　81
短子音化（degemination）　41
談話基盤型ストラテジー（discourse-based strategy）　231
知覚の過剰修正（perceptual hypercorrection）　88
チャンク形成（chunk formation/chunking）　165, 187, 220, 233n, 334
中位母音（mid vowel）　68, 70, 72
中英語（Middle English）　67, 76, 80, 156, 159, 234-235, 239, 245n, 257, 271, 379
中間構文（middle construction）　229-230, 229n
中調（mid tone）　86
中動態（middle voice）　229n
調音運動のタイミングのずれ（retiming）　75, 90
調音結合効果（co-articulation effect）　64
超高（super high）　84
重複（reduplication）　264
通時的類型論（diachronic typology）　327
提示構文（presentative construction）　355
低母音（low vowel）　68, 75
適応（adaptation）　268-272
出わたり音（offglide）　72
転移（transfer）　84, 352
転換（conversion）　265n　→「ゼロ派生／ゼロ転換」の項も参照

テンス（時制, tense）　189, 223, 228, 252
トークン頻度（token frequency）　93, 123, 139, 241, 258, 283, 288
ドイツ語（German）　66, 76, 100-101, 113, 284-285
同化（assimilation）　25
統語化（syntacticizing）　363
統語的構文（syntactic construction）　96, 101-102
同根語（cognate）　83, 84, 297
動作主（agent）　222, 227, 229, 243, 256, 258
頭字語（acronym）　265
透明性（transparency）　148
特殊化（specialization）　167
特殊弱化（special reduction）　110
トク・ピシン（Tok Pisin）　163, 178, 188, 359-366
ドラヴィダ諸語（Dravidian languages）　302
トラジェクター（trajector）　209n
ドリフト（偏流, 駆流, drift）　252-253, 257, 378
トルコ語（Turkish）　77, 79, 196, 267, 296

[な行]

内包（intension）　274
軟口蓋摩擦音（velar fricative）　66
二言語使用（bilingual）　349-358
二重標示形式（double-marked form）　136
二重目的語構文（ditransitive or double object construction, DOC 構文）　237-242, 237n
日本語（Japanese）　9, 246-247, 269, 412-413
認識様態（epistemic）　202
能格（ergative）　225-231, 378

能格言語（ergative language） 225, 228-230, 230n
能格構文（ergative construction） 225-231, 228n, 231n
能格システム（ergative system） 227, 231n
能格-絶対格システム（ergative-absolutive system） 327
能格配列構造（ergative alignment） 225, 227
分裂能格（split ergative） 226, 230
ノストラティック祖語 320-323
ノルウェー語（Norwegian） 10, 240
ノルマン・コンクエスト（the Norman Conquest） 128

[は行]

バイオプログラム（bioprogram） 367, 367n
はじき音（弾音, flap） 5, 163, 166
はじき音化（弾音化, flapping） 45, 165
破擦音（affricate） 65
バスク語（Basque） 164, 320
派生（derivation） 2, 127, 130, 261-265
派生形態論（derivational morphology） 71, 261
派生接辞（derivational affix） 263-265
バベテ語（Babete） 103
パラダイム（paradigm） 96-98
パラメータ（parameter） 335-337, 338n
ハンガリー語（Hungarian） 91, 208, 320
バンツー諸語（Bantu languages） 77, 78, 85, 320, 359
反転音（retroflex） 12
歯閉鎖音（dental stop） 12
歯摩擦音（dental fricative） 12, 40
鼻音（nasal） 64-66, 72
鼻音化（nazalized, nasalization） 18, 64-66
鼻音化した弾音（nasalized flap） 163, 166
非強勢形（unstressed form） 101
非口腔音化（debuccalization） 38, 82, 113, 114
東草原バンツー諸語（Eastern Grassfields Bantu） 103
非完結的（atelic） 198
引き上げ連鎖（drag chain） 70, 73
低い声調（low tone） 81, 82, 84, 85
ピジン（pidgin） 358-366
ピッチアクセント（pitch accent） 76, 78
否定構文（negative construction） 7
被動作主（patient） 223n, 237, 242
非人称構文（impersonal construction） 242, 244
百科事典的知識（encyclopedic knowledge） 280
比喩的拡張（metaphorical extension） 183, 278
評言（comment） 221, 221n, 245
漂白化（bleaching） 172, 179
比例式的4項類推（proportional or four-part analogy） 121
フィン・ウゴル語族（Fino-Ugric） 18
フィンランド語（Finnish） 77, 251, 269, 320
複合（compounding） 2, 8, 261-262
複合子音（complex consonant） 369
複合前置詞（complex prepositions） 250
複雑適応系（complex adaptive system） 370-371
複数（plural）
　二人称複数形（second person plural） 16-17
　複数（性）（plural (concept)） 96-97, 100-101, 105
不定冠詞（indefinite article） 101

索　引　439

不透明性の増大（increased opacity）
　341
浮遊音調（floating tone）　85, 104
浮遊低声調（floating low tone）　104
フランス語（French）　65-67, 102-105,
　107-108, 246-247, 252, 257, 379n
プレハブ表現（prefabricated sequence/
　expression, prehabs）　232, 233n, 409-
　410
分化（divergence）　305
分析可能性（analyzability）　263
分析的（analytic）　166
分節素性（segmental feature）　104
文法化（grammaticalization）　128, 188,
　219-220, 223n, 224, 224n, 227, 244,
　249-252, 256-257, 258, 314, 378, 380,
　408
　　（文法化の）一方向性（unidirection-
　　ality）　185
　　文法化の経路（grammaticalization
　　path）　189
　　文法化のサイクル（cycles of gram-
　　maticalization）　185-186
文法素（gram）　153, 161-162, 188, 222
　→「文法的形態素（grammatical
　morpheme）」に同じ
文法素タイプ（gram-type）　189
文法的形態素（grammatical morpheme）
　104, 153
文法的浮遊声調（grammatical floating
　tone）　104
文法的複製（grammatical replication）
　357
分裂能格（split ergative）　→「能格」の
　項を参照
北京官話（Mandarin Chinese）　81, 86
ベトナム語（Vietnamese）　82, 83, 166
ポーズグループ（pause group）　102
母音交替（vowel alternation）　98-99

母音三角形（vowel triangle）　68, 69
母音推移（vowel shift）　67-76
母音変化（vowel change）　8
方言（dialect）　14
放出音（ejective）　90, 90n
法助動詞（modal auxiliary）　159-160,
　170-174, 340-344
法動詞（modal verb）　254-255
（米国）北部都市母音推移（Northern
　Cities Vowel Shift）　71-73
補充法（suppletion）　143
補文標識（complementizer）　172-173,
　185, 222-223
ポリネシア諸語（Polynesian languages）
　307
ポルトガル語（Portuguese）　9, 18, 78,
　160, 162-164, 207, 267, 297-300, 330
翻訳借用（calques）　356-357

[ま行]

前舌円唇長母音（long fronted round
　vowel）　268
前舌母音（front vowel）　66, 68, 73, 74,
　306
マオリ語（Maori）　316
見えざる手（invisible hand）　371
見かけ上の時間（apparent time）　71
未完了相（imperfective）　190, 226-227
民間語源（folk etymology）　147
ムード（mood）　203
無声化（devoicing）　106, 113
無声閉鎖音（voiceless stop）　65, 67, 70
命名論（onomasiology）　274
メタファー（隠喩, metaphor）　183-184,
　302
　　メタファー的（metaphorical）　210
メトニミー（換喩, metonymy）　302
　　メトニミー的（metonymical）　210

モーラ（mora） 90n
モダリティ（modality） 200

［や行］

融合（fuse） 166
有声子音（voiced consonant） 64, 82, 83
有声化（voicing） 96-97, 105-108
優先法（preference law） 335-337
有標性（markedness） 130, 133
拗音（contracted sound） 12n
用法基盤理論（使用基盤理論，usage-based theory） 332-335
与格構文（dative construction） 237n, 253n
ヨルバ語（Yoruba） 210-211, 251, 269

［ら行］

ラテン語（Latin） 10, 78, 88, 106-108, 114, 116, 160, 204, 206, 279, 295, 330
ランドマーク（landmark） 209n
リエゾン（liaison） 102
流音（liquid） 88, 90
両唇音（labial） 92
類推（analogy） 103, 120
　類推的拡張（analogical extension） 101, 139
　類推的水平化（analogical leveling） 100, 122, 170, 240, 375, 379
ルール・テレスコーピング（rule telescoping） 106-107
ルフグ（Luhugu）方言 108
ルフンボ（Lufumbo）方言 108
ルマッサバ語（Lumassaba） 108
歴史言語学（historical linguistics） 1, 18, 120, 310, 321
連結詞（connective） 286
連鎖推移（chain shift） 67-73
連声現象（sandhi phenomena） 102
連動詞構文（serial verb construction） 4n, 173, 210, 222-223, 251, 382
ロータシズム（rhoticism） 315, 315n
ロシア語（Russian） 267, 330
ロマンス諸語（Romance languages, Romance） 10, 106-108, 116, 160-161, 164, 262, 297, 330

［英語／人名］

COHA 21
Greenberg, Joseph H. 246, 323-327
i ウムラウト（i 母音変異） 101
Jones, Sir Williams 295
Sapir, Edward 253, 325
Saussure, Ferdinand de 318-319
Sturtevant のパラドックス（Sturtevant's Paradox） 150
Swadesh, Morris 304, 324
The Tower of Babel Project 329
way 構文（*way* construction） 234, 236

【著者紹介】

Joan Bybee(ジョーン・バイビー)
ニューメキシコ大学名誉教授.経歴・業績等の詳細は,「監訳者解説」(pp. 400-415)を参照.

【監訳者・訳者紹介】 (各章担当順)

小川 芳樹(おがわ・よしき)(監訳代表,訳出担当:第1章)
東北大学大学院文学研究科博士後期課程修了.現在,東北大学大学院情報科学研究科教授.専門分野は,生成文法,形態統語論,語彙意味論,史的統語論.
主要業績:*A Unified Theory of Verbal and Nominal Projections* (Oxford University Press, 2001),『コーパスからわかる言語変化・変異と言語理論』(小川芳樹・長野明子・菊地朗編著,開拓社,2016年),「日英語の名詞的繋辞構文の通時的変化と共時的変異」『レキシコン研究の新たなアプローチ』(岸本秀樹・影山太郎編,くろしお出版,2019年)など.

下地 理則(しもじ・みちのり)(訳出担当:第2章)
オーストラリア国立大学太平洋アジア高等研究院言語学科博士課程修了.現在,九州大学大学院言語学・応用言語学研究室准教授.専門分野は言語人類学.
主要業績:*Handbook of the Ryukyuan Languages* (Patrick Heinrich, Shinsho Miyara and Michinori Shimoji, eds., De Gruyter Mouton, 2015),『南琉球宮古語伊良部島方言』(くろしお出版,2018),*An Introduction to Ryukyuan Languages* (Michinori Shimoji and Thomas Pellard, eds., ILCAA, 2010) など.

縄田 裕幸(なわた・ひろゆき)(訳出担当:第3章)
名古屋大学大学院文学研究科博士課程後期課程修了.現在,島根大学教育学部教授.専門分野は生成文法,歴史言語学,統語論・形態論インターフェイス.
主要業績:"Clausal Architecture and Inflectional Paradigm: The Case of V2 in the History of English" (*English Linguistics* 26, 2009),「I know not why——後期近代英語における残留動詞移動——」(『文法変化と言語理論』開拓社,2016),「英語主語位置の通時的下方推移分析」(『コーパスからわかる言語変化・変異と言語理論』開拓社,2016) など.

中山 俊秀(なかやま・としひで)(訳出担当:第4章)
米国カリフォルニア大学サンタバーバラ校大学院博士課程修了.現在,東京外国語大学アジア・アフリカ言語文化研究所教授.専門分野は,ヌートカ語(カナダの先住民言語),言語類型論,用法基盤言語学,文法化,言語ドキュメンテーション研究.

主要業績：*Nuu-chah-nulth* (*Nootka*) *Morphosyntax* (University of California Press, 2001),「文法システム再考：話しことばに基づく文法研究に向けて」(大野剛と共著，鈴木亮子他『話しことばへのアプローチ：創発的・学際的談話研究への新たなる挑戦』ひつじ書房，2017), "Polysynthesis in Nuuchahnulth, A Wakashan Language" (Michael Fortescue et. al. (eds.) *The Oxford Handbook of Polysynthesis*, Oxford University Press, 2017) など．

浜田 啓志 (はまだ・たかし) (訳出担当：第 4 章)

慶應義塾大学大学院修士課程修了．現在，中央大学文学部他非常勤講師．専門分野は，英語学，形態論，語用論．

主要業績："Evaluative Meaning of Negative Expression: Asymmetry between *Readable* and *Unreadable*" (*Token: A Journal of English Linguistics* 2, Jan Kochanowski University Press, 2013), "Negative Prefixation and the Context: A Corpus-based Approach to *Un-* Adjectives with Positive Evaluation" (*Fora* 1, 慶應言語教育フォーラム，2017) など．

長野 明子 (ながの・あきこ) (訳出担当：第 5 章)

津田塾大学大学院文学研究科後期博士課程修了．博士 (文学)．現在，東北大学大学院情報科学研究科准教授．専門分野は形態論，語形成論．

主要業績：*Conversion and Back-Formation in English* (Kaitakusha, 2008), "A Conversion Analysis of So-called Coercion from Relational to Qualitative Adjectives in English" (*Word Structure* 11(2), 2018), "Affix Borrowing and Structural Borrowing in Japanese Word-formation" (*SKASE Journal of Theoretical Linguistics* 15(2), 2018, 島田雅晴氏との共著) など．

家入 葉子 (いえいり・ようこ) (訳出担当：第 6 章)

英国セント・アンドルーズ大学大学院博士課程修了．現在，京都大学大学院文学研究科教授．専門分野は英語史，歴史社会言語学，現代英語語法研究．

主要業績：*Negative Constructions in Middle English* (Kyushu University Press, 2001), *Verbs of Implicit Negation and their Complements in the History of English* (John Benjamins, 2010), *Language Contact and Variation in the History of English* (Mitsumi Uchida, Lawrence Schourup と共編著，Kaitakusha, 2017) など．

久米 祐介 (くめ・ゆうすけ) (訳出担当：第 7 章)

名古屋大学大学院文学研究科博士課程後期課程修了．現在，名城大学法学部法学科准教授．専門分野は，生成文法，(史的)統語論，文法化，構文化．

主要業績：『文法変化と言語理論』(田中智之・中川直志・山村崇斗氏と共編著，開拓社，2016),「同族目的語構文の歴史的発達：live と die を中心に」(『近代英語研究』第 31 号，2015), "On Double Verb Constructions in English: With Special Reference to

Grammaticalization" (*English Linguistics*, Vol. 26(1), 2009) など.

柴﨑 礼士郎（しばさき・れいじろう）（監訳，訳出担当：第8章）
米国カリフォルニア大学サンタ・バーバラ校大学院博士課程修了 (Ph. D.). 現在，明治大学総合数理学部教授．専門は，歴史言語学，談話分析，言語類型論.
主要業績："Sequentiality and the Emergence of New Constructions" (Hubert Cuyckens et al. (eds.), *Explorations in English Historical Syntax*, John Benjamins, 2018),「アメリカ英語における破格構文」（天野みどり・早瀬尚子（編）『構文の意味と拡がり』くろしお出版，2017),『言語文化のクロスロード』（柴崎礼士郎（編），文進印刷，2009) など.

小笠原 清香（おがさわら・さやか）（訳出担当：第8章）
立教大学大学院文学研究科博士前期課程修了．現在，立教大学大学院文学研究科博士後期課程在学，明治大学兼任講師，清泉女子大学非常勤講師，フェリス女学院大学非常勤講師，千葉商科大学非常勤講師．専門分野は，英語史，歴史意味論，認知意味論.
主要業績：「強意副詞の脱語彙化とその後の展開：強意から迅速への意味変化」(『語用論研究』15号，2014),「英語副詞の通時的意味変化に見られる放射状パターンとその認知的制約」(『日本認知言語学会論文集』13号，2013),「強意副詞の脱語彙化と語彙化—swithe と fast の場合—」(『英米文学』(立教大学英米文学専修) 73, 2013) など.

深谷 修代（ふかや・のぶよ）（訳出担当：第9章）
津田塾大学大学院文学研究科後期博士課程修了．現在，津田塾大学非常勤講師．専門分野は，統語論，言語習得.
主要業績：*Optimality Theory and Language Change: the Activation of Potential Constraint Interactions* (Kaitakusha, 2010),「動詞 go から見た空主語期の特徴」(『コーパスからわかる言語変化・言語変異と言語理論』開拓社，2016),「壁塗り構文日英比較：「塗る」と spray に基づく考察」(『言語研究』第150号，2016) など.

山村 崇斗（やまむら・しゅうと）（訳出担当：第10章）
名古屋大学大学院文学研究科博士課程後期課程修了．現在，筑波大学大学院人文社会科学研究科助教．専門分野は，生成文法，史的統語論.
主要業績：「英語法助動詞の発達に関する動詞句省略の形態統語論的分析からの一考察」(『近代英語研究』32号，2016),「英語における名詞用法形容詞の発達史」(小川芳樹・長野明子・菊地朗（編）『コーパスからわかる言語変化・変異と言語理論』開拓社，2016),『文法変化と言語理論』(田中智之・中川直志・久米祐介氏と共編著，開拓社，2016) など.

鈴木 亮子（すずき・りょうこ）（訳出担当：第11章）
米国カリフォルニア大学サンタバーバラ校大学院博士課程修了．現在，慶應義塾大学経

済学部教授．専門分野は談話機能言語学，相互行為言語学，（歴史）語用論，文法化．
主要業績："The Use of Frequent Verbs as Reactive Tokens in Japanese Everyday Talk: Formulaicity, Florescence, and Grammaticization." (with Tsuyoshi Ono, *Journal of Pragmatics* 123, 2018),「話しことばに見る言語変化」(鈴木亮子・秦かおり・横森大輔（共編）『話しことばへのアプローチ』，ひつじ書房，2017), "A Note on the Emergence of Quotative Constructions in Japanese Conversation." (*Subordination in Conversation*, ed. by Ritva Laury and Ryoko Suzuki, John Benjamins, 2011) など．

堀内 ふみ野（ほりうち・ふみの）（訳出担当：第 11 章）
慶應義塾大学大学院文学研究科後期博士課程修了．現在，大東文化大学経済学部講師．専門分野は，認知言語学，相互行為言語学，英語学．
主要業績："The Grammatical Function of *Under* as a Head of Protasis: From Spatial Senses to Grammatical Functions" (*English Linguistics*, 30(1), co-authored with Naoki Otani, 2013),「空間から談話へ：前置詞の談話指示用法に関する認知言語学的考察」(『語用論研究』19 号，2017), "English Prepositions as an Interface between Embodied Cognition and Dynamic Usage: Proposal of a Dynamic View of Grammar" (慶應義塾大学博士論文，2018) など．

［別記訳者］（各章担当順）

小川芳樹・下地理則・縄田裕幸・中山俊秀・浜田啓志・長野明子・
家入葉子・久米祐介・柴﨑礼士郎・小笠原清香・深谷修代・山村崇斗・
鈴木亮子・堀内ふみ野

言語はどのように変化するのか
(*Language Change*)

著　者	Joan Bybee
監訳者	小川芳樹・柴﨑礼士郎
訳　者	小川芳樹ほか13名［別記］
発行者	武村哲司
印刷所	日之出印刷株式会社

2019年7月14日　第1版第1刷発行

発行所　株式会社　開拓社

〒113-0023　東京都文京区向丘1-5-2
電話　(03) 5842-8900　（代表）
振替　00160-8-39587
http://www.kaitakusha.co.jp

Japanese edition ⓒ 2019 Y. Ogawa et al.　　　ISBN978-4-7589-2272-2　C3080

[JCOPY] ＜(社)出版者著作権管理機構　委託出版物＞

本書の無断複写は、著作権法上での例外を除き禁じられています。複写される場合は、そのつど事前に、(社)出版者著作権管理機構（電話 03-3513-6969, FAX 03-3513-6979, e-mail: info@jcopy.or.jp）の許諾を得てください。